华东政法大学知识产权明珠文丛

知识产权文献
与案例综述研究
（2021）

唐　春　李文红 ◎ 主　编

郭鹏鹏　钱　芳 ◎ 副主编

知识产权出版社

全国百佳图书出版单位

——北京——

图书在版编目（CIP）数据

知识产权文献与案例综述研究. 2021 / 唐春，李文红主编. —北京：知识产权出版社，2021.9

ISBN 978-7-5130-7649-4

Ⅰ.①知… Ⅱ.①唐… ②李… Ⅲ.①知识产权法—案例—汇编—中国 Ⅳ.①D923.405

中国版本图书馆 CIP 数据核字（2021）第 160327 号

责任编辑：刘 睿 邓 莹　　　　　　责任校对：潘凤越

封面设计：SUN 工作室　　　　　　　责任印制：刘译文

知识产权文献与案例综述研究 （2021）

Zhishi Chanquan Wenxian yu Anli Zongshu Yanjiu （2021）

唐 春 李文红 主编

郭鹏鹏 钱 芳 副主编

出版发行： **知识产权出版社** 有限责任公司		网　　址：http://www.ipph.cn	
社　　址：北京市海淀区气象路 50 号院		邮　　编：100081	
责编电话：010-82000860 转 8346		责编邮箱：dengying@cnipr.com	
发行电话：010-82000860 转 8101/8102		发行传真：010-82000893/82005070/82000270	
印　　刷：北京建宏印刷有限公司		经　　销：各大网上书店、新华书店及相关专业书店	
开　　本：720mm×960mm　1/16		印　　张：28.25	
版　　次：2021 年 9 月第 1 版		印　　次：2021 年 9 月第 1 次印刷	
字　　数：432 千字		定　　价：128.00 元	

ISBN 978-7-5130-7649-4

前　言

由华东政法大学知识产权学院主办、北京市集佳律师事务所上海分所赞助并协办的"华政·集佳"杯专利商标综述竞赛系列活动至今已成功举办五届。第五届颁奖活动已于 2019 年 8 月在中国知识产权年会中举行。

竞赛面对全国研究生，分为入围和决赛两个阶段。要求研究生 1~4 人组成研究小组，针对现实存在的专利与商标法律问题，进行文献综述和研究综述。竞赛旨在提升学生综合学术研究能力，包括：以判例综述为引导，培养分析实际问题、研究司法实践的能力；以文献综述为引导，培养掌握学术文献、把握学术脉络的学术基本功。

本文集收录了第四届、第五届"华政·集佳"杯专利商标综述竞赛的部分获奖作品，共计 32 篇专利商标领域的文献综述和案例综述，分别来自中国政法大学、中南财经政法大学、同济大学、大连理工大学、吉林大学、北京外国语大学、上海大学以及东道主华东政法大学等全国各地的高校。这些获奖作品不仅展现了参赛选手们的研究积累、老师们的细致指导，更系统展现了相关专题学术和实务的发展脉络和前沿。为了加强优秀成果的交流与推广，给知识产权行业提供一些参考资料，特编此文集。

在该竞赛组织和文集编写过程中，得到华东政法大学校领导、老师，以及北京市集佳律师事务所上海分所领导、律师们的大力支持，竞赛报名和颁奖活动得到知识产权出版社的大力支持，在此，对前述参与本活动的组织、指导老师表示最诚挚的感谢！同时对积极资助并协助知识产权学术教育事业的北京市集佳律师事务所上海分所表示最诚挚的感谢！

1

特别感谢知识产权出版社刘睿主任，北京集佳律师事务所上海分所李擘律师、陈绍娟律师，华东政法大学尹腊梅副教授！

　　收录的作品、作者见目录，校对、编辑、排版的助理工作等由杨楠负责，韦倩茹、申嘉和王起明协助，在此一并感谢。

华东政法大学知识产权学院

华政知识产权专业硕士导师组

华政知识产权方向法律硕士导师组

"华政·集佳"杯专利商标综述竞赛组委会

目　录

专利编

论外观设计中设计空间的适用 ……………… 杨梦倩　王紫炎　任　鹏 3

方法专利延伸保护中"直接获得的产品"之

　　认定 ……………………………………… 刘　乾　张雪花 16

专利间接侵权与直接侵权关系的研究综述 ………… 林蔡波　万紫嫣 28

局部外观设计相关问题文献综述 ………………………… 楚　楚 45

《专利法》第33条"修改不得超范围"问题案例综述

　　——以发明和实用新型专利为例 ……… 王雅宇　康　瑞 57

功能性特征的认定 ……………… 陈文婷　王　峰　白皓宇 69

作为外观设计相似判定主体的一般消费者的认定与

　　适用 ……………………… 张芷璇　谭宇航　张蓉蓉 89

方法专利直接获得的产品的内涵研究 ………… 李希伶　蒋瑶瑶 101

专利侵权案件中合法来源抗辩的认定问题文献

　　综述 ……………………………… 徐慧斌　徐丽娟 111

专利侵权案件中合法来源抗辩的认定问题案例

　　综述 ……………………………… 徐慧斌　徐丽娟 125

循环经济领域内专利产品再制造的侵权认定 ……… 刘传梁　韩卓洋 156

方法专利举证责任倒置的条件文献

　　综述 ………………… 汪赛飞　赵　刚　刘　梅 177

方法专利举证责任倒置的条件案例

    综述 ……………………………… 汪赛飞　赵　刚　刘　梅 190

专利临时保护中的"后续使用"问题

    探析 ……………… 张婉清　李京霈　李璇彤　赵林翔 203

专利侵权判定中使用环境特征研究文献

    综述 ……………………… 沈孝慈　张晓丽　杜昊宇 215

专利侵权判定中使用环境特征研究案例

    综述 ……………………… 沈孝慈　张晓丽　杜昊宇 224

网络环境中专利侵权"通知—移除"规则的适用及

    完善研究 ………………………………………… 张媛媛 234

方法专利等同侵权判断之案例

    综述 ……………… 李奥滢　王嘉聪　姜柄泽　姜　恒 261

商标编

商标侵权惩罚性赔偿适用困境之文献

    综述 ……………… 侯　剑　范延衣　奕慧龄　瓮青洲 275

商标侵权惩罚性赔偿适用困境之案例

    综述 ……………… 侯　剑　范延衣　奕慧龄　瓮青洲 286

涉外定牌加工行为侵权认定的文献综述 …………… 季善豪　张一泓 298

涉外定牌加工行为定性的案例综述 ………………… 季善豪　张一泓 309

商标平行进口问题文献综述 ………………… 梁翔蓝　胡向玲　周子威 320

商标平行进口问题案例综述 ………………… 梁翔蓝　胡向玲　周子威 331

立体商标固有显著性案例综述 ………………… 张　嫣　沐云霓 342

位置商标法律问题研究的文献综述 ………………………… 万　俊 361

商标售前混淆的侵权认定文献综述 ………………… 王露洁　杨涵婳 377

商标售前混淆的侵权认定案例综述 ………………… 王露洁　杨涵婳 385

商标后发商誉的归属问题研究 ………………… 曾云鹏　马诗雅 398

《商标法》第 32 条"在先权利条款"适用文献

　　综述 …………………………… 马　彪　田代威　平乐祥　鲁晨清 406

《商标法》第 32 条"在先权利条款"适用案例

　　综述 …………………………… 马　彪　田代威　平乐祥　鲁晨清 415

App 应用名称商标侵权中"商品（服务）类似性"判断

　　要件文献综述………………………………………………… 熊　辰 432

专利编

论外观设计中设计空间的适用

杨梦倩　王紫炎　任　鹏*

【摘要】 当外观设计相同或相近似时，必要时引入设计空间，可准确确定一般消费者的知识水平和认知能力，并防止不合理扩大或缩小外观设计保护范围的情况发生。对于设计空间的作用，国家知识产权局与最高人民法院的规定略有出入，国家知识产权局区分了"产品"与"产品的部分"，并分别指向外观设计相近似的判断主体与判断方法，即一般消费者的知识水平和认知能力与整体视觉效果，而最高人民法院则未作此区分，仅规定设计空间对判断主体的作用。通过案例分析，司法实践中"产品"与"产品的部分"的设计空间指向的对象并不相同，并且在整体观察、综合判断方法下，除构造单一的产品外，通常法院最终要回到对产品各部分设计空间的讨论上。最后，以坐标分析，直观解析设计空间在外观设计相同或相近似判断中的作用。

【关键词】 设计空间；产品；产品各部分

引　言

判断外观设计是否相同或相近似时，应当基于外观设计专利产品的一般消费者的知识水平和认知能力，对外观设计专利与在先设计的视觉效果进行整体观察、综合判断。❶ 然而，一般消费者作为法律拟定人❷，

＊ 杨梦倩、王紫炎、任鹏为华东政法大学知识产权学院 2017 级硕士研究生。

❶ （2011）行提字第 1 号。

❷ （2015）知行字第 351 号。

具体案件中判断其知识水平和认知能力往往见仁见智，失之客观性。[1] 引入设计空间，综合现有设计、技术功能等客观因素，可更加准确地确定一般消费者的知识水平和认知能力。[2] 自 2010 年最高人民法院在万丰摩轮案[3]中详细阐述设计空间，至 2016 年《最高人民法院关于审理侵犯专利权纠纷案件应用法律若干问题的解释（二）》（以下简称《专利权解释二》）明确规定设计空间[4]，目前司法实务中对设计空间的含义和影响因素已经形成共识，但对于在判定外观设计是否相同或相近似时如何适用设计空间仍不清晰，甚至呈现滥用趋势。本文旨在通过实证研究[5]，探讨在判断外观设计相同或相近似时如何适用设计空间。

一、设计空间概况

（一）设计空间的内涵

设计空间，又称设计自由度，[6] 是指设计者在创作特定产品外观设

---

[1] 张美菊. 外观设计专利侵权对比判定研究 [D]. 北京：中国政法大学，2011：28.

[2] 宋晓明，王闯，李剑.《关于审理侵犯专利权纠纷案件应用法律若干问题的解释（二）》的理解与适用 [J]. 人民司法，2016（10）：32.

[3] （2010）行提字第 5 号。

[4] 《专利权解释二》第 14 条规定："人民法院在认定一般消费者对于外观设计所具有的知识水平和认知能力时，一般应当考虑被诉侵权行为发生时授权外观设计所属相同或者相近种类产品的设计空间。设计空间较大的，人民法院可以认定一般消费者通常不容易注意到不同设计之间的较小区别；设计空间较小的，人民法院可以认定一般消费者通常更容易注意到不同设计之间的较小区别。"

[5] 案例来源说明：本文选取北大法宝数据库、国家知识产权局原专利复审委员会审查决定检索数据，以"设计空间"为关键词，确定案由为"知识产权"，检索得到 431 份民事判决或裁定、151 份行政判决或裁定。对初步检索结果进行筛选，排除不涉及外观设计和论述较少，不具有参考价值的案例，最终以 170 份判决书或裁定书作为分析对象。

[6] 早在 1998 年，欧盟就在《关于外观设计法律保护指令》中将设计自由度（design of freedom）作为外观设计独特性和保护范围考虑因素。同时，美国和日本都有类似于"设计空间"的制度，但具体作用有所不同。

计时的自由度。❶从字面含义来看，设计空间似乎将"设计者"作为外观设计相似的判断主体，与《专利审查指南 2010》及司法解释中所确立的"一般消费者"标准相违背。实际上，如芮松艳所述，设计空间对设计者的限制最终会落实在其产品的设计上，一般消费者熟知市场上的产品情形，因此设计空间大小最终会在消费者的认知上有所体现。❷例如，在夏某某座便器案❸中，法院指出相同或者相近似的判断主体是一般消费者，原告以本领域设计人员为标准主张扶手是惯常设计，盖子及提手的设计空间有限的依据不足。

（二）法规梳理

我国《专利权解释二》《专利侵权判定指南》❹以及《专利侵权判定和假冒专利行为认定指南（试行）》❺（以下简称《知识产权局侵权指南》）对设计空间的含义、作用、影响因素等作了详细规定，具体内容如表 1 所示。

从表 1 可知，从作用上看，设计空间是在判断外观设计是否相同或相近似时的参考因素；从影响因素上看，设计空间主要受到产品功能和现有设计两方面的限制。然而，对于设计空间的具体作用，最高人民法院、北京市高级人民法院与国家知识产权局在设计空间的理解上略有出入。首先，三者均认为设计空间的大小对于一般消费者是否会注意设计之间较小的差别具有影响。其次，北京市高级人民法院及国家知识产权局还进一步区分了"产品的设计空间"与"设计特征的设计空间"，并认为产品中各设计特征设计空间的大小与其在整体视觉效果中的权重有

---

❶ （2010）行提字第 5 号。需要注意，虽然《专利权解释二》正式文件将其征求意见稿第 17 条中对于设计空间的定义删除，即"设计者在创作特定产品外观设计时的自由度"，但在随后最高人民法院知识产权庭撰写的对《专利权解释二》理解与适用的文章中，仍然采用该定义。参见宋晓明，王闯，李剑.《关于审理侵犯专利权纠纷案件应用法律若干问题的解释（二）》的理解与适用 [J]. 人民司法，2016（10）：32.

❷ 芮松艳. 外观设计法体系化研究 [D]. 北京：中国社会科学院研究生院，2015：108.

❸ （2014）高行终字第 718 号。

❹ 北京市高级人民法院 2017 年修订的《专利侵权判定指南》第 83 条。

❺ 国家知识产权局 2014 年颁布的《专利侵权判定和假冒专利行为认定指南（试行）》第二编第二章第 4.2.2.1 节。

关，即设计特征、设计空间越大，越容易受到关注，对整体视觉效果影响越大，反之则影响越小。

表1　设计空间相关法规对比

名称	《专利权解释二》	《专利侵权判定指南》	《知识产权局侵权指南》
来源	最高人民法院	北京市高级人民法院	国家知识产权局
含义	—	设计者在创作特定产品外观设计时的自由度	设计者在进行产品外观设计时受各种因素限制情况下能够自由发挥的空间
作用	一般消费者的知识水平和认知能力的参考因素	判断外观设计是否相同或相近似	设计特征对整体视觉效果影响所占的权重
产品	1.设计空间较大的，一般消费者不容易注意到不同设计之间较小区别； 2.设计空间较小的，一般消费者更容易注意到不同设计之间较小区别	—	1.设计空间较大的产品，一般消费者容易忽略比较细微的差别； 2.设计空间较小的产品，一般消费者会注意到不同设计之间较小的区别
设计特征		1.设计特征的设计空间越大，细微差异不会对整体视觉效果产生明显的影响； 2.设计特征的设计空间越小，细微差异对整体视觉效果产生较大的影响	1.设计空间较大的部分，对整体视觉效果影响权重较大； 2.设计空间较小的部分，对整体视觉效果影响权重较小
影响因素	—	1.产品或其中零部件的技术功能； 2.采用该类产品常见特征的必要性； 3.现有设计的拥挤程度； 4.经济因素等其他因素	1.产品的实用功能； 2.现有技术状况； 3.技术条件、法律法规等其他因素

（三）问题的提出

根据上述法规，需要考虑如下两个问题：一是"产品的设计空间"与"产品各设计特征的设计空间"分别指的是什么、有何关系；二是设计空间的具体作用是什么，如何用于确定一般消费者的知识水平和认知能力、"整体观察、综合判断"。

二、司法实践中产品的设计空间与产品各部分的设计空间

如前所述，国家知识产权局对"产品"与"产品的部分"作出了区分，并分别指向外观设计相近似的判断主体与判断方法，即一般消费者的知识水平和认知能力与整体视觉效果，而最高人民法院则未作此区分。在司法实践中，法院适用设计空间时也出现了"产品的设计空间"与"产品各部分的设计空间"两种类型的讨论。然而，毛琎、钱亦俊明确指出，产品的设计空间应具体到产品的各设计单元，特别是当各单元设计空间差异较大时，泛泛地对产品整体设计空间进行认定，而不具体到各设计部位，则结论可能是不客观的。❶ 以下基于司法实践，归纳总结"产品"与"产品各部分"设计空间的具体指向对象。

（一）产品的设计空间

根据司法实践中的认定，可将产品的设计空间分为组合型产品与单一型产品两种情况。❷ 组合型产品是指存在多个产品单元的产品，例如摩托车是由车把手、车灯、车轮、车架、发动机、挡泥板等多个部分组成。单一型产品是指仅含有一个产品单元的产品，典型的单一型产品有包装袋、记事本等。

1. 组合型产品

法院在评价组合型产品的设计空间大小时，往往指向该产品中各产品单元之间的结构和位置关系，或者产品的整体外形，即综合现有设计、功能限制等因素，判断该产品的结构和位置关系是否较为固定、是否可自由变化。如果是，则该产品设计空间较小；反之，则该产品设计空间较大。如三轮式童车案❸中，法院认为，根据惯常设计，该类童车在整体外形和结构方面基本相同，故该类童车的设计空间较小，一般消费者更容易注意到不同设计之间的较小区别。再如欧某某案❹中，对于

---

❶ 毛琎，钱亦俊. 外观设计制度中的设计空间探讨［G］//国家知识产权局条法司专题资料汇编. 2011.

❷ 组合型产品与单一型产品是本文对司法实践的粗略划分，该划分标准也不十分严谨。

❸ （2017）粤民终 816 号。

❹ （2014）浙杭知初字第 1188 号。

耳机类产品，法院认为头戴式耳机产品外形受到人体头部形状及双耳位置的制约，因此此类产品设计空间较小。

2. 单一型产品

法院在对单一型产品进行设计空间大小评价时，则指向该产品外观设计的图案和色彩要素。如粽子包装案❶中，法院采用形状、图案和色彩三要素阐释了被控侵权产品与涉案外观设计之间的差异。

当然，在组合型产品中，如果产品单元过少，则法院对其作设计空间大小评价时会更接近于对单一型产品的评价。例如，在九堂草包装盒案❷中，法院也是在形状、图案和色彩要素上进行是否存在实质性差异的分析。

（二）产品各部分的设计空间

一项外观设计的核心设计要素是产品的形状、图案和色彩。❸法院在评价产品单元的设计空间时，往往围绕上述三个核心设计要素进行综合评价。如在立超紧固件案❹中，涉及对防盗螺栓类产品外观设计相同或相近似的判断，法院主要就防盗螺栓头部的形状进行设计空间大小的评价。再如在黄某某案❺中，涉及对饰品类产品的判断，法院主要就饰品中花瓣的形状和图案进行设计空间大小的评价。

综合上述分析，可将"产品"与"产品各部分"的设计空间所指向对象归纳如表2所示。实际上，在司法实践中产品和产品各部分所指称的设计空间，其考虑因素是不同的。

表2 产品与产品各部分设计空间所指向对象

产品的设计空间	组合型产品	整体外形
		基本结构
		位置关系
	单一型产品	形状、图案、色彩
产品各部分的设计空间		形状、图案、色彩

---

❶ （2017）苏民终16号。

❷ （2015）苏知民终字第00209号。

❸ 崔国斌.专利法：原理与案例［M］.2版.北京：北京大学出版社，2016：898.

❹ （2011）苏知民终字第0189号。

❺ （2017）粤73民初1953号。

首先，产品各部分由形状、图案、色彩三个基本要素构成。因此，对产品各部分设计空间大小的判断也指向该三要素。❶ 同时又由于单一型产品本身仅有一个产品单元，故对其设计空间所指向的对象也与产品各部分一致。

其次，除单一型产品外，通常所述"产品的设计空间"，实际是指产品各部分的基本结构及相互位置关系，以及产品的整体外形。因此，对产品设计空间大小的评价是从产品各单元之间的结构和位置关系出发的，而非通过三要素进行评价，实际上不可能也无法对各部分设计空间大小各不相同的产品进行三要素的评价。

最后，"产品各部分设计空间"的大小与"产品设计空间"的大小基本无关。如川崎摩托车案❷中，法院明确指出，根据现有设计调查，所述摩托车外观设计专利中，整体造型及结构布局基本相同，但是防风罩、前照灯、侧挡板、散热格栅、挡泥板等摩托车产品各部分有不同的变化，故不能得出该些部位设计空间小的结论。再如，丽江椅业案❸、萨塔喷漆枪案❹中，法院都是考虑功能限制、惯常设计等因素认定产品基本组成部分及结构设计空间有限之后，认定产品各组成部分仍然有较大的设计空间。

三、设计空间在外观设计相同或相近似判断中的具体适用

笔者以原专利复审委及北大法律信息网为案例数据库进行检索、筛选，总结设计空间在司法实践中的适用概况如表 3 所示。司法实践中引入设计空间的作用可以分为两种情况，一是设计空间对案件结果无实质

---

❶ 需指出，在判断设计空间大小及相同近似判断中，三要素权重是不同的。一般而言，形状要素对一般消费者注意力影响最大，图案次之，而色彩仅在外观设计权利人指定时受到保护。

❷ （2016）沪 73 民初 701 号。

❸ （2015）高行（知）终字第 626 号。

❹ （2014）高行（知）终字第 3503 号。

性影响，二是设计空间对案件结果有实质性影响。❶

表 3　部分法院适用设计空间的概况

适用方式		最高院	北京	上海	浙江	江苏	总比例
设计空间无实质性影响	当事人举证不足	36%	20%	11%	6%	—	12%
	类名词性使用	28%	27%	39%	51%	21%	39%
设计空间具有实质性影响		36%	53%	50%	43%	79%	49%
总数量（件）		11	44	18	83	14	170

（一）设计空间无实质性影响

在司法实践中，排除当事人未能举证的情况，有 39% 的案件引入设计空间对案件结果无实质性影响。如荣事达冰箱案❷中，尽管法院考虑冰箱类产品的功能限制与实用性，冰箱整体比例、冰箱门之间比例关系等设计空间有限，冰箱类产品属于设计空间有限的产品，所以对此类产品所具有的有限的设计空间使得其相近似性判断要求更高的近似程度。

从确定一般消费者的知识水平和认知能力层面而言，在引入设计空间之前，《专利审查指南 2010》即假定一般消费者对相应种类的产品仅具有常识性了解，不会注意到设计之间细微的差别。❸而据《专利权解释二》规定，设计空间较大的，"一般消费者通常不容易注意到不同设计之间的较小区别"。所以，在设计空间较大的情况下，不论是否引入设计空间，判断结果都基本一致。因此，在此层面上设计空间的作用是有限的，正如宋晓明等❶所述，在设计空间极大或者受到极大限制两种极端的情形中，设计空间对于外观设计近似性判断的影响较为显著，但在此外大多数案件中，设计空间的作用实际上相对被弱化，因此"应当注意避免对设计空间适用的泛化"。

---

❶ 本文在此所述的有无实质性影响是指，具体案件中引入设计空间，对于后续判断一般消费者认知水平、整体视觉效果及最终的外观设计相同或相近似是否具有作用。

❷ （2012）京一中知行初字第 2058 号。

❸ 《专利审查指南 2010》第四部分第五章第 4 节。

❶ 宋晓明，王闯，李剑.《关于审理侵犯专利权纠纷案件应用法律若干问题的解释（二）》的理解与适用［J］. 人民司法，2016（10）：32.

（二）设计空间具有实质性影响

设计空间对案件结果所具有的实质性影响，有两个方面：一是设计空间对确定一般消费者的知识水平和认知能力的作用；二是设计空间用于判断外观设计产品各部分在整体视觉效果中的权重。以下，将从外观设计相同或相近似的判断主体和判断方法两方面，探讨法院在具体案件中如何适用设计空间。

1. 判断主体：以设计空间确定一般消费者的知识水平和认知能力

2010年万丰摩轮案❶中，最高人民法院认为，如果设计空间大，则相同或近似产品形式多样，故一般消费者不容易注意到比较细小的差别；反之，则容易注意到细小的差别，即设计空间用于确定一般消费者的知识水平和认知能力。该案中，最高人民法院并未对相近似判断中如何具体适用设计空间作详细阐述。在双头夹具案❷中，法院认为双头夹具的夹具、连接杆以及连接件等产品部分的具体形状设计空间较大，一般消费者通常不容易注意到不同设计之间的较小区别。

综上所述，判断主体层面，法院通过判断设计空间是较大还是较小，来认定一般消费者是否容易注意到较小的差异。但是此种判断仅属于对判断主体知识水平和认知能力的考察，尚未进入"整体观察、综合判断"，法院通常不会仅以此直接判断外观设计是否相同或相近似。

2. 判断方法：用设计空间确定整体观察、综合判断的权重

美的风轮案❸中，最高人民法院详细阐述了整体观察、综合判断的四个步骤。

步骤一：整体观察。在判断时，一般消费者对于外观设计专利与对比设计可视部分的相同点和区别点均会予以关注。

步骤二：找出相同点、不同点。通过整体观察，确定对比设计或被诉侵权设计与涉案外观设计之间的诸多相同点与不同点。

步骤三：确定各相同点、不同点的权重。此时需要考虑设计空间、新颖点、使用状态下是否容易看到等诸多影响因素，综合判断各个相同

---

❶ （2010）行提字第5号。

❷ （2016）粤73民初1568号。

❸ （2011）行提字第1号。

点、不同点在整体视觉效果中的权重。

步骤四：综合判断。综合考虑相同点与不同点，以及其对整体视觉效果的影响，认定二者的整体视觉效果是否具有明显区别，是否属于相近似的外观设计。

因此，设计空间是步骤三中判断相同点、不同点在整体视觉效果中权重的影响因素之一。

在两轮自动平衡电动车案❶中，北京市高级人民法院同样是在确定各部分在整体视觉效果的权重时引入了设计空间。略有差异的是，该案中法院首先评价"产品的设计空间"的大小，再转入对产品各部分的相同点、不同点，以及各部分设计空间大小的讨论。法院认为根据现有技术、观察设计等因素，为实现其功能，两轮自动平衡车的整体车形、各部分结构通常一致。因此，虽然涉案专利与被控侵权产品的外观设计的各部件之间的布局和整体车形基本相同，但上述相同点并不足以认定两者构成相同或相近似的外观设计，仍然需要进一步对其他设计特征进行逐个分析对比后再行综合判断。

此外，在本田技研案❷中，法院首先对摩托车的基本部分进行描述，认为"基本部分的安装组合次序需符合车辆运行规律及驾乘需求，在进行专利侵权比对时不应予以重点考虑"；之后对摩托车相关部件的设计空间大小进行评价，认为相关部件的设计空间较大；最终通过比对差异，得出被诉侵权设计落入涉案外观设计专利权的保护范围的结论。再如，在吸顶灯案❸中，法院认为灯具类产品的外形样式多样，设计空间较大，故一般消费者会对灯具的整体外形以及灯具的表面结构、花纹等设计细节给予较多关注，该部分设计差异会产生较为显著的整体视觉效果。

综合上述分析，大部分案件中，法院在上述四个步骤的步骤三中，依据设计空间确定相同点、不同点在整体视觉效果中的权重。小部分案件中，法院需要先对产品的设计空间大小作出判断，此种情况一般是对

---

❶ （2017）京民终 57 号。

❷ （2014）浙甬知初字第 214 号。

❸ （2017）粤民终 1832 号。

组合型产品的整体外形、基本结构、位置关系等作出评价。如果认为产品的设计空间小，则继而转入对各产品单元设计空间大小的评价；如果认为产品的设计空间大，则继而在产品层面判断外观设计是否相同或相近似。然而通常而言，法院在判断产品设计空间大之后，不会转入对产品各部分设计空间大小的评价，但是在判断外观设计是否相同或相近似时，法院仍然会比对各产品单元的差异，其实质上还是实施了与设计空间小的产品一样的判断过程。

（三）综合分析

为了更直观地分析设计空间的作用，我们可以针对各影响因素对整体视觉效果的影响建立一个坐标系。在此仅以功能性设计特征、外观设计新颖点、使用状态下容易看到的部位、设计空间这四个因素中的使用状态下容易看到的部位和设计空间来分析，如图 1 所示。

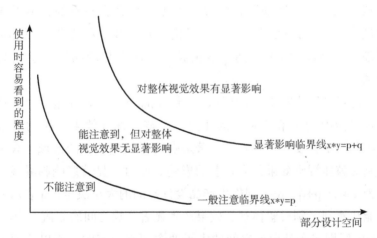

图 1　外观设计各部分对整体视觉效果的影响示意图

对整体视觉效果产生影响的前提是一般消费者能够注意到该部分。所以不同点所属的产品部分的设计空间越大，一般消费者越能注意到该差异，对整体视觉效果影响越大；而不同点所在部分越容易被看到，一般消费者越能注意到该差异。图 1 所示坐标系，以设计空间的大小为横轴，以容易看到程度为纵轴。横轴越大，该产品部分对整体视觉效果的影响越大；纵轴也是如此。故在坐标系中越往右上的部位对整体视觉效果的影响越大，越往左下的部位对整体视觉效果的影响越小。

那么，在坐标系中必然存在一条临界线，在线右上方的区域表示对整体视觉效果产生显著的影响，在线左下方的区域表示对整体视觉效果不产生显著的影响。又因区别对整体视觉效果产生影响的前提是一般消费者能够注意到该区别。所以，横轴越大，该部分对整体视觉效果的影响越大，该部分的区别就更能引起一般消费者的注意；纵轴也是如此。并且，在该显著影响临界线的左下方也必然存在另一条一般注意临界线，在该线右上方部位的区别能够引起一般消费者的注意，在该线左下方部位的区别无法引起一般消费者的注意。由于横、纵坐标均对一般消费者的注意程度产生正相关的影响，我们假定注意临界线是一条反比例函数 $x*y=p$。由于四个因素均对一般消费者能否注意到区别产生影响，所以 p 值就由区别与产品设计空间的大小决定。区别越大，一般消费者越能注意到该区别，区别所在的部分不需要那么容易看到、不需要有那么大的设计空间，该区别就能被注意到，临界线越往左下移动，p 值越小；同理，产品设计空间越小，p 值越小。区别与产品设计空间共同决定 p 值的大小。

对于注意临界线右上方的区域，$x*y>p$。而 $x*y-p$ 越大，表示该部分的区别越能引起一般消费者的注意，对整体视觉效果影响的权重也越大。当大到一定程度时，就到了显著影响临界线右上方的区域，表示该部分的区别对整体视觉效果具有显著的影响。而对于显著影响临界线，可以假定其为 $x*y=p+q$，$p+q$ 同样由产品设计空间的大小决定，q 表示一般消费者从能注意到区别对整体视觉效果产生显著影响之间的差值。而由于 $p+q$ 同样是由区别与产品设计空间的大小两个因素决定的，所以这两种因素也能对区别对整体视觉效果影响的权重产生影响。

坐标系中的区域被两条临界线分为三块。在一般注意临界线左下方区域指的是不足以引起一般消费者注意的部分，在显著影响临界线与一般注意临界线之间的区域指的是足以引起一般消费者的注意但不足以对整体视觉效果产生显著影响的部分，在显著影响临界线右上方区域指的是既引起一般消费者的注意，又能对整体视觉效果产生显著影响的部分。

因此，上述坐标系可以直观地看出不同区别对整体视觉效果的影响大小。但上述分析仅为区别设计对整体视觉效果影响的分析，而要判断两个产品的设计是否具有显著区别，还需综合判断两个产品中设计所有区别对整体视觉效果的共同影响的大小，以判断该影响是否足以使其产生显著的区别。

结　语

设计空间是在判断外观设计是否相同或相近似时的参考因素之一，但是在适用的时候出现了产品的设计空间和产品各部分的设计空间两个概念。在法律规范上，产品的设计空间指向外观设计相近似的判断主体；产品各部分的设计空间指向外观设计相近似的判断方法。而在司法实践中，产品的设计空间更多用于评价产品各部分的结构与位置关系是否固定，产品各部分的设计空间则用于评价产品各部分的形状、图案和色彩是否形成足够的差异。

另外，在法院具体适用设计空间时，约一半的适用仅是为描述方便，而使用了设计空间这个概念；而另外一半的适用才发挥了设计空间的作用，即用以判断一般消费者的知识水平和认知能力，或者用以确定整体观察、综合判断的权重。

方法专利延伸保护中"直接获得的产品"之认定

刘　乾　张雪花[*]

【摘要】在方法专利的延伸保护中,何为"直接获得的产品"一直存在争议,主要存在我国"张喜某案"所采的狭义解释说、美国与欧盟所采的"本性损害检验法"及广义解释说三种观点。方法专利的延伸保护并非一种实体法意义上对专利保护范围的扩张,而是程序法意义上利用举证责任倒置实现的从产品到方法的反向证明过程。其中"直接获得的产品"与"新产品"两概念应当是递进关系,二者的认定逻辑应当是不甚相同且有所衔接的。在此基础上可进一步分析出,判断什么不是直接获得的产品的意义远远大于判断何为直接获得的产品。以"本性损害检验法"认定什么不是直接获得的产品,更符合方法专利延伸保护制度的基本法理,能够合理划定方法专利侵权问题中举证责任倒置的基本边界,且更具有实际操作的可行性。

【关键词】方法专利;延伸保护;直接获得的产品;新产品;本性损害检验法

引　言

在我国《专利法》中,有关专利侵权行为的第11条及有关举证责任的第61条都涉及"直接获得的产品"这一概念,其反映了方法专利

---

* 刘乾、张雪花为北京外国语大学法学院2017级硕士研究生。

及其延伸保护的特殊性质，对方专利侵权纠纷中举证责任的分配具有重要影响。但是，无论是在我国还是在其他国家和地区，如何解释直接获得的产品都存在较大争议，这为方法专利延伸保护的实际应用带来了很大障碍。明确"直接获得的产品"之概念和其与新产品、同样产品的关系，对理解方法专利延伸保护和与之相关的举证责任倒置问题等具有重要的意义。

一、"直接获得的产品"之争议

（一）我国《专利法》中"直接获得"之争议

首先需要说明的是，"直接获得的产品"系方法专利延伸保护制度下的概念，其所指之"产品"并不同于专利产品。因为获得延伸保护的产品并没有真正获得专利权，而只是一种延伸保护专利方法的拟制；而对于方法专利延伸至的产品来说，其是否具有创造性、新颖性和实用性的可专利性，❶ 即是否可以被单独授予产品专利并不重要。

而有关《专利法》中"直接获得"的解释无论是在我国或是在其他国家和地区都存在较大争议。最高人民法院曾在 2009 年《最高人民法院关于审理侵犯专利权纠纷案件应用法律若干问题的解释》（本文简称《解释》）第 13 条第 1 款❷中指出，使用专利方法获得的"原始产品"属于直接获得的产品，对于将上述原始产品进一步加工、处理而获得"后续产品"的行为属于"使用"直接获得的产品。但仔细推敲其文义，其实际上只单向规定了直接获得的产品涵盖原始产品、获得后续产品会涉及使用原始产品，但并未明确表示"直接获得的产品"之概念与"原始产品"是完全等同的，也未限定"后续产品"本身是否完全不可能被认定为直接获得的产品。

此后，我国最高人民法院在"石家庄制药集团欧意药业有限公司与

---

❶ 崔国斌. 专利法：原理与案例 [M]. 2 版. 北京：北京大学出版社，2016：150-315.

❷ 2009 年《最高人民法院关于审理侵犯专利权纠纷案件应用法律若干问题的解释》第 13 条第 1 款规定："对于使用专利方法获得的原始产品，人民法院应当认定为专利法第十一条规定的依照专利方法直接获得的产品。"

张喜某侵犯发明专利权纠纷再审案"❶ 中则明确指出依照专利方法直接
获得的产品是指使用专利方法获得的原始产品，而不包括对该原始产品
作进一步处理后获得的后续产品，这在《解释》的基础上进一步限缩了
直接获得的产品的范围，使得对"原始产品"进行简单操作所得的"后
续产品"能够轻易规避方法专利的延伸保护，产生了较大争议。

TRIPS 协定同样未对此作出明确规定，其在第 28 条第 1 款（b）❷
中采用了"至少"（at least）这一词汇，将方法专利的延伸保护制度描
述为"制止使用、许诺销售、销售或者为这些目的而进口至少是依照该
方法直接获得的产品"，而并未提及延伸保护具体的判断标准和延及的
上限。

（二）"直接获得"的不同观点

"直接获得"（directly obtained）这一术语最早出现于德国❸和法国❹
的专利法，美国则以"专利方法制造的产品"（product made by a
patented process）指代这一概念。❺ 目前，各国对于"直接获得"的解释
主要有以下三种观点。

1. 狭义解释说

狭义解释说认为，直接获得的产品等同于方法专利实施完成后、未
增加任何其他步骤获得的原始产品。该观点认为"直接"（directly）应

---

❶ 最高人民法院（2009）民提字第 84 号。

❷ TRIPS 协定第 28 条第 1 款（b）："A patent shall confer on its owner the following ex-
clusive rights：（b）where the subject matter of a patent is process, to prevent third parties not
having the owner's consent from the act of using the process, and from the acts of：using, offering
for sale, selling, or importing for these purposes at least the product obtained directly by that
process."

❸ See *Patent Act（Patentgesetz, PatG）*, Section9. 9（a）, http：//www. wipo. int/
wipolex/zh/details. jsp？id＝16667.

❹ See *Code de la propriété intellectuelle*, http：//www. wipo. int/wipolex/zh/details. jsp？
id＝16750.

❺ "A product which is made by a patented process will, for purposes of this title, not be
considered to be so made after……"（See *35 U. S. C § 271（g）－INFRINGEMENT OF PA-
TENT*, https：//www. gpo. gov/fdsys/granule/USCODE－2011－title35/USCODE－2011－title35-
partIII－chap28－sec271）.

当被解释为通过实施专利方法，"未经中介"（without intermediary）直接产生的"原始产品"（original product）。其最初来源于英国 Pioneer v. Warner 案❶中一审法院的奥尔德斯（Aldous）法官和二审法院诺斯（Nourse）法官，并为《英国专利实践手册》（Manual of Patent Practice，MOPP）第 60.16 条所认可❷。我国最高人民法院在张喜某案中亦采此观点。❸

2. "本性损害检验法"（the loss of identity test）

"本性损害检验法"认为，直接获得的产品不仅包括原始产品，还包括经过未实质性改变该原始产品"本性"（identity）的后续步骤之后所得到的后续产品。德国、荷兰、瑞士等许多《欧洲专利公约》成员方❹与美国专利法❺都采取这样的态度。"本性"可以解释为产品的属性、功能、成分等与产品自身用途和性能密切相关的化学或者物理特性❻，德国法中将其表述为后续产品的价值或者主要特点（value or main

---

❶ See Pioneer Electronics Capital Inc. And anther v. Warner Music Manufacturing Europe GmbH and anther［1995］R. P. C. 487. 757.

❷ "Aldous J in Pioneer Electronics Capital Inc and anr. v. Warner Music Manufacturing Europe GmbH and anr.［1995］RPC 487 considered it appropriate to assign to the word 'directly' the meaning 'without intermediary', and the Court of Appeal［1997］RPC 757 agreed with and adopted this interpretation in this case. "（See *Manual of Patent Practice*：*Section*-60, https：// www. gov. uk/guidance/manual - of - patent - practice - mopp/section - 60 - meaning - of - infringement.)

❸ 最高人民法院（2009）民提字第 84 号。

❹ See Pioneer Unmittelbares Verfahrenserzeugnis, Case No. 2U48/76,［1979］；GRUR 743（Germany, Disseldorf Oberlan-desgericht, 15 September 1977）；Pfizer（Doxycycline）NJ l984/32（Netherlands, Hoge Raad, 10 June 1983）；Merz & Co. v. Federal Office of Intellectual Property,［l994］；The Bundesgericht（Federal Supreme Court）and Farbwerke Hoechst v. Carlo Erba SpA,［1972］SMGRUR 57（Switzerland, Zurich Commercia）Court).（转引自何怀文. 方法专利的"延伸保护"和新产品制造方法专利侵权诉讼中的举证责任倒置——评最高人民法院张喜田提审案［J］. 中国专利与商标，2011（2）：3-10，注释19. ）

❺ "……（1）it is materially changed by subsequent processes；or（2）it becomes a trivial and nonessential component of another product. "（See 35 *U. S. C* § 271（g）*-INFRINGEMENT OF PATENT*, https：//www. gpo. gov/fdsys/granule/USCODE-2011-title35/US-CODE-2011-title35-partIII-chap28-sec271).

❻ 徐琳. 论方法专利的延伸保护［D］. 上海：华东政法大学，2013：33.

characteristic）。❶

在前述英国 Pioneer v. Warner 案中，上诉法院最终采用的仍是"本性损害检验法"，并在该案中指出该方法是欧洲大陆主要国家认定方法专利延伸保护的法律标准；❷《英国专利实践手册》虽然明确认可该案中两位法官的观点，但同时指出直接获得的产品不能是经过后续的"实质而重要"的步骤所产生的另外一个产品，❸ 这与我国张喜某案的表述有明显不同。

3. 广义解释说

广义解释说认为，只要在制造相应产品的过程中完整地实施了相关专利方法所包括的全部行为过程，该产品即是依此方法专利直接获得的产品。法国专利法指出，判断后续产品是否侵权的依据应当"直接取决于专利方法的使用"（immediately dependent on the use of the process），有观点认为这是法国在方法专利延伸保护上采取了广义解释说。❶

二、"直接获得的产品"与方法专利及其延伸保护的关系

明确《专利法》对方法专利的保护为何能够延及直接获得的产品，这是讨论后续问题的首要前提。从法律沿革来看，方法专利的延伸保护并非一种实体法意义上对专利权保护范围的扩张，而是程序法意义上利用举证责任倒置实现从产品到方法的反向证明过程。

（一）方法专利的特殊性：延伸保护制度的法理依据

首先，从方法专利在专利法中的定位而言，方法专利的保护对象应

---

❶ See *Patent Act*（*Patentgesetz*, *PatG*）, Section 9.9（a）, http：//www. wipo. int/wipolex/zh/details. jsp？id=16667.

❷ See Pioneer Electronics Capital Inc. And anther v. Warner Music Manufacturing Europe Gmbh and anther［1995］R. P. C. 487. 757.

❸ "Thus to infringe, a product must be the direct product of the claimed process and not a product resulting from further material and important steps."（See *Manual of Patent Practice*：*Section*-60, https：//www. gov. uk/guidance/manual－of－patent－practice－mopp/section－60－meaning–of–infringement.）

❹ 徐琳. 论方法专利的延伸保护［D］. 上海：华东政法大学，2013：25.

与产品专利相区别，其本身并不将产品作为保护对象，即便在实施方法专利的过程中或产生的结果可能涉及享有专利的产品；同样，产品专利也不考虑保护制造方法，只保护产品本身。❶ 此外，虽然我国《专利法》第 11 条规定不得未经许可使用他人的专利方法以及使用、许诺销售、销售、进口依照该专利方法直接获得的产品，但该条款系规定侵权行为的条款，其旨在说明利用直接获得的产品的行为可能含有对他人专利权的侵犯，其侵犯的权利本身仍旧是方法专利的专利权，而非直接获得的产品本身的专利权。

其次，方法专利的"单向性"导致了权利人在举证方面的难题，需要相应的制度予以解决。在专利侵权纠纷中，一般情况下，权利人需要依照一般侵权行为的构成要件举证证明他人实施了涉案专利❷；但是根据我国诉讼法的相关规定，主张他人实施专利的事实需要相应的客观证据予以佐证。在产品专利中，权利要求与产品所展现出的技术特征具有一一对应的"双向性"❸，这使得权利人针对专利产品的举证足以成为证明他人实施其专利的充要条件。然而方法专利具有"单向性"，实施某一方法专利产生既定的结果，但是从反向来看，实施专利的结果却不一定能直接体现该方法专利所涉及的技术方案。例如我国授予的专利中，与制备电解二氧化锰这一产品相关的方法专利就有许多。❹ 既然利用不同的专利方法制备出相同的产品是完全可能的，那么就并非方法专利实施的所有结果都能用来衡量特定方法专利的实施与否和实施程度。

方法专利的延伸保护正是诞生于这样的背景下，这从我国专利法

---

❶ 冯晓青，刘友华. 专利法［M］. 北京：法律出版社，2010：65.

❷ 吴汉东. 知识产权侵权诉讼中的过错责任推定与赔偿数额认定——以举证责任规则为视角［J］. 法学评论，2014（5）：124-130.

❸ 实施该产品专利的结果必然导致产生特定的专利产品，而这些专利产品又可以从结构、成分等性质上直接体现该产品专利所涉及的技术方案。参见潘晓峰. 论方法专利的权利延伸问题［J］. 南京大学法律评论，1995（1）：161-162.

❹ 广西桂柳化工有限责任公司、广西下田锰矿有限责任公司. 电解二氧化锰的生产方法［P］. 中国：201110116976.1，2011-5-6；柳州豪祥特科技有限公司. 湿法生产电解二氧化锰的方法［P］. 中国：201310730548.7，2013-12-24；广西有色金属集团汇元锰业有限公司. 电解二氧化锰的生产方法［P］. 中国：201310129267.6，2013-4-15 等。

的立法进程可窥一斑。我国1984年的《专利法》中只规定了对方法专利的独占使用权的保护，而未规定方法专利的延伸保护；❶ 而到了1992年，最高人民法院在《关于适用〈中华人民共和国民事诉讼法〉若干问题的意见》（本文简称《意见》）第74条中规定，对于涉及产品制造方法专利的侵权纠纷，全部适用举证责任倒置，被告需承担责任证明自己所使用的方法不同于专利方法；❷ 随后，1992年《专利法》中正式加入方法专利延伸保护的相关内容，并随着后续修法将举证责任倒置的适用限定于方法专利直接获得的产品是"新产品"且存在"相同产品"的情形，逐步使得举证责任倒置在方法专利侵权问题中的适用更为合理。

（二）方法专利延伸保护的要件：进一步说明其程序性功能

除此之外，从适用方法专利延伸保护的条件上也可以看出这一点。

第一，利用方法专利延伸保护的前提，是权利人证明实施其方法专利直接获得的产品系新产品，且被诉侵权人的产品与其是同样的产品。虽然"新产品"的定义尚存争议，但从其在2001—2009年为我国司法机关所界定的内容的变化趋势来看，从"国内第一次生产出"❸ 到"未曾在国内市场上出现过"，再到"申请日之前国内外未公开出现过"，这样逐渐精确地限定"新产品"的外延，实际目的在于使得"新产品"这一概念具有这样的特征：若不考虑已公开披露的方法（包括专利方法与公知技术）之外的其他方法，获得新产品这一事实与实施相关方法专利这一行为能够具有唯一的对应关系，从而使得"新产品"这种特殊的参照物成为一种具备推定作用的证据。即被诉侵权人的产品与专利权人的

---

❶ 1984年《专利法》第11条第1款规定："发明和实用新型专利权被授予后……任何单位或者个人未经专利权人许可，都不得实施其专利，即不得为生产经营目的制造、使用或者销售其专利产品，或者使用其专利方法。"

❷ 朱魏．制造方法专利之侵权举证责任研究［D］．上海：华东师范大学，2012：7．

❸ 2001年《北京市高级人民法院关于执行〈专利侵权判定若干问题的意见（试行）〉的通知》第122条规定："专利法第57条第2款规定的'新产品'，是指在国内第一次生产出的产品，该产品与专利申请日之前已有的同类产品相比，在产品的组分、结构或者其质量、性能、功能方面有明显区别。"

"新产品"是"同样产品"❶ 这一事实，足以成为判定他人实施了某类特殊的方法专利的充要条件。可以说，在仅考虑已公开方法的情况下，新产品与这类特殊的方法专利具有"双向性"。这就产生了适用举证责任倒置的合理性，即只要被诉侵权者能够举证证明其使用了不同于专利方法的其他方法获得新产品，就足以反驳方法专利的延伸保护这一证明手段。

第二，在各个国家和地区，方法专利的延伸保护都被限于制造方法专利，❷ 这也正是因为唯有能够获得❸专利法意义上的"产品"的方法专利，才有可能通过"新产品"这种特殊的专利实施结果实现反向推证。依据专利的作用对象和实施特点，方法专利可被划分为作业方法、使用方法和制造方法三类，❹ 作业方法和使用方法的实施结果都无法在特殊情况下形成一种使实施结果与实施行为在仅考虑未公开方法时具有唯一对应关系的状态，即这两类方法专利始终具有"单向性"，因此不存在适用方法专利延伸保护及使得举证责任倒置的基础土壤。

在这样的制度框架下，"直接获得的产品"之于方法专利而言，就并非分与总的关系，即其并非属于"方法专利"外延下的一个特殊例外，其意义应当是在专利侵权问题中与举证责任制度相结合，形成一种判断他人是否实施了被诉方法专利的证明标尺。

---

❶ 如何认定"新产品"和"同样产品"也存在较大争议，不在本文详述。[参见杜微科. 方法专利侵权中新产品、同样产品的认定 [J]. 人民司法，2011（8）：4-8.]

❷ Bio-Technology General Corp v. Genentech Inc. 案；BAYER AG and Bayer Corporation, v. HOUSEY PHARMACEUTICALS, INC 案；戴年珍. 新产品制造方法专利侵权诉讼中的举证责任倒置与制造方法专利的延伸保护 [C] //中华全国专利代理人协会会议论文集. 北京：2013 年中华全国专利代理人协会年会暨第四届知识产权论坛，2013：1-7；《日本专利法》第 2 条第 3 款；我国台湾地区所谓"专利法"第 42 条第 1 款等。

❸ "获得"包括两层含义：一是从无到有意义上的"获得"，例如利用单质合成化合物；二是改变原有物品性能意义上的"获得"，例如用零件制造物件。（参见尹新天. 中国专利法详解 [M]. 北京：知识产权出版社，2011：159.）

❹ 尹新天. 中国专利法详解 [M]. 北京：知识产权出版社，2011：129.

三、"直接获得"的实质与"本性损害检验法"的合理性

（一）"直接获得的产品"与"新产品"的关系

在"直接获得"的理解问题上，厘清直接获得的产品与新产品的关系是其中的关键。由此分析可以进一步阐明，在相关侵权问题中，判断什么不是直接获得的产品的意义远远大于判断何为直接获得的产品。

在方法专利延伸保护的语境下，"直接获得的产品"与"新产品"两个概念应当是递进关系，前者是后者构成要件中的基础性概念。结合前一部分的叙述，定义"直接获得的产品"是为了结合其他因素进一步证明它们可能构成能够获得延伸保护的"新产品"，从而能够在满足其他条件的情况下使得在特殊的方法专利侵权问题中适用举证责任倒置具有合理性。换言之，如何划定直接获得的产品的范围将影响举证责任倒置在方法专利侵权问题中的第一级边界，被排除在外的产品不需要考虑新产品的要件即无适用举证责任倒置的空间，但反之直接获得的产品并不都能构成新产品。因此，判断什么不是直接获得的产品的意义远远大于判断何为直接获得的产品。

因此，"直接获得的产品"与"新产品"两个概念的认定逻辑应当是不甚相同且有所衔接的。在此逻辑下，一方面，直接获得的产品与相关方法专利之间并不必须具有正向或反向的唯一对应关系，其范围应该更加宽泛，因为对应关系是"直接获得的产品"构成"新产品"并存在与之"相同产品"时启用举证责任倒置的条件，而非认定直接获得的产品这一基础概念的条件；但另一方面，直接获得的产品又不可过于宽泛，以至于以在前述情况下适用举证责任倒置会不甚合理。

由此观之，认定"直接获得的产品"概念的外延应当遵循这样的基础思路：获得直接获得的产品既不是实施方法专利的充分条件，也不是必要条件，它是"新产品"问题中更为宽泛的一个下位概念；但其范围又不可过于宽泛，以至于在其构成新产品时发生举证责任倒置显得过于不合理。

（二）"本性损害检验法"的合理性

理解了直接获得的产品与新产品的关系后，对比"本性损害检验

法"与其他两类观点，并对其具体规范进行剖析，不难发现其合理
之处。

1. "本性损害检验法"与狭义解释说

狭义解释说与"本性损害检验法"都认可"直接获得的产品"包含
"原始产品"，对此并无争议，这也直接满足方法专利延伸保护的程序法特
性。在仅考虑已公开方案的情况下，获得原始产品这一事实属于证明实施
方法专利这一事实的必要条件，因为实施方法专利必然会获得原始产品。

但是，直接获得的产品并不应当限定于原始产品。正如前文所述，
"直接获得的产品"作为基础性概念，其本身并不必须成为实施方法专
利这一事实的必要条件，但狭义解释说的实质恰是要求直接获得的产品
与方法专利之间具有"双向性"。将直接获得的产品等同于与方法专利
具有反向对应关系的"原始产品"，会不合理地限缩举证责任倒置在方
法专利侵权问题中适用的可能性。因为只要他人将原始产品稍加任何处
理❶，权利人就失去了运用方法专利延伸保护，即利用举证责任倒置的
基础可能性，这与前文所述的方法专利延伸保护的法理依据和制度目
标，即解决方法专利特殊性下权利人举证责任困难的问题，是相违背的。

而且，若我国 2009 年出台的《解释》被理解为所有获得"后续产
品"的行为都只能被认定为"使用"原始产品，权利人仍旧无法突破其
举证障碍。因为此时权利人面对他人利用后续产品的行为，则需首先证
明他人利用后续产品的行为是以利用"原始产品"的"相同产品"为必
要前提的，否则无法满足举证责任倒置的条件，这一额外证明责任的设
置和难度显然是不合理的。此外，倘若这一过程较为明晰简单甚至后续
产品已经能够被认定为专利法意义上的"相同产品"❷ 以至于不需额外
证明，那么这样的后续产品必然满足"本性损害检验法"的要求，实无
必要在以在特殊情形下利于权利人举证为目的的制度中加设一道门槛。

因此，对于《解释》第 13 条第（2）项的规定理应理解为权利人在方

---

❶ 这种后续行为既包括改变"本性"但具有较高价值的复杂方法，也包括缺乏价值
的简单方法对"原始产品"进行加工，都不应当影响适用举证责任倒置的基础可能性。

❷ 有关"相同产品"的认定方法，参见杜微科. 方法专利侵权中新产品、同样产品
的认定 [J]. 人民司法，2011（8）：4-8.

法专利侵权问题中提供了一种额外的举证手段，即获得后续产品的行为是使用原始产品的行为，而原始产品本身一定是直接获得的产品，因此若权利人的确能够就其原始产品构成"新产品"且权利人又使用原始产品的"相同产品"进而产生后续产品进行举证，是完全满足适用举证责任倒置的条件的；而且此时不需要法官进行自由心证，充分发挥了"原始产品"具有明确标准的优势。但反之，若权利人无法完成这样的举证，也不应当完全丧失适用举证责任倒置的机会，法院需要先依据"本性损害检验法"对直接获得的产品之范畴进行合理认定，再判定接下来的问题。

此外，从行业发展的角度而言，狭义解释说也存在较大的弊病。若以狭义解释说为标准，在现实中无疑会大量出现对原始产品进行简单加工从而规避举证责任导致的情况，不利于行业健康发展。尤其在化学、医药等行业，这种简单加工的过程与实施方法专利所产生的价值贡献差距十分巨大，尤其是当依据专利方法所获得的产品确实能够满足其他条件从而构成新产品时。❶

2. "本性损害检验法"与广义解释说

目前，鲜少有国家完全以广义解释说作为认定直接获得的产品的标准。而且在前述一系列分析的基础上，不难看出前述法国专利法的相关规定❷并非在判断后续产品是否是直接获得的产品，而是在判断后续产品是否涉及实体法意义上的专利侵权，已经是另一层面的问题，因此不能说明其在"直接获得的产品"这一概念的判断标准上采取了广义解释说。

但值得明确的是，广义解释说的不合理性并非其在实体法上扩张了方法专利保护范围，因为直接获得的产品并不会直接被赋予专利权，那么采用广义解释说也不会导致相关"产品"本身获得专利权的实体法保护；而以前文论述的方法专利延伸保护的程序法特性作为认识基础进行分析，可以看出广义解释说的不合理性实际上在于其过度扩大了在方法专利侵权案件中适用举证责任倒置的可能性。这与我国1992年《意见》

---

❶ See Amiram Benyamini, Patent infringement in the European Community, in IIC Studies Vol. I3 (1993).

❷ See Code de la propriété intellectuelle, http：//www. wipo. int/wipolex/zh/details. jsp? id=16750.

中的问题如出一辙，不仅增加了被控侵权人的诉累，也使其无法对自己的商业秘密进行正当有效的保护。

3. "本性损害检验法"的合理性

首先，根据"直接获得的产品"与"新产品"两个概念的关系，在方法专利侵权纠纷中，判断什么不是直接获得的产品的意义远远大于判断何为直接获得的产品，而"本性损害检验法"的作用正在于此。根据前文所述，考察欧洲各国与美国的立法，其针对"直接获得的产品"均采取的是排除式的立法模式，即认定何种后续产品不属于直接获得的产品。

其次，虽然举证责任倒置必须法定化❶，但"直接获得的产品"这一概念所具有的法律意义在于划定一项边界，排除一定不能够获得方法专利延伸保护的后续产品。因为证明存在获得使用直接获得的产品之事实并不当然举证责任倒置的发生，与适用举证责任倒置直接相关的概念是"新产品"和"同样产品"。因此，法官在认定直接获得的产品时并非不能有自由裁量的空间。"本性损害检验法"正是法官依据个案情况，结合法律规定进行相关判断时适用的合理标准。

最后，将改变原始产品的"本性"所获得的后续产品完全排除出适用举证责任倒置制度的可能范围是合理的。第一，产品方法延伸保护的对象是制造方法专利，其特征正是作用于一定的物品上，目的在于使之在结构、形状或者物理化学特征上产生变化，❷因此"本性损害检验法"正符合这一特征。第二，在所有的制造方法中，只对未改变产品"本性"的制造方法实施延伸保护，符合大众的逻辑判断和社会公平，❸也符合举证责任倒置理论在专利法领域进行适用的特征，❹这也是其他国家和地区选择这一标准的重要理由。

---

❶ 举证责任倒置不仅是一个证据法上的证明责任分配的问题，而且与当事人在实体法上的权利义务密切相关。[参见王利明. 论举证责任倒置的若干问题 [J]. 广东社会科学，2003（1）：150-158.]

❷ 孟繁新，魏征. 新产品制造方法专利侵权案经典判例——张喜田诉欧意公司侵犯发明专利权纠纷再审案评析 [J]. 中国发明与专利，2011（4）：76.

❸ 徐琳. 论方法专利的延伸保护 [D]. 上海：华东政法大学，2013：25.

❹ 卢山. 论方法专利侵权诉讼中举证责任分配 [J]. 电子知识产权，2005（2）：40-43；叶自强. 举证责任的倒置与分割 [J]. 中国法学，2004（5）：138-149.

专利间接侵权与直接侵权关系的研究综述

　　林蔡波　　万紫嫣*

　　【摘要】 关于专利间接侵权的构成要件，理论界一直存在较大争议，尤其是在间接侵权的成立是否要以直接侵权的发生为前提的问题上。法释〔2016〕1号第21条对该问题持肯定意见，即无直接侵权，则无间接侵权。但由此带来对专利权保护不周，以及间接侵权制度丧失独立存在价值等问题。参考国内外的立法和司法实践，采用单纯的"从属说"或者"独立说"都非合理之举，判断是否成立间接侵权时应视直接侵权行为发生的盖然性高低，行为对象为"专用物品"时宜采用"独立说"，而就"非专用物品"以适用"从属说"为宜。

　　【关键词】 间接侵权；直接侵权；从属说；独立说

一、文献综述

（一）样本来源

　　笔者以中国知网为数据库，利用主题含"专利"和"侵权"的词频进行检索，剔除掉无关文献；利用主题含"专利"并含"间接侵权"的词频进行精确检索，剔除掉无关文献；利用主题含"专利"并含"直接侵权""间接侵权""关系"的词频进行精确检索，剔除掉无关文献。三次结果相互结合，优选出21篇文献。以下是对文献进行综合梳理后得出

---

　　* 林蔡波、万紫嫣为华东政法大学知识产权学院2018级硕士研究生。

的结论。

（二）研究意义

间接侵权制度是旨在充分保护专利权人利益而作出的一种政策性扩张，是对直接侵权责任的补充。❶ 考虑到专利权人与社会公众之间的利益平衡，对间接侵权的认定需要作出限制。故而，对直接侵权与间接侵权关系的合理构建，是保持专利权人和社会公众之间利益平衡的关键。

（三）直接侵权与间接侵权关系概述

对于专利直接侵权与间接侵权之间的关系，理论界普遍存在"从属说"和"独立说"两种观点，从世界范围来看，还存在第三种路径即"盖然性标准"，也就是既不单一认为两者相互独立，又不仅仅认为两者为从属关系，而是依照其盖然性大小来确定。

1. 从属说

（1）从属关系的内涵。

我国在 2016 年颁布的《最高人民法院关于审理侵犯专利权纠纷案件应用法律若干问题的解释（二）》（本文简称《专利权解释二》）在直接侵权与间接侵权的关系上，相关条文表述为"提供给他人实施了侵犯专利权的行为"，宋晓明、王闯与李剑认为，从该条文中"实施了"的用语可知其要求直接侵权行为必须已经发生的立场，排除了将该要件解释为"直接侵权行为事实上会发生"的可能性。❷ 另外条文关于适用《侵权责任法》中有关帮助侵权、教唆侵权的规定也印证了这一点。也即我国确立了专利间接侵权的"从属说"标准，即无直接侵权，则无间接侵权。

在学术界，坚持"从属说"的学者即主张直接侵权行为是间接侵权行为的损害结果，如果不存在直接侵权行为，间接侵权无法成立。此方

---

❶ 刘友华，徐敏. 美国多主体专利侵权认定规则的演变与启示［J］. 知识产权，2015（9）：85.

❷ 宋晓明，王闯，李剑.《最高人民法院关于审理侵犯专利权纠纷案件应用法律若干问题的解释（二）》的理解与适用［J］. 人民司法，2016（10）：33.

学者包括崔国斌❶、张玉敏、杨晓玲❷、李扬❸、郝铁川❹、邓宏光❺、杨萌、郑志柱❻、熊文聪❼等。

（2）"从属说"的缺陷。

①专利间接侵权制度丧失独立存在价值。按照司法解释的思路，要成立间接侵权，必须先存在直接侵权行为，这就使间接侵权制度完全落入民法上共同侵权制度的框架内。熊文聪主张：无论是构成要件、归责原则、救济方式还是诉讼程序，间接侵权都没有跳出共同侵权的一般原理，其无非一种共同侵犯专利权的特定类型。❽

但实际上，暂且不论共同侵权领域存在的诸多争议，如果将间接侵权完全纳入共同侵权的范畴，一方面，可能造成知识产权过于扩张，例如，没有意思联络，为他人侵害知识产权客观上提供场所、设备或者资金的，如果也按共同侵权处理，显然夸大了知识产权的保护；另一方面，唐义虎认为由于共同侵权人责任本来就重于间接侵权人责任，"共同侵权涵盖间接侵权"有可能加重间接侵权人责任，从而导致知识产权保护水平过高。❾

另外，也可从专利法规定许诺销售权的立法目的出发，论证独立说的合理性，即独立说更能体现间接侵权制度的价值所在。许诺销售权规制的许诺销售行为发生在真正使产品流通的销售行为之前，其目的是将

---

❶ 崔国斌．专利法：原理与案例［M］．2版．北京：北京大学出版社，2016：756-759.

❷ 张玉敏，杨晓玲．美国专利侵权诉讼中损害赔偿金计算及对我国的借鉴意义［J］．法律适用，2014（8）：114-120.

❸ 李扬．帮助型专利权间接侵权行为的法律构成［J］．人民司法，2016（16）：49-52.

❹ 郝铁川．权利冲突：一个不成为问题的问题［J］．法学，2004（9）：3.

❺ 邓宏光．专利间接侵权与共同侵权关系探析［J］．电子知识产权，2006（4）：21-24.

❻ 杨萌，郑志柱．专利间接侵权与专利侵权判定原则［J］．知识产权，2011（4）：17.

❼❽ 熊文聪．被误读的专利间接侵权规则——以美国法的变迁为线索［J］．东方法学，2011（1）：157.

❾ 唐义虎．知识产权侵权责任研究［M］．北京：北京大学出版社，2015：234-236.

侵权销售行为尽早消灭在萌芽中，以更好地保护专利权人的权利。同样，张玲认为在时间顺序上，间接侵权通常发生在直接侵权之前，将其单独认定为侵权行为加以规制，将有效制止之后的直接侵权的发生，这也是其独立于共同侵权制度的价值体现。❶

②不利于对专利权人的保护。司法解释对间接侵权制度采取"从属说"的立场，一个重要原因在于其以美国专利法为蓝本，许多学者考虑到向来强调给予专利权人强保护的美国尚且在司法实践中要求间接侵权的成立要以直接侵权的发生为前提，而我国作为发展中国家，在现阶段进一步扩大专利权人的权利范围不甚合理。王迁与王凌红认为这种观点忽视了两国专利法上对专利侵权制度规定的重要差异。我国《专利法》对直接侵权行为的规定要求行为人以"生产经营目的"实施专利侵权行为，而非商业目的的个人使用行为并不构成直接侵权；反观《美国专利法》，其规定个人制造、组装专利产品的行为也可构成直接侵权。王迁、王凌红认为这使得美国对专利权人的保护并不亚于采取"独立说"的国家。❷ 而在我国法律制度下，"从属说"将导致大量未经许可向个人消费者提供专利产品部件的行为因不存在直接侵权，而无法认定间接侵权成立，由此将导致专利权人的产品市场被严重侵占。

日本学者青山紘一认为"从属说"会导致大量向个人、科研机构等提供专用物品的行为因不存在直接侵权，而无法构成间接侵权，从而不合理侵占专利权人的产品市场。而采用"独立说"则能有效防止上述问题的发生，给予专利权人一种完全防御。❸

2. 独立说

（1）独立说的内涵。

我国也有部分学者主张间接侵权的成立无须以直接侵权的发生为前

---

❶ 张玲. 我国专利间接侵权的困境及立法建议 [J]. 政法论丛，2009 (2)：42.

❷ 王迁，王凌红. 知识产权间接侵权研究 [M]. 北京：中国人民大学出版社，2008：159-161.

❸ [日]青山紘一. 日本专利法概论 [M]. 聂宁乐，译. 北京：知识产权出版社，2014：25.

提，对此持"独立说"的观点，包括尹新天❶、张玲❷、吴凤玲、王成梅❸、王凌红❹、唐义虎❺等，这些学者认为把间接侵权视为一种独立的侵权类型，主张即使不存在直接侵权行为，间接侵权依然可以成立。

（2）单一采用"独立说"的缺陷。

在司法实践中，若彻底摒弃"从属说"而采"独立说"，确能体现专利间接侵权制度的特有价值，但郝铁川认为纯粹采用"独立说"似乎也非合理之举，并引发许多学者对专利权过度扩张的担忧。❻ 宋晓明、王闯、李剑等在阐述《专利权解释二》的指导思想时也明确表达"避免专利权不适当地扩张，防止压缩再创新空间和损害公共利益、他人合法权益"的态度。❼ 前文将间接侵权制度与许诺销售制度进行比较，旨在说明间接侵权制度设计的价值所在。但须注意，虽然两个制度都进一步扩大了专利权人的权利范围，但许诺销售行为的对象只能是侵权专利产品，而就间接侵权制度的行为对象，包括日本、德国在内的许多国家都不仅规定了"专用物品"，还规定了"非专用物品"，那些"非专用物品"是否会被用于侵权行为仍有待确认。蔡元臻认为，如此一来，如果只是出于保护专利权人的利益而限制此类"非专用物品"的制造和流通，必然有损利用此类物品从事非侵权行为的第三人的经济利益。❽ 虽然我国现行专利间接侵权制度的对象只限于"专用物品"，但明确此问题有利于应对未来公共政策的变化而带来的行为对象的扩大。

---

❶ 尹新天. 专利权的保护 [M]. 北京：知识产权出版社，2005：529-530.

❷ 张玲. 我国专利间接侵权的困境及立法建议 [J]. 政法论丛，2009（2）：42.

❸ 吴凤玲，王成梅. 关于专利间接侵权的独立性 [J]. 厦门科技，2004（3）：26-29.

❹ 王凌红. 我国专利间接侵权制度的立法方向——以利益平衡为视点求解《专利法》第三次修改的未决立法课题 [J]. 电子知识产权，2009（6）：14-18.

❺ 唐义虎. 关于专利侵权的惩罚性赔偿的思考 [J]. 河北科技大学学报（社会科学版），2014（4）：60-65.

❻ 郝铁川. 权利冲突：一个不成为问题的问题 [J]. 法学，2004（9）：3.

❼ 宋晓明，王闯，李剑. 《最高人民法院关于审理侵犯专利权纠纷案件应用法律若干问题的解释（二）》的理解与适用 [J]. 人民司法，2016（10）：33.

❽ 蔡元臻. 论日本专利间接侵权构成要件及其对我国的启示 [J]. 河北法学，2017，35（1）：134-136.

另外，崔立红指出，"独立说"的适用，实际上是多余指定原则的翻版，因为它们都由法官来改写专利权利要求书，改写的过程取决于法官的自由裁量，❶由此导致社会公众承担专利侵权风险的不确定性，同时专利权人对其权利保护范围也难以预期。此外，尹新天所担心的"从属说"导致责任认定时"株连一大批人"❷的情形并不会发生。王宝筠与李少军认为，法院在适用一般性的侵权规则时，主观要件以及因果关系要件的要求使得侵权责任不会过度扩张，亦不会在行为人没有预期的情况下追究侵权责任。❸

3. 修正观点："盖然说"

（1）"盖然说"的产生与演变。

出于利益平衡的考虑，即"独立说"进一步扩大专利权人的权利范围而可能影响公众的经济活动自由，日本学界就此提出了修正性观点，日本学者田村善之认为"独立说"抑或"从属说"应视发生直接侵权的盖然性而定。❹

具体而言，"专用物品"因除实施专利技术外不具有其他实际用途，其被用于专利直接侵权的盖然性极高，对其采用"独立说"是合理的；但就"非专用物品"而言，因其具有实际上的非侵权用途，哪怕产品提供者积极引诱，行为人是否会将其用于实施专利技术仍是不确定的，此时采用"从属说"为宜。这种从直接侵权发生的盖然性角度出发的观点也得到"独立说"学者的支持，青山紘一主张"更加恰当的做法是以独立论为前提，在个案中视情况予以适当调整，尽可能平衡各方的利益"。❺

---

❶ 崔立红.我国知识产权间接侵权的定位与规制探讨［J］.电子知识产权，2010（2）：37-40.

❷ 尹新天.专利权的保护［M］.北京：知识产权出版社，2005：529-530.

❸ 王宝筠，李少军.专利间接侵权的理论分析及现实解决方案［J］.河北法学，2017，35（10）：185.

❹ 田村善之.日本现代知识产权法理论［M］.李扬，等译.北京：法律出版社，2010：146-151.

❺ 青山紘一.日本专利法概论［M］.聂宁乐，译.北京：知识产权出版社，2014：25.

德国采纳的是"独立说"与"盖然性标准"相结合的模式。《德国专利法》对专利间接侵权作了明确规定，具体见于该法第 10 条："（1）专利权的效力也在于，如果提供某一发明的手段的第三方知道或根据周围状况可知该手段将被用于实施该发明，在未经专利权人同意的情况下，其不得向无权实施专利的人许诺提供或者提供与发明主要要素相关的手段。如果上述行为针对的是通常可获得的普通产品，则本条第（1）款不适用，除非第三方诱使被提供人实施第 9 条第（2）款所禁止的任何行为。第 11 条第（1）至（3）款规定的行为的实施人不属于本条第（1）款所指的有权实施专利的人。"❶

在间接侵权行为的成立与直接侵权行为的关系上，从上述法律条文中可以发现德国采取的是"独立说"。《德国专利法》第 11 条规定了包括"非商业性的个人实施专利行为"在内的三种不视为专利侵权的行为，同时第 10 条第（3）款指出这三种行为的实施者不视为第 10 条第（1）款中有权实施专利的人，即虽然这三种行为不视为专利直接侵权，但向这三种行为的实施者提供或许诺提供与发明的主要要素相关的手段的行为依然构成间接侵权。可见，在此类情形下，专利间接侵权的成立就不以存在直接侵权为前提。

（2）采用"盖然性标准"的合理性。

①间接侵权与专利权滥用。"独立说"和"从属说"争议的实质是专利权人与社会公众之间的利益平衡问题，间接侵权理论使专利权人能够控制其原本不能控制的产品市场，从而导致专利权的扩张，引发了公众对专利权滥用的担忧。易继明认为，客观地讲，技术在知识社会中是中立的，但技术理性可能在一定程度上裹挟我们的行为，此时就需要加以矫正。❷ 2019 年 1 月 4 日公布的《中华人民共和国专利法（修正案草案）》中也表达了类似的关切，草案明确了诚实信用和禁止权利滥用原则，增加了"申请专利和行使专利权应当遵循诚实信用原则，不得滥用

---

❶ Germany Patentgesetz（zuletzt geändert durch Gesetz vom 8. Oktober 2017）.［2019-07-20］. http：//www. wipo. int/wipolex/en/text. jsp？f le_ id＝461310.

❷ 易继明. 禁止权利滥用原则在知识产权领域中的适用［J］. 中国法学，2013（4）：51.

专利权损害公共利益和他人合法权益或者排除、限制竞争"的规定，符合激发创新积极性、促进发明创造的总体修法思路。崔国斌认为权利滥用理论的本质作用便是限制权利扩张，这与间接侵权制度的作用方向正好相反❶，如何在两者间划出一道合理界限，便是达到利益平衡的关键。

②"专用物品"宜采"独立说"。对于除了用于实施专利技术之外不具有其他用途的"专用物品"，未经许可的提供者将该类物品提供给公众后，直接侵权的发生是具有高度盖然性的，此时若仍待直接侵权行为实际发生后再追究间接侵权人的责任，可能为时已晚，难以扼制对专利权人的合法市场所造成的损害。

这一理解也与学界对《专利权解释二》中"明知"要件的理解相吻合，就帮助型专利间接侵权的构成要件而言，李扬认为行为人主观上明知不能作为独立要件，理由在于有关产品系无"实质性非侵权用途"的专用品，从客观用途判断，就可直接推定行为人主观上明知。❷ 对于被帮助方而言，由于所接受的产品除了侵权功能之外别无其他功能，其接受产品的行为以及该接受行为所必然导致的实施行为意味着其已经和帮助方就进行专利侵权达成一致，帮助方和被帮助方之间的意思联络由此形成。只不过，这种意思联络并非传统意义上的口头或书面形式的意思联络，而是一种以技术性要素体现的意思联络。如此理解与德国、日本等大陆法系国家的司法实践一致，也使《专利权解释二》的该条款具有独立于《侵权责任法》第9条的价值，而非仅将该条款视为共同侵犯专利权的一种特殊情形，同时减轻了专利权人的举证责任以提供更为完善的权利保护机制。

③"非专用物品"宜采"从属说"。我国目前的专利法律规定只涉及"专用品型间接侵权"，尚未延伸到多功能的"非专用品型"物品。对于那些除实施专利技术外还有其他非侵权用途的物品而言，即使行为人以侵权目的向公众提供该类物品，直接侵权行为是否会发生仍未可知，且由于非侵权用途的存在，直接侵权行为发生的概率还不足以达到

---

❶ 崔国斌. 专利法：原理与案例 [M]. 2版. 北京：北京大学出版社，2016：756-759.

❷ 李扬. 帮助型专利权间接侵权行为的法律构成 [J]. 人民司法，2016（16）：49-50.

高度盖然性的标准。故而，对于提供"非专用物品"的行为，间接侵权的成立宜采用"从属说"，对行为人责任的追究需等直接侵权实际发生。这也是出于防止专利权滥用，保障第三人经济活动自由的目的。

（四）结语

我国学者对"从属说"以及"独立说"的探讨只是详述了彼方的弊端所在，并未切实解决两种学说存在的问题。日本学者对直接侵权与间接侵权的关系并非简单适用"从属说"或"独立说"，而是存在视直接侵权发生的可能性来认定间接侵权的情形，该发现具备启发性，即判断是否成立间接侵权时应视直接侵权行为发生的盖然性高低，行为对象为"专用物品"时宜采用"独立说"，而就"非专用物品"以适用"从属说"为宜。

二、案例综述

（一）样本来源

笔者以北大法宝、《联邦最高法院民事判例集》（BGHZ）、Beckonline、Heinonline、Westlaw Japan 为数据库，按照关键词"专利侵权""间接侵权""直接侵权"分别单独及组合进行检索，最终优选出我国案例 1 个，德国案例 5 个，美国案例 9 个，日本案例 4 个。

（二）各国案例评析

1. 中国

"西电捷通诉索尼公司侵害发明专利权纠纷案"❶ 中，反映出"从属说"的适用困境。

该案中，涉案专利方法需由移动终端、鉴别服务器与接入点三者共同实施。索尼公司制造、销售了作为移动终端的被控侵权产品，用户再另外购买了鉴别服务器与接入点后自行实施该项专利。由于索尼公司与另外两个设备的提供者之间并无意思联络，且三者都未实施涉案专利的全部技术特征，而且用户的个人使用行为也不构成直接侵权，如果遵循

---

❶ （2015）京知民初字第 1194 号。

"从属说"的要求，对专利权人的保护无疑会陷入困境。法院认为索尼公司的行为构成帮助侵权，理由在于虽然间接侵权的成立以直接侵权的发生为前提，但这仅要求权利人证明被控侵权产品的用户实际使用该产品，并且该行为全面覆盖专利的技术特征。法院对该要件的解释看似突破了"从属说"带来的维权困境，但其逻辑存在前后矛盾。法院以不符合全面覆盖原则为由否认共同侵权的成立，又以用户的使用行为覆盖专利的全部技术特征为由认定索尼公司构成帮助侵权，这一逻辑谬误的根源也在于"从属说"的显在弊端。

此外，在帮助型专利间接侵权的构成要件问题上，二审法院肯定了一审法院关于"不可机械适用间接侵权行为应以直接侵权行为的存在为前提"的观点，认为在用户的直接实施行为不构成侵犯专利权的情形下，如果不能判令间接侵权行为人承担民事责任，则相当一部分通信、软件使用方法专利不能获得法律有效或充分保护。虽该案二审法院肯定了帮助型专利间接侵权具有独立于直接侵权的适用空间，但判决中仍然存在值得商榷之处。❶ 首先，法院以涉案专利系"多主体实施"的方法专利和不存在"指导或控制"情形为由，判决间接侵权不成立。但确立于美国 Akamai 案的"指导、控制规则"仅适用于多主体、多步骤方法专利侵权的"直接侵权与共同侵权竞合"的情形，且从法院列举的构成要件出发，并不能否定该案间接侵权的成立，此处的因果关系有待斟酌；其次，二审法院在否定了间接侵权的基础上维持了一审判决，余下的直接侵权行为仅是存在于生产、研发环节中的检测行为，与一审法院确定的侵权损害结果之间难以具备相当的因果关系。

2. 德国

德国法院主张"客户有将提供的工具用于侵权的意图，且工具的提供者在提供工具时知道该意图。并不要求客户之后实际上将此意图付诸实践，只要在提供或许诺提供该工具时客户具有这样的意图即可"❷。

---

❶ （2017）京民终 454 号。

❷ Pitz, Kawada, Schwab. Patent Litigation in Germany, Japan and the United States, [M]. C. H. Beck, 2015：25.

在"空气加热器案"❶中，德国法院对该观点进行进一步细化，并表现出类似"盖然性标准"的态势。在该案中，原告是一款空气加热器的专利权人，该款加热器的特征在于散热片的构造与衔接角度经过巧妙设计，使得其可单独改变角度与方向，进而引导空气流动而使房间大面积受热。被告提供的空气加热器因加入一个钢板设计而无法实现角度方向的自由调整，但购买者如果将该钢板拆除，依然可以实现与原告的加热器一样的技术效果。德国联邦最高法院认为，现有证据不能证明被告提供的空气加热器的购买者在使用该产品时会改变产品的最初状态（拆除钢板），而此类证据必须证明被告提供的工具用于侵权用途是具有非常高的可能性的，并足以排除合理怀疑。

而在2005年的"皮带轮传动电梯案"❷中，德国联邦最高法院认为，使用者如果仅仅知道这些组件用在专利产品上的好处，并且作为一个理性人也有很大概率会这么做的前提下，这种猜想仍然不能替代证据的作用，以推断使用者确实这样做了。除了顾客有意图使用提供的工具进行侵权行为之外，行为人还"知道或显然应当知道"顾客此等意图。另外，德国法院还认为，间接侵权需要知晓专利的存在，并且知晓该专利的保护范围。❸

可见，就此类提供与发明主要要素相关的手段（也有学者表述为"提供发明的必要技术特征"❹）的行为在成立间接侵权的问题上，德国虽然不考虑直接侵权行为是否实际发生，但仍要求被告证明该提供或许诺提供行为将导致直接侵权发生的高度盖然性。

另外需指出，德国就间接侵权的损害赔偿领域，与直接侵权的关系又有所变化。德国将该损害赔偿问题区分为"确定赔偿义务"和"确定赔偿金额"两个方面。就前者而言，间接侵权人赔偿义务的确定不以直接侵权的发生为前提。但在确定赔偿金额的问题上，德国在司法实践中

---

❶ BGH, Urteil vom 10. 10. 2000-X ZR 176/98-Luftheizgerät.

❷ BGH GRUR 2005, 848.

❸ LG Mannhein, GRUR-RR, 2013, 449, 451.

❹ 刘友华，魏远山. 欧洲系统专利间接侵权认定及其借鉴 [J]. 知识产权，2018 (11)：94.

要求专利权人至少证明一起未经许可的专利实施行为的发生。❶

根据德国的法律规定和判例，帮助侵权人与直接侵权人承担连带责任。"动力传动装置升降机案"❷ 表明帮助侵权人承担的责任根据直接侵权行为计算。同时，"天花板加热装置案"❸ 亦表明只要有足够的可能性表明直接侵权行为已经发生，帮助侵权人就要承担赔偿责任。如果权利人主张以侵权获利进行赔偿，只能计算帮助侵权人的利润。❹

3. 美国

（1）美国采"从属说"。

现行《美国专利法》第 271 条（b）款、（c）款和（f）款对间接侵权行为作出了规定，但对于直接侵权行为和间接侵权行为的关系，该法并无明文规定，对此需要通过司法实践一探究竟。

在被称为专利间接侵权第一案的 Wallace v. Holmes 案❺中，原告是一种煤油灯的专利权人，该煤油灯由灯头和灯罩组成，被告仅生产并销售与专利文件中描述实质相同的灯头，而由灯头的购买者自行到商店配置灯罩。根据判断专利侵权的全面覆盖原则，被告生产并销售的灯头因未涵盖原告专利产品的全部技术特征而不构成直接侵权。法院意识到，如果对此类行为不加规制，人们即可在购买专利产品的关键部件后自行组装该产品，此类肆意侵占专利权人市场的行为将对专利制度的价值造成极大损害。故而，法院通过援引普通法上的共同侵权理论认定被告与灯罩销售商构成共同侵权，认为此类情形下行为人应对其专利产品零部件的销售行为承担法律责任。

需要指出的是，虽然该案被称作专利间接侵权的第一案，但在法院的判决中并没有出现间接侵权的字样，该案的重要意义在于对全面覆盖原则的突破，将生产销售专利产品关键部件的行为纳入侵权规制范围，该案中共同侵权理论的应用也意味着间接侵权行为必须以直接侵权行为

---

❶ 卜元石. 德国专利间接侵权制度与判决解析［J］. 知识产权，2018（10）：89.

❷ BGH X ZR 247/02 Antriebsscheibenaufzug.

❸ BGH Deckenheizung; GRUR 2006, 839.

❹ Düsseldorf Regional Appeal Court 2006 Mitt 129.

❺ Wallace v. Holmes 29 F. Cas. 74（C. C. D. Conn. 1871）.

的成立为前提。可见，间接侵权制度的立法目的正是克服"全面覆盖原则"、专利权利要求撰写规则对专利权人的保护不周，从而适当将专利权的保护延伸到"非专利产品"。

另外需指出一个用语上的变化，在 Wallace 案中，法院采用的是普通法上共同侵权人（joint tortfeasors）的用语，而在之后的判例中，对于此类间接侵权行为，法院改用辅助侵权（contributory infringement）的用语。但这一变化是出于司法实践对于专利侵权判定中技术性要素认定难度的认识，认为专利侵权判定有其独特的构成要件，不再适合由共同侵权条款调整❶，并非对原本基于共同侵权理论的"从属说"的改变。

实际上，从许多判例来看，美国法院在认定间接侵权时坚持"间接侵权应当以直接侵权行为的存在为前提"。例如，美国最高法院在 Mercoid 案❷中认定，帮助侵权成立的前提是存在直接侵权。再如 Aro v. Convertible 案❸中，法院认为通用汽车公司和产品购买者是涉案专利的合法使用者，其更换汽车顶棚的行为属于维修，该案不存在直接侵权行为，故被告销售涉案产品的行为也不构成间接侵权。此外，在具体计算损害赔偿额时，普通法中侵权法的原则是帮助侵权者承担"第二责任"，其责任附属于直接侵权者，即帮助侵权者责任的确定有赖于直接侵权行为的确定。在 Cardiac Pacemakers v. Jude Medical 案❹中，美国联邦巡回上诉法院在确定间接侵权人的损害赔偿额时依据的就是直接侵权行为的证据。

（2）"从属说"内涵的变化。

在美国 1952 年重新制定其专利法的前后，美国最高法院始终坚持如果没有直接侵权行为就不能认定间接侵权行为的立场。然而，对于"直接侵权行为的发生"的含义却有不同理解。一种理解为，直接侵权行为

---

❶ 张其鉴. 我国专利间接侵权立法模式之反思——以评析法释〔2016〕1 号第 21 条为中心〔J〕. 知识产权，2017（4）：35.

❷ Mercoid Corp. v. Mid-Continent Invest，320 U. S. 661.

❸ Aro Manufacturing Co.，Inc.，et al v. Conbertible Top Replacement Co.，Inc. 365 U. S. 336，128 USPQ354（1961）.

❹ 443 F. 3d 851（Fed. Cir. 2006）.

的发生不等于该行为实际发生，包括仅存在可证明的直接侵权行为的威胁。即专利权人提出间接侵权指控时，只要能够证明被控侵权人提供的产品一旦进入市场，购买者在使用产品时将导致直接侵权行为发生即可。另一种理解为，专利权人必须提供切实有效的证据，证明与被控间接侵权行为相联系的直接侵权行为事实上已经发生，而且该行为被法院或行政机关认定为直接侵权。❶ 事实上，通过考察美国的司法实践，会发现法院对"直接侵权行为的发生"趋向于第一种理解。

例如，在1931年的Graham案❷中，原、被告是两家造纸厂，原告是两项专利技术的专利权人，这两项专利技术分别是促进植物生长的育苗纸专利和与此相关的排水设备专利。被告在其广告中明确指出其产品可用于实施原告的专利技术，面对原告的侵权指控，被告抗辩称由于不存在已经发生的直接侵权行为，其提供被控侵权产品的行为也不构成间接侵权。对此，美国第八巡回上诉法院认为：为实施一项专利技术而制造并销售该发明某一部件的行为构成辅助侵权，此时对专利权人的救济并不以直接侵权行为的发生为必要条件，只需存在直接侵权行为的威胁即可。可见美国司法实践对成立间接侵权的要件中"存在直接侵权行为"这一要件在认定上的缓和。

这一观点可以在之后的Standard Oil v. Nippon案❸中得到印证并可作进一步理解。在该案中，被告也提出"因直接侵权行为未发生而不可认定间接侵权行为成立"的抗辩，美国联邦巡回上诉法院通过情景类比指出这一抗辩理由的问题所在："如果认为被告的抗辩成立，即意味着只有在鸡蛋孵化出小鸡后才能认定母鸡存在孵蛋行为，只有在消费者实际使用商品时才能认定发生了销售行为，而上述思路明显是不正确的。"从法院的判决理由中可以发现，除了对"直接侵权行为事实上发生"的要件表示反对外，法院所作的类比同时反映出一种"高度盖然性"的标准，即孵蛋行为后孵化出小鸡，购买商品后进行使用都是具有高度盖然性的，在专利侵权的情景中，对间接侵权行为的追责则要求间接侵权行

---

❶ 安雪梅. 专利侵权行为研究 [M]. 北京：知识产权出版社，2009：270.

❷ 46 F. 2d 881；1931 U. S. App. LEXIS 2512.

❸ Standard Oil Co, v. Nippon Shokubai Kagaku Kogyo Co, (1985).

为的成立必须极有可能导致直接侵权行为的发生，这一点在《美国专利法》要求间接侵权行为的对象"不能是常用商品或者具有实质性非侵权用途的商品"的规定中也有所体现，即如果行为人提供的专利产品的实质部件除了用于实施一项专利技术之外不具有其他用途，则该产品的购买者实施直接侵权行为是具有"高度盖然性"的。

可见，美国司法实践中对专利间接侵权和直接侵权的关系的理解是不断深化的，而不是简单认为间接侵权从属于直接侵权，其在立法和司法中体现了"高度盖然性"标准。

（3）采用"盖然性标准"的演变。

美国在对如何平衡"直接侵权"与"间接侵权"界限的问题上出现过几次重大摇摆，在1912年的Henry案❶中，法院认为打印机的专利权人可以通过间接侵权制度控制纸张和墨水市场。而在1944年的Mercoid Crop案❷中，法院出于禁止权利滥用的目的，认为只要专利权人试图控制非专利产品的市场，即使是"专用物品"的市场，就构成专利权滥用。在经历了几次摇摆之后，我们从《美国专利法》中可以发现其在间接侵权和权利滥用之间所划出的界限：专利权人可以对"专用物品"的市场加以一定控制，对"非专用物品"的市场则无权涉足。但在实际操作中，美国法院并非简单适用该条款，对物品进行一刀切式的分类，而是如前文所述的日本、德国那样考虑直接侵权发生的盖然性。

美国法院通过Fromberg案❸确立了对于"非专用物品"宜采"从属说"的规定。原告是一款用于修理无内胎车轮的装置的专利权人，而被告销售的橡胶栓塞是该装置的专用部件。针对侵权指控，被告抗辩称其提供的产品还可用于修理普通车轮，即具有其他用途。法院指出，被告的产品用于修理普通车轮时需多耗费3倍的修补成本，该功能违背常理，不属于实质性非侵权用途。结合实践中的技术方案和效果，对产品的功能进行科学判断，避免"非专用物品"的范畴过于扩张。

---

❶ Henry v. A. B. Dick Co. 224 U. S. 1 (1912).

❷ Mercoid Corp. v. Mid-Continent Investment Co. , 320 U. S. 661 (1944).

❸ Fromberg, Inc. v. Thornhill, 315 F. 2d 407, 137 USPQ 84 (1963).

4. 日本

日本的专利间接侵权制度初设于 1959 年专利法修改时，彼时其对侵权行为对象的规定限于"仅能用于实施专利技术的物品"。日本实务部门和法院对"专用性"要件的含义进行界定，即该物品除了被用于制造专利产品或者使用专利方法以外，不具有经济上、商业上或具有实用性的其他用途。❶ 由此带来的问题是，只要被控侵权物品存在实施专利技术以外的其他用途，侵权指控便无法成立，但这事实上就给予了被控侵权人一个简单的侵权规避方法——只要在产品中设计一个非侵权用途即可。注意到司法实践中专利权人的困境后，日本在之后的专利法修改中对间接侵权的行为对象进行扩充，将规制范围延伸到"非专用于实施专利技术的物品"上，并对此类行为人的主观要件加以不同规定。

在直接侵权和间接侵权的关系上，仅从《日本专利法》的规定来看，间接侵权的成立并不需要以直接侵权的发生为前提。但在日本司法实践中的态度并不明确。

对此，通过梳理日本的案例可以将其分为三类情况，即直接实施专利行为分为个人或家庭使用、研究实验目的使用以及实施行为发生在国外的三种具体情形。

第一种情形是直接行为人是个人或家庭使用。虽然分析思路不同，但"独立说"和"从属说"都认为这种情形不影响间接侵权的成立。❷ 多数的判决都认定在个人或家庭使用的情况下，无论直接侵权是否成立，间接侵权均能成立。如东京地方法院 1981 年判决的"单反镜头案"❸、大阪地方法院 1999 年的"注射装置案"❹、日本知识产权高等法院 2005 年的"一太郎案"❺ 等。

第二种情形是直接行为人系为试验研究而使用。"从属说"认为该

---

❶ 伊藤贵子. 专利间接侵权：中日法律规定与司法实践比较研究 [D]. 上海：华东政法大学，2010：14-15.

❷ 中山信弘，小泉直树. 新注解特许法 [M]. 日本：株式会社青林书院新社，2011：1478.

❸ 昭 50 (ワ) 9647 号。

❹ 平 8 (ワ) 12220 号。

❺ 日本知识产权高等法院平成 17 (ネ) 10040 号。

情形下并不构成间接侵权，"独立说"的主流观点亦持相同观点。与上述主流观点相对，也有学者如中山信弘、小泉直树指出，对于方法专利而言，在这种情况下是否认定间接侵权应有别于产品专利。例如筛选方法，向试验研究者提供筛选装置软件的人，不能当然免除间接侵权的责任。❶

第三种情形是直接实施行为发生在国外。虽然理由不同，但"独立说"和"从属说"均认为这种情况不构成间接侵权。大阪地方法院2000年的"制笔器案件"❷中，法院就驳回了这种情形下的间接侵权指控。

可见日本司法实践中实际上并不采取单一的"从属说"或单一的"独立说"，而是结合具体情形就这两种理论进行选择，而选择时的重要考量因素就是修正性观点所指出的——直接侵权行为发生的盖然性，这与美国司法实践中认为尚未发生但其发生具有高度盖然性的直接侵权行为可以满足成立间接侵权所需的直接侵权行为要件的思路相似。

（三）总结

总结上述美国、日本、德国的立法及司法实践可知，在专利间接侵权与直接侵权的关系问题上，单纯地采用"独立说"或"从属说"都难以平衡专利权人与社会公众之间的利益关系。故而，上述国家在实践中并不严格择一而行，而是发展出以侵权行为发生可能性为区分方式的"盖然性标准"。

---

❶ 中山信弘，小泉直树．新注解特许法［M］．日本：株式会社青林书院新社，2011：1478.

❷ 大阪地方法院平成8（ワ）12109号。

局部外观设计相关问题文献综述

楚　楚[*]

【摘要】美国于 1976 年在 In re Zahn❶案例判决中明确，外观设计保护的是设计本身，局部外观设计实属设计，应当获得保护，由此开启了局部外观设计专利保护之先例。1999 年，《日本意匠法》中加入了对工业品局部创新的保护措施。2001 年，部分外观设计被写入欧洲理事会关于《共同体外观设计保护条例》（第 EC6/2002 号）中。然而，局部外观设计专利保护制度在我国立法上仍处于空缺状态。2015 年 4 月国家知识产权局向社会公布《中华人民共和国专利法修改草案（征求意见稿）》，其中包括对外观设计的保护由"产品"修改为"产品的整体或局部"❷，这种立法上的转变一时引发学界的高度关注，使得局部外观设计专利保护制度成为学界研究之重点。但在 2018 年年底的《专利法修正案（草案）》中又将上述条款删除。立法的反复动向使得局部外观设计制度在我国落地产生诸多疑难点，因此通过现有文献资料对研究重点进行总结梳理，试图充分讨论对局部外观设计保护的可行方案。

通过梳理文献可以看出有关部分外观设计专利保护的研究，我国目前仍处于起步阶段。研究内容大多数集中于国外部分外观设计保护制度的介绍以及对我国的参考意义。现有文献资料中对局部外观设计专利保护制度的研究重点主要集中于我国是否有必要引入局部外观设计专利保护制度以及我国局部外观设计专利权之保护范围该如何确定。

---

* 楚楚为同济大学上海国际知识产权学院 2017 级硕士研究生。

❶ In re Zahn, 617 F. 2d 261, 204 USPQ 988（CCPA 1980）.

❷《中华人民共和国专利法修改草案（征求意见稿）》第 42 条。

【关键词】 局部外观设计；外观设计专利；侵权判定

一、局部外观设计相关问题的文献统计与分析

（一）中文文献简要统计

目前，学界存在"局部外观设计"和"部分外观设计"两种不同的表述，但实际指代的客体相同，本文中除遵从原作者表达之外，笔者选用"局部外观设计"这一表达。

笔者首先在中国知网文献数据库中用高级检索方式，设定"局部外观设计"或"部分外观设计"为全文检索词，词频为 5 次，限定社会科学Ⅰ辑，共检索到 149 篇文献。从总体上看，现有文献数量反映出国内学者对局部外观设计问题的讨论稀少，首次提及局部外观设计制度的文献发表于 2002 年，但直到 2015 年研究热度才逐渐提升。从文献类型来看，期刊论文共 53 篇，硕士学位论文共 86 篇，博士学位论文 1 篇，国内会议论文共 8 篇，报纸文章 1 篇。从这一数量比例可以初步分析出关于局部外观设计的研究深度不够，大多停留在浅层论证程度。

笔者随后在台湾学术文献数据库中用高级检索方式，设定"局部设计"或"部分设计"在人文社科数据库全文字段检索，得到学术期刊论文 3 篇和硕士学位论文 1 篇。

（二）外文文献简要统计

笔者在英文文献数据库 WESTLAW 中以"partial design"为检索词，Term Frequency 设置为 3 次，在 Secondary Sources 中共检索到 65 篇文献。但实际上"partial design"检索词常为中国、日本以及新加坡学者探讨该制度时所用，欧美文献中没有"partial design"这一表达，而是将关于局部外观设计的问题融入对外观设计的论证当中，这样的文献包含但不限于 37 篇。笔者会在后续的讨论中详细梳理含有"partial design"的文章以及隐藏讨论与局部外观设计相关的外文文献。

二、局部外观设计相关问题文献观点梳理

（一）局部外观设计保护的必要性

在国内层面，根据现有文献的观点可以看出，学术界对中国引入局部外观设计保护制度大多持肯定说，但其出发点不尽相同。

第一种立场的国内学者通过分析论证近年来各国逐渐建立起来的局部外观设计保护制度，得出保护局部外观设计已是国际趋势，因此中国有必要尽快引入该制度。李媛媛通过调研分析认为国内申请人对部分外观设计已经存在一定需求；❶ 刘亚凡、路莉通过介绍美、日、韩三国局部外观设计制度，认为应在维持对外观设计专利申请实施初步审查的前提下引入对产品局部外观设计的保护；❷ 王伟艳、吴大章认为我国外观设计制度应与国际接轨。❸

第二种立场表明，缺少局部外观设计制度会为外观设计的授权、司法和执法工作带来诸多障碍。刘桂荣❹指出国内在处理外国局部外观设计专利申请时，审查员会要求申请人将申请文件中的虚线改为实线，这样做既无法接受申请人的国际优先权主张，又使得设计的名称甚至类别发生变化。张天安、蔡民军、吴玉和，刘迎春❺也同样指出外国局部外观设计专利无法在中国主张国际优先权的困境。❻ 管育鹰提到司法实践中由于缺少局部外观设计保护的判断标准，产品的侵权认定只能依靠法

---

❶ 李媛媛. 我国引入部分外观设计保护制度初探 [J]. 中国发明与专利，2013（11）：22-24.

❷ 刘亚凡，路莉. 我国引入部分外观设计制度的初步思考 [J]. 法制与社会，2015（15）：37-38.

❸ 王伟艳，吴大章. 从黑莓公司诉 Typo 公司侵权案看部分外观设计保护制度 [J]. 中国发明与专利，2015（1）：73-76.

❹ 刘桂荣. 关于部分外观设计保护的探讨 [J]. 知识产权，2004，14（3）：51-52.

❺ 刘迎春. 我国外观设计专利保护的必然发展趋势 [J]. 法制与社会，2013（11）：235-236.

❻ 张天安，蔡民军，吴玉和. 部分外观设计专利申请的优先权问题 [J]. 中国专利与商标，2004（4）：25-30.

官折中自由裁量。❶

第三种立场表明，是否明确局部外观设计的保护，最首要的问题是明晰立法目的。管育鹰指出日本在 1998 年选择引入局部外观设计是为了通过加强知识产权保护复苏本国经济发展，事实证明这一投入小、成效快的政策极大地振兴了工业发展。由此，我国在日本的启发下，开始考虑引入局部为局部外观设计制度。❷

第四种立场的学者认为引入局部外观设计是保护图形用户界面（GUI）外观设计的重要立法途径。吴溯、陈晓、秦锋讨论了美国局部外观设计在我国司法实践中的应用❸，公为良认为引入局部外观设计是现实的需要，也是解决 GUI 保护问题的首要选择。❹

第五种立场来自国外学者，他们密切关注中国对专利法的修改进程，并且希望中国能够尽快将局部外观设计纳入专利法的保护客体中。阿努拉德哈·萨丽霍特拉（Anuradha Salhotra）在分析亚洲的局部外观设计制度时提出，中国有必要修改法律以承认部分外观设计而使得局部外观设计专利申请优先权可以在中国主张。❺ 威廉姆斯（2018）在美国"IP Attachés"圆桌会议中对中国此次修改专利法最终将局部外观设计保护客体从草案中删除这一举措表示沮丧，认为这样无法为外国相关权益人（特别是美国）进入中国市场提供安全的知识产权保障。❻

在国际层面，对本国设立局部外观设计制度也存在不同看法。新加坡法学会曾为新加坡政府提供反馈，表明企业界认为有必要用局部外观设计制度保护具有高度创新、大量投入精力研发的产品设计，同时在不

---

❶❷ 管育鹰. 局部外观设计保护中的几个问题 [J]. 知识产权, 2018 (4): 11-25.

❸ 吴溯，陈晓，秦锋. 美国部分外观设计保护制度和图形用户界面保护制度的发展及启示 [J]. 电子知识产权, 2014 (9): 58-64.

❹ 公为良. 国内首例 GUI 专利侵权案: 谈用户图形界面（GUI）外观设计专利保护 [EB/OL]. (2016-10-21) [2019-07-02]. http://bbs. mysipo. com/article-7736-1. html.

❺ Anuradha Salhotra. Protection of Partial Designs [EB/OL]. (2012-07-01) [2019-07-03]. http://www. asiaiplaw. com/article/41/107/.

❻ William New. US IP Attachés: China's IP Policy 'Hijacked' By Local Interests In 2018; Bad Faith Filings A 'Cancer' [BE/OL]. (2018-12-21) [2019-07-21]. https://www. ip-watch. org/2018/12/21/us-ip-attaches-chinas-ip-policy-hijacked-local-interests-2018-bad-faith-filings-cancer/.

侵犯局部设计的情况下为设计者增加设计的空间。❶ 澳大利亚目前则存在支持与反对两种观点，反对观点认为增加局部外观设计保护会产生对外观设计的过度保护，这种保护既大量浪费申请人的申请费用，同时也无法有效保证权利的有效性，❷ 或者会使权利保护范围的设定出于纯商业战略或法庭辩论考量，也会加重竞争者之间的额外负担；支持观点认为增设局部外观设计保护主要是为了与国际做法趋同，这样既有利于本国申请人寻求海外市场、与海外企业合作，又可以基于《巴黎公约》主张国际优先权。因此，澳大利亚政府知识产权专业咨询机构认为在考虑清楚新制度可能带来的实践和法律困难前，不建议修改本国外观设计法。❸

综上，在局部外观设计专利保护制度是否具有引入的必要性上，现有文献资料主要基于促进优先权合理享有之必要、国际外观设计专利保护制度接轨之必要、司法实践之必要与保护图形用户界面之必要等综合原因得出我国具有引入该制度的基础，也有引入的必要。引起笔者注意的是，管育鹰基于设立局部外观设计之立法目的的考量，目前鲜有学者进行深入研究。

（二）局部外观设计专利申请问题探讨

1. 局部外观设计的内涵

对于局部外观设计的内涵，学术界讨论的重点在于部分外观设计是否必须是产品不可分割的一部分，学界对此的主流观点是肯定的。例如，苏平认为："所谓部分外观设计专利，是指对产品上不可分割的某

---

❶ Ministry of Law, the Intellectual Property Office of Singapore. Final Report Review of Singapore's Registered Designs Regime [R/OL]. (2015-12-15) [2019-07-17]. https://www. mlaw. gov. sg/content/dam/minlaw/corp/News/Annex% 20A% 20-% 20Final% 20Report% 20for% 20Designs% 20Review. pdf.

❷ FICPI Australia. Intellectual Property Arrangements Productivity Commission Inquiry Report No. 78 [R/OL]. (2016-12-23) [2019-07-18]. https://ficpi. org. au/members-only/articles/Response-PCinquiryreport-feb2017. pdf.

❸ The Advisory Council on Intellectual Property. Review of the design system final report [R/OL]. (2015-03-15) [2019-07-17]. https://www. ipaustralia. gov. au/sites/g/files/ net856/f/acip_ designs_ final_ report. pdf.

一部分（局部）的形状、图案及位置关系进行的富有美感并适于工业应用的新设计。"❶ 刘桂荣同样指出："部分外观设计是指对产品上的某一部分的形状、图案及位置关系进行的新设计，不是指对组成该产品的零部件进行的外观设计。"❷ 支持此观点的还有李媛媛❸、夏涛❹、王鹏❺等。但是袁真富、朱华❻认为从申请人和侵权判定的角度出发，应当将可分割产品载体上的外观设计纳入部分外观设计的范畴。然而，"零部件"与"载体不可分的一部分"在专利授权和侵权判定中涉及两个完全不同的主体，零部件的"一般消费者"应当是整体产品的中间商，终端产品的消费者可能只能观察到零部件的一个部分。但是对于产品上不可分割部分的设计而言，不仅是产品的批发商、经销商可以接触到的，终端消费者亦可以显然观察到。不同的判定主体意味着相去甚远的审查标准，因而不能简单地将"零部件"纳入局部外观设计的内涵。

2. 局部外观设计的附图提交之要求

国内学者普遍支持以虚实线结合的方式提交外观设计附图申请，这也是其他地域采用局部外观设计制度的惯常做法。菲利普·西尼雷奥（Philippe J. C. Signore）指出提交的外观设计图纸严格地限定着局部外观设计的保护范围，而虚线仅仅指定了设计所存在的环境并且不对保护范围产生任何限制。❼ 根据《美国专利审查指南》❽ 可以得知虚线有两个目的：其一，表示设计所处的环境；其二，表示保护的界限（disclaimed

---

❶ 苏平. 部分外观设计专利问题探析与思考 [J]. 中国发明与专利, 2012 (10)：63-67.

❷ 刘桂荣. 关于部分外观设计保护的探讨 [J]. 知识产权, 2004, 14 (3)：51-52.

❸ 李媛媛. 我国引入部分外观设计保护制度初探 [J]. 中国发明与专利, 2013 (11)：22-24.

❹ 夏涛. 我国部分外观设计专利保护探析——以专利侵权保护为视角 [J]. 装饰, 2015 (8)：60-61.

❺ 王鹏. 外观设计专利保护范围及侵权判定研究 [D]. 济南：山东大学, 2012：1-33.

❻ 袁真富, 朱华. "部分外观设计"的制度设计及其影响——以美国部分外观设计审查实践为借鉴 [J]. 中国发明与专利, 2016 (11)：81-87.

❼ Philippe, J. C. Signore, C. Ward. Design Patent Protection in the United States [J]. epi Information Journal, 2001 (2)：81-87.

❽ USPTO Manual of Patent Examining Procedure 1503.

design），申请人在使用虚线时要在说明书中明确说明使用的目的，以防止审查员造成误解。❶

外观设计的保护范围主要体现在提交的图片或者设计图中，因此刘亚凡、路莉❷认为我国未来的局部外观设计专利申请，可以继续沿用"完整产品外观设计图片或者照片+表明部分设计的视图"的提交方式，且提交的视图至少应当包含能清楚地表达出使用该部分外观设计的申请所应用的产品领域以及其在产品中的大小、位置和比例关系的视图，以及包含能清楚表达该部分外观设计的形状、图案、色彩的视图。黄浩赟❸对局部设计的大小、位置和比例进行了解释，并且认为对于立体设计应当提交六视图以清楚表达该设计。但王强❹认为，我国在专利审查中用到的参考图与美国外观设计专利审查指南中对虚线的定义十分相似，因而直接运用参考图在外观设计中的作用，不需要引入新的绘制标准即可实现对局部外观设计视图的提交规范。

2013 年 USPTO 宣布外观设计专利申请中的一项新规定，即禁止申请人将外观设计申请文件中的附图由实线改为虚线，对此罗里库·珀（Lorri W. Cooper）认为可以通过三种途径帮助申请人应对新的审查制度。第一种方式是提交完整实线附图，但将后续可能产生的替代方案或不主张部分在简要说明中陈述，这种方法可以作为后续被动修改附图的基础。第二种方式是在完整的 7 个附图（主视图、俯视图、左视图、右视图、仰视图、后视图和立体图）的基础上提供另一套/多套带有虚线的立体视图，用以说明设计可以适用的所有潜在多项具体方案，这种方式既可以减少视图的提交数量，也可以减少分案申请的成本。第三种方

---

❶ David. Different Types Of Broken Lines That Can Be Used In A US Design Patent［EB/OL］.［2015-07-09］. http：//gpdcorp. com/forums/topic/in-a-us-design-case-are-there-different-types-of-broken-lines-that-can-be-used/.

❷ 刘亚凡，路莉. 我国引入部分外观设计制度的初步思考［J］. 法制与社会，2015（15）：37-38.

❸ 黄浩赟. 论局部外观设计的专利保护——以 2015 年《专利法修改草案（征求意见稿）》第二条为视角［D］. 重庆：西南政法大学，2016.

❹ 王强. 局部外观设计提交方式问题初探［J］. 法制与社会，2016（20）：293-294.

式是当附图以照片方式提交时，可以以画圈的方式将不保护的部分标出，并在简要说明中陈述。❶ 以上三种方式从申请人的角度出发，为局部外观设计专利的申请提供灵活和经济的方案，但美国适用严谨的实质审查授权外观设计专利，中国在借鉴上述意见时，还应当考虑制度的差异。

现有文献资料对于提交附图要求观点各异，对于所提交的照片或图纸所表达的保护范围也存在较大争议。在实践中，附图的提交情形是无法穷尽的，申请人会根据实际需要提交不同的附图和简要说明，因此以设置最低限度要求和设定例外是代替精细化设想的解决方式。

3. 局部外观设计专利保护范围问题探讨

对于局部外观设计保护范围界定问题，学术界主要从正向限定和反向排除两个角度进行讨论。刘桂荣❷认为部分外观设计的保护范围由附着的产品类型、部分设计的用途和功能以及部分外观设计在产品上的位置与大小三个因素来限定。黄浩赟❸则给出了更为详细的判断步骤：（1）认定局部外观设计的物品（结合洛迦诺分类标准，根据物品的使用目的、使用状态等认定用途和功能）；（2）认定局部的位置、大小、范围等；（3）根据六视图，结合截面图、参考图等确定希望获得授权的局部设计。

对于是否将保护限制在相同或相似种类产品上的问题，管育鹰❹指出在判定局部外观设计保护范围时应当确定在相同或类似种类产品的基础上，李晶琳也认为，申请时要明确产品这一载体，并且权利范围仅涉

---

❶ Lorri W. Cooper. Disclosed but not described: the new way to reject design patent applications［EB/OL］.（2013 - 07 - 17）［2019 - 07 - 20］. https：//s3. amazonaws. com/documents. lexology. com/4e4d635c-9e18-466a-be02-86afdd1bb21b. pdf.

❷ 刘桂荣. 关于部分外观设计保护的探讨［J］. 知识产权，2004，14（3）：50-51.

❸ 黄浩赟. 论局部外观设计的专利保护——以 2015 年《专利法修改草案（征求意见稿）》第二条为视角［D］. 重庆：西南政法大学，2016：1-34.

❹ 管育鹰. 局部外观设计保护中的几个问题［J］. 知识产权，2018（4）：11-25.

及该产品以及与其相类似的产品。❶ 与此相反的观点是，左婷兰❷认为局部外观设计之实质内容在于所主张设计之部分，而并非物品的整体，比如手机的外形设计不仅可以适用于手机，同时也可以适用于 MP3、MP4、遥控器等，因而认为在提交局部外观设计视图时，可以不用提交体现该局部外观设计所具体应用之整体物品全部外观的视图。王伟艳、吴大章❸，刘欣❹认为在确权程序中判断是否与在先设计相同时，可以不考虑在先设计的产品类别。但这实际上提高了局部外观设计新颖性的审查标准，极大扩张了已确认有效的局部外观设计的保护范围，也给实际的审查工作带来沉重负担。

对于局部外观设计制度保护的例外，斯坦利·赖（Stanley Lai）提到新加坡保护任何可以"独立制造并销售"产品的局部外观，并认为原适用于注册外观设计"must fit/match"例外应当用以限制局部外观设计的保护范围，即扩大适用在同一产品的不同部位设计特征，当两个部位的设计是为了相互连接的情况下。❺

（三）局部外观设计无效审查及侵权判定相关问题探讨

对于局部外观设计侵权中相同或近似的判断，李媛媛、黄浩赟等认为局部外观设计相似性的判定方式与完整产品外观设计的判定方式基本相同。❻ 但笔者认为，目前我国《专利审查指南 2010》中采用的"整体观察，综合判断"的抽象规则无法对局部外观设计进行有效保护，袁真

---

❶ 李晶琳. 日本部分外观设计专利保护探讨 [D]. 武汉：华中科技大学，2012：1-35.

❷ 左婷兰. 局部外观设计专利保护制度研究 [D]. 上海：华东政法大学，2016：1-44.

❸ 王伟艳，吴大章. 从黑莓公司诉 Typo 公司侵权案看部分外观设计保护制度 [J]. 中国发明与专利，2015（1）：73-76.

❹ 刘欣. 工业产品外观设计法律问题研究 [D]. 烟台：烟台大学，2017：1-60.

❺ Stanley Lai SC. The protection of partial designs [J]. Journal of Intellectual Property Law & Practice, 2018, 14（4）：279-285.

❻ 李媛媛. 我国引入部分外观设计保护制度初探 [J]. 中国发明与专利，2013（11）：22-24；黄浩赟. 论局部外观设计的专利保护——以 2015 年《专利法修改草案（征求意见稿）》第二条为视角 [D]. 重庆：西南政法大学，2016：1-34.

富、朱华❶，苏平❷认为司法形成的"设计要点"判断因素能够为局部外观设计提供变相保护途径，但顾昕❸也从司法案例角度论证了现有侵权判定标准"局部要素"代替局部外观设计的局限性。同时，假设我国确立了局部外观设计制度，在无效审查和侵权判定时会存在整体外观设计和局部外观设计两种对比文件，实践中采用何种对比文件进行比对，如何确定对比文件与涉案专利属于相同或类似主体等问题，都是简单采用"整体观察、综合判断"判定标准所无法解决的。管育鹰则赞同美国法院仅对比实线部分的局部设计，不考虑虚线部分不相似是否会带来不同的整体视觉效果这一判断方法。在相同相似的实际判定主体上，笔者认为，基于外观设计这一客体的专业性和感官性，判定局部外观设计的相同相似不应由法官一个人完成，可以考虑在法庭上采纳"相关团体"的综合意见协助法官进行判断能够得出较为客观的结论。管育鹰在其相关论述中也曾提议采用类似于美国陪审团等机制有助于将主观的判定工作客观化。❹

　　日本在局部外观设计保护侵权判断类似性上存在两种观点。第一种观点是佐藤惠太❺提出的"独立说"，认为只要侵权设计使用了外观设计权利人被授权的部分，不管其使用在相同或者相似的产品的任意位置，它都会被认定为与授权的外观设计相同或者类似，构成侵权。第二种观点是加藤恒久❻的"要部说"，认为判断部分外观设计是否被侵权，应当以申请书里公开的部分外观设计作为标准，并考虑到另外两个因素：部分外观设计所在整个产品的位置、部分外观设计所占整个产品外观的比例大小。由于"独立说"在一定程度上扩大了权利人的部分外观设计权

　　❶ 袁真富，朱华."部分外观设计"的制度设计及其影响——以美国部分外观设计审查实践为借鉴 [J].中国发明与专利，2016（11）：81-87.

　　❷ 苏平.部分外观设计专利问题探析与思考 [J].中国发明与专利，2012（10）：63-67.

　　❸ 顾昕.局部外观设计制度的立法必要性研究——以实务中"局部要素"的运用为视角 [J].知识产权，2018（4）：26-38.

　　❹ 管育鹰.局部外观设计保护中的几个问题 [J].知识产权，2018（4）：11-25.

　　❺ 佐藤惠太.部分外观设计的权利范围 [M].信山社，1999：228.

　　❻ 加藤恒久.部分外观设计论 [M].尚学社，1999：334.

利范围，不利于他人创新设计，所以在日本支持"要部说"的占大部分。对此黄浩赟建议我国在认定相同相似性时采用"要部说"，产品这个要件可以作为局部外观设计的限制条件，并认为"独立说"仅着眼于局部，不考虑其在整体上的位置和大小，也不考虑产品的用途和功能，该设计获得授权后，亦可以跨类别，其保护范围过大。❶ 但管育鹰质疑了日本采用"要部说"判断局部外观设计相同近似问题的客观性和稳定性，认为不如直接承认局部外观设计的独立价值在审查时进行直接比对。❷

我国台湾地区修改后的所谓"专利法"在 2003 年正式生效，其中包括增加对部分外观设计（partial design）的保护。❸迈克尔·孙（Michael Sun）对我国台湾地区侵权判定的标准和美国判定标准进行了比对。他指出，我国台湾地区采用的是 Litton System 案❹中的两步法：（1）普通观察者法；（2）新颖点法。但现行的审查指南和法院既没有指出挪用新颖点是以相同还是相似的方式来判定侵权，也没有指出挪用多少个新颖点可以构成侵权。而台湾知识产权部门认为只有挪用了所有的新颖点才可以构成侵权，并且台湾在适用普通观察者法时仍然把比照的对象放在被诉产品（体现在完整的产品上）和被授权设计上，因此作者建议应当把被诉产品改为体现在产品上的被诉设计。同时作者认为采用新颖点法判定侵权时，应当以全部挪用新颖点为条件。当然，如果申请人担心所申请的体现在完整产品上的设计包含了大量的新颖点，可以通过独立的专利申请来保护每一个新颖点。❺ 通过上述分析可知，我国大陆与台湾地区的判定标准不同，因而在比较相近相似的标准上存在一些差异，这样的思路是否值得借鉴还需要后续深入研究。

---

❶ 黄浩赟. 论局部外观设计的专利保护——以 2015 年《专利法修改草案（征求意见稿）》第二条为视角 [D]. 重庆：西南政法大学，2016：1-34.

❷ 管育鹰. 局部外观设计保护中的几个问题 [J]. 知识产权，2018（4）：11-25.

❸ 沈泇莹. 我国专利法修正中设计专利与设计产业现况之调和 [J]. 科技法律透析，2009，21（8）：27-30.

❹ Litton System, Inc. v. Whirlpool Corp., 728 F. 2d 1423 (Fed. Cir. 1984).

❺ Michael Sun. The Partial Design and Derivative Design Patent Practices under the R. O. C. (Taiwan) Patent Reform Act [J]. Technology Law Review, 2011：215-249.

三、局部外观设计相关问题总结

由于我国没有正式建立局部外观设计专利保护制度，有关局部外观设计专利制度的研究仍处于初级阶段。通过综述文献可知，现有资料对局部外观设计专利保护制度的研究主要集中于我国是否具有引入之必要性以及局部外观设计专利权保护范围如何确定上，在对于我国引入局部外观设计专利制度的立法目的上缺乏深入研究。另外，因我国现有文献资料中在对局部外观设计专利保护无效审查和侵权制度的构建上并无具体研究，对其授权条件之新颖性、非显而易见性、侵权的判定标准上研究不足，同时缺乏对局部外观设计司法保护措施的探讨。在强化知识产权执法、加大知识产权侵权成本的形势下，笔者认为在局部外观设计专利保护制度保护范围、侵权判定标准、侵权赔偿标准等问题上有待进一步探讨。

国外对部分外观设计的相关问题已经有深入研究。如日本在部分外观设计保护的内容以及侵权判断类似性上，相对而言制度设计精细而完善。比如，对于局部外观设计保护判断侵权的相似性判断，是否需要考虑位置、所占比例、相应大小等方面因素。而美国作为除中国外唯一采用专利法保护外观设计的国家，在局部外观设计专利方面有丰富的司法实践和经验，因此笔者认为应当深入探讨美国的外观设计制度起源和局部外观设计制度的发展，以期找到符合我国国情的新制度构建。

《专利法》第33条"修改不得超范围"问题案例综述
——以发明和实用新型专利为例

■ 王雅宇 康 瑞*

【摘要】《专利法》第33条赋予了专利申请人对其专利申请文件的修改权,同时也限定了修改的内容和范围。考虑到我国现行法律规定及《专利审查指南2010》中关于"修改不得超范围"的规则指引存在模糊性,因此,在明晰《专利法》第33条立法原意的前提下,可以结合相关案件来解读该条规定中各构成要件的具体内涵并了解其法律适用情况。就"修改"而言,要区分"允许的修改"和"不允许的修改"这两种情形。在对"范围"进行解读时要注意廓清"记载的范围""保护的范围""公开的范围"之间的关系。此外,还要正确理解"直接地、毫无疑义地确定"这一判断方式。

【关键词】专利法;立法目的;修改超范围;特征组合;上位概括

引 言

《专利法》第33条是关于"修改不得超范围"的规定,该条的适用一直是专利审查实践中最具争议性的问题之一,究其原因在于我国现行法律规定及《专利审查指南2010》中关于"修改不得超范围"的规则指引存在模糊性,尤其是对于"直接地、毫无疑义地确定"内容的判

---

* 王雅宇、康瑞为华东政法大学知识产权学院2017级硕士研究生。

断，专利审查以及司法实践中多是简单套用这一标准，缺少详细的说理和分析。笔者通过梳理与"修改不得超范围"相关的典型案例，以其中的 40 份说理较为充分的判决书为重点分析对象，旨在以案例综述的形式明晰专利审查中对"修改不得超范围"这一规则的适用标准。为凸显研究重点，也受限于文章篇幅，笔者仅就发明和实用新型专利所涉及的"修改不得超范围"问题展开案例实证分析。

本篇案例综述行文思路如下。

第一步，确定法律基础。立足于《专利法》第 33 条的条文表述，把握该规定的立法宗旨，并对其中的要件进行解构，探究每一构成要件的适用问题。

第二步，释明判定要件。对涉及"修改不得超范围"的典型案例进行分析，归结出判定要件中的抽象性术语（如"修改不得超范围""直接地、毫无疑义地确定"）在具体案例中的适用标准，明晰该判定要件的应有之义与具体内涵。

第三步，归纳适用规则。在明晰"修改""范围""直接地""毫无疑义地"等判定要件的基础上，归纳出"修改超范围"判断的基本方法与具体适用规则。

一、案例样本分析

笔者在中国裁判文书网以"专利法第三十三条""修改超范围""直接地、毫无疑义地确定"为组合关键词，检索到 76 份判决书。在此基础上，按照以下三个标准选取 40 份判决书作为分析样本（标准一：争议焦点中包含对"修改超范围"的判断；标准二：诉讼程序较为完整，经历了一审、二审及再审程序；标准三：判决书说理比较充分）。通过详细阅读判决书，对比分析专利复审委、一审、二审和再审法院对"修改超范围"判断的不同观点，旨在通过案件梳理的方式了解《专利法》第 33 条"修改不得超范围"标准在专利审查和司法实践中的具体适用情况。

首先，笔者从 40 份判决书样本中，统计出二审审结的案件一共有

16 例，再审案件共有 24 例，结果如表 1、表 2 所示。可以发现，二审终审审理结果有 4 种类型，再审案件审理结果有 3 种类型。具体而言，北京市第一中级人民法院对专利复审委的决定基本上是维持，二者对"修改不得超范围"的判定持大致相同的观点。但是北京市高级人民法院对北京市第一中级人民法院的改判率达 17.5%，最高人民法院对北京市高级人民法院的改判率达 22.5%。这表明在司法审判中，各级法院对《专利法》第 33 条的适用存在较大分歧。

表 1　40 份判决书中二审终审案件的审理结果

结果	结果 1	结果 2	结果 3	结果 4
专利复审委	修改超范围	修改超范围	修改超范围	修改不超范围
北京市第一中级人民法院	修改超范围	修改超范围	修改不超范围	修改不超范围
北京市高级人民法院	修改超范围	修改不超范围	修改不超范围	修改不超范围
案例数量	9	4	2	1
总计	16			

表 2　40 份判决书中再审案件的审理结果

结果	结果 1	结果 2	结果 3
专利复审委	修改超范围	修改超范围	修改超范围
北京市第一中级人民法院	修改超范围	修改超范围	修改超范围
北京市高级人民法院	修改不超范围	修改超范围	修改超范围
最高人民法院	修改不超范围	修改不超范围	修改超范围
案例数量	3	9	12
案例总数	24		

其次，笔者通过梳理判决书发现，仅有 5 份判决书对"直接地、毫无疑义地确定"这一抽象术语的具体适用进行了说理，所占比例为12.5%。大部分判决书并未对此进行分析、说理。

最后，根据涉及技术领域的不同，笔者对 40 份判决书进行分类。经过分析可知，有关发明和实用新型专利申请修改的案件，涉及化学（包括化工、生物与制药）、机械、材料、电学、通信、光学领域。其中化学与机械领域占比较大，所占比例分别为 30% 与 25%（见表 3）。

表 3 判决书涉及技术领域统计　　　　　（单位：份）

技术领域	化学	机械	材料	电学	通信	光学
判决书数量	12	10	6	6	4	2
总计	40					

二、对《专利法》第 33 条的剖析

（一）立法目的剖析

《专利法》第 33 条赋予专利申请人对其专利申请文件的修改权，同时也限定了修改的内容和范围。修改权的立法基础是"公开换保护"，旨在维护申请人的利益，允许其通过修改的方式来弥补语言表述不清等缺陷，从而提高专利申请文件的质量；而对修改进行限制的法律基础为先申请原则，目的在于防止申请人将申请时未完成的发明内容随后补入专利申请文件中，从而不正当地取得先申请的利益。总体而言，《专利法》第 33 条的立法目的在于实现在先申请制下专利申请人与社会公众之间的利益平衡。

（二）法律条文解构

《专利法》第 33 条可以被解构为以下两个要件。第一，申请人享有修改权。具体而言，修改主体为专利申请人；修改客体是原专利申请文件。对这一要件的理解在于明晰"修改"的内容，笔者将在第四部分进行详述。第二，修改不得超范围。对发明和实用新型专利申请文件的修改，限于"原说明书和权利要求书记载的范围"。在对"范围"进行解读时要注意廓清"记载的范围""保护的范围""公开的范围"之间的关系，具体内容也将在第四部分进行阐述。

三、对"修改不得超范围"的理解

(一)对"修改"的理解

对技术特征的修改主要包括增加信息、删除信息、改变信息这三种。《专利审查指南 2010》将"修改"的情形大致分为"允许的修改"和"不允许的修改"两种。❶ 在司法实践中,典型的允许修改的情形为申请人对申请文件明显错误的修改。例如,在"恒成机械案"❷ 中,专利复审委认为"输送辊轮"为"输送滚轮"的笔误、"吸气缸"为"吸气气缸"的笔误,这种修改是允许的。如果修改后的内容致使所属技术领域的技术人员看到的信息与原申请记载的信息不同,而且又不能从原申请记载的信息中直接地、毫无疑义地确定,那么这种修改就是不允许的。❸ 如在"陈复某案"❹ 中,最高人民法院认为,修改的内容"既不属于原说明书和权利要求书文字记载的内容,又不属于本领域技术人员根据原说明书和权利要求书文字记载的内容以及说明书附图能直接、明确导出的内容",这种修改不符合《专利法》第 33 条的规定,属于修改超范围的情形。类似的案例还有"连耀某案"❺ "梁某案"❻。

笔者上述对修改的分类是为了契合《专利审查指南 2010》中的相关规定,应当廓清的一点是,《专利审查指南 2010》中对允许修改和不允许修改的规定并不能涵盖专利审查实践中所有的修改类型,具体案件中应允许法官在把握"修改超范围"判断原则的基础上,有一定自由裁量的空间。

(二)对"范围"的理解

《专利法》第 33 条规定,"对发明和实用新型专利申请文件的修改不得超出原说明书和权利要求书记载的范围",由此可知,该条规定所

---

❶ 详见《专利审查指南 2010》第二部分第八章 5.2.2 节、第 5.2.3 节。

❷ (2015)高行(知)终字第 3782 号。

❸ 详见《专利审查指南 2010》第二部分第八章 5.2.3 节。

❹❺ (2018)最高法行申 695 号。

❻ (2012)高行终字第 46 号。

表明的"修改不得超范围"中的"范围"应特指"记载的范围"。再结合《专利审查指南2010》❶中的相关规定易知"记载的范围"应当包括原说明书和权利要求书中明确有文字记载的内容和可以从中直接地、毫无疑义地确定的内容（可简要归纳为：记载的范围=明确的文字记载+直接地、毫无疑义地确定）。在此，要注意辨析"保护的范围"与"记载的范围"二者的不同。"记载的范围"是对专利修改的限定，如若原申请文件中记载的技术特征越多，则表明修改的空间也就越大；而"保护的范围"划定了专利权的权利边界，申请文件中写明的技术特征越多，该专利的保护范围则越小。在"墨盒案"❷中，法院的观点便是如此。此外，从《专利法》第33条的立法本意出发，笔者赞同将"记载的范围"理解为"公开的范围"这一观点。❸

四、对"直接地、毫无疑义地确定"判定标准的分析

《专利审查指南2010》将《专利法》第33条中"记载的范围"划分为两种情形：（1）原始申请文件中有明确文字记载的内容；（2）虽未明确记载但从原始申请文件中可以直接地、毫无疑义地确定的内容。在审查实践中，对"明确文字记载"这类情形往往争议不大，但对可以"直接地、毫无疑义地确定"的内容却存在较大分歧。

（一）判断主体为相关领域普通技术人员

对于"直接地、毫无疑义地确定"的内容，其判断主体为"所属领

---

❶ 《专利审查指南2010》第二部分第八章5.2.1.1节规定：原说明书和权利要求书记载的范围包括原说明书和权利要求书文字记载的内容和根据原说明书和权利要求书文字记载的内容以及说明书附图能直接地、毫无疑义地确定的内容。

❷ （2010）知行字第53号。

❸ 《审查指南2001》将"记载的范围"理解为"公开的范围"；《审查指南2006》认为"记载的范围"比"公开的范围"更严，其范围更小；2010年修订后的《专利审查指南2010》对这一点未作出改动。值得关注的是，我国专利法律制度多借鉴域外的相关规定，关于"修改不得超范围"的规定亦是如此。《专利合作条约》第19条之（2）规定"The amendments shall not go beyond the disclosure in the international application as filed"，其中的"disclosure"一词表明"修改不得超范围"中的"范围"应指"公开的范围"。

域的普通技术人员"。在"墨盒案"❶中，二审法院认为，判断修改是否超范围的主体是本领域技术人员，其应当是具备专业知识背景的普通技术人员，能够理解所属领域的技术内容。在"曾关某案"❷中，法院认为审查修改是否超范围，应当充分考虑专利申请所属技术领域的特点，不能脱离本领域技术人员的知识水平。类似的案件还有"株式会社岛野案"❸。

（二）判断方式为"直接地、毫无疑义地确定"

"直接地"确定应当理解为本领域普通技术人员在阅读原申请文件后不需要花费创造性脑力劳动即可得知的技术信息。例如，依照申请时本领域的公知常识或惯用手段等因素，无须进行常规实验或逻辑推理便能直接确定的内容。❹在"曾关某案"❺中，法院认为虽然说明书中没有明确记载"两"与"g"的换算是采用何种换算关系，但本领域技术人员结合涉案专利申请的背景技术、发明内容以及本领域的常识，均能够确定在涉案专利申请中的"两"与"g"的换算应当采用旧制。类似的案件还有"亨特道格拉斯案"❻"株式会社岛野案"❼。

"毫无疑义地确定"是指在"直接地"确定这一前提下，能够准确且唯一确定的内容，"唯一确定"是指"技术的唯一确定"而非孤立的

---

❶ （2010）知行字第 53 号。

❷❺ （2011）知行字第 54 号。

❸ （2013）行提字第 21 号。在该案中，法院认为对"修改超范围"的判断应当考虑所属技术领域的技术特点和惯常表达、所属领域普通技术人员的知识水平和认知能力、技术方案本身在技术上的内在必然要求等因素。

❹ 如果修改部分的内容需经本领域普通技术人员进行常规实验或逻辑推理等手段才能确定，则不符合"直接地"确定这一标准。例如，专利复审委员会第 19005 号专利复审无效决定认为，虽然原申请文件中隐含记载了"切换显示后的日期栏大小不变"，但是由于该特征需要综合说明书中的多处记载内容才能推导出来，不属于可以"直接地"确定的内容。

❻ （2015）高行（知）终 4218 号。在该案中，法院认为原说明书附图 3 为端视图，其显示辊 60 是逆时针方向旋转，本领域普通技术人员结合本领域的惯常手段可知，在相对端辊 60 必然为顺时针方向转动。

❼ （2013）行提字第 21 号。

数理逻辑上的唯一确定。❶在"墨盒案"❷中，法院认为，不能对"唯一确定"进行机械理解，也不能将所属领域普通技术人员可以直接、明确推导出的内容理解为数理逻辑上唯一确定的内容。类似的案件还有"艾利森案"❸。

五、对"修改超范围"的判断

对"修改超范围"的判断应当立足于基本的判断方法，再结合个案中的具体情况展开。具体而言，应着重对修改的信息进行技术特征上的实质性判断，而非流于字面记载等形式上的判断。

（一）"修改超范围"判断的基本方法

在专利审查实践中，我国多参照欧洲专利局关于判断修改是否超范围的方法，主要有"直接新颖性判断法"❹"间接新颖性判断法"❺"必

---

❶ 对"唯一确定"这一术语的理解不能过于字面化，应该从技术原理的层面考虑整个技术方案是否发生实质性改变。"唯一性"标准强调的是本领域普通技术人员在阅读原申请文件后，经过合理的思维判断之后能得出的唯一确定，其核心是"技术的唯一确定"而不是孤立的数理逻辑上的唯一确定。

❷（2010）知行字第 53 号。

❸（2013）高行终字第 1548 号。法院认为，权利要求中删除了公式（6）中的"+0.5"，并将除以 2 修改为"近似除以 2"，就修改前后的公式相比较，二者只有在特定条件下计算结果才可能等同，又根据 GSM 标准，TA 的取值范围为 0~63，当 TA 取值较小时，例如，当 TA 取 0.25 时，显然，TA 近似除以 2 不能等同于（TA+0.5）/2，即该修改不能从原说明书和权利要求书所记载的信息中直接地、毫无疑义地确定。

❹ "直接新颖性判断法"多适用于增加技术特征的修改，是指将原申请文件与修改后的申请文件进行比对，找出其中增加的内容，并判断该增加部分是否具备新颖性，如若具备新颖性，则表明修改超范围。

❺ "间接新颖性判断法"多适用于上位概括修改以及删除技术特征的修改情形，是指先将修改后的内容从原申请文件中予以排除，然后判断剩余的内容相对于原申请文件是否具备新颖性，如若具备新颖性，则表明修改超范围。

要技术特征判断法"❶ 等。在司法实践中，新颖性判断法也是法院判断修改是否超范围的基本方法。例如，在"陈复某案"❷ 和"墨盒案"❸ 中，法院均强调对"修改超范围"的判断要关注修改后的技术方案是否构成新的技术方案。

（二）对"修改超范围"的具体判断

专利审查实践中的具体修改情形多种多样，笔者在此仅选取其中争议性较大的三类修改方式进行类型化分析，依据上文提及的"修改超范围"判断的基本方法，并结合具体的案件事实展开论述。

1. 对数值限定修改超范围的判断

数值限定型的修改应符合《专利审查指南 2010》的规定，❹ 即只有修改后数值范围的两端值在原申请文件中已确实记载且在原数值范围之内才可，对于改变保护范围，影响技术效果的数值限定型修改则违反了《专利法》第 33 条。在"吉林厚德案"❺ 中，法院认定，申请人将在先申请文件中记载的加工时间 130~150 秒修改为 130~300 秒，会直接导致其保护范围的增加，同时对于加工方法而言，时间的变化可能直接影

---

❶ "必要技术特征判断法"多适用于删除技术特征的修改情形。对于一个技术特征，只有同时满足三个条件才能被视为非必要技术特征，允许进行删除。这三个条件是：（1）原申请中没有明示该技术特征是必要技术特征；（2）根据发明所要解决的技术问题，该特征并非达到发明效果所必不可少的；（3）将该特征删除后不必改进其他特征进行弥补，以实现未删除该特征时发明获得的技术效果。

❷ （2018）最高法行申 695 号。法院认为，如果修改后的专利申请文件与原申请文件相比，未引入新的技术内容，则可认定对该专利申请文件的修改未超出原说明书和权利要求书记载的范围。

❸ （2010）知行字第 53 号。法院认为在判断修改是否超范围时，还要关注修改后的技术方案是否构成新的技术方案。

❹ 《专利审查指南 2010》第 2 部分第 8 章 5.2.2.1 节中规定，对于含有数值范围技术特征的权利要求中数值范围的修改，只有修改后数值范围的两个端值在原说明书和/或权利要求书中已确实记载且修改后的数值范围在原数值范围之内的前提下，才是允许的。

❺ （2016）京行终第 5664 号。

响技术效果的改变。与数值限定性修改相关的案例还有"江苏先声案"❶。

2. 对技术特征的组合关系修改超范围的判断

对于技术特征重新组合形成新的技术方案的修改方式，应着重考虑技术特征之间的关联性，将这些相互关联的特征及其特定的组合方式作为一个整体来看待，不能将其割裂、抽离、组合形成新的技术方案。在"海赛公司与罗地亚公司等专利行政诉讼案"❷中，海赛公司认为罗地亚公司对发明专利权利要求1的修改属于将原申请文本中彼此分离的特征相组合。法院审理认为，涉案专利相关修改均是对同一技术特征即比表面积数值范围的概括，并不涉及彼此分离的不同技术特征间的组合。申请人意图采用相同含量制备不同剂型产品并在原始申请文件中进行明确表达，因此，允许将实施例中的剂型与另一方案中的活性成分用量进行组合形成新的技术方案。

3. 对技术特征上位概括修改超范围的判断

对技术特征上位概括修改超范围的判断，要考查上位概括是否导致申请主题发生变化、申请文件中是否通过多个下位概念或者实施例的记载直接地、毫无疑义地传达了采用该上位概念的意思表示。在"墨盒案"❸中，专利复审委认为将"半导体存储装置"修改为"存储装置"属于一种上位概括，超出了原申请文件记载的范围；❹但二审法院认为

---

❶ （2011）知行字第17号。专利复审委认为，涉案专利授权文本中"1：10-30"是一个技术方案，并非"并列的两种以上技术方案"，在无效阶段将其修改为"1：30"不符合无效程序中修改方式的规定。法院认为，对于比值关系的权利要求而言，说明书中具体实施例只能记载具体的数值，而无法公开一个抽象的比值关系。对于本领域普通技术人员来说，1mg/kg和30mg/kg表明的是两种成分的比值而非一个固定的剂量，故该案中应认为1：30的比值关系在说明书中已有记载，该修改没有超出原说明书和权利要求书的范围。

❷ （2015）知行字第59号。

❸ （2010）知行字第53号。

❹ 第11291号专利无效审查决定。专利复审委认为，申请人在原申请文件中并没有"存储装置"的文字记载，"存储装置"除半导体存储装置外，其还包括其他不同类型的存储装置。因此，本领域技术人员并不能从原申请文件记载的"半导体存储装置"直接且毫无疑义地确定出"存储装置"。

"存储装置"为"半导体存储装置"的简称；❶ 最高人民法院裁定认为，专利申请人将"半导体存储装置"主动修改为"存储装置"，体现了其具有"半导体存储装置"和"存储装置"二者含义不同的意思表示，难以得出专利申请人在修改权利要求 1 时在其中增加的技术特征"存储器"实际想表述的是"半导体存储器"。类似的案件还有"任文某案"❷"株式会社岛野案"❸。

上位概括修改超范围判断简要示意图如图 1 所示。

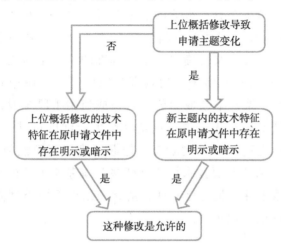

图 1 上位概括修改超范围判断简要示意

❶ （2009）高行终字第 327 号。法院认为，原说明书第 1 页倒数第 2 段记载"其中在一个墨盒上设置了半导体存储装置和连接到存储装置的一个电板"，表明"存储装置"为"半导体存储装置"的简称。

❷ （2015）知行字第 216 号。法院认为，原说明书公开的每一种形式的自动锁闭机构都有不同技术特征的变化，但是这种技术特征的变化仅仅是某些常用的部件的相互替换，其替换后的自动锁闭结构仍然属于"三种自动锁闭机构"的某一种，权利要求书中记载的自动锁闭机构并不能理解为涵盖了所有能够实现自动锁闭功能的实施方式，或者属于上位概念。

❸ （2013）行提字第 21 号。该案中，专利复审委认为，圆形孔是"圆的螺栓孔""圆形螺栓孔"的上位概念，所属领域的技术人员可以理解圆形孔可以是包括多种具有圆形形状的加工孔。株式会社岛野将"圆的螺栓孔""圆形螺栓孔"或"螺栓孔"概括修改为权利要求 1、权利要求 3、权利要求 6 中的圆形孔，显然包含了并未记载在原说明书和原权利要求书中的内容。

结　语

综上所述，对"修改超范围"的判断应回归《专利法》第 33 条法律规定本身，在明晰立法原意的前提下，结合相关案件来解读该条规定中各个构成要件。首先，对"修改"和"范围"的理解应该以《专利审查指南 2010》中的相关规定为指引方向，在具体的案件中明晰其概念内涵。例如，对"范围"这一概念的解读要区分"记载的范围"和"保护的范围"，正确理解"记载的范围"应有之义为"公开的范围"。其次，对于"直接地、毫无疑义地确定"这一标准的判断主体是"所属领域的技术人员"，判断方式是将修改的内容与原申请文件中记载的内容进行比对，同时参照申请时本领域的公知常识或惯用手段等因素，判断结果为本领域普通技术人员无须进行创造性脑力劳动即可唯一确定的信息。最后，对"修改超范围"的判断应在把握"直接新颖性判断法""间接新颖性判断法"和"必要技术特征判断法"等基本方法的前提下，进行个案判断，注重案件的类型化梳理，由此归结出不同类型修改中对"修改超范围"判断的适用规则。

功能性特征的认定

陈文婷　王　峰　白皓宇*

【摘要】根据相关司法解释，对于结构、组分、步骤、条件或其之间的关系等，通过其在发明创造中所起的功能或者效果进行限定的技术特征为功能性特征。功能性特征由于其缺乏结构性或步骤性描述，导致其解释和保护范围的模糊。由于中国对于功能性特征的认定，相关司法解释借鉴美国经验，笔者在检索分析美国判例和中国相关案例的基础上明确其内涵及保护范围。

【关键词】功能性特征；等同比对；本领域技术人员；整体比对

引　言

通常情况下，发明或实用新型的权利要求是通过操作步骤特征或结构特征来限定的，但有时也会采取结构或步骤在实用新型或发明中的作用、功能或者所产生的效果来定义发明，称为功能性特征。❶《最高人民法院关于审理侵犯专利权纠纷案件应用法律若干问题的解释（二）》（本文简称《专利权解释二》）第8条对功能性特征的定义如下："功能性特征，是指对于结构、组分、步骤、条件或其之间的关系等，通过其在发明创造中所起的功能或者效果进行限定的技术特征。"

---

* 陈文婷、王峰、白皓宇为华东政法大学法律专业 2016 级硕士研究生。
❶ 尹新天. 专利权的保护 [M]. 北京：知识产权出版社，2005：237-238.

在此之前，《最高人民法院关于审理侵犯专利权纠纷案件应用法律若干问题的解释》（本文简称《专利纠纷司法解释》）第4条给出了确定功能性特征保护范围的原则："对于权利要求中以功能或者效果表述的技术特征，人民法院应当结合说明书和附图描述的该功能或者效果的具体实施方式及其等同的实施方式，确定该技术特征的内容。"此司法解释在很大程度上借鉴了美国的经验，❶但在具体司法实践中，对于功能性特征的解释及其保护范围的确定却并没有这么简单，其原因在于，功能、效果不同于结构、组分或步骤，前者的边界模糊，难以被分解一一对应比较。❷

因此，笔者通过比较法和案例综述的研究方式，总结美国和中国司法实践中对功能性特征的解读，进而明确其内涵及保护范围在司法实践上的认定。

一、美国功能性特征认定的判例发展脉络研究

笔者通过对美国判例的检索，从中筛选出具有代表性的15个判例，并进行相应的案例分析，归纳出美国功能性特征的认定的判例发展脉络，表1为对美国15个判例的梳理。

表1　美国判例梳理（以时间为序）

序号	时间	案件名称	功能性特征的认定观点
1	1946	Halliburton Oil Well Cementing Co. v. Walker	在Walker案中，专利权人以纯功能性特征的方式撰写了一份权利要求书，即使用"means for"的写法。法院认为这种写法过于模糊，没有指明专利如何实现该功能，或者限制发明到一种发明者实际发明的范围内
2	1985	D.M.I., Inc. v. Deere&Co.	功能性权利要求不限于专利说明提到的具体的几种实施结构，因为要求申请人列举所有可能的结构并不现实

---

❶ 张鹏. 功能性限定权利要求认定与解释制度的完善［J］. 电子知识产权，2013（8）：38-43.

❷ 兰诗文. 禁止反悔原则及功能性特征的解读与适用［J］. 人民司法·案例，2018（5）：90.

续表

序号	时间	案件名称	功能性特征的认定观点
3	1991	Laitram Corp. v. Rexnord Inc.	法院认为仅仅与专利权利要求书中功能性描述的功能相同不能构成等同
4	1993	Valmont Industries, Inc. v. Reinke Mfg. Co., Inc.	法院认为功能性描述应该限于说明书中描述的具体结构或其等同结构，而不包括其他可以实现相同功能的任何机构
5	1994	In re DONALDSON COMPANY, INC.	空气过滤装置专利申请人要求对美国专利商标局（PTO）的决定进行司法审查，审查员拒绝了对复审申请的请求。上诉法院发回重审，要求专利商标局重新审理。上诉法院里奇（Rich）法官认为：（1）权利要求中的方法加功能描述必须根据规范进行解释，并根据相应的结构和材料或规范提供的范围内的行为和等同物进行解释；（2）柔性壁，漏斗状结构的漏斗并没有明确地写出发明的具体结构
6	1996	Greenberg v. Ethicon Endo-Surgery, Inc	其中一条权利要求为："位于所述轴上的呈放射方向放大的轮，所述轮和所述的一个把手具有一个协作的定位器，所述定位器用于以预定间隔限制所述各个轴杆之间的组合旋转。"CAFC认为，由于"定位器"本身的结构为所属技术领域技术人员所知，因而不构成功能性特征
7	1998	Chiuminatta Concrete Concepts, Inc. v. Cardinal Indus., Inc.,	法院研究说明书和附图后，找到符合"连接于锯的装置，用于支撑凝结物的表面……"的特征，法院发现其实际为滑板，法院明确将说明书中出现的与实现所述功能无关的滑板排除在外
8	1999	Personalized Media Communications v. International Trade Commission	"探测器"一词虽然很广泛，但仍然是结构性的，因此对于本领域的技术人员来说，是一种结构性描述，不能引用《美国专利法》第112条的功能性限定条款
9	2004	Lighting World v. Birchwood Lighting	在认定功能性技术特征时，即使未包含结构性描述，但其使用的术语是本领域技术人员所知的结构，就不属于功能性描述
10	2005	STEVEN W. LUNDBERG, STEPHEN C. DURANT & ANN M. MCCRACKIN, ELCTRONIC AND SOFTWARE PATENTS	功能性特征要求保护的等同结构不是所有的可以实现该功能的结构，而是可以充分确定的权利要求范围内的结构
11	2013	TecSec, Inc. v. Int'l Bus. Machs. Corp.	如果本领域技术人员可以通过阅读说明书知道某一个术语的具体结构，则即使权利要求对该术语进行了功能性的描述，也不构成功能性限定

续表

序号	时间	案件名称	功能性特征的认定观点
12	2014	Apple Inc. v. Motorola, Inc.	只有在权利要求中使用"means for""step for"的表达，才可以被当作功能性特征的描述
13	2014	Nautilus, Inc. v. Biosig Instruments, Inc.	如果本领域的技术人员通过阅读专利说明书和起诉历史，不能合理确定本发明的范围，则专利是无效的
14	2014	Medgraph, Inc. v. Medtronic, Inc.	权利要求16写道" a network server and means to transmit said requested data"，与该权利要求有关的主要问题是权利要求是否同时需要计算机和电话接收和发送数据的能力，或者它是否只需要其中一种能力，法院认为"and"的意思是"and"而不是"or"，因为要求的术语应当具有普通的含义
15	2017	Skky, Inc. v. Mindgeek, S.A.R.L.	权利要求中写道"wireless device means"。该描述对于本领域的技术人员来说已经是结构性描述，和功能性描述无关

（一）对纯功能性特征的否定

在美国专利法中，定义专利权利范围的是"权利要求"（claim）。权利要求越是广泛，能保护的专利权就越大，专利的价值也就越高（尽管过于广泛的权利要求可能存在有效性的问题）。而在美国，以功能性特征而非以结构特征来限制权利要求范围是一种大大增大权利保护范围的方式。美国莱特兄弟改进飞机并撰写一份纯功能性特征的权利要求，导致该专利保护范围极宽，既影响飞机制造业的发展，又引领功能性撰写的潮流。因此，在 1946 年，美国最高法院在 Halliburton Oil Well Cementing Co. v. Walker 案中终结了纯功能性特征的写法，认为这种撰写方式不符合专利法规定。在 Walker 案中，专利权人以纯功能性特征的方式撰写了一份权利要求书，即使用"means for"的写法。法院认为这种写法过于模糊，没有指明专利如何实现该功能，或者限制发明到一种发明者实际发明的范围内。同样的判例还有 General Elec. Co. v. Wabash Appliance Corp. ❶ 和 Funk Bros. Seed Co. v. Kalo Inoculant Co. ❷。在 General

---

❶ 304 U. S. 364, 368-74 (1938).

❷ 333 U. S. 127, 133 (1948).

Elec. Co. v. Wabash Appliance Corp. 案中，涉案照明灯丝权利要求写道：
"相对较大的颗粒，这种尺寸和轮廓可防止大幅下垂和偏移。"法院否认
了照明灯丝的功能性权利要求。在 Funk Bros. Seed Co. v. Kalo Inoculant
Co. 案中，法官 Frankfurter, J. 认为，应该驳回对"一种无法识别且只
能通过其相容性识别的细菌群"的权利要求，因为在其他领域存在类似
描述，因此是不允许的。

（二）"具体加等同"标准的确立

由于存在众多涉及功能性限定的专利纠纷，多年后，美国法院开始
对这种撰写方式变得不坚定，经过探索，国会通过了 1952 年《美国专
利法》。该法案明确规定在组合要素专利时，可以使用功能性限定，并
对如何明确功能性特征的保护范围进行明确的规定。这实际上是复活了
功能性描述的权利要求，但是要求在描述功能性时增加对结构的描写，
即装置加功能（means plus function）。同时，在《美国专利法》第 112
条第 6 款中对功能性限定保护范围予以规定，即对于一个组合的权利要
求中的特征，可以表示为实现某种特定功能的机构或步骤，可以不必写
出具体结构、材料或动作。此种权利要求应当被理解为其附属的说明书
中记载的相应结构、材料或者动作及其等同手段。然而美国专利商标局
却不认为上述规定可以适用于专利审查过程中，因为其没有明确的审查
条款，对专利商标局没有太大参考意义。因此在 1952 年《美国专利法》
实施后，美国专利商标局仍然坚持之前的标准，即对权利要求中功能性
特征作宽泛理解，即包括了所有能够实现该功能的全部实施方式，当时
的专利上诉法院和海关也采用上述做法，造成很多的程序浪费和司法不
一致现象。

但从判例发展角度看，对功能性特征的解释是从"包括了所有能够
实现该功能的全部实施方式"逐渐转向"具体加等同"标准的。如 1985
年 D. M. I., Inc. v. Deere&Co. 案认为，功能性权利要求不限于专利说明
的几种具体实施结构，因为要求申请人列举所有可能的结构并不现实。
但到 1991 年 Laitram Corp. v. Rexnord Inc. 案中，法院态度逐步转化为仅
仅与专利权利要求书中功能性描述的功能不能构成等同。直至 1994 年
In re Donaldson 案后，美国联邦巡回上诉法院力排专利商标局的反对意

见，将"具体加等同"标准确立下来。上诉法院在该案的判决中指出，对于《美国专利法》第112条第6款，关于功能性限定的保护范围"具体加等同"的规定应同时适用于专利审查和侵权诉讼。之后专利商标局采纳了该意见，并在专利审查过程中采用该标准。至此，美国专利商标局和法院都采用了"具体加等同"的标准。

（三）以本领域人员的理解为标准

35 U.S.C. §112（f）❶明确授权一种功能性权利要求（装置加功能主张）。与§112（f）相关的基本法解释了根据§112（f）决定一项权利要求是否确定，取决于本领域技术人员是否可以准确理解。在功能性特征的认定上亦是如此。美国法院在认定是否属于功能性特征时，认为即使未包含结构性描述，但其使用的术语是本领域技术人员所知的结构，就不属于结构性描述，❷❸❹同时，亦认为如果本领域技术人员可以通过阅读说明书知道某一个术语的具体结构，则即使权利要求对该术语进行了功能性的描述，也不构成功能性限定。❻

二、中国功能性特征认定的司法实践

（一）案件检索情况概述

1. 司法解释相关案例的检索结果

对于功能性特征的定义以及比对方式，我国规定于《专利权解释二》第8条，我国法院现于此对是否属于功能性特征进行判断及比对。而在此之前法院是通过《专利纠纷司法解释》第4条确定功能性特征保

---

❶ 35 U.S.C. §112（f）：An element in a claim for a combination may be expressed as a means or step for performing a specified function without the recital of structure, material, or acts in support thereof, and such claim shall be construed to cover the corresponding structure, material, or acts described in the specification and equivalents thereof.

❷ Greenberg v. Ethicon Endo-Surgery, Inc (1996).

❸ Personalized Media Communications v. International Trade Commission (1999).

❹ Lighting World v. Birchwood Lighting (2004).

❺ Skky, Inc. v. Mindgeek, S.A.R.L. (2017).

❻ TecSec, Inc. v. Int'l Bus. Machs. Corp. (2013).

护范围的原则来进行功能性特征认定的。据此，笔者通过北大法宝，对《专利权解释二》第 8 条和《专利纠纷司法解释》第 4 条分别进行相关案例检索，并对检索结果的初步统计绘制如下图表，详见图 1 至图 4。

（1）《专利权解释二》第 8 条的检索结果初步分析，如图 1、图 2所示。

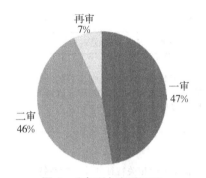

**图 1　《专利权解释二》
第 8 条相关审级分布**

**图 2　《专利权解释二》第 8 条
相关案件审判法院分布（根据案件数量）**

（2）《专利纠纷司法解释》第 4 条的检索结果初步分析，如图 3、图 4 所示。

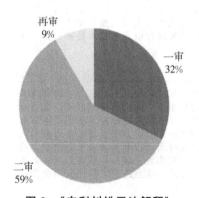

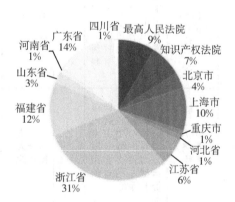

**图 3　《专利纠纷司法解释》
第 4 条相关审级分布**

**图 4　《专利纠纷司法解释》第 4 条
相关案件审判法院分布（根据案件数量）**

2. 其他检索方式

除北大法宝检索方式外，笔者还通过无讼网、Open Law 等案例检索网站对相关案件进行检索，并最终在 89 篇案例中选出 23 篇在下文中进行归纳分析。

（二）功能性特征的认定

笔者选出部分案例，对法院观点进行摘要，如表 2 所示，即为法院有关功能性特征认定的统计表。

表 2 法院关于功能性特征辨别上的观点

序号	案号	案件名称	审级	审判法院	功能性特征认定相关观点摘要
1	（2009）民监字第567号	李昌某与上海欧纳包装制品有限公司一案再审民事裁定书	再审	最高人民法院	技术特征均仅称述了相应装置的功能而未描述相应装置的具体结构，故这些技术特征为功能性特征
2	（2017）最高法民申2346号	徐良某、上海相奎贸易有限公司侵害发明专利权纠纷再审审查与审判监督民事裁定书	再审	最高人民法院	在无证据证明相关特征并非功能性特征，法院根据字面含义认定相关特征为功能性特征并无明显不当
3	（2016）浙民终347号	高晶某与临海市拉拉眼镜有限公司、杭州阿里巴巴广告有限公司侵害发明专利权纠纷二审民事判决书	二审	浙江省高级人民法院	涉案专利权利要求 1 中关于"连接机构一端与连接对象形成转动连接结构"是对连接机构与连接对象连接之后所应达到的效果进行限定的技术特征，属于功能性特征
4	（2017）沪民终418号	上海原烹即蒸餐饮管理有限公司与中山市尚善电器有限公司侵害实用新型专利权纠纷上诉案	二审	上海市高级人民法院	涉案专利权利要求 1 "驱动所述罩体升降的伸缩杆"并未对伸缩杆的结构进行描述，只是对伸缩杆在发明创造中所起的功能进行限定，而本领域普通技术人员仅通过阅读权利要求并不能直接、明确地确定实现上述功能或者效果的具体实施方式，故上述技术特征应为功能性技术特征

续表

序号	案号	案件名称	审级	审判法院	功能性特征认定相关观点摘要
5	（2017）鲁民终691号	艾默生电气公司（Emerson-ElectricCo）与潍坊百适精密机械制造有限公司侵害发明专利权纠纷上诉案	二审	山东省高级人民法院	第一，"磨碎机械装置"和"马达"之间的关系并非通过在发明创造中所起的功能或者效果而是通过两者之间的结构关系进行限定，并且该结构之间的关系是明确的，本领域普通技术人员能够通过阅读权利要求直接了解实施方式。第二，涉案专利系食物垃圾处理器中的抗震系统，而该专利技术中的"磨碎机械装置"的功能和效果唯一。故对该技术特征是功能性技术特征的主张不予支持
6	（2016）浙民终348号	高晶某与临海市静思夜眼镜厂、杭州阿里巴巴广告有限公司侵害发明专利权纠纷二审民事判决书	二审	浙江省高级人民法院	涉案专利权利要求1中关于"连接机构一端与连接对象形成转动连接结构"是对连接机构与连接对象连接之后所应达到的效果进行限定的技术特征，属于功能性特征
7	（2016）最高法民申331号	里特机械公司；常州市同和纺纱机械制造有限公司侵害发明专利权纠纷申请再审民事裁定书	再审	最高人民法院	涉案专利权利要求未记载"导向机构"的具体结构，而是通过"插接件可沿导向机构相对于壳体移动"的描述限定了"导向机构"所实现的是为插接件的移动提供导向的功能，因此认定"导向机构"属于功能性特征
8	（2017）浙01民初431号	高晶某等诉丹阳市开发区美丽都眼镜厂侵害发明专利权纠纷案	一审	浙江省杭州市中级人民法院	"连接机构的一端与连接对象形成转动连接结构，并利用弹簧伸缩性而具有固定角度卡止作用"技术特征是依据连接结构在涉案发明中所起效果进行限定的技术特征，该领域普通技术人员仅通过阅读涉案权利要求难以直接、明确地确定实现上述功能或效果的具体实施方式，属于功能性特征
9	（2017）浙民终433号	龙游锦盛茶叶机械有限公司与安吉元丰茶叶机械有限公司侵害发明专利权纠纷上诉案	二审	浙江省高级人民法院	根据权利要求的记载，结合说明书和附图，对于本领域的普通技术人员而言，"间隔板"的含义是清晰、明确的，故无需再适用功能性特征的相关规定
10	（2017）浙01民初864号	肇庆市衡艺实业有限公司诉平阳县岳侠工艺品有限公司侵害发明专利权纠纷案	一审	浙江省杭州市中级人民法院	"悬浮体水平运动控制装置"这一技术特征在权利要求书中未给出具体实现方式，本领域普通技术人员亦无法依据该表述直接、明确地确定实现该功能的具体结构、方法等技术方案，故该技术特征属于功能性技术特征

续表

序号	案号	案件名称	审级	审判法院	功能性特征认定相关观点摘要
11	（2017）浙民终337号	瑞泽生物科技（苏州）有限公司与杭州原水实业有限公司等侵害实用新型专利权纠纷上诉案	二审	浙江省高级人民法院	涉案专利权利要求1记载的一项技术特征为"对水分子进行物理性处理的水处理器"，该技术特征只是描述了该特征所要实现的"对水分子进行物理性处理"的功能，但权利要求1中并未记载实现该功能的具体技术手段，故该"对水分子进行物理性处理的水处理器"是一项功能性特征
12	（2017）粤73民初1418号	肇庆市衡艺实业有限公司诉深圳市鹏凯电子科技有限公司等侵害发明专利权纠纷案	一审	广州知识产权法院	原告专利权利要求1中"悬浮体水平运动控制装置，设置在所述底座内，当所述底座上方悬浮的所述磁性悬浮体在水平方向上偏离所述基准位置时，控制所述磁性悬浮体返回所述基准位置"的表述仅仅描述了其所实现的功能和效果，未记载实现该功能的具体技术手段，而且本领域普通技术人员仅仅阅读权利要求书后，并不能唯一确定具体实施方式，属于功能性技术特征
13	（2016）浙01民初1006号	嘉兴捷顺旅游制品有限公司诉浙江天猫网络有限公司等侵害实用新型专利权纠纷案	一审	浙江省杭州市中级人民法院	万向座对于本领域普通技术人员而言，属常用技术，无需借助其他文献即可直接、明确地确定其具体实施方式，故其不属于功能性特征，无须以涉案专利说明书记载明确其具体实施方式
14	（2015）京知民初字第1848号	天津联力化工有限公司诉浙江福瑞德化工有限公司侵害发明专利权纠纷案	一审	北京知识产权法院	涉案专利说明书第［0119］段记载有以下内容："在放料装置输料罐本体的出料斗部21b上也安装料位开关（未图示），用于判断铝粉是否被彻底转移。"即所述"料位开关"的功能在于检测输料罐本体中的铝粉是否被彻底转移，在各方未提交本领域普通技术人员仅通过阅读权利要求即可直接、明确地实现上述功能或者效果的具体实施方式的情况下，可以将涉案专利权利要求1限定的"料位开关"认定为功能性特征
15	（2016）闽民终1532号	福州旭乐数控设备有限公司与纽拉斯脱意大利有限公司（NEWLASTI-TALIASRL）公司侵害发明专利权纠纷上诉案	二审	福建省高级人民法院	技术特征"沿着三个相互垂直的坐标轴有选择地移动"中，"有选择地"作为对鞋坯及旋转刀具移动方式的限制，构成了功能性技术特征，由于权利要求的表述中并没有对"有选择地"作出更多的技术启示，根据上述司法解释的规定，应结合涉案专利说明书及附图的描述来确定该功能性技术特征的内容

序号	案号	案件名称	审级	审判法院	功能性特征认定相关观点摘要
16	（2017）浙01民初174号	温州朗德带业有限公司诉杭州友普装饰材料有限公司侵害发明专利权纠纷案	一审	浙江省杭州市中级人民法院	通过对涉案专利说明书的解读，本领域普通技术人员对于"高温定型"这一技术特征可得出明确的、唯一的解释，即通过"高温定型滚筒5"挤压纺织物定型，且该步骤系在高温烘干步骤之后。被告所使用的工艺中，经烘干的纺织物经过数个滚筒定型，但滚筒并无加热装置，显然缺少"高温定型"这一技术特征，未落入该权利要求保护范围
17	（2017）鲁民终375号	山东康健汽车配件有限公司与潍坊圣世源汽车配件制造有限公司等侵害实用新型专利权纠纷上诉案	二审	山东省高级人民法院	虽然功能性特征一般通过功能或效果对相关权利要求中的技术结构或步骤等进行限定，但并非所有以功能或效果表述的技术特征都属于功能性特征，对于权利要求中使用功能性词语进行限定的技术特征，如果通过阅读权利要求书和说明书，对该技术特征的理解，与本领域普通技术人员的通常理解一致，能够明了该技术特征所体现的功能和效果是如何实现的，在这种情况下，按照通常理解确定该技术特征的内容即可，无须界定是否属于功能性特征。本案中，涉案专利权利要求1中的F技术特征为"在上盖上设置有弹簧调节螺栓"，通过阅读权利要求可以直接明确得出通过旋转螺栓本身或与螺栓结合的部件（如上盖）实现弹簧调节功能的具体实施方式。因此，涉案专利权利要求1中的F技术特征不宜认定为功能性技术特征
18	（2017）沪民终42号	江苏海特尔机械有限公司与上海玉朗模具有限公司侵害发明专利权纠纷上诉案	二审	上海市高级人民法院	"夹纸钳"是涉案专利前序部分的技术特征，虽涉案专利权利要求并未对"夹纸钳"的技术方案作出限定，但我国《专利法实施细则》第二十一条规定，前序部分写明要求保护的发明或者实用新型技术方案的主题名称和发明或者实用新型主题与最接近的现有技术共有的必要技术特征，因此"夹纸钳"属于涉案专利主题与最接近的现有技术共有的必要技术特征，本领域普通技术人员能够仅通过阅读权利要求即可直接、明确确定"夹纸钳"的技术方案和实施方式，故"夹纸钳"不应认定为功能性技术特征

续表

序号	案号	案件名称	审级	审判法院	功能性特征认定相关观点摘要
19	（2016）苏民终291号	SMC株式会社与神驰气动有限公司等侵害发明专利权纠纷上诉案	二审	江苏省高级人民法院	螺线管在通电状态下产生磁力，进而驱动其中的铁芯，是电磁的基本原理及公知常识，本领域普通技术人员在阅读涉案专利权利要求时，可以直接、明确地确定实现"该螺线管在接近或远离上述阀座的方向上驱动上述阀芯"这一效果的具体实施方式，故该技术特征不属于功能性特征
20	（2016）浙07民初704号	高晶某诉吴灵某侵害发明专利权纠纷案	一审	浙江省金华市中级人民法院	本案存在争议的技术特征，并未载明连接机构的具体结构或方法步骤特征，而是依据连接结构在涉案发明中所起的固定角度卡止的效果进行限定的技术特征，且具有固定角度卡止效果的连接机构并非眼镜相关领域约定俗成的技术术语，该领域普通技术人员仅通过阅读涉案权利要求难以直接、明确地确定连接机构实现固定角度卡止效果的具体实施方式，故该争议技术特征属于功能性特征
21	（2016）浙民终529号	陈校某等与杭州润泉环境科技有限公司侵害发明专利权纠纷上诉案	二审	浙江省高级人民法院	该技术特征仅系用该机构对芯模框的收放功能加以限定，且本领域普通技术人员仅通过阅读权利要求无法直接、明确地确定实现该功能的具体实施方式，故属于功能性特征
22	（2015）沪知民初字第748号	山特维克知识产权股份有限公司诉浙江美安普矿山机械股份有限公司侵害发明专利权纠纷案	一审	上海知识产权法院	法院在阅读了专利说明书的背景技术以及发明内容后，认为涉案专利的发明点在于第二喂给装置，而第一喂给装置属于本领域的现有技术，本领域普通技术人员对该现有技术应当是了解的，对于是否需要增加滑动节流阀这一技术特征，也不需要付出创造性劳动就能想到，因此，不应当将其作为功能性技术特征来理解
23	（2016）粤民终1038号	深圳摩炫科技有限公司等与肇庆市衡艺实业有限公司侵害发明专利权纠纷上诉案	二审	广东省高级人民法院	但对于"悬浮体水平运动控制装置"这一技术特征在权利要求1并未涉及详细的结构表达，只是以功能或效果加以表述，故应当按照功能性特征的相关司法解释，结合说明书和附图描述的该功能或效果的具体实施方式及其等同的实施方式，确定该技术特征的内容

1. 反向排除规则

综上法院观点可以看出，法院在作出是否为功能性特征的判断时，虽有些法院❶是依据《专利权解释二》第8条第1款❷对功能性特征的定义进行判断的，但多数法院❸❹❺是根据该款"但"之后内容进行反向排除的，而非从功能性特征本身的定义出发进行判定。这种判断方式是合理的，其理由如下：其一，如果仅从正向定义出发，很可能将所有含有功能性用语的技术特征均涵盖在"功能性特征"的范围内，将大大扩展功能性特征使用范围，这明显是不合理的；其二，认定功能性特征的目的在于，功能性特征无法如非功能性特征一般有明确的结构、组分、步骤等，在仅通过阅读权利要求书时存在一定比对上的困难，需要进一步通过说明书和附图明确其所代表的结构、组分、步骤等特征，因而在能直接通过阅读权利要求书得出明确结构、组分、步骤等技术特征的，无认定为功能性特征之必要。

因此，功能性特征判断的本质，并非单纯以是否存在目的或效果为标准，而是看能否通过权利要求书得出相应结构、组分、步骤等。在《专利权解释二》还未实施前，在李昌某与上海欧纳包装制品有限公司案二审❻中，上海市高级人民法院就采用了该方式对是否属于功能性特征进行判定。上海市高级人民法院将涉案实用新型专利"一种瓦楞蜂窝复合纸板的制造设备"的独立权利要求拆分为技术特征A、B、C、D、E、F、G、H、I，认为技术特征A、B、C、D、E、F、G、H、I均只是陈述了相应装置的功能而未描述相应装置的具体结构，故认定这些技术特征为功能性特征。

2. 以本领域普通技术人员理解为标准

据《专利权解释二》第8条第1款之规定，在对功能性特征进行判定时，是以本领域普通技术人员的理解为标准的，我国法院在判定某技

---

❶ （2016）浙民终347号。

❷ 《最高人民法院关于审理侵犯专利权纠纷案件应用法律若干问题的解释（二）》第8条第1款："功能性特征，是指对于结构、组分、步骤、条件或其之间的关系等，通过其在发明创造中所起的功能或者效果进行限定的技术特征，但本领域普通技术人员仅通过阅读权利要求即可直接、明确地确定实现上述功能或者效果的具体实施方式的除外。"

❸ （2017）沪民终418号。

❹ （2016）最高法民申331号。

❺ （2017）粤73民初1418号。

❻ （2006）沪高民三（知）终字第48号。

术特征是否为功能性特征时是据此采用"普通技术人员理解"为标准的。例如，在山东康健汽车配件有限公司、潍坊圣世源汽车配件制造有限公司（原潍坊同合汽车配件科技开发有限公司）侵害实用新型专利权纠纷案二审❶中，山东省高级人民法院对于独立权利 F 技术特征"在上盖上设置有弹簧调节螺栓"进行是否为功能性特征判定时认为，"该技术特征涉及的弹簧调节螺栓，其所要实现的功能或效果为'弹簧调节'，但专利权利要求 1 没有记载实现该功能的具体结构。并且没有证据证明，在所属技术领域中存在结构相对固定且为本领域的普通技术人员所熟知的能够实现弹簧调节功能的螺栓。本领域普通技术人员通过阅读权利要求本身并不能直接、明确地确定实现该功能的具体实施方式，因此根据《专利权解释二》第 8 条第 1 款的规定，该技术特征属于以功能或者效果进行限定的功能性特征"。

此外，并不是所有以功能或者效果表述的技术特征均属于功能性特征，已经成为所属技术领域的普通技术人员普遍知晓的技术名词，不宜认定为功能性特征。❷常用技术、现有技术均应属于此类技术名词。例如，在嘉兴捷顺旅游制品有限公司诉浙江天猫网络有限公司等侵害实用新型专利权纠纷案❸中，浙江省杭州市中级人民法院认为，万向座对于本领域普通技术人员而言，属常用技术，无须借助其他文献即可直接、明确地确定其具体实施方式，故其不属于功能性特征，无须以涉案专利

---

❶ （2017）鲁民终 375 号。

❷ 北京市高级人民法院《专利侵权判定指南（2017）》第 18 条：

对于权利要求中以功能或者效果表述的功能性特征，应当结合说明书和附图描述的该功能或者效果的具体实施方式及其等同的实施方式，确定该技术特征的内容。

功能性技术特征，是指对于结构、组分、材料、步骤、条件或其之间的关系等，通过其在发明创造中所起的功能或者效果进行限定的技术特征。下列情形一般不宜认定为功能性特征：

（1）以功能或效果性语言表述且已经成为本领域普通技术人员普遍知晓的技术术语，或以功能或效果性语言表述且仅通过阅读权利要求即可直接、明确地确定实现上述功能或者效果的具体实施方式的技术特征；

（2）使用功能性或效果性语言表述，但同时也用相应的结构、组分、材料、步骤、条件等特征进行描述的技术特征。

❸ （2016）浙 01 民初 1006 号。

说明书记载明确其具体实施方式。又如上海知识产权法院在山特维克知识产权股份有限公司诉浙江美安普矿山机械股份有限公司侵害发明专利权纠纷案❶中，认为涉案专利第一喂给装置属于本领域的现有技术，本领域普通技术人员对该现有技术应当是了解的，对于是否需要增加滑动节流阀这一技术特征，也不需要付出创造性劳动就能想到，因此，不应当将其作为功能性技术特征来理解。

然而"本领域普通技术人员理解"通常需要相应证据证明。在无证据足以佐证的情况下，则以字面意思判断为准。如徐良某、上海相奎贸易有限公司侵害发明专利权纠纷案再审❷中，最高人民法院认为，"由于徐良某没有提供证据证明相关特征并非功能性特征，二审法院根据字面含义认定相关特征为功能性特征并无明显不当"，就体现了这一观点。

（三）功能性特征的比对

笔者对筛选出的案例中关于比对方式的法院观点进行摘要，如表3所示，即为笔者对法院在功能性比对上的观点列表。

表3　法院关于功能性特征比对上的观点

序号	案号	案件名称	审级	审判法院	功能性特征认定相关观点摘要
1	（2017）最高法民申2073号	温州钱峰科技有限公司、温州宁泰机械有限公司侵害发明专利权纠纷再审审查与审判监督民事裁定书	再审	最高人民法院	判断相应技术是否等同：首先判定实现功能性特征不可缺少的技术特征，其次对二者的功能、效果、手段进行比对，如果相同则构成等同
2	（2017）苏民终833号	东莞市翔度电子科技有限公司与居永某侵害发明专利权纠纷二审民事判决书	二审	江苏省高级人民法院	在对功能性特征适用等同原则时，应当将功能性特征作为一个整体与被控侵权技术方案中的相应技术特征进行比对，也即应当把从说明书和附图中所归纳出的实现功能性特征所表述的功能或者效果所不可缺少的技术特征作为一个整体，与被控侵权技术方案中的相应技术特征进行比对，从而避免因过度拆分技术特征导致不当限缩专利权保护范围的后果

❶（2015）沪知民初字第748号。
❷（2017）最高法民申2346号。

续表

序号	案号	案件名称	审级	审判法院	功能性特征认定相关观点摘要
3	（2016）最高法民申176号	特莎有限公司与青海量具刃具有限责任公司、北京市哈量量具配件有限公司等侵害发明专利权纠纷申诉、申请民事判决书	再审	最高人民法院	对于功能性特征的内容，应当结合说明书和附图描述的该功能或者效果的具体实施方式及其等同的实施方式加以确定
4	（2016）最高法民申331号	里特机械公司；常州市同和纺纱机械制造有限公司侵害发明专利权纠纷申请再审民事裁定书	再审	最高人民法院	"导向机构"的具体结构，而据涉案专利说明书和附图的记载，将被诉侵权产品的相应技术特征与涉案专利说明书记载的"导向机构"具体实施方式相比，两者在导向机构与壳体的位置关系、插接件相对于壳体的移动方向等方面存在较大差异，并不属于通过基本相同的技术手段，实现相同的功能或效果
5	（2017）闽民终501号	华为终端有限公司等与福建泉州市华远电讯有限公司等侵害发明专利权纠纷上诉案	二审	福建省高级人民法院	权利要求9、12、13和14，权利要求9、12、13和14中的功能模块属于功能性特征x，其保护范围应当以说明书所记载的具体实施方式为准，该"功能性特征"在说明书中没有具体实施方式，导致保护范围无法确定，因而应当直接判定被诉侵权技术方案未落入上述权利要求的保护范围
6	（2016）浙01民初846号	侯某某诉浙江淘宝网络有限公司等侵害实用新型专利权纠纷案	一审	浙江省杭州市中级人民法院	涉案专利权利要求1对于如何实现"用于夹紧金属针的夹紧固定机构"这一技术特征未给出具体实现方式，本领域普通技术人员亦无法依据该表述直接、明确地确定实现该功能的具体结构、夹紧方法等技术方案，故该技术特征属于功能性技术特征

续表

序号	案号	案件名称	审级	审判法院	功能性特征认定相关观点摘要
7	（2015）渝五中法民初字第01370号	袁守某等诉田义某侵害专利权纠纷案	一审	重庆市第五中级人民法院	如前所述，活动卸物机构为功能性特征，可以由权利要求的实施例进行限定。被控侵权产品"活动卸物机构"与专利权利要求实施例1完全不同，被控侵权产品与权利要求实施例2记载的活动卸物机构比较接近，区别在于被控侵权产品比实施例2增加了一个支撑筒，支撑架的形状有所变化，由矩形平面图形增加两条线段后成为三个四边形。被控侵权产品与权利要求实施例2的活动卸物机构均由支撑架和支撑筒组成，是通过将支撑筒焊接在加热筒筒壁的中部，支撑架的主体位于加热筒筒内、支撑架经支撑筒穿过加热筒的侧壁的方式，实现了将加热筒分隔为上下两部分，加热介质限制在加热筒的上半部，当支撑架的主体被拉出加热筒外，加热介质直接落入加热筒的下半部的功能与效果，二者达到的功能与实现的效果相同，为实现功能的手段即通过支撑架、支撑筒等组件及组件之间的连接以及与加热筒的连接方式等是相同的，而关于支撑筒的数量以及支撑架的形状的变化系本领域普通技术人员能够根据常识、生活经验就可以联想到的，因此，被控侵权产品与涉案专利的活动卸物机构构成等同特征

《专利权纠纷司法解释》第 4 条❶及《专利权解释二》第 8 条

---

❶ 《最高人民法院关于审理侵犯专利权纠纷案件应用法律若干问题的解释》第 4 条："对于权利要求中以功能或者效果表述的技术特征，人民法院应当结合说明书和附图描述的该功能或者效果的具体实施方式及其等同的实施方式，确定该技术特征的内容。"

第 2 款❶是我国法院功能性特征比对的依据。且从华为终端有限公司等与福建泉州市华远电讯有限公司等侵害发明专利权纠纷上诉案❷的福建省高级人民法院的观点中可以看出，《专利纠纷司法解释》第 4 条亦在一定程度上表明我国否认"纯功能性特征"，即功能性特征需要得到说明书或附图的支持，能从说明书或附图中得出相应的实施方式，否则保护范围将无法确定，导致被直接判定被诉侵权技术方案未落入上述权利要求的保护范围。

综合上表观点，许多法院在比对功能性特征与侵权产品相应特征时，是依据《专利纠纷司法解释》第 4 条，通过说明书和附图确定具体实施方式，然后根据《专利权解释二》第 8 条第 2 款所述方式进行等同比对。概括来说主要有两点，即整体比对和等同比对。

1. 整体比对方式

在东莞市翔度电子科技有限公司与居永某侵害发明专利权纠纷案二审❸中，江苏省高级人民法院认为，"在对功能性特征适用等同原则时，应当将功能性特征作为一个整体与被控侵权技术方案中的相应技术特征进行比对，也即应当把从说明书和附图中所归纳出的实现功能性特征所表述的功能或者效果所不可缺少的技术特征作为一个整体，与被控侵权技术方案中的相应技术特征进行比对，从而避免因过度拆分技术特征导致不当限缩专利权保护范围的后果"。在该案中"安全阀"这一技术特征由于实现上述卸压功能的不可缺少的技术特征是钢球、注液孔、将钢球压在注液孔上的压簧/压片，以及将钢球、压簧/压片配合在一起的保持架（调节螺栓内孔）。与被控侵权产品结构相比较后，被控侵权产品的相应技术特征与涉案专利说明书所记载的实现安全阀功能的不可缺少的技术特征相比，仅在于设定卸压压力的方式略有差异，但这两种卸压

---

❶ 《最高人民法院关于审理侵犯专利权纠纷案件应用法律若干问题的解释（二）》第 8 条第 2 款："与说明书及附图记载的实现前款所称功能或者效果不可缺少的技术特征相比，被诉侵权技术方案的相应技术特征是以基本相同的手段，实现相同的功能，达到相同的效果，且本领域普通技术人员在被诉侵权行为发生时无需经过创造性劳动就能够联想到的，人民法院应当认定该相应技术特征与功能性特征相同或者等同。"

❷ （2017）闽民终 501 号。

❸ （2017）苏民终 833 号。

压力设定方式都是利用材料的弹性或者弹塑性特性，并无本质上的区别，本领域普通技术人员在知晓了说明书所公开的这种安全阀结构后，很容易联想到被控侵权产品的安全阀结构，因此，江苏省高级人民法院认定被控侵权产品由钢珠、注液孔以及盖板保持架所构成的安全阀，与涉案专利权利要求1中的安全阀技术特征构成等同特征。

由该案可知，江苏省高级人民法院对功能性特征与被控侵权产品技术特征之间进行比对时，是将功能性特征作为整体去比对，而非将功能性特征再结合说明书和附图描述的该功能或者效果的具体实施方式进行拆分为各个技术特征再进行等同比较，而是采取分析功能性特征后提取出实现其功能或目的必不可少的技术特征作为一个整体进行相同或等同比较。

2. 等同比对方式

据我国司法解释，对于具体实施方式的等同实施方式的判定，按照以下步骤进行。首先，通过说明书和附图描述的该功能或者效果的具体实施方式分析出实现功能性特征不可缺少的技术特征。然后，将被诉侵权产品相应的技术特征进行比对。如果经过比对，两者具有相同的功能、效果和手段，则侵权产品相应的技术特征属于功能性特征的具体实施方式的等同实施方式。这与等同侵权判定的准则相同。

例如，最高人民法院在温州钱峰科技有限公司、温州宁泰机械有限公司侵害发明专利权纠纷案再审中，对技术特征"可上下升降的上切刀安装板"认定为功能性特征，并根据涉案专利说明书的记载，认定实现"可上下升降的上切刀安装板"不可缺少的技术特征有：上切刀与上切刀安装板之间设有连接上切刀中部与上切刀安装板中部的支撑连杆，机架上设置有竖直气缸，竖直气缸的活塞杆往下延伸穿过上切刀安装板并固定在支撑连杆上端，竖直气缸驱动上切刀做上下往复运动。与被诉侵权产品的相应技术特征进行比较，二者功能相同、效果相同。二者在手段上虽然存在一定差异，但无论是通过竖直气缸还是通过偏心轮的方式驱动某一部件做上下运动，都是所属技术领域惯常的技术手段，对本领域普通技术人员而言，将本专利权利要求1的相应技术特征替换为被诉侵权技术方案中以偏心轮带动拉杆的手段是显而易见的。因此，二者构成等同技术特征。

结　语

将美国和中国的立法和司法实践进行比较，可以看出中国对功能性特征的认定在一定的程度上借鉴了美国的经验。两者在判定是否为功能性特征上，均是以本领域技术人员理解为标准进行是否属于结构性描述为核心的判断。对于将本有领域公知技术名词排除在功能性特征外亦是基于上述判断标准。

而对功能性特征的内涵和保护范围的认定上，我国借鉴了美国的经验，采取"具体加等同"的标准，并加入整体比对原则，即以说明书和附图中所归纳出的实现功能性特征所表述的功能或者效果所不可缺少的技术特征作为一个整体，与被控侵权技术方案中的相应技术特征进行比对，比较二者是否相同或等同。

作为外观设计相似判定主体的一般消费者的认定与适用

张芷璇　谭宇航　张蓉蓉*

【摘要】 作为我国外观设计专利相同或近似的判断主体的"一般消费者"，其认定与适用在司法实践中存在着一些模糊甚至矛盾之处。通过对80个案例的实证分析，试图厘清司法实践中对于作为外观设计相似性判断主体的"一般消费者"的认定路径及其"知识水平与认知能力"的考量因素。得出一般情形下，需要结合产品特性、现有设计及纯粹功能性、设计空间的大小、产品的要部等综合因素进行一般消费者"知识水平与认知能力"的具象化；特殊情形下则需对一般消费者本身进一步指明。

【关键词】 一般消费者；知识水平与认知能力；纯粹功能性；设计空间

引　言

判断外观设计是否相似是处理外观设计确权或侵权纠纷的核心，其要求判定主体需运用判定方法，考察判定对象是否相似，判定主体可谓外观设计相似性判断的起点。与发明或实用新型不同，外观设计的判定主体系一般消费者而非专业技术人员，理解一般消费者的内涵与外延亦由此在处理外观设计纠纷中变得不可或缺。本文在无讼的法律数据库，

---

* 张芷璇、谭宇航、张蓉蓉为华东政法大学知识产权学院2018级硕士研究生。

检索关键词"外观设计、判断主体、一般消费者"，共得到 262 个案例，经筛选，本文选取了 80 个案例作为样本。图 1 到图 4 反映了样本的各项基本情况。

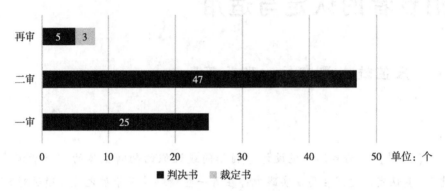

图 1　样本案例文书类型及审级分布

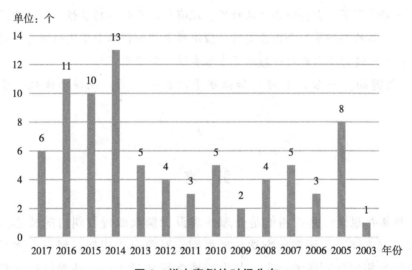

图 2　样本案例的时间分布

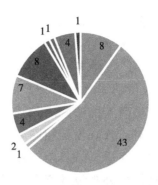

图 3　样本案例地区分布

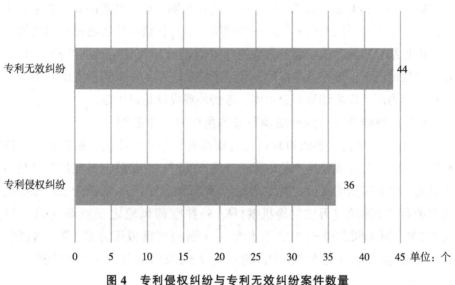

图 4　专利侵权纠纷与专利无效纠纷案件数量

一、一般消费者是否需作指明

（一）通常情形：确定特定产品的一般消费者的知识水平与认知能力即可

第一，产品的多样性决定了产品的一般消费者内涵与外延的丰富性。

尽管一般消费者是法律抽象的概念，但完全抽象的一般消费者难以被运用在具体案件的处理中，一般消费者的确定必须结合特定产品的特性，至少应包含定语"某产品的"。样本中，全部案例的判定主体均包含该定语，即审理机关至少需指明系何种特定产品的一般消费者，此无争议。浙江万丰摩轮案中，最高人民法院亦论述："如果只是认识到一般消费者是一个抽象的人，对于外观设计相同或相近似的判断而言不具有多少实际意义。问题的关键在于具体界定一般消费者的知识水平和认知能力。这就必然要针对具体的外观设计产品，考虑该外观设计产品的同类和相近类产品的购买者和使用者群体，从而对该外观设计产品的一般消费者的知识水平和认知能力作出具体界定。"[1]

第二，样本中，高达 62 个案件，各级审理机关均通过结合具体产品，直接以"一般消费者"作为判定主体，直接判断一般消费者的知识水平和认知能力，不再对一般消费者作进一步指明，不再作诸如购买者或使用者的区分，而是结合判定方法、判定对象得出外观设计相似性判断的结论。可见，在大多数情况下，重合是存在的，认定了特定产品的一般消费者的知识水平与认知能力即可以之作为判定主体，考察外观设计是否相似。

（二）特殊情形：对一般消费者本身作进一步指明

尚有 18 个案件，各级审理机关有或均有作进一步指明。根据法院判决可知，首先，当外观设计产品内置于最终产品时，在最终产品使用时其是不可见的，法院需指明系该"特定产品"而非最终产品的一般消费者。压缩机热保护器之于冰箱（万宝制冷机案）[2]、外挂空调风轮之于空调（格力风轮案）[3]、恒温阀芯外壳体之于水龙头（铜利来机械壳体案）[4]、钢制型材之于安装产品（型材案）[5]，均系出于此原因而作进一步指明[6]。其

---

[1]（2010）行提字第 5 号。

[2]（2008）高行终字第 209 号。

[3]（2011）行提字第 1 号。

[4]（2017）浙民终 782 号。

[5]（2010）浙金知终字第 7 号。

[6] 还有摩托车轮胎之于摩托车，但二审及再审法院认为，摩托车轮胎在最终产品摩托车销售时可见，摩托车轮胎的一般消费者与摩托车的消费者存在重合，见（2010）行提字第 5 号。

次，产品本身与其他同类产品存在较大差异的，即该产品的特殊性较强时，有法院为限缩同类产品的范围，亦作指明，如在缝纫机案中，"外观设计专利侵权判定中的一般消费者应当是被控侵权产品的实际购买者……原审判决认为涉案外观设计专利产品属于数控缝纫机，被控侵权产品属于传统机械缝纫机，从而导致相关消费群体并不完全一致，并无不当。本案侵权判定中的一般消费者应当是传统被控侵权缝纫机产品的购买者，而非数控缝纫机产品的购买者"❶。

　　争议较大的是，当产品的购买者（及其他相关主体）与使用者分离且二者的观察注意力存在明显差异时，应如何确定一般消费者？在三起路灯案❷中，北京市第一中级人民法院认为一般消费者系购买路灯者，不包括路人，贵州省高级人民法院在讲台案中亦认为多媒体讲台的一般消费者应为"开办教育培训事业、欲采购该类产品的机构或个人，而非实际使用该产品的教师和学生"。相反，在前述三起路灯案及另外两起路灯案❸中，一审法院均认为一般消费者应为"专门从事路灯的制造、销售、购买、安装及维修人员、不特定的过往行人"。结合大多数观点，笔者认为，产品价值的最终实现是通过产品使用达到的，产品使用者的注意力应该被考虑在内并且成为重点。对于产品购买者与使用者分离的情形，应以使用者的注意力为核心，兼考虑购买者，以契合产品在市场流通中的特性。正如在宁波市中级人民法院审理的路灯案中，该院指出："路灯产品的使用者是路灯下的行人群体，他们也是路灯的最终消费者。因为路灯产品是为行人群体使用而购买的，行人群体关于路灯的知识水平、认识能力及在此基础上的消费偏好，会间接影响'购买实施者'与'购买决策者'，从这个意义说，行人群体就是'购买影响者'。"❹

　　最后，余下的 7 个案件，其产品并不存在前述特殊性，其产品的购买者与使用者亦无分离的倾向，尽管其中 5 个使用了"购买者、使用

---

❶ （2013）沪高民三（知）终字第 36 号。

❷ （2005）高行终字第 337 号、（2005）一中行初字第 455 号、（2008）高行终字第 684 号。

❸ （2017）浙 02 民初 455 号、（2014）镇知民初字第 0008 号。

❹ （2017）浙 02 民初 455 号。

者"、2个使用了"购买者"作为一般消费者，但纵观判决书，此种使用实质与仅使用"一般消费者"无异，无须赘述。

二、一般消费者知识水平与认知能力的判断

（一）对知识水平与认知能力内涵的解读

正如《专利审查指南2010》所言："不同种类的产品具有不同的消费者群体。作为某种类外观设计产品的一般消费者应当具备下列特点：（1）对涉案专利申请日之前相同种类或者相近种类产品的外观设计及其常用设计手法具有常识性的了解……（2）对外观设计产品之间在形状、图案以及色彩上的区别具有一定的分辨力，但不会注意到产品的形状、图案以及色彩的微小变化。"❶ 样本中，有32个案件，各级审理机关作了类似论述。如最高人民法院认为："从知识水平的角度而言，一般消费者对于与外观设计专利产品相同或者相近类别的产品具有常识性的了解，其通晓申请日之前相关产品的外观设计状况，熟悉相关产品上的惯常设计。从认知能力的角度而言，一般消费者对于形状、色彩、图案等设计要素的变化仅具有一般的注意力和分辨力，其关注外观设计的整体视觉效果，不会关注外观设计专利与对比设计之间的局部细微差别。"❷ 前述解读为我们提供了判断指引。

（二）排除功能性设计及现有设计

外观设计相似性判断是法律意义而非物理意义上的，一般消费者是法律拟制的判断主体，此即意味着一般消费者能否观察到外观设计的各个部位或设计需要进行法律判断，在判断一般消费者的关注点前，需要过滤掉那些"法律不能"点。

1. 排除现有设计

受专利法保护的外观设计应当具有新颖性，现有设计被排除出保护

---

❶ 《专利审查指南2010》第四章第五节第4条。

❷ （2011）行提字第1号、（2015）民申字第633号、（2010）行提字第5号、（2010）行提字第3号、（2014）民提字第193号。

范围。《解释一》❶ 第 11 条指出："下列情形，通常对外观设计的整体视觉效果更具有影响：……（二）授权外观设计区别于现有设计的设计特征相对于授权外观设计的其他设计特征。"根据一般消费者知识水平与认知能力的内涵，一般消费者能认识到现有设计并对其不予关注或关注较少。设计越接近现有设计时，消费者投以的关注越少；设计越新颖时，消费者投以的关注越多。样本中，包含此观点的案件有 33 个。如兴发型材案中，"在排除现有设计的基础上……应重点比对被控侵权产品与专利设计创新要点是否相近似。否则，不排除现有设计而简单地适用整体观察，很有可能会因被控侵权产品与专利设计具有整体上的近似观感而作出错误的侵权判定"❷；霍尼韦尔朗能开关案中，"常见设计使用的普遍程度尚达不到惯常设计的程度，但由于比较常见，本身也不容易引起一般消费者的注意"❸；苹果手机案中，"因产品的消费者对于此类现有设计必然非常熟悉，消费者在购买时通常并不会仅仅因为其采用了同样的基础设计而产生误认误购，故不具有考虑的必要……因通常情况下，某一设计特征越为新颖，其越能够引起消费者注意，因此，相同特征的新颖程度越高，在误购可能性判断中的权重越大"❹。

2. 排除纯粹功能性设计

《专利法》第 2 条对外观设计作出定义，要求其应是"具有美感的"，外观设计保护设计的美感而非功能。如某一设计为实现产品的某项功能所不可少的，外观设计不予以保护，纯粹功能性设计在一般消费者的注意力范围以外。《解释一》第 11 条亦规定："人民法院认定外观设计是否相同或者近似时……对于主要由技术功能决定的设计特征……应当不予考虑。"样本中，包含此观点的案件有 30 个。如照明灯具案中，"仅具有功能性而不具有美感的产品设计，不应通过外观设计专利权予以保护……与本领域普通技术人员总是从技术角度考虑问题所不同，一般消费者在进行相近似判断时，其主要关注于外观设计的视觉效

---

❶ 指《最高人民法院关于审理侵犯专利权纠纷案件应用法律若干问题的解释》，下同。

❷ （2007）苏民三终字第 0026 号。

❸ （2013）知行字第 43 号。

❹ （2016）京 73 行初 1337 号。

果的变化，而不是功能或者技术效果的变化"❶。

在确立一般消费者是否会关注某设计时，排除纯粹功能性设计不存在争议，而对待功能性与美感兼具的设计，则需要考察二者各自的影响：逻辑编程开关案中，"功能性与装饰性兼具的设计特征对整体视觉效果的影响则需要考虑其装饰性的强弱，其装饰性越强，对于整体视觉效果的影响可能相对较大一些，反之则相对较小"❷。此外，若一般消费者不能辨识其存在功能用途时，此等设计不被排除：三角集团轮胎案中，"对功能性设计特征的认定不能脱离一般消费者的视角，轮胎类产品的一般消费者对该类产品或相近种类产品的外观设计及常用设计手法具有常识性的了解，但以其认知能力，无法确切知晓（各项设计）参数具体有何影响，而会从美学角度对花纹形状、图案之间的差异进行分辨，故在轮胎类产品的一般消费者看来，本专利与对比设计的区别设计特征不属于功能性设计特征，而属于兼具功能性和装饰性的设计特征，不予排除"❸。

3. 小结

综上，若设计完全属于现有设计或纯粹功能性设计，外观设计的法律特性使得一般消费者不再关注该设计的效果；当设计越接近现有设计或功能性越强时，一般消费者的关注程度越低，相反，则关注程度越高。

（三）确定设计空间大小

《解释二》❹第14条规定："设计空间较大的，人民法院可以认定一般消费者通常不容易注意到不同设计之间的较小区别；设计空间较小的，人民法院可以认定一般消费者通常更容易注意到不同设计之间的较小区别。"如同眼球，观察视野越广，聚焦能力越弱，细微之处越难被发现，相反，则越强、越易被发现，《解释二》第14条甚为正确。样本中有9个案件与上述条款持一致观点。

---

❶（2014）镇知民初字第0008号。

❷（2012）行提字第14号。

❸（2015）京知行初字第5660号。

❹指《最高人民法院关于审理侵犯专利权纠纷案件应用法律若干问题的解释（二）》，下同。

然而，仍有 5 个案件❶在表述上与上述条款相反。若结合上下文进一步分析，其中 4 例并非真正以设计空间大小推出一般消费者的注意程度。（1）北京达利盛通案中，"（某设计部位）可以有多种不同的形状设计，具备相对较大的设计空间。因此，（某设计部位）均属于该类产品的视觉主要关注部位，容易引起一般消费者的关注"❷；衣架案中，"（某设计部位）存在多种变化的可能性，即设计空间较大，且各组成部分之间的关系及整体形状是一般消费者对裤架类产品最为关注的部分，故对整体视觉效果的影响较为显著"❸，此均系借设计空间较大论述设计不属于现有设计而一般消费者可注意得到。（2）深圳春秋电子鼠标案中，"在确已考虑鼠标产品本身尺寸较小，所负载功能相对较多，设计空间亦相对较小的因素下……设计给一般消费者带来的视觉差异并不明显"❹；座便器案中，"幼儿用坐便器在满足幼儿能够安全使用功能的基础上品种繁多，形状各异，产品设计空间较大，因此座便器的整体外形更能引起一般消费者的注意"❺，此系借设计空间较小/较大论述设计受/不受功能限制。可见，设计空间在外观设计相似性判断中有诸多用途，有审理机关以设计空间的大小来确定某设计是否属于现有设计、功能性设计。❻前述 4 个案件本质上均是论述现有设计或功能性设计对认定一般消费者的影响（且观点与前文保持一致），本与设计空间无关。但需注意，当《解释二》已经施行且无错误时，应谨慎适用"设计空间"一词论述，以免造成不当混淆。

另外，在乐扣案中，吉林高级人民法院认为："鉴于这种外观设计上的区别明显，故不涉及认定一般消费者对外观设计的知识水平和认知能力的认定。当然，亦不需要设计空间大小的辨别。"❼即其认为设计空间

---

❶ （2017）京民终 57 号、（2016）京行终 4994 号、（2014）高行终字第 718 号、（2016）京 73 行初 3996 号、（2015）粤知法专民初字第 1667 号。

❷ （2017）京民终 57 号。

❸ （2016）京 73 行初 3996 号。

❹ （2016）京行终 4994 号。

❺ （2014）高行终字第 718 号。

❻ 设计空间大小与确定现有设计、纯粹功能性设计的关系与本题无关，不予赘述。

❼ （2016）吉民终 576 号。

大小的判断是备选的因素。无可否认，这起到了减轻法官分析说理的压力，但在逻辑上，法官明显僭越了一般消费者而自行成为判定主体，应改正。

（四）确定要部

在排除那些因前述原因致不将某些设计或部位纳入法律层面的相似性比较及确定一般消费者的注意力程度后，我们需要确定一般消费者将"视野"关注于何处，判断经过滤并确定聚焦程度后的外观设计的何种部位或设计是重要或次要的、其对整体视觉效果造成何种影响、标记出作外观设计相似性比较时的要部或次部。

在样本案例中，使用了"视觉突出部位""能直接观察部位""重点部位""不易观察得到""较为次要"等类似的正反词语作论述的案件共有 62 个。如华银视讯一体机案中，"从一般消费者的角度出发，其正常使用时最容易被直接观察到的部位是设有屏幕的一面，即主视图"❶；本田汽车案中，"对于一般消费者来说，主要从汽车的主视图、侧视图及后视图三个方向上对其所要购买的汽车进行观察。其他角度看到的被诉侵权产品不属于消费者平时容易注意的地方，不作为比对的范围"❷；万宝冷机案中，"特别是接线片由于位于产品前端的视觉瞩目面，且其明显突出于底壳，接线片伸出位置的明显不同能够给一般消费者留下显著的视觉印象"❸。

若进一步细分，"设计本身是否即处于视觉突出部位""设计在外观中的占比""设计在产品使用时是否处于视觉突出部位"三个因素相互影响、相互制约，对确立要部与次部具有重要影响。

首先，在一般情况下，设计本身即处于视觉突出部位可以使之成为要部，相反则不成为要部。在前述 62 个案件中，有 41 个案件包含这种论述。如新凯汽车案中，"涉案专利的汽车前大灯采用近似三角形的不规则四边形设计，配合带有小护牙的倒 U 形的前护板和中间带有横条的格栅；汽车侧面后车窗采用不规则四边形设计，且后窗玻璃与后组合灯

---

❶ （2013）粤高法民三终字第 238 号。

❷ （2014）民三终字第 8 号。

❸ （2008）高行终字第 209 号。

之间由窗框所分离，配合车身上部与下部的平滑过渡；汽车后面采用后组合灯从车顶附近开始，一直延伸至后保险杠翘起部的"上窄下宽"的柱形灯设计，配合带有护牙的 U 形后保险杠，都比较突出、醒目，具有较强的视觉冲击力"❶；儿童推车案中，"整体形状、前轮支架和推把杆的位置关系、后支撑杆的位置和形状、扶手和脚踏板的位置，前轮支架的形状、前轮的数量、物品存放篮的形状等部位……处于产品显著部位，且属于该类产品为一般消费者所重点关注部位"❷；塑皮案中，"附件 2 中的线条是否由许多斜纹细线排列组成属于通过视觉直接观察不易察觉的要素，不能作为判断其与本专利是否相近似的依据"❸。

其次，若设计在外观中的占比较大，其亦有成为要部的可能。在前述 62 个案件中，有 14 个案件强调了"占比"因素。值得注意的是，即使设计处于视觉突出部位，但若其在产品中的占比明显过小，该设计亦很可能不成为"要部"，如美的风轮案中，"位于中央的设计变化并不必然对整体视觉效果具有显著影响。涉案专利的轮毂虽位于中央，但相对于扇叶而言，所占面积明显较小……上述区别对整体视觉效果不具有显著影响"❹。

最后，正如《解释一》第 11 条所言："下列情形，通常对外观设计的整体视觉效果更具有影响：（一）产品正常使用时容易被直接观察到的部位相对于其他部位……"产品使用对判断要部有重要影响，若在使用时该部分易被直接观察到，则有成为要部的可能，否则，将难以成为要部。在前述 62 个案件中，有 23 个案件作了这种论述。如霍尼韦尔朗能开关案中，"开关在使用时嵌于墙体内，开关嵌于墙体之外的正面形状对开关外观设计整体视觉效果具有显著影响，在使用过程中一般消费者不容易注意到的开关背面和侧面的设计特征通常对整体视觉效果不产生显著影响"❺；勤益电子变压器案中，"专利产品是一种嵌在墙壁或地

---

❶ （2010）行提字第 3 号。

❷ （2014）高行终字第 876 号。

❸ （2012）高行终字第 1121 号。

❹ （2011）行提字第 1 号。

❺ （2013）知行字第 43 号。

面上的灯具产品，其在实际使用时有明确朝向性，因此其露在外面的灯具正面部位容易引起一般消费者的注意，是该产品的设计要部"❶；包装瓶案中，"因包装瓶的瓶底在使用时并非容易看到的部位，使用时容易看到部位的设计变化相对于不容易看到或者看不到部位的设计变化，通常对整体视觉效果更具有显著的影响"❷。

概而言之，一般消费者能观察到在产品中视觉突出的部位，但该部位需在整个产品中占据一定比例，不能过小，该部位在产品使用时亦不能被隐藏。若此等要求越被充分地满足，该部位越可成为要部，一般消费者对此越加集中注意力，该部位对外观设计的整体效果越有重要影响、越成为外观设计相似性对比的重点。否则，该部位则属于次要部位，在外观设计相似性比较中不予以考虑。

结　语

在外观设计的相似性比较中，判定主体无疑是比较首要考虑的，是重点。结合样本，笔者认为，在一般情况下，确立判定主体与确立判定主体的知识水平与认知能力系重合的，需要结合产品特性、排除现有设计及纯粹功能性、确定设计空间的大小、确定产品的要部及次部；若特定产品本身存在较大的特殊性或产品的购买者与使用者明显分离，则须作进一步指明，而后再展开分析其知识水平与认知能力。在确定了判定主体后，审理机关需要秉承该主体，以该等角度分析裁判，通过"整体比较、综合分析"的方法，衡量判定对象在事实意义上的诸多相同点或不同点的影响、确定其法律意义，从而作出外观设计相似性的判断。

---

❶（2007）浙民三终字第 196 号。
❷（2016）京行终 3569 号。

方法专利直接获得的产品的内涵研究

李希伶　蒋瑶瑶*

【摘要】 我国《专利法》将对方法专利的保护延伸到方法专利直接获得的产品。但是，无论《专利法》还是两高司法解释，都没有对"直接获得的产品"这一概念作出明确的定义。本文借助对国内现有案例的系统梳理，对"方法专利直接获得的产品"这一概念内涵进行研究，并指出"使用专利方法直接获得的产品"有三个判断要点。其一，被诉侵权行为应当覆盖方法专利的全部技术特征；其二，只有制造方法专利才有产生"产品"的可能；其三，"直接获得"的界定范围，原则上只涵盖原始产品，但若对该原始产品的进一步加工是实现发明目的的必要手段，也可将进一步加工获得的后续产品视作"直接获得的产品"。

【关键词】 方法专利；直接获得的产品；延伸保护

引　言

我国《专利法》第 11 条将对方法专利的保护延伸到不得"使用、许诺销售、销售、进口依照该专利方法直接获得的产品"❶。最高人民法院 2009 年司法解释指出，"对于使用专利方法获得的原始产品，人民法

＊ 李希伶为同济大学上海国际知识产权学院 2016 级硕士研究生；蒋瑶瑶为同济大学法学院 2017 级硕士研究生。

❶ 第十一届全国人民代表大会. 中华人民共和国专利法 [Z]. 2009-10-1.

院应当认定为专利法第十一条规定的依照专利方法直接获得的产品"❶。2016 年的另一个司法解释则进一步提出，"对于将依照专利方法直接获得的产品进一步加工、处理而获得的后续产品，进行再加工、处理的，人民法院应当认定不属于专利法第 11 条规定的使用依照该专利方法直接获得的产品"❷。但是，是否仅有原始产品才能构成"使用专利方法直接获得的产品"，如何判断一个产品是否属于"使用专利方法直接获得的产品"，这些问题都尚未得到澄清。

厘清"专利方法直接获得的产品"的法律内涵对司法实践意义重大。首先，"专利方法直接获得的产品"界定范围的大小，将直接影响专利权的控制范围以及与之关联的侵权救济问题，例如是否能对该产品适用禁令救济、是否将其纳入损害赔偿的计算范围等。其次，这还会涉及是否适用举证责任倒置规则。《专利法》第 61 条规定，专利侵权纠纷涉及新产品制造方法的发明专利的，制造同样产品的单位或者个人应当提供其产品制造方法不同于专利方法的证明。❸ 一般来说，在认定一项方法专利是否属于新产品制造方法专利时，应当以依照该专利方法直接获得的产品为依据。❹ 因而，判断专利方法直接获得的产品为何，进而判断该产品是否为新产品，是适用方法专利举证责任倒置规则的关键。

本文对国内现有案例进行系统梳理，归纳国内现有司法案例有关"专利方法直接获得的产品"的界定规则，并结合相关理论，试图给未来的立法和司法判决工作提供一定的启示。

一、我国现有案例的观点归纳

我们以"方法专利+直接获得的产品"或"方法专利+延伸"为关键

---

❶ 最高人民法院审判委员会. 最高人民法院关于审理侵犯专利权纠纷案件应用法律若干问题的解释 [Z]. 2010-1-1.

❷ 最高人民法院审判委员会. 最高人民法院关于审理侵犯专利权纠纷案件应用法律若干问题的解释（二）[Z]. 2016-4-1.

❸ 第十一届全国人民代表大会. 中华人民共和国专利法 [Z]. 2009-10-1.

❹（2009）民提字第 84 号。

词在威科先行数据库、无讼数据库中检索到 164 个无重复的结果，剔除无关结果后，以 14 个典型案例作为样本进行分析。

（一）首先应判断用以生产该产品的方法是否覆盖了方法专利的全部技术特征

在 2015 年林某某（LINROOJEE）与北京合兴意商贸有限公司、安徽宝迪肉类食品有限公司侵害发明专利权纠纷一案❶中法院指出，判断宝迪公司生产、销售被控侵权产品的行为是否落入涉案专利权利要求 1 的保护范围，也就是判断宝迪公司生产被控侵权产品是否使用了涉案专利方法以及宝迪公司销售的被控侵权产品是否为使用涉案专利方法所直接获得的产品。

（二）是否适用延伸保护需要考虑方法专利本身的性质

许多法院认为，方法专利属于制造专利是适用延伸保护的前提条件。例如，郭某某与福清金辉房地产开发公司侵害发明专利权纠纷一案❷涉及"一种墙体贴挂刚、脆性硬质装饰板植钉铆固定贴方法"专利。该方法系通过专用不锈钢螺钉和强力工程结构胶及工艺孔的相互配合作用，将装饰板和水泥粉刷层及墙体紧紧粘接固定成一体。被告的施工方法覆盖了该专利权利要求 1 的全部技术特征，因而落入权利要求 1 的保护范围。原告认为，被告依照该专利方法得到的植钉铆固连接结构体❸是"依照专利方法直接获得的产品"，请求判令销毁该结构体。但法院认为，"原告的专利方法为操作方法，其目标在于完成特定的施工过程，而非获得产品，所谓'连接结构体'只是施工过程的附带产物，不具有任何独立的使用价值，不属于通常意义上所理解的产品"，因而未支持原告的该项诉讼请求。

但是，同样是建筑施工领域，浙江友邦××股××司、广州市××宝金属制品有限公司侵犯发明专利权纠纷上诉案❹却将一种整体吊顶认定为产品。该案涉及"顶棚内置式家电分体安装方法及装置"发明专利，被

❶ （2015）京知民初字第 1674 号。
❷ （2014）闽民终字第 59 号。
❸ 即饰面板背面的槽、结构胶及螺钉构成的结构体。
❹ （2011）浙知终字第 86 号。

控侵权产品为一种专门安装在室内顶棚的包括家用电器装置的整体吊顶。法院在判断吊顶的安装方法实施了方法专利的全部技术特征之后，直接认定了该整体吊顶为使用方法专利直接获得的产品。❶

因不属于制造方法而被拒绝适用延伸保护的还有原告宋某某诉被告明导（上海）电子科技有限公司、上海贝尔阿尔卡特股份有限公司、奥肯思（北京）科技有限公司侵犯发明专利权纠纷一案❷。此案涉及一种"利用图形界面快速完成端口连接的方法"发明专利。关于涉案软件是否属于"依照专利方法直接获得的产品"，法院认为，"该发明涉及的是一种利用图形界面实现硬件描述语言中各端点快速连接的方法，性质上属于作业方法，实施该方法本身并不能直接获得产品，因而不存在对依照该方法所获得的产品的延伸保护问题"。

类似地，嘉兴市中华化工有限责任公司与宁波王龙科技股份有限公司、嘉兴市盛源进出口有限责任公司侵害发明专利权纠纷一案❸涉及"香兰素合成中氧化液的固液分离方法"发明专利，为香兰素生产过程当中的一个步骤。原告请求判令被告停止销售合成的香兰素。法院认为，该案涉及的方法专利是一种作业方法，因此香兰素并非依照该专利方法直接获得的产品，销售香兰素的行为并不属于专利法所禁止的行为，因而未支持原告该项诉讼请求。

除区分方法专利的类型外，还有的法院提及"实质性变化"这一考量思路。例如，李某某与中华人民共和国拱北海关、深圳市深勘基础（工程）有限公司发明专利侵权纠纷一案❹。李某某是三项方法专利的专利权人，三项方法专利分别是："土体支护及其施工方法""建筑物基坑边坡支护的施工方法"和"挡土墙的成形方法"。被告在修盖楼房过程中使用了原告的专利方法。法院认为，"涉案专利均是施工方法的专利，

---

❶ "被控侵权产品的技术特征与涉案产品专利的技术特征相同，而具备该技术特征的产品本身就决定了其安装方法的唯一性，故可以认定被控侵权产品'整体吊顶'属于使用了涉案专利方法直接获得的产品。"见（2011）浙知终字第 86 号判决书。

❷ （2008）沪一中民五（知）初字第 182 号。

❸ （2013）浙嘉知初字第 154 号。

❹ （2004）粤高法民三终字第 288 号。

采用这些施工方法并没有使本案的施工对象（即拱北海关的业务技术综合楼）在物理、化学等方面产生任何实质性变化，而本案的施工对象也不宜看成是实施施工方法所直接获得的产品"。

（三）"直接获得的产品"之"直接"的定义

1. 对制造方法专利的保护通常只延伸到原始产品

在大多数判例中，对制造方法专利的保护通常只延伸到原始产品，原始产品经加工获得的后续产品通常不被认定为"直接获得的产品"。例如，在格林生物科技股份有限公司与杭州友邦香料香精有限公司、杨某某侵害发明专利权纠纷一案❶中，二审法院认为虽然友邦公司侵犯了格林公司"以过碳酸钠为试剂制备环氧蒎烷的方法"专利，但依照该方法专利直接获得的产品是环氧蒎烷，环氧蒎烷经过分子重排后得到的龙脑烯醛不属于依照专利方法直接获得的产品。

类似的还有王某与国药控股常州有限公司、青海珠峰虫草药业集团有限公司等侵害发明专利权纠纷案❷。一审法院认为被告珠峰公司生产发酵冬虫夏草菌粉所使用的工艺落入了涉案专利"中国冬虫夏草真菌的发酵生产方法"的保护范围，但涉案专利方法直接获得的产品是发酵冬虫夏草菌丝体，发酵冬虫夏草菌丝体进一步加工获得的发酵冬虫夏草菌粉是后续产品❸，不能获得延伸保护❹。

2. 只有在例外情况下才可延伸到后续产品

在一些特殊的情况下，后续产品也可能被认定为直接获得的产品。通化安泰克生物工程有限公司诉法国礼来公司等侵犯专利权纠纷案❺涉及一种"含有分子内伴侣序列的嵌合蛋白及其在胰岛素生产中的应用"

---

❶ （2014）浙知终字第 17 号。

❷ （2015）常知民初字第 76 号。

❸ 此处的"加工"指干燥、磨成粉末的过程。据"发酵冬虫夏草菌粉"的药品注册申请资料所载，发酵冬虫夏草菌粉为原料，为从青海新鲜冬虫夏草中分离得到的麦角菌科真菌冬虫夏草的无性世代——中华束丝孢菌种经液体发酵培养所得菌丝体的干燥粉末。见（2015）常知民初字第 76 号判决书。

❹ 二审期间，涉案专利被宣告无效。

❺ （2005）一中民初字第 7493 号。

专利。被告辩称，系争专利的直接产物是嵌合蛋白，而非胰岛素。❶ 法院认为，"作为本专利方法其最后步骤是'使第二肽段采取生物活性构象'，但接续步骤只能是利用相关酶切除第一肽段、可切除肽段、连接 A 链和 B 链的 C 肽段，生成胰岛素，而该步骤作为发明目的——获取胰岛素的唯一步骤，又是必然要实施的。同时该步骤作为基因工程技术领域的公知技术，无需特别写进专利技术方案"。因此，由嵌合蛋白生成的胰岛素是依照方法专利直接获得的产品。

此外，在新发药业有限公司与上海爱兮缇国际贸易有限公司发明专利临时保护期使用费纠纷及侵犯发明专利权纠纷一案❷中，虽然依照涉案专利"产 D-泛解酸内酯水解酶的微生物及其制备 D-泛解酸的方法"直接获得的原始产品是 D-泛解酸，但法院认为由于 D-泛解酸是制造 D-泛酸的重要手性中间体❸，而 D-泛酸产品又多以 D-泛酸钙的形式存在，因此 D-泛酸钙应视为使用方法专利直接获得的产品。

与上述两个案例形成对比的是石家庄制药集团欧意药业有限公司与张某某侵犯专利权纠纷一案❹。涉案专利的主题是一种"制造左旋氨氯地平的方法"，但其最后一步得到的仅仅是制造左旋氨氯地平的中间产物。被诉侵权产品是左旋氨氯地平进一步加工得到的盐。一审、二审法院均认为，实施涉案方法专利直接获得的是左旋氨氯地平。它并不能直接供消费者消费，而是必须与马来酸、苯磺酸等经成盐工艺成为马来酸

---

❶ 被告强调原告独立权利要求 58 的最后步骤是"使第二肽段采取生物活性构象"，即停留于经折叠、具有生物活性构象的嵌合蛋白形态截止，是一个含有未切除第一肽段、可切除肽段、连接 A 链和 B 链的 C 肽段的嵌合蛋白。见（2005）一中民初字第 7493 号判决书。

❷ （2008）民申字第 81 号。该判决书为管辖权异议的再审判决，其中提及一审时法院对于"直接获得的产品"的辨析。无法从公开渠道找到管辖权异议案的一审法院的判决以及专利侵权纠纷的实体判决结果。

❸ 泛解酸是一种不稳定的二羟基酸（$C_6H_{12}O_4$），是泛酸的组成成分，用于泛酸的合成。见 Merriam-Webster 在线词典"pantoic acid"词条，载 https：//www. merriam-webster. com/medical/pantoic%20acid，最后访问日期：2018 年 9 月 16 日。在市场上也可发现 D-泛解酸作为中间体被单独出售，载 https：//china. guidechem. com/trade/pdetail10030968. html，最后访问日期：2018 年 9 月 16 日。

❹ （2009）民提字第 84 号。

左旋氨氯地平、苯磺酸左旋氨氯地平后，才真正成为产品。因而马来酸左旋氨氯地平、苯磺酸左旋氨氯地平都属于"直接获得的产品"。但最高人民法院认为，"依照该专利方法直接获得的产品"的认定应当按照权利要求记载的实际产品来确定，并且与该产品能否直接供消费者使用无关，因而该案中直接产品只能是左旋氨氯地平的中间产物，不能延及左旋氨氯地平、马来酸左旋氨氯地平和苯磺酸左旋氨氯地平。

3. 有的判决将用于实现方法专利制造的装置认定为直接获得的产品

通常认为，用于实现方法专利制造的装置不能被认定为直接获得的产品。例如，在北京先行新机电技术有限责任公司与广州智光电气股份有限公司侵害发明专利权纠纷一案❶中，法院认为被控侵权的产品 ZIN-VERT 型智能高压变频调速系统是用于实现涉案专利"一种高电压电力变换方法"制造的装置，自然不是依据方法专利直接获得的产品。

但有的判例在此问题上产生混淆。例如，在珠海市兰滨水工业技术开发有限公司与珠海供水总公司专利侵权纠纷一案❷中，二审法院认为被告所制造的泄氯装置中的反应吸收塔是实施涉案专利"一种泄氯吸收的方法"直接获得的产品。"反应吸收塔"是为了实现方法专利而制造的装置，但法院却将其认定为直接获得的产品，混淆了"用于实现方法专利制造的装置"与"实施方法专利获得的装置"两个概念。区分这两个概念，主要是要判断使用方法专利的过程是在使用该装置，还是在制造该装置。方法专利"直接获得的产品"应当仅仅包含第二种情况。

（四）需辨析加工原始产品的行为是否构成使用侵权和后续产品是否为直接产品

有的法院混淆了加工"直接获得的产品"的行为是否构成侵权与该行为获得的后续产品是否也属于"直接获得的产品"这两个问题。例如，在杭州雨后科技有限公司与浙江名家竹木有限公司侵害发明专利权纠纷一案❸中，实施涉案专利"一种对留竹青竹黄圆弧状的竹材的展平方法"直接获得的产品是展平竹板。根据司法解释，加工展平竹板制成

---

❶ （2010）粤高法民三终字第 271 号。

❷ （2003）粤高法民三终字第 133 号。

❸ （2017）浙 01 民初 372 号。

砧板的行为属于"使用直接产品"，是一种侵权行为。❶但法院据此认为竹制砧板和展平竹板同样属于依照专利方法直接获得的产品，就是典型地混淆了这两个问题。加工原始产品获得后续产品的行为属于《专利法》第 11 条规定的使用依照该专利方法直接获得的产品，并不意味着实施这种行为所获得的后续产品也可以被认定为"直接获得的产品"，具体结论仍需另行分析。

二、分析与讨论

从以上案例的分析来看，在司法实践中，判断一个产品是否属于"方法专利直接获得的产品"，通常需要经过三个判断步骤。

第一，侵权行为必须覆盖方法专利的全部技术特征。专利法规定方法专利延伸保护的本质在于规制实施方法专利的侵权行为。《专利法》第 11 条的语义也限定了该产品是由使用方法专利而获得的，而使用方法专利意味着实施了方法专利的全部技术特征。因此第一步是判断用以生产该产品的方法是否覆盖方法专利的全部技术特征。

第二，是否适用延伸保护需要考虑方法专利本身的性质。在以上案例中，大多数法院认为，只有制造方法才可能适用延伸保护。施工方法、作业方法专利，由于不能产生产品，因而不能适用延伸保护。有的法院在判断专利方法类别时，还提出"实质性变化"的解释思路，即从方法专利的实施效果出发，如果方法专利没有使加工对象产生实质性变化，方法专利的保护就不可延伸到直接获得的产品。笔者认为，与其说这是两种路径，不如说后者是前者的一种解释和说明。在判断"实质性变化"的时候，应当结合发明目的去判断。例如，无论是铆钉结构还是土墙，都是为了得到一个建筑物，而相对于建筑物来说，实施专利方法就没有产生实质的变化。氧化物分离这一步骤之于香兰素的合成也是一样。但是，应当承认，无论是"制造方法"的概念还是"实质性变化"

---

❶ 最高人民法院审判委员会. 最高人民法院关于审理侵犯专利权纠纷案件应用法律若干问题的解释［Z］. 2010-1-1.

的概念，都还有一定的模糊之处。遗憾的是，多数法院仅仅直接给出专利方法是否属于制造方法的结论，而没有进行充分的说理和分析。

第三，判断"直接获得的产品"之"直接"的定义。这是此类案件所要处理的核心问题。总体来说，"直接获得的产品"只涵盖原始产品是原则，扩展到后续产品是例外。法院在斟酌是否适用扩展到后续产品的例外时，有两个需要判断和回应的问题。其一，根据权利要求的记载所得到的原始产品与专利主题是否一致，即如果专利主题涉及后续产品，但权利要求的记载仅仅到原始产品为止，能否基于明确记载的发明目的将"直接获得的产品"扩张解释到后续产品。其二，如果从产业应用来说，原始产品是后续产品的中间体，而只有后续产品才具有应用价值，能否基于市场因素将"直接获得的产品"扩张解释到后续产品。从"礼来案""新发案""张喜某案"来看，法院对这两个问题都有不一样的意见。裁判较晚、影响较大且由最高人民法院判决的"张喜某案"对于两个问题都采取了较为严格的态度，即在判断"直接获得的产品"时，应当严格按照权利要求的记载，也不需要考虑市场方面的因素。

当然，这仅仅是基于现有的极少量个案样本的分析，尚不足以形成对整体判决趋势的把握。本文分析的一些案例中，法院也没有对这些问题进行充分的说理和论证。若是日后有更多、说理更细致的判决书作为素材，定会促使学界、实务界对"方法专利直接获得的产品"这一概念理解得更深入。

结　语

本文主要采取实证研究的方法，梳理我国目前司法实践中关于方法专利"直接获得的产品"的 14 个典型案例，总结我国目前对专利方法直接获得的产品的三个判断要点。首先，侵权行为必须覆盖方法专利的全部技术特征。其次，一般认为只有制造方法专利才有可能适用延伸保护。在判断是否是制造方法时，或许可以结合发明目的和实施专利方法的实际效果，即是否产生"实质性变化"进行理解。最后，判断延伸保护的范围可否从原始产品扩展到后续产品。原则上，只有原始产品才属于"直接获得的产品"。但有的案例结合发明目的和市场因素，将后续产品作为例外，也纳入方法专利延伸保护的范围。不过，较为晚近的"张喜某案"中，最高人民法院采取了较为严格的态度，使得"例外"的范围大为限缩。希望本文能对"方法专利直接获得的产品"的法律内涵研究和实务应用提供一定的帮助。

专利侵权案件中合法来源抗辩的认定问题文献综述

徐慧斌　徐丽娟*

【摘要】在涉及认定合法来源抗辩的专利侵权案件中，不同法院在各个要件的认定标准、举证责任和考量因素等方面均呈现出不同的态度。这反映出我国法院在审理专利侵权案时，尚缺乏对合法来源抗辩制度较为一致的理解与适用。本文围绕《专利法》第70条规定的合法来源抗辩制度展开文献综述研究。对主体要件、"不知道"要件与"合法来源"要件分别进行讨论，重点综述举证责任、考量因素以及要件之间的关系等具有争议的问题。通过对所收集到的文献进行整理归纳，以期将学界的研究现状呈现出来，为后续理论研究与司法实践提供参考。

【关键词】合法来源抗辩；举证责任；考量因素；认定标准

一、合法来源抗辩制度概述

（一）与合法来源抗辩相关的法律规定

1984年《专利法》第62条规定，使用或者销售不知道是未经专利权人许可而制造并售出的专利产品的行为视为不侵犯专利权。这是我国的合法来源抗辩制度的前身。此后，我国合法来源抗辩制度确立于2000年《专利法》，其中第63条第2款规定："为生产经营目的使用或者销

---

* 徐慧斌、徐丽娟为华东政法大学知识产权学院2018级硕士研究生。

售不知道是未经专利权人许可而制造并售出的专利产品或者依照专利方法直接获得的产品，能证明其产品合法来源的，不承担赔偿责任。"在2008年第3次修改《专利法》后，抗辩主体增加了许诺销售者。2016年颁布的《最高人民法院关于审理侵犯专利权纠纷案件应用法律若干问题的解释（二）》第25条❶则对《专利法》中的合法来源抗辩规定作了进一步解释。此外，在司法实践的基础上，北京市高级人民法院于2017年发布的《专利侵权判定指南》第145条❷、第146条❸以及江苏省高级人民法院2010年颁布的《侵犯专利权纠纷案件审理指南》第5.10条❹也对"合法来源""不知道"的含义作了较为具体的解释。

（二）合法来源抗辩制度的法理基础

主流观点认为，合法来源抗辩制度源于民法中的善意第三人制度。例如，丁文严认为，民法中善意第三人制度的确立，旨在维护正常的交易秩序和交易安全，实现民事法律关系中各方当事人利益的平衡。在知识产权法中引入善意第三人制度，是为了在保护和激励创新的同时，实

---

❶ 该条规定："为生产经营目的使用、许诺销售或者销售不知道是未经专利权人许可而制造并售出的专利侵权产品，且举证证明该产品合法来源的，对于权利人请求停止上述使用、许诺销售、销售行为的主张，人民法院应予支持，但被诉侵权产品的使用者举证证明其已支付该产品的合理对价的除外。本条第一款所称不知道，是指实际不知道且不应当知道。本条第一款所称合法来源，是指通过合法的销售渠道、通常的买卖合同等正常商业方式取得产品。对于合法来源，使用者、许诺销售者或者销售者应当提供符合交易习惯的相关证据。"

❷ 该条规定："为生产经营目的，使用、许诺销售或者销售不知道且不应知道是未经专利权人许可而制造并售出的专利侵权产品、且举证证明该产品合法来源的，不承担赔偿责任，对于权利人请求停止上述使用、许诺销售、销售行为的主张，应予支持。"

❸ 该条规定："合法来源是指通过合法的销售渠道、通常的买卖合同等正常商业方式取得被诉侵权产品。对于合法来源的证明事项，被诉侵权产品的使用者、许诺销售者或销售者应当提供符合交易习惯的票据等作为证据，但权利人明确认可被诉侵权产品具有合法来源的除外。"

❹ 该条规定："为生产经营目的使用、许诺销售或者销售未经专利权人许可而制造并售出的专利侵权产品，能证明该产品合法来源的，只承担停止侵权责任，不承担赔偿责任。合法来源，应当是指符合合同法要件的来源，即使用、许诺销售或者销售人对于被控侵权产品存在符合《合同法》规定的合同关系，而不是指被控侵权产品是经过专利权人许可制造的。合法来源认定的基本要件包括：正当的合同关系、正当的进货渠道、合理对价等因素。"

现知识产权法律关系中各方当事人利益的平衡。● 黄建文认为，在维护知识产权人合法权益的同时，也必须考虑基于市场交易安全的需要，保护善意第三人的合法权益，以维护社会公共秩序的稳定。合法来源抗辩制度的建构意在寻找权利人与善意第三人之间利益的平衡点。● 吕娜认为，合法来源抗辩的法理基础在于传统民法中保护善意第三人的理论。按照该理论，如果行为人在实施民事行为时主观上出于善意，并付出相应的对价，则根据公平原则，该善意行为人的权利应当得到合理保护。●

少数观点认为，合法来源抗辩制度的法理基础并非民法中的善意第三人制度。欧宏伟认为，民法上的善意第三人制度解决的是财产归属之"静的安全"与财产流转之"动的安全"之间的冲突。专利权人针对被诉者所主张的是专利权中的禁用权，即禁止未经专利权人的许可，以生产经营为目的许诺销售、销售侵权产品，而非主张专利权的归属。专利权人无意也无权要求买受人返还专利侵权产品，这与民法上之善意第三人理论无关。●

（三）合法来源抗辩成立的要件

关于合法来源抗辩成立的要件，主流观点为"三要件说"。该观点认为，我国的合法来源抗辩制度有三个构成要件：主体要件（主体为销售者或者使用者）、"不知道"要件（主观上实际不知道且不应当知道）与"合法来源"要件（专利侵权产品的来源合法）。●

也有学者提出"四要件说"，认为合法来源抗辩的成立还必须满足

● 丁文严. 论知识产权侵权诉讼中合法来源抗辩的构成要件 ［J］. 知识产权，2017（12）：52-58.

● 黄建文. 合法来源抗辩适用善意取得制度审查的合理性分析 ［J］. 知识产权，2016（10）：32-38.

● 吕娜. 知识产权侵权诉讼中的合法来源抗辩——以专利侵权诉讼为例 ［J］. 人民司法，2007（19）：83-88.

● 欧宏伟. 浅析专利侵权诉讼中合法来源抗辩审查问题 ［J/OL］. ［2018-08-02］. https：//mp. weixin. qq. com/s/KwZkWoEJrNvjRnzWwPnpiA.

● 杨正宇. 强制许可中半导体技术的"乱入"之谜——兼谈与合法来源抗辩条款的衔接 ［J］. 中南大学学报（社会科学版），2017（2）：68-75；王凌红. 专利法学 ［M］. 北京：北京大学出版社，2007：206.

"以生产经营为目的"这一主观要件❶或者还须满足"客体符合"❷（对象必须是权利人的专利产品）这一要件。但事实上，上述两个要件应属于构成专利侵权的必要条件。如果侵权都无法成立，侵权之抗辩自然无从谈起。因此，所谓的"四要件说"实质上与"三要件说"是一致的。

祝建军不赞同"三要件说"，他认为合法来源抗辩的构成要件并不包括"主观善意"这一要件。抗辩的成立只需满足主体要件、"合法来源"要件与"生产经营目的"要件。但是，合法来源抗辩成立并不等于被告豁免于赔偿责任。免于赔偿责任还需要认定被告主观为善意。也即，被告须同时满足"合法来源抗辩成立"与"主观善意"两个条件，才可免于赔偿。❸

笔者更赞同主流观点的"三要件说"。若将"主观善意"要件从合法来源抗辩中抽离，并将该要件与合法来源抗辩共同作为免赔的条件，并无理论或实践上的积极意义，反而混淆了合法来源抗辩制度与民事赔偿责任的关系。

二、对主体要件的认定

在司法实践中，案件双方当事人对主体要件的认定往往没有太大争议。这是因为在通常情况下，被告属于制造者还是销售者是较容易区分的。因此涉及主体要件认定问题的理论研究也较少。但是在某些特殊情况下，被告的主体性质也可能难以鉴别，有待进一步的理论研究。

例如，房地产开发商在其开发建设的商品房中使用了侵犯他人专利权的产品管道组件，此时开发商相对于专利产品而言是制造者还是使用者？吕娜认为，此情况下，开发商应当被认定为使用者或销售者。❹ 司

---

❶ 张建良. 善意销售侵权产品不承担赔偿责任——证明专利侵权产品合法来源的善意销售者不承担赔偿责任 [J]. 中国发明与专利，2007（12）：46-47.

❷ 杨帆. 关于"合法来源"的审视 [J]. 中国发明与专利，2004（8）：58-60.

❸ 祝建军. 专利法中合法来源抗辩制度的司法运用 [J]. 电子知识产权，2008（6）：55-56.

❹ 吕娜. 知识产权侵权诉讼中的合法来源抗辩——以专利侵权诉讼为例 [J]. 人民司法，2007（19）：83-88.

法实践中也以认定为使用者的居多。❶

又如，将侵犯他人外观设计专利的产品作为自己制造的产品的部件，该成品生产商相对于专利产品而言是制造者还是销售者？实践中，法院认为此情形属于制造行为，被告属于制造者。❷

经统计，现有文献中涉及主体要件认定问题的研究并不多，即便是针对上述特殊情况下的认定难点，也多局限于实务界的探讨。

三、对"不知道"要件的认定

《最高人民法院关于审理侵犯专利权纠纷案件应用法律若干问题的解释（二）》对"不知道"的含义作出了解释，即指实际不知道且不应当知道。这平息了 2016 年以前的文献中关于"不知道"之内涵的理论争议。基于此，本文重点对举证责任与法院认定该要件的考量因素进行综述。

（一）"不知道"要件的举证责任

在合法来源抗辩的三要件中，"不知道"这一要件的举证责任应当由哪一方承担，这一问题在理论与实践上都有着较大的争议。两方观点的支持者均不在少数。

1. 由原告承担举证责任

支持这一观点的理由主要为以下两个方面。

第一，基于实务操作层面上的证明规则。多位学者❸与法官❹认为，之所以应当由原告承担举证责任，是因为被告"不知道"是一种消极事实，而消极事实无法证明。根据证明规则，一般应由权利人来证明侵权

---

❶ （2006）二中民初字第 2036 号；（2006）二中民初字第 2039 号；（2006）二中民初字第 3365 号。

❷ （2012）粤高法民三终字第 97 号。

❸ 丁文严. 论知识产权侵权诉讼中合法来源抗辩的构成要件 [J]. 知识产权，2017（12）：52-58；张鹏. 专利侵权警告信适格性的理论探讨与实务分析 [J]. 专利代理，2016（4）：8-15；尹新天. 专利法详解 [M]. 北京：知识产权出版社，2011：841.

❹ 殷源源. 专利侵权案件中销售商的赔偿责任认定问题分析 [J]. 江苏科技信息，2006（12）：19-20；吕娜. 知识产权侵权诉讼中的合法来源抗辩——以专利侵权诉讼为例 [J]. 人民司法，2007（19）：83-88.

者知道或应当知道其所使用或销售、许诺销售的是侵权产品。

第二，基于理论上的归责原则。如郑成思认为，负赔偿责任的知识产权侵权行为适用的是过错责任原则。❶ 邱国侠认为，对销售商在专利侵权纠纷中相关责任的认定采用混合归责原则，即对专利侵权的构成采用无过错原则，是否承担赔偿责任则采用过错原则。❷ 既然承担赔偿责任采用过错原则，则应当由原告举证证明被告具有主观过错。

此外，有学者提出可以类推适用物权法的规定，❸ 由权利人对侵权产品销售者没有"善意"负举证责任，如果权利人举证不能，则应当推定销售者主观上是善意的。❹

2. 由被告承担举证责任

蒋志培认为，对于知识产权权利人要求行为人承担损害赔偿等民事责任的，只要证明行为人实施了法律规定禁止的侵权行为，即推定行为人主观上具有过错。❺

吴汉东认为，专利法中合法来源抗辩如果权利人行使的是侵权赔偿请求权，举证责任应由侵权人承担，即侵权人须证明自己利用他人的知识产品在主观上没有过错。❻ 冯晓青、刘友华与何怀文也同样认为专利侵权的损害赔偿一般采取过错推定归责原则。❼

---

❶ 郑成思. 侵权责任、损害赔偿责任与知识产权保护 [J]. 环球法律评论，2003（4）：458-467.

❷ 邱国侠. 销售商专利侵权赔偿责任之认定 [J]. 合肥工业大学学报（社会科学版），2005（06）：124-128.

❸ 《最高人民法院关于适用（中华人民共和国物权法）若干问题的解释（一）》第15条规定："受让人受让不动产或者动产时，不知道转让人无处分权，且无重大过失的，应当认定受让人为善意。真实权利人主张受让人不构成善意的，应当承担举证证明责任。"

❹ 黄建文. 合法来源抗辩适用善意取得制度审查的合理性分析 [J]. 知识产权，2016（10）：32-38.

❺ 蒋志培. TRIPS肯定的知识产权侵权赔偿的归责原则和赔偿原则 [J]. 法律适用，2000（10）：7-9.

❻ 吴汉东. 试论知识产权的"物上请求权"与侵权赔偿请求权——兼论《知识产权协议》第45条规定之实质精神 [J]. 法商研究，2001（5）：3-11.

❼ 冯晓青，刘友华. 专利法 [M]. 北京：法律出版社，2010：275；何怀文. 专利法 [M]. 杭州：浙江大学出版社，2016：321.

　　张玲则区分了不同侵权行为之间的归责原则，认为侵权人承担赔偿损失民事责任的归责原则因侵权行为方式不同而不同：使用、许诺销售等的侵权人采取过错推定归责原则；其余的侵权人采取无过错归责原则。❶

　　由上可见，持这一观点的学者主要是从归责原则的角度进行论述的，并没有对消极事实无法证明这一问题进行回应。

3. 由法院酌情处理

　　有少数观点认为，"不知道"要件的举证责任可根据原被告双方举证能力的实际情况，由法院酌情处理，将举证责任分配给权利人。如果权利人举证不能，则应当由其承担不利的后果，采纳被控侵权人的主张，认定被控侵权人不知道。❷

（二）认定"不知道"要件的考量因素

1. 考量的一般证据类型与情节

　　这一部分涉及的内容实践性较强，理论性相对偏弱，大部分观点由法官结合自身的审判工作经验提出。

　　吕娜法官认为，如果作为原告的权利人能够举证证明以下事实存在，如销售者曾经在专利权人以外的第三人处购进相同产品的；或者专利权人曾经向使用者、销售者发送过警告函、律师函等并且提供了专利证书、专利说明书、权利要求书各技术对比说明等文件，足以使使用者、销售者认识到被控侵权产品可能构成专利侵权的，可认定为应当知道。❸

　　湖南省长沙市中级人民法院知产庭认为，确定经营者对侵权后果的主观过错，可以从以下几方面考虑：交易价格是否符合常理；是否经营过相同或类似的侵权产品，并被追究过责任；专利技术的知名度；是否同时经营权利人产品和侵权产品；权利人在同一市场是否进行过有一定规模的维权；在同一市场的经营者对于同业经营者已被确认为违法的经

　　❶ 张玲. 论专利侵权赔偿损失的归责原则 [J]. 中国法学，2012（2）：119-130.

　　❷ 欧修平. 知识产权法中"不知道"的含义 [J]. 人民司法，2012（5）：91-93.

　　❸ 吕娜. 知识产权侵权诉讼中的合法来源抗辩——以专利侵权诉讼为例 [J]. 人民司法，2007（19）：83-88.

营行为，应当施以合理的注意义务。❶

白帆法官认为，可以从主体与客体两个方面对"不知道"要件进行考察。主体方面，根据销售者的专业程度、经验规模不同，对特定商品的注意义务也有所不同，类似于传统民法中"一般人的注意义务"和"专家的注意义务"的区别；客体方面，则结合商品的各方面因素，如该商品的包装、进价、知名度等，对销售者应尽的注意义务进行综合判断。❷

2. 警告函对认定"不知道"要件的影响

有观点认为原告发出警告函可以推定被告主观有过错。如黄建文认为，若权利人对销售者发出过"警告"，则可根据销售者购买侵权产品时的行为推定其主观存在过错。❸

反对的观点认为警告函只是认定"不知道"要件的考量因素之一，并非决定性因素。如高静认为，仅凭一封律师函或警告函难以直接认定被诉侵权人主观状态系"明知"，应当以律师函或警告函作为初步证据，再结合案件的具体情况来认定。❹ 杨正宇同样认为，收到侵权通知仅是认定主观过错要件中的一个重要考量因素。❺ 欧宏伟则进一步指出，只有警告函详细载明了涉案专利的相关信息，且能够证明原告成功寄送了该警告函，才能够推定被告主观有过错。❻

3. 销售"三无产品"对认定"不知道"要件的影响

"三无产品"不是法律上的概念，它是针对产品或者其包装上的标

---

❶ 湖南省长沙市中级人民法院知产庭. 经营者免除赔偿责任的适用 ［J］. 人民司法，2011（23）：41-46.

❷ 白帆. 论知识产权纠纷中销售者赔偿责任的免除 ［J］. 电子知识产权，2014（7）：50-55.

❸ 黄建文. 合法来源抗辩适用善意取得制度审查的合理性分析 ［J］. 知识产权，2016（10）：32-38.

❹ 高静. 合法来源抗辩在专利侵权诉讼中的适用——丽得公司诉洲明公司侵犯专利权案件评析 ［J］. 科技与法律，2012（3）：54-57.

❺ 杨正宇. 强制许可中半导体技术的"乱入"之谜——兼谈与合法来源抗辩条款的衔接 ［J］. 中南大学学报（社会科学版），2017（2）：68-75.

❻ 欧宏伟. 浅析专利侵权诉讼中合法来源抗辩审查问题 ［J/OL］. ［2018-08-02］. https：//mp. weixin. qq. com/s/KwZkWoEJrNvjRnzWwPnpiA.

识不符合我国《产品质量法》第 27 条规定而由人们约定俗成的一个名词，通常指没有生产日期、质量合格证、生产厂家的产品。❶

高静法官认为，对于经营规模大、销售中处于上游的总经销商而言，应当赋予其较高的注意义务，对其经销"三无产品"可以推定其主观上有过错；对于举证能力低、赔偿能力弱、处于终端零售商的个体工商户而言，对其合法来源抗辩应持较宽松态度，不能仅以其经销"三无产品"即推定主观存在过错。❷

湖南省长沙市中级人民法院知产庭认为，三无产品不等于侵权产品，也不能由此推定其有侵犯知识产权的主观过错。❸

（三）小结

由上可知，关于"不知道"要件的举证责任问题在理论上仍存在较大争议，有待对此进行进一步理论研究，并结合实务工作经验探索最佳的证明责任分配模式。在考量因素方面，对几个特殊因素（如上文提及的警告函、三无产品）的证明力等问题尚有一定争议，缺乏完备的理论研究。

四、对"合法来源"要件的认定

在司法实务中，"合法来源"要件是法院在审查合法来源抗辩时最为关注的要件。❹ 虽然司法解释对"合法来源"的含义作出了解释，❺ 但实践中各法院对这一要件的认定标准并不一致。因此，对这一要件的

---

❶❷ 高静. 合法来源抗辩在专利侵权诉讼中的适用——丽得公司诉洲明公司侵犯专利权案件评析 [J]. 科技与法律, 2012 (3)：54-57.

❸ 湖南省长沙市中级人民法院知产庭. 经营者免除赔偿责任的适用 [J]. 人民司法, 2011 (23)：41-46.

❹ 笔者在对该问题的案例综述中统计了 136 个案例，其中有 113 个案例都对"合法来源"要件作了分析，而涉及主体要件的案例仅有 36 个、涉及"不知道"要件的案例仅 41 个。

❺ 《最高人民法院关于审理侵犯专利权纠纷案件应用法律若干问题的解释（二）》第 25 条第 3 款规定："本条第一款所称合法来源，是指通过合法的销售渠道、通常的买卖合同等正常商业方式取得产品。对于合法来源，使用者、许诺销售者或者销售者应当提供符合交易习惯的相关证据。"

理论研究具有重大意义。

（一）对"合法"的理解

多数学者认为"合法"仅要求取得专利侵权产品的渠道合法，与其他交易环节、行政管理规定等无涉。如尹新天认为，"合法"一词并不包含该专利产品的制造、进口也必须合法的含义。❶ 杨帆认为，是否开具发票，是否导致偷税、漏税等违法行为，属于行政法上的责任，是另一法律关系，可以通过司法建议等途径解决，不能以此来否定一个事实的成立，影响民事行为和对相关事实的认定。❷ 张建良以制度的设立目的为视角，指出产品合法来源的本意是引导产品的销售者举证证明产品的制造者，以利于专利权人向制造者提起侵权诉讼，从而制止侵权行为并获得赔偿，而不在于认定销售者进货凭证的合法、无瑕疵，从而推导出产品具有合法来源。❸ 最高人民法院也支持这一观点，认为"合法"并不必然要求考虑销售者或者供应者在提供相关产品时是否符合相关行政管理规定。❹

另有观点认为"合法"是指销售者获得产品涉及的一切交易行为均符合法律规定。如湖南省长沙市中级人民法院知产庭认为，进销三无产品不属于合法经营行为，不符合能提供"合法来源"这一要件。

（二）对"来源"的理解

1. 合法来源不等于最终来源

高翡认为，"来源"不要求销售商必须一环一环地证明到复制品的制作者。只要销售者所销售的复制品是其通过正当的、合法的交易渠道从上家供应商取得的，这种客观存在的交易关系就应当受到法律保护。❺ 湖南省长沙市中级人民法院知产庭认为，经营者只需证明自己销售的产品是通过一个合法的进销行为取得的即可。经营者直接从厂家进货时，

---

❶ 尹新天．专利法详解［M］．北京：知识产权出版社，2011：841.

❷ 杨帆．关于"合法来源"的审视［J］．中国发明与专利，2004（8）：58-60.

❸ 张建良．善意销售侵权产品不承担赔偿责任——证明专利侵权产品合法来源的善意销售者不承担赔偿责任［J］．中国发明与专利，2007（12）：46-47.

❹ （2011）民提字第259号。

❺ 高翡．知识产权诉讼中的合法来源认定——汪某京剧脸谱作品著作权权属、侵权纠纷案评析［J］．科技与法律，2013（2）：63-66.

最终来源和合法来源重合。❶

2. "来源"的内容

丁文严认为，善意侵权人说明的提供者信息应当符合《民事诉讼法》第 119 条第（2）项和第 121 条第（2）项关于明确被告的要求，即侵权产品提供者为自然人的，应包括姓名、性别、工作单位、住所等信息，侵权产品提供者为法人或者其他组织的，应包括其名称、住所等信息。❷

（三）认定"合法来源"要件的考量因素

1. 考量的一般证据类型

关于认定"合法来源"的证据类型，法官普遍认为，买卖合同、发票、支付凭证这三类证据具有较高的证明力，经过审查产品名称、型号、价格与被诉侵权产品吻合，能形成一个完整的证据链的，可以直接采纳被诉侵权人的合法来源抗辩。❸ 此外，如果被告提供的相关交易资料如出售方相关资质、进货凭证、付款凭证、物流或运输单证等可以形成证据链的，法院也会予以认可。❹

2. 主体经营规模对认定"合法来源"要件的影响

白帆认为，对"合法来源"的证明程度应依销售主体规模、专业程度等的不同而要求不同。现实生活中小商户少量进货一般都不会签订进货合同，所以根据市场既存的交易规则和交易惯例，此时的认定亦不宜

---

❶ 湖南省长沙市中级人民法院知产庭. 经营者免除赔偿责任的适用 [J]. 人民司法，2011（23）：41-46.

❷ 丁文严. 论知识产权侵权诉讼中合法来源抗辩的构成要件 [J]. 知识产权，2017（12）：52-58.

❸ 高静. 合法来源抗辩在专利侵权诉讼中的适用——丽得公司诉洲明公司侵犯专利权案件评析 [J]. 科技与法律，2012（3）：54-57；姚建军. 销售商合法来源抗辩的成立要件 [J]. 人民司法，2010（20）：42-45；国家知识产权局条法司. 专利法研究 [C]. 北京：知识产权出版社，2003：298-306.

❹ 邱国侠. 销售商专利侵权赔偿责任之认定 [J]. 合肥工业大学学报（社会科学版），2005（06）：124-128；乐耀. 论专利善意侵权案件中不当得利制度的不可适用性——兼评《专利法》第 70 条 [J]. 金陵法律评论，2017（1）：197-221.

过于严苛。[1] 陶冠东、丁文严和钱翠华亦认为，对具有法人主体资格的销售商把握应较严格，对个体工商户销售商把握可宽泛些。[2]

3. 是否追加供货方为被告对"合法来源"要件的影响

多数观点认为，若追加供货方为被告，且供货方承认其提供了专利侵权产品，则可降低认定"合法来源"要件的标准。如吕娜认为，在被告提出合法来源抗辩，但又不申请追加供货方为共同被告的情况下，对被告提供的相关供货证据的证明标准应当从严掌握，不宜轻易认定合法来源抗辩成立。[3] 高静认为，销售者系直接从制造者处进货，如制造者认可销售者购买被诉侵权产品，在权利人没有提出异议或提供相反证据的情况下，对于销售者举证的审查可以采取较宽松的态度。[4]

但是，法院能否追加供货方为共同被告，这一问题存在较大争议。

第一种观点认为法院应当追加供货方为共同被告。如吕娜认为，销售者或者使用者与供货方系基于同一侵权产品而被起诉的，属于必要共同诉讼。被告申请追加该供货方为共同被告的，即使原告不同意追加，人民法院也应当予以追加。[5] 黄建文也认为应当追加侵权产品提供者为被告，虽然这会给审判程序带来较大的不便，但却符合立法精神。[6]

第二种观点认为法院虽不能主动追加，但可以通过专利权人的申请

---

[1] 白帆. 论知识产权纠纷中销售者赔偿责任的免除 [J]. 电子知识产权, 2014 (7)：50-55.

[2] 陶冠东. 专利侵权纠纷中销售者合法来源抗辩的司法认定 [J]. 电子知识产权, 2017 (4)：82-88；丁文严. 论知识产权侵权诉讼中合法来源抗辩的构成要件 [J]. 知识产权, 2017 (12)：52-58；钱翠华. 销售商侵权民事责任的承担 [J]. 人民司法, 2008 (16)：99-103.

[3] 吕娜. 知识产权侵权诉讼中的合法来源抗辩——以专利侵权诉讼为例 [J]. 人民司法, 2007 (19)：83-88.

[4] 高静. 合法来源抗辩在专利侵权诉讼中的适用——丽得公司诉洲明公司侵犯专利权案件评析 [J]. 科技与法律, 2012 (3)：54-57.

[5] 吕娜. 知识产权侵权诉讼中的合法来源抗辩——以专利侵权诉讼为例 [J]. 人民司法, 2007 (19)：83-88.

[6] 黄建文. 合法来源抗辩适用善意取得制度审查的合理性分析 [J]. 知识产权, 2016 (10)：32-38.

或者法院进行说明让专利权人以提出申请的方式追加出售方为被告。❶

第三种观点认为法院不应当追加供货方为共同被告。如杨帆认为，销售商、生产商的侵权责任是可以分割的，一个是生产侵权，另一个是销售侵权，二者之间没有共同连带的关系，不属于必要共同诉讼的当事人。❷高静同样反对法院追加供货方为共同被告的做法。❸

五、"不知道"要件与"合法来源"要件的关系

对"合法来源"要件与"善意"要件的关系问题，目前存在三种不同的观点：第一种观点认为"合法来源"要件成立可以推定"不知道"要件成立；第二种观点认为"不知道"要件包含了"合法来源"要件；第三种观点认为两者相互独立，是否成立应当分别认定。

（一）"合法来源"要件成立可以推定"不知道"要件成立

张玉敏指出，行为人如能证明其产品的合法来源，即不承担赔偿责任，反之，如不能证明产品的合法来源，即推定其有过错，应承担赔偿责任。❹

李萍认为，在使用者或销售者提供了合法来源证据，并说明产品提供者的情况下，可以推知其"不知道"。❺

（二）"不知道"要件包含"合法来源"要件

李双利、魏大海认为，法律文本要求的"合法来源""合法取得"仅仅是侵权人证明自己主观无过错的一个客观要素。❻

白帆认为，判断销售者在主观方面的过错首先就应考虑商品是否具

---

❶ 乐耀.论专利善意侵权案件中不当得利制度的不可适用性——兼评《专利法》第70条［J］.金陵法律评论，2017（1）：197-221.

❷ 杨帆.关于"合法来源"的审视［J］.中国发明与专利，2004（8）：58-60.

❸ 高静.合法来源抗辩在专利侵权诉讼中的适用——丽得公司诉洲明公司侵犯专利权案件评析［J］.科技与法律，2012（3）：54-57.

❹ 张玉敏.侵害知识产权民事责任归责原则研究［J］.法学论坛，2003（3）：20-28.

❺ 李萍.对最高人民法院20号指导案例的思考［J］.电子知识产权，2016（2）：58-66.

❻ 李双利，魏大海.合法来源条款立法文本新探［J］.中华商标，2011（5）：42-45.

有合法来源，基于此也可认为"合法来源"要件是包含于"不知道"这一要件中的。❶

（三）两个要件相互独立，应当分别认定

尹新天认为，证明其产品有合法来源的，并不等于能够证明行为人"不知道"该产品系未经专利权人许可而制造，因为这两个条件是彼此独立的，不能将它们混为一谈。❷

王永红、许明亮认为，如果专利权人能证明使用者和销售者知道是侵权产品的话，即使使用者和销售者能证明其产品有合法来源，仍然应当承担赔偿责任。能够证明侵权产品有合法来源的使用者和销售者并不一定是善意的。❸

黄建文认为，"善意"与"合法来源"在立法上是两个不同的构成要件，两个构成要件必须全部满足，法律行为才能成立，不能以其中的一个构成要件推定另一个构成要件的成立。❹

结　语

综上所述，本文针对专利侵权案件中合法来源抗辩的主体要件、"不知道"要件以及"合法来源"要件，重点梳理了举证责任、考量因素和要件之间的关系等方面的研究现状。发现目前对主体要件的认定问题研究不足；"不知道"的举证责任问题在理论界争议较大；对"合法"的理解存在分歧；关于"不知道"要件与"合法来源"要件的关系亦各有见解。专利侵权案件中合法来源抗辩的成立与否涉及赔偿问题以及追溯专利侵权产品的来源等重要问题，有待全面、深入的理论研究，从而为建立更科学的合法来源抗辩认定模式提供指导。

---

❶ 白帆. 论知识产权纠纷中销售者赔偿责任的免除 [J]. 电子知识产权，2014 (7)：50-55.

❷ 尹新天. 专利法详解 [M]. 北京：知识产权出版社，2011：841.

❸ 王永红，许明亮.《专利法》中的善意侵权行为豁免制度 [J]. 中国律师，2008 (10)：26-28.

❹ 黄建文. 合法来源抗辩适用善意取得制度审查的合理性分析 [J]. 知识产权，2016 (10)：32-38.

专利侵权案件中合法来源抗辩的认定问题案例综述

■ 徐慧斌　徐丽娟*

【摘要】为维护交易的安全，保护善意的专利侵权产品使用商或销售商的合法权益，我国《专利法》第70条规定了使用或销售专利侵权产品的合法来源抗辩制度。《最高人民法院关于审理侵犯专利权纠纷案件应用法律若干问题的解释（二）》第25条更是对该条中的"不知道"与"合法来源"进一步作出的解释。但是，在司法实践中，对合法来源抗辩的认定仍存在一定争议，主要体现为：专利侵权案件中对被告主体性质的认定、主观上"不知道"的证明责任与认定标准以及客观上"合法来源"的认定标准问题。为对这三方面的内容进一步探究，笔者通过检索与筛选获得相关样本案例，梳理涉及上述问题的内容，并进行类型化分析。根据统计结果可以发现，我国专利侵权案件有着合法来源抗辩认定的比例较低、相关案件上诉率高等特点，也存在法院分配举证责任不一致、被告举证困难等问题。实践中暴露出的这些问题为后续进一步研究提供了方向和指引。

【关键词】合法来源抗辩；认定路径；举证责任；认定标准

---

* 徐慧斌、徐丽娟为华东政法大学知识产权学院 2018 级硕士研究生。

一、样本来源

笔者以北大法宝司法案例数据库作为研究样本的来源，选择司法案例项，限定案由为"专利权权属、侵权纠纷"，全文关键字为"合法来源抗辩"，匹配方式为精确，文书类型选择"判决书"，得出共 3125 件判决书。其中，根据参照级别进行分类，包括典型案例 3 件，经典案例 12 件，法宝推荐案例 3065 件，普通案例 45 件。按照审理法院分类，包括最高人民法院案例 19 件，知识产权法院案例 551 件，地方法院涉及案例较多的有广东省（1147 件）、浙江省（429 件）、江苏省（188 件），其余省份均不超过 100 件。

鉴于全国涉及合法来源抗辩的专利侵权纠纷案件数量庞大，笔者采用重点筛选与分层抽样结合的方式，对检索到的案例进行筛选。

首先，由于最高人民法院代表了我国审判的最高水准，以及各地筛选发布的典型案例与出版物中的经典案例具有较高的参考价值，故笔者首先筛选出最高人民法院判决生效的案例和各地发布的典型案例，一共得到 34 件涉及合法来源抗辩的专利侵权案例。其次，对检得样本量较大的地方法院（广东省、浙江省、江苏省）以及专业水平较高的知识产权法院判决的案件进行分层抽样，即在上述 4 个层次内按照数量比例进行随机抽样，总计抽取 120 件案例，其中广东省 60 件、浙江省 20 件、江苏省 10 件，知识产权法院 30 件。至此，总计获得 154 件样本。笔者对该 154 件样本逐个阅读，剔除属于同一案件的 7 件样本与提及合法来源抗辩但是没有对其进行认定的 11 件样本，剩余 136 件为最终研究对象。

二、统计项目与统计结果

本文获取信息的方式为研读与摘录判决书内容。以深圳市慕华科技有限公司与深圳市率先电器有限公司侵害外观设计专利权纠纷上诉案❶

---

❶ （2017）粤民终 2450 号。

的二审判决书为例,"一审法院认定事实"与"本院另查明"的内容中涉及有关合法来源抗辩的案件事实、"慕华公司主张涉案产品有合法来源,向一审法院提交如下证据"中的举证情况以及"本院认为"之后对于合法来源抗辩是否成立的论证过程都是本文重点研读的信息。

在统计项目上,本文以合法来源抗辩的主体要件、"不知道"要件以及"合法来源"要件为线索,着重统计案例双方提交的与三个要件相关的证据内容和法院对三个要件是否成立的认定情况与论证理由。

(一)样本案例审级与抗辩认定结果

在 136 个样本案例中,一审案例数量为 46 个,二审或再审案例量为 90 个。经统计,样本案例的上诉率约为 66.17%[1],而同期全国法院知识产权民商事案件的平均上诉率为 13.64%(2015 年为 13.00%,2016 年为 13.41%,2017 年为 14.51%)。[2] 样本案例的审级分布以及上诉率表明,在涉及合法来源抗辩的专利侵权纠纷案中,原被告双方对于判决结果的争议往往较大。

根据统计结果,法院认定合法来源抗辩成立的有 32 个,占比为 23.53%;合法来源抗辩被认定不成立的有 104 个,占比为 76.47%。从合法来源抗辩的认定结果上看,实践中认定合法来源抗辩不成立的案件量远多于认定抗辩成立的案件量,可见法院认定合法来源抗辩成立的标准总体上较高。主要原因可能为:一是合法来源抗辩直接涉及原告能否获得赔偿的问题,而专利侵权纠纷中往往涉及数额较大的损害赔偿金,原被告双方一般都希望穷尽救济手段以挽回损失或者避免赔偿;二是目前法院对合法来源抗辩的认定标准的拿捏尺度尚不统一,尤其是如何认定"合法来源"的标准存在差异,再加之部分判决书对合法来源抗辩的论证并不充分,使得当事人不信服法院的判决。

依据《专利法》第 70 条之规定,合法来源抗辩成立须同时满足三个要件:(1)主体要件,即被告是使用者或者销售者;(2)"不知道"要

---

[1] 在笔者收集的 136 份判决书中,有 90 份二审或再审判决书,占总数的 66.17%。

[2] 笔者收集的样本案例中,有 121 件(88.97%)是 2015—2017 年度审结的,因此笔者以这三年的全国法院数据作比较。原始数据来自 2015—2017 年最高人民法院公布的《中国法院知识产权司法保护状况》白皮书,经笔者整理计算所得。

件，即被告实际不知道且不应当知道涉案产品是未经专利权人许可而制造并售出专利侵权产品；（3）"合法来源"要件，即被告通过合法的销售渠道、通常的买卖合同等正常商业方式取得产品。对此，笔者统计了在104份认定合法来源抗辩不成立的判决书中各要件所占的比例，由此更为直观地了解司法审判实践中对合法来源抗辩的认定情况（见图1）。

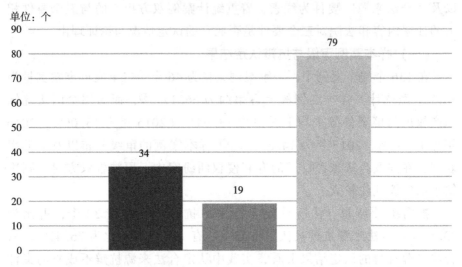

图1 合法来源抗辩不成立的原因

如图1所示，在认定合法来源抗辩的过程中，法院最常分析的是"合法来源"要件。在104件抗辩不成立的案件中，有79件是由于不满足"合法来源"要件而不成立合法来源抗辩。据此可见，该要件是法院的重点，也是大多数案件的被告试图举证证明的内容。而法院对主体要件与"不知道"要件分析较少，原因在于：被告的主体性质在多数情况下比较容易确认，原被告双方对此争议较少；绝大多数法院认为"不知道"要件不需要被告举证，在原告未试图举证证明被告主观上明知或应知的情况下，法院一般直接推定被告主观上满足"不知道"，进而不对这一要件进行分析。

如前所述，合法来源抗辩成立须同时满足三个要件。但是，如图2

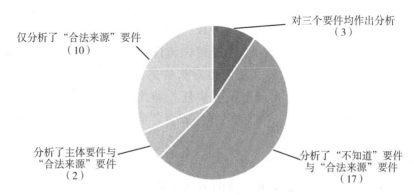

图2　法院在抗辩成立的案件中对三要件的分析情况

所示，在合法来源抗辩成立的 32 个案件中，仅有 3 份判决书❶对抗辩成立的三要件均作出了分析。有 10 份判决书的论证部分仅分析了"合法来源"这一个要件，而没有分析另外两个要件即认定抗辩成立。这反映出部分法院在判决时存在说理不充分的问题。即便对于双方争议不大的要件，也应当在判决书中对该要件予以分析，否则可能造成当事人对判决不服，案件上诉率升高。尤其是对于"不知道"要件，若法院不予以分析便认定成立，那么其理由究竟是原告未能证明被告"知道"，还是被告证明了自己为"不知道"，这一涉及举证责任的关键问题便无从知晓。为了更好地呈现这一问题，笔者用以下两个具体案例对比分析。

在深圳市乐泡创新科技有限公司诉一品白客（北京）科技有限公司等公司侵害外观设计专利权纠纷案❷中，被告提供了发票以及《商品推广与销售主合同》《销售与结算政策合同》首页等合同材料以证明涉案产品的"合法来源"。法院认为被告的证据形成了完成的证据链，就此认定合法来源抗辩成立。然而，这些证据仅能证明"合法来源"这一个要件，即便来源合法，被告主观上仍可能是恶意的。

在欧普照明股份有限公司诉宁波欧美光源科技有限公司等侵害外观

---

❶　（2015）辽民三终再字第 1 号，（2017）浙民终 547 号，（2016）粤民终 1392 号。

❷　（2015）粤知法专民初字第 2199 号。

设计专利权纠纷上诉案❶中，法院不仅通过认证证书、ODM 协议等证据认定被告满足"合法来源"要件，并以"欧普公司不能证明欧美公司系明知被诉产品为专利侵权产品仍进行销售和许诺销售"为由，认定被告满足"不知道"要件。此外，法院也对被告的主体要件作了论证分析，认为被告欧美公司不应承担制造商的责任。如此论证，就不存在以"合法来源"要件成立推定"不知道"要件成立等问题，判决书的说服力也更强。

（二）对主体要件的认定

主体要件，是指合法来源抗辩的适格主体只能是专利侵权产品的使用者或者销售者。实践中，不满足主体要件的常见情形为：法院认定或推定被告为专利侵权产品的制造者，而非使用者或销售者，从而否定了被告的合法来源抗辩。

在笔者统计的 136 个样本中，原被告双方对被告的主体性质有争议的案件仅有 36 件。可见，在多数涉及合法来源抗辩的专利侵权案件中，双方当事人对被告的主体性质的争议并不大，均认可被告的销售者身份。原因在于，一般情况下，被告属于制造商还是销售商较容易辨别。但在笔者统计的 36 个涉及对主体要件认定的案件中，原被告双方在被告的主体性质认定上存在较大分歧。其中，仅有 3 个案件❷中的被告最终被认定为销售者，法院在其余 33 个案件中均认定被告为制造者，从而否定了其提出的合法来源抗辩。

在上述被告方被认定为销售者的 3 个案件中，均是原告提出被告属于制造者的主张，但未能提供证据充分证明。法院最终结合其他证据和认定的案件事实，认定原告为销售者。例如，在启东丰汇润滑设备有限公司与南通启重润滑设备有限公司侵害发明专利权纠纷上诉案❸中，法院认为，由于没有证据证明被告具有制造被控侵权产品的意思表示及行为，故仅凭其对该产品生产商信息的相关标注行为，即认定其系被控侵权产品的制造者，并判令由其承担专利法意义上的制造侵权责任，不仅

---

❶ （2017）浙民终 547 号。

❷ （2017）浙民终 547 号，（2017）苏民终 218 号，（2016）苏民终 1399 号。

❸ （2016）苏民终 1399 号。

有悖事实且过于严苛，亦不符合重点打击制造侵权源头的知识产权司法保护政策。

如表 1 所示，在被告被认定为制造者的 33 个案件中，法院主要考虑以下 4 个因素：被告工商登记的营业范围、被告的商业宣传内容、专利侵权产品上的标识信息、被告与实际生产者的法律关系。

表 1　认定被告主体性质的考量因素

考量因素	考虑了对应因素的案件数量（个）
被告工商登记的营业范围	9❶
被告的商业宣传内容	6❷
专利侵权产品的标识信息	13❸
被告与实际生产者的法律关系	9❹

1. 被告工商登记的营业范围

由于仅依据被告工商登记的营业范围这一因素难以断定被告在案件中的主体性质，法院往往会结合其他证据以判定被告属于制造者。例如，在广州市卓奕婴儿用品有限公司与石某某侵害外观设计专利权纠纷

❶ （2014）粤高法民三终字第 773 号，（2016）浙 01 民初 1250 号，（2016）粤 73 民初 759 号，（2015）浙知终字第 189 号，（2017）浙民终 807 号，（2012）穗中法知民初字第 34 号，（2017）粤民终 759 号，（2015）粤高法民三终字第 100 号，（2016）粤 03 民初 2954 号。

❷ （2014）粤高法民三终字第 773 号，（2017）粤 73 民初 3806 号，（2016）粤民终 1960 号，（2016）粤民终 1973 号，（2017）粤民终 2159 号，（2015）粤高法民三终字第 100 号。

❸ （2017）浙 01 民初 1198 号，（2015）浙知终字第 91 号，（2015）苏知民终字第 00221 号，（2017）最高法民再 122 号，（2016）苏民终 604 号，（2016）苏民终 483 号，（2016）粤民终 1960 号，（2017）粤民终 759 号，（2017）粤民终 531 号，（2016）粤民终 1973 号，（2015）深中法知民初字第 1878 号，（2016）粤 03 民初 2954 号，（2017）粤民终 2159 号。

❹ （2017）最高法民再 122 号，（2012）粤高法民三终字第 97 号，（2015）粤高法民三终字第 105 号，（2017）浙民终 295 号，（2014）粤高法民三终字第 778 号，（2016）苏民终 483 号，（2017）粤民终 719 号，（2017）粤民终 531 号，（2015）粤知法专民初字第 2115 号。

上诉案❶中，法院还考虑了产品包装盒上的生产商信息。在源德盛塑胶电子（深圳）有限公司与余姚市星源灯具金属软管厂侵害实用新型专利权纠纷案❷中，法院结合了对被告的验厂结果以认定被告属于制造者。

2. 被告的商业宣传内容

被告的商业宣传内容同样仅为间接证据，无法仅凭此认定被告的制造者身份。因此，在笔者统计的案例中，法院无一例外地都结合了其他证据对被告身份予以判定。例如，上海顺恒模型制作有限公司诉叶某某等侵害外观设计专利权纠纷案❸中，除了被告在阿里巴巴店铺中声称的经营模式为"生产加工"这一证据外，法院还结合被诉产品外包装上的字样与商标。东莞市誉升电子科技有限公司与万利富专利纠纷上诉案❹和南希·特德赛（NANCYKATHRYNTEDESCHI）与深圳市三特摩尔科技有限公司侵害发明专利权纠纷上诉案❺亦是如此。

3. 专利侵权产品的标识信息

专利侵权产品上的标识信息往往能指明产品的真实制造商，具有较强的证明力。因此，如果产品上的信息载明被告为生产商，那么法院一般会直接推定被告为制造者而非销售者，进而否定被告提出的合法来源抗辩。例如，欧某某诉深圳市宏腾通电子有限公司等侵害外观设计专利权纠纷案❻中，法院以"产品包装上标示生产厂商为被告汇特公司及产品上印有其商标"为由，直接认定被告为制造者。又如，江苏虹晨液压机电制造有限公司与蔡某某侵害实用新型专利权纠纷上诉案❼中，法院认为被告在被控产品上贴附自己标识的行为足以证明其是制造者。

4. 被告与实际生产者的法律关系

在专利侵权纠纷案件中，如果被告与实际生产商存在委托加工、委托制造等法律关系，或者二者为关联企业等，法院一般直接认定被告属

---

❶（2017）粤民终 759 号。

❷（2017）浙民终 807 号。

❸（2017）粤民终 2159 号。

❹（2016）粤民终 1960 号。

❺（2016）粤民终 1973 号。

❻（2015）深中法知民初字第 1878 号。

❼（2015）苏知民终字第 00221 号。

于制造者。例如，上元电力科技有限公司与上海兆邦电力器材有限公司侵害发明专利权纠纷上诉案❶中，法院认为，被告与实际生产者之间存在委托制造的关系，因此被告作为委托方，也应承担制造者的侵权责任。在沈阳中铁安全设备有限责任公司等诉哈尔滨铁路局减速顶调速系统研究中心等侵害实用新型专利权纠纷再审案❷中，最高人民法院基于被告对实际生产商制造行为的控制，认定其为制造者。

（三）对"不知道"要件的认定

《最高人民法院关于审理侵犯专利权纠纷案件应用法律若干问题的解释（二）》第 25 条将"不知道"解释为"实际不知道且不应当知道"。但是理论界与实务界关于"不知道"的举证责任与具体认定标准仍存有争议。在 136 个案件中，提及"不知道"要件的有 41 个，其中 22 个案件中的被告被认定或推定为"不知道"，19 个案件中的被告被证明主观上明知或应知。

1. 举证责任的分配

在专利侵权案件中，究竟应当由被告证明自己主观上"不知道"还是由原告证明被告主观上明知或应知，这不仅在理论上有较大争议，在实践中法院的做法也不尽相同。

根据表 2 的统计结果，大部分法院认为应当由原告证明被告主观上明知或应知，否则推定被告"不知道"。最高人民法院在广东雅洁五金有限公司诉杨某某等侵害外观设计专利权纠纷再审案❸中明确指出："一般应由权利人来证明侵权者知道或者应当知道其所使用、许诺销售或者销售的是侵权产品……若权利人无法证明侵权者知道或者应当知道，则一般可以推定侵权者不知道其使用、许诺销售或者销售的是侵权产品，从而认定该侵权产品使用者、销售者是善意的。"这一观点为后续法院的判决提供了指导，这也是"由原告承担举证责任"这一观点为多数法院支持的原因之一。

---

❶ （2017）浙民终 295 号。
❷ （2017）最高法民再 122 号。
❸ （2013）民提字第 187 号。

表 2　法院对"不知道"要件举证责任的分配

法院观点	案件数量（个）
原告承担举证责任	32❶
被告承担举证责任	3❷
未明确表态	6❸

值得注意的是，在法院未对举证责任明确表态的 6 个案件中，法院均依据案件事实推定被告主观为恶意。这一做法实际上就将证明"不知道"的责任分配给被告。可见，在司法实践中，初始证明责任并非都在原告一方。如果综合案件事实足以推定被告的主观状态为恶意，那么法院一般会将初始证明责任分配给被告。这一情形是理论界关于证明责任的争论中未曾讨论到的。

2."不知道"要件的认定路径

由于大多数法院认为应当由原告证明被告主观之恶意，因此在"不知道"要件成立的 22 个案件中，皆是原告无法举证证明被告明知或应知，无一例外。对这一情形在此不多作分析。

在不满足"不知道"要件的案件中，法院有以下三种不同的认定思路：一是原告证明了被告主观上明知或应知，二是被告未能证明自己主

❶ （2013）民提字第 187 号，（2015）甘民三终字第 62 号，（2015）辽民三终再字第 1 号，（2017）粤 73 民初 2289 号，（2017）粤 73 民初 3719 号，（2015）粤知法专民初字第 1935 号，（2016）粤 73 民初 1647 号，（2016）粤 73 民初 104 号，（2015）粤知法专民初字第 2115 号，（2017）浙 01 民初 821 号，（2017）浙 01 民初 626 号，（2016）浙 01 民初 232 号，（2016）浙 0782 民初 14088 号，（2016）浙 01 民初 823 号，（2017）浙民终 547 号，（2015）浙知终字第 91 号，（2015）浙金知民初字第 174 号，（2016）苏 04 民初 467 号，（2017）苏民终 16 号，（2016）苏民终 1350 号，（2017）粤民终 597 号，（2016）粤民终 1392 号，（2017）粤民终 1498 号，（2014）粤高法民三终字第 1090 号，（2015）粤高法民三终字第 415 号，（2017）粤民终 2159 号，（2017）粤民终 1711 号，（2016）粤 03 民初 2954 号，（2016）粤民终 375 号，（2015）粤高法民三终字第 217 号，（2017）粤民终 1976 号，（2016）粤民终 674 号。

❷ （2016）粤 73 民初 1455 号，（2015）苏知民终字第 00221 号，（2016）粤民终 1632 号。

❸ （2017）浙民终 343 号，（2017）苏民终 850 号，（2016）苏民终 803 号，（2016）粤民终 1948 号，（2017）粤民终 1653 号，（2016）粤民终 1883 号。

观上"不知道",三是案件双方均未就被告的主观状态进行举证,但是法院综合案件事实后,认定或推定被告主观上明知或应知。以下就三种认定路径分别列举一件具有代表性的案例。

(1)原告证明了被告主观上明知或应知。

苏州凯通工程机械有限公司与维特根有限公司侵害发明专利权纠纷上诉案❶中,原告对被告的网页宣传内容进行了公正保全,该网页在铣刨机热卖部分对"维特根新款铣刨鼓抛料板工程机械配件"进行了介绍,法院认为这一证据证明被告对涉案专利产品有所了解,据此认定被告主观为恶意。

(2)被告未能证明自己主观上"不知道"。

山西大华玻璃实业有限公司与弓箭国际(Arc International)侵害实用新型专利权纠纷上诉案❷中,法院指出:"合法来源抗辩的举证证明责任在于,被诉侵权人应举证证明被诉侵权产品系其通过正常商业方式从合法销售渠道取得,进而还需证明其不知道也不应当知道该产品系侵权产品,其行为具备善意。"由于被告未能证明其主观为善意,最终法院认定合法来源抗辩不成立。

(3)法院综合案件事实后认定或推定被告主观上明知或应知。

浙江三龙通用机械有限公司与雁峰集团有限公司侵害发明专利权纠纷上诉案❸中,法院认为:被告作为原告的同业竞争者,应当有合理的注意义务。特别是双方都参加了"2015全国塑编产业链技术交流与市场对接会暨塑编产业转型升级发展论坛",原告的法定代表人作了发言,亦简明扼要地介绍了涉案专利及特点,被告应知道涉案专利。据此,法院推定被告主观为恶意。该案中,原被告均未就被告的主观状态进行举证,法院也并未对这一要件的举证责任进行说明,而是直接依据案件事实推定了被告主观上应当知道。

3. 销售者经营规模对认定"不知道"的影响

实践中,法院在认定被告主观上是否"不知道"时,也会将被告作

---

❶ (2016)苏民终1350号。

❷ (2016)粤民终1632号。

❸ (2017)浙民终343号。

为销售者的经营规模与资质纳为考量因素。若被告的经营规模较小，如仅是个体工商户，则承担较小的注意义务，更容易被认定为善意；若被告的经营规模较大，例如专业化程度较高的大型企业、上市公司等，则需承担较大的注意义务。例如，中山市东原家具制造有限公司等诉中山市国景家具有限公司侵害外观设计专利权纠纷案❶中，法院指出，被告东原神龙家具店为个体工商户，故其应对被诉侵权行为承担较低的注意义务，现有证据不能证实东原神龙家具店未尽合理注意义务。孙某某与郑某侵害实用新型专利权纠纷再审案❷中，法院认为，被告郑某作为个体销售者，并非涉案专利技术领域的专业人员，不具备判断产品是否侵权的客观条件和专业能力，进而推定被告主观上"不知道"。

在被告主观被认定为恶意的 19 个案件中，仅有 1 个案件❸的被告为自然人，其余均为有限责任公司或者股份有限公司。这一统计结果也间接反映了销售者经营规模对认定"不知道"要件的影响。

（四）对"合法来源"要件的认定

在 136 个样本中，有 113 个样本都涉及对"合法来源"要件的分析，其中 79 个案件中认定该要件不成立，34 个案件中认定该要件成立。可见法院对该要件的证明标准整体较高。

1. 主要涉及的证据类型

笔者对涉及"合法来源"要件的 113 个样本进行逐一梳理，排除被告没有提交有关证据的样本，统计出每一个案件中被告提出的试图证明"合法来源"要件的主要证据类型，得出结果如表 3 所示。

表 3　证明"合法来源"要件的证据类型

证据类型	涉及的案件数量（个）
买卖合同	24
发票	19

---

❶　（2017）粤民终 1976 号。
❷　（2015）辽民三终再字第 1 号。
❸　（2017）粤民终 597 号。

续表

证据类型	涉及的案件数量（个）
物流凭证❶	60
支付凭证❷	16

如表 3 所示，被告最常提交的证据类型为物流凭证，而证明力较高的买卖合同与发票却涉及较少，这可能也是多数案件中法院不认可合法来源抗辩的原因之一。

在多数案件中，被告提交的证据不仅在三性上存在瑕疵，而且涉及的证据类型、数量都较少。例如，广东雅洁五金有限公司诉杨某某等侵害外观设计专利权纠纷再审案❸中，被告仅提交了发货清单和交通银行个人存款回单；在南京元鼎机电有限公司诉刘某侵害外观设计专利权纠纷案❹中，被告仅提供了交通银行的网上转账电子回执及案外人出具的收据；在陈某诉胡某侵害外观设计专利权纠纷案❺中，被告仅以一份送货清单试图证明"合法来源"要件。由此可见，合法来源抗辩认定率低的原因除了法院认定标准较高之外，还在于被告怠于举证或者举证困难。

2. "合法来源"要件的认定路径

在理论界，学者对"合法来源"要件的证明标准问题没有作过多的分析。虽然司法解释对何为"合法来源"作了进一步解释，但是在司法实务中，法院具体如何认定"合法来源"这一要件，是否有更明确的判定路径，这些问题仍有待整理与归纳。因此，下文将对法院认定"合法来源"要件的具体情形进行类型化梳理。

（1）满足"合法来源"要件的情形。

如表 4 所示，在 34 个被认定满足"合法来源"要件的样本中，可分为两种类型：一是被告提供的证据形成完整的证据链；二是被告提供的

---

❶　包括出库单、入库单、运输单据、网络物流信息等证据。

❷　包括收款收据、银行转账回执、银行交易清单等证据。

❸　（2016）粤 73 民初 104 号。

❹　（2013）津高民三终字第 0050 号。

❺　（2017）粤 73 民初第 2979 号。

证据不足以形成完整的证据链，但是实际制造者对产品来源进行了确认。

表 4　满足"合法来源"要件的两种情形

满足"合法来源"要件的情形	案件数量（个）	所占比例（%）
被告提供的证据形成完整的证据链	24	70.59
实际制造商对产品来源进行了确认	10	29.41

满足第一种情形往往都是被告提交了正式的买卖合同与发票作为证据，由于这两类证据证明力较高，在没有其他反证的情况下，法院一般会予以认定。例如，在沈某某诉杭州联华华商集团有限公司等侵害外观设计专利权纠纷案❶中，法院认为被告提供了其与大勇公司的采购合同以及相应的发票，足以证明涉案侵权产品系从大勇公司通过合法的渠道取得。审理汕头市辉煌塑胶厂有限公司诉广州康诚商业有限公司侵害外观设计专利权纠纷案❷的法院亦持相同的认定路径。

第二种情形又可依据实际制造者是否为同案被告进一步分类。在笔者统计的案件中，有 8 个案件❸的实际制造者也被列为被告，仅有 2 个案件❹中的实际制造者为案外人。原因在于，相较于实际制造者未出庭而仅出具书面证言的情况，实际制造者对"来源"的当庭认可证明力更高。因此，当实际制造者被列为共同被告时，法院更容易认可被告提交的相关证据。

（2）不满足"合法来源"要件的情形。

如表 5 所示，不满足"合法来源"要件的情形可分为两类，一是被告无法证实存在实际制造者，二是被告虽然指明了第三方的身份，但无法证实其与该第三方存在真实的交易关系。

---

❶ （2017）浙 01 民初 626 号。

❷ （2015）粤知法专民初字第 2199 号。

❸ （2017）粤民终 1976 号，（2015）甘民三终字第 62 号，（2013）穗中法知民初字第 562 号，（2012）民提字第 171 号，（2016）浙 0782 民初 14088 号，（2016）苏民终 803 号，（2017）粤民终 1498 号，（2015）深中法知民初字第 1878 号。

❹ （2015）粤高法民三终字第 217 号，（2018）粤民终 12 号。

表 5　不满足"合法来源"要件的两种情形

不满足"合法来源"要件的情形	案件数量（个）	所占比例（%）
被告无法证明存在实际制造者	14	17.72
被告无法证明存在交易关系	65	82.28

第一种情形多为被告怠于举证所致。例如，广东东箭汽车用品制造有限公司诉广州靖泰汽车用品有限公司侵害外观设计专利权纠纷案❶中，被告靖泰公司称其销售的被诉侵权产品是从第三人处购买的，具有合法来源，但其未提交证据予以证明。金某某诉斗门区白藤明达建筑机械经营部侵害发明专利权纠纷案❷、上海姚记扑克股份有限公司诉阳江市江城区志铭日用百货批发部侵害外观设计专利权纠纷案❸亦是如此。

在司法实践中，被告无法证明存在交易关系的情形更为普遍。这是因为多数被告往往能够指出上游卖家的身份，但是被告在实际交易中，可能出于相互信任或节约交易成本等多种因素的考虑，订货、送货形式往往比较随意，所形成的相关证据很难证明其与第三方存在真实的交易关系。例如，东莞市慕友实业有限公司诉佛山市绅度家具有限公司等侵害外观设计专利权纠纷案❹中，被告提交了一份与绅度公司签订的《家具采购合同》，主张合法来源。但是该合同仅载明有产品型号，没有产品图片，无法确认交易的是否为该案被诉侵权产品，且没有提供合同已实际履行的相关证据，故法院认为双方是否存在真实交易关系存疑，进而否定被告的合法来源抗辩。

结　语

合法来源抗辩是专利法乃至整个知识产权法中一项重要的抗辩制度，关系到案件双方当事人的赔偿问题。但是在统计的样本案例中，涉及合

❶　（2017）粤 73 民初 571 号。

❷　（2017）粤 73 民初 902 号。

❸　（2016）粤 73 民初 1871 号。

❹　（2017）粤 73 民初 1004 号。

法来源抗辩的案件上诉率较高，这表明实践中对合法来源抗辩的认定存有较大争议。从本文的统计结果来看，可以发现在我国专利侵权案件中，存在着法院分配"不知道"要件证明责任的做法不一致、认定合法来源抗辩的标准模糊、多数案件的被告存在举证困难等问题。本文将这些具有研究价值的实务问题予以呈现，试图为研究专利侵权案件中合法来源抗辩的认定问题贡献绵薄之力。

附表　合法来源抗辩认定情况汇总表

序号	案件名	案号	主体要件	"善意"要件	"合法来源"要件	认定结果
1	广东雅洁五金有限公司诉杨某某等侵害外观设计专利权纠纷再审案	最高人民法院民事判决书（2013）民提字第187号		√	×	不成立
2	昆明市万变窗墙有限责任公司诉昆明芳呈海鲜酒楼侵害实用新型专利权纠纷案	云南省高级人民法院民事判决书（2014）云高民三终字第109号			×	不成立
3	北京摩根陶瓷有限公司与北京光华安某某门窗有限公司等侵害发明专利权纠纷申请案	最高人民法院民事判决书（2014）民提字第91号			×	不成立
4	沈阳中铁安全设备有限责任公司与宁波中铁安全设备制造有限公司、哈尔滨铁路局减速顶调速系统研究中心、哈尔滨铁路局侵害实用新型专利权纠纷案	甘肃省高级人民法院民事判决书（2015）甘民三终字第62号		√	√	成立
5	赵某某诉深圳圣迪能公司侵害外观设计专利权纠纷案	广东省高级人民法院民事判决书（2012）粤高法民三终字第97号	×			不成立
6	广州亨特富电子科技有限公司诉深圳数格尚品科技有限公司等侵犯外观设计专利权纠纷案	广州市中级人民法院民事判决书（2013）穗中法知民初字第562号			√	成立

序号	案件名	案号	主体要件	"善意"要件	"合法来源"要件	认定结果
7	晋江市安海柳峰汽车配件工贸有限公司与肖某某等公司侵犯实用新型专利权纠纷上诉案	最高人民法院（2011）民申字第914号	×		×	不成立
8	廖某某与深圳市展吴德塑胶电子有限公司侵害外观设计专利权纠纷上诉案	广东省高级人民法院民事判决书（2014）粤高法民三终字第773号	×			不成立
9	南京元鼎机电有限公司诉刘某侵害外观设计专利权纠纷案	天津市高级人民法院民事判决书（2013）津高民三终字第0050号			×	不成立
10	宁波欧琳实业有限公司等诉宁波搏盛阀门管件有限公司侵害外观设计专利权纠纷案	最高人民法院民事判决书（2017）最高法民申1671号			×	不成立
11	沈阳中铁安全设备有限责任公司等诉哈尔滨铁路局减速顶调速系统研究中心等侵害实用新型专利权纠纷再审案	最高人民法院（2017）最高法民再122号	×			不成立
12	威海嘉易烤生活家电有限公司与永康市金仕德工贸有限公司等侵害发明专利权纠纷上诉案	浙江省高级人民法院民事判决书（2015）浙知终终字第186号			×	不成立
13	吴某某诉曹某某等侵犯外观设计专利权纠纷案	最高人民法院民事判决书（2011）民申字第117号			×	不成立
14	原告某电力器材公司诉被告某电力科技公司侵害发明专利权纠纷案	未公开	×			不成立
15	张某某与白山市江源区宏成瓦业有限公司侵害外观设计专利权纠纷申请案	最高人民法院民事判决书（2012）民提字第171号			√	成立

续表

序号	案件名	案号	主体要件	"善意"要件	"合法来源"要件	认定结果
16	孙某某与郑某侵害实用新型专利权纠纷再审案	辽宁省高级人民法院民事判决书（2015）辽民三终再字第1号	√	√	√	成立
17	陈某诉胡某侵害外观设计专利权纠纷案	广州知识产权法院民事判决书（2017）粤73民初第2979号			×	不成立
18	程某某诉中山市古镇远志照明经营部侵害外观设计专利权纠纷案	广州知识产权法院民事判决书（2016）粤73民初445号			×	不成立
19	达特工业股份有限公司（DartIndustriesInc）诉珠海市特迪塑料五金制品有限公司侵害外观设计专利权纠纷案	广州知识产权法院民事判决书（2017）粤73民初599号	×			不成立
20	东莞冠威绿之宝实业有限公司诉深圳市居上美家电子商务有限公司侵害发明专利权纠纷案	广州知识产权法院民事判决书（2017）粤73民初2289号		√	√	成立
21	东莞市宏诺电子贸易有限公司诉东莞市康照电器科技有限公司等侵害发明专利权纠纷案	广州知识产权法院（2016）粤73民初1455号		×	×	不成立
22	东莞市慕友实业有限公司诉佛山市绅度家具有限公司等侵害外观设计专利权纠纷案	广州知识产权法院民事判决书（2017）粤73民初1004号			×	不成立
23	东莞怡信磁碟有限公司诉浙江淘宝网络有限公司等侵害实用新型专利权纠纷案	广州知识产权法院民事判决书（2016）粤73民初214号			×	不成立
24	广东东箭汽车用品制造有限公司诉广州靖泰汽车用品有限公司侵害外观设计专利权纠纷案	广州知识产权法院民事判决书（2017）粤73民初571号			×	不成立

序号	案件名	案号	主体要件	"善意"要件	"合法来源"要件	认定结果
25	广州诺狐儿童用品有限公司诉东莞市昆若斯童包有限公司等侵害外观设计专利权纠纷案	广州知识产权法院民事判决书（2017）粤73民初3719号		√	√	成立
26	杭州骑客智能科技有限公司诉广州晶东贸易有限公司等侵害外观设计专利权纠纷案	广州知识产权法院民事判决书（2015）粤知法专民初字第1935号		√	√	成立
27	胡某某诉东莞市莞城铭龙装饰材料店等侵害外观设计专利权纠纷案	广州知识产权法院民事判决书（2017）粤73民初3806号	×		×	不成立
28	金某某诉斗门区白藤明达建筑机械经营部侵害发明专利权纠纷案	广州知识产权法院民事判决书（2017）粤73民初902号			×	不成立
29	孔某诉广州鼎悦投资有限公司等侵害外观设计专利权纠纷案	广州知识产权法院民事判决书（2016）粤73民初1785号			√	成立
30	李某某诉中山市郝浦照明科技有限公司侵害外观设计专利权纠纷案	广州知识产权法院民事判决书（2016）粤73民初759号	×		×	不成立
31	曼秀雷敦（中国）药业有限公司诉成都赛维芦荟制品有限公司等侵害外观设计专利权纠纷案	广州知识产权法院民事判决书（2016）粤73民初1647号		√	√	成立
32	厦门璞尚贸易有限公司等诉上海市闸北区圣桥眼镜店侵害外观设计专利权纠纷案	上海知识产权法院民事判决书（2017）沪73民初174号			×	不成立
33	汕头市辉煌塑胶厂有限公司诉广州康诚商业有限公司侵害外观设计专利权纠纷案	广州知识产权法院民事判决书（2016）粤73民初104号		√	√	成立

续表

序号	案件名	案号	主体要件	"善意"要件	"合法来源"要件	认定结果
34	上海姚记扑克股份有限公司诉阳江市江城区志铭日用百货批发部侵害外观设计专利权纠纷案	广州知识产权法院民事判决书（2016）粤73民初1871号			×	不成立
35	韶关光华塑胶五金制品有限公司诉汕头市澄海区巨匠玩具厂侵害实用新型专利权纠纷案	广州知识产权法院民事判决书（2017）粤73民初1943号			×	不成立
36	深圳马克图布网络科技有限公司诉广州市多品贸易有限公司侵害外观设计专利权纠纷案	广州知识产权法院民事判决书（2016）粤73民初2154号			×	不成立
37	深圳市共田电子有限公司诉李某某侵害外观设计专利权纠纷案	广州知识产权法院民事判决书（2016）粤73民初2423号			×	不成立
38	深圳市乐泡创新科技有限公司诉一品白客（北京）科技有限公司等公司侵害外观设计专利权纠纷案	广州知识产权法院民事判决书（2015）粤知法专民初字第2199号			√	成立
39	汪某某诉广州市荔湾区添日益百货商行公司侵害实用新型专利权纠纷案	广州知识产权法院民事判决书（2017）粤73民初396号			×	不成立
40	王某某诉东莞市樟木头亿信超声波营业部等侵害外观设计专利权纠纷案	广州知识产权法院民事判决书（2016）粤73民初1218号			×	不成立
41	熊某某诉佛山市鼎毓铝材有限公司等侵害外观设计专利权纠纷案	广州知识产权法院民事判决书（2016）粤73民初1732号			×	不成立
42	源德盛塑胶电子（深圳）有限公司诉罗定市汝通通信器材店侵害实用新型专利权纠纷案	广州知识产权法院民事判决书（2017）粤73民初945号			×	不成立

序号	案件名	案号	主体要件	"善意"要件	"合法来源"要件	认定结果
43	源德盛塑胶电子（深圳）有限公司诉清远市清新区太和镇立信通讯店侵害实用新型专利权纠纷案	广州知识产权法院民事判决书（2017）粤73民初1534号			×	不成立
44	源德盛塑胶电子（深圳）有限公司与北京蓝岛大厦有限责任公司一审民事判决书	北京知识产权法院民事判决书（2017）京73民初1257号			×	不成立
45	中山市乐可多五金科技有限公司诉佛山市杰盛金品五金有限公司侵害外观设计专利权纠纷案	广州知识产权法院民事判决书（2017）粤73民初1319号			×	不成立
46	中山市天虹电机制造有限公司诉东莞市高技针车有限公司等侵害实用新型专利权纠纷案	广州知识产权法院民事判决书（2015）粤知法专民初字第2115号		×		不成立
47	安吉县丰运办公家具厂与徐某侵害外观设计专利权纠纷上诉案	浙江省高级人民法院民事判决书（2015）浙知终字第189号	×			不成立
48	安美西石贸易（浙江）有限公司诉浙江天猫网络有限公司等侵害外观设计专利权纠纷案	杭州市中级人民法院民事判决书（2016）浙01民初1250号	×		×	不成立
49	宝蔻（厦门）卫浴有限公司诉台州兴骋卫浴有限公司等侵害实用新型专利权纠纷案	杭州市中级人民法院民事判决书（2017）浙01民初821号		√	√	成立
50	沈某某诉杭州联华华商集团有限公司等侵害外观设计专利权纠纷案	杭州市中级人民法院民事判决书（2017）浙01民初626号		√	√	成立
51	东阳市天鑫休闲用品有限公司诉程某某公司侵害实用新型专利权纠纷案	杭州市中级人民法院民事判决书（2016）浙01民初232号		√	√	成立

续表

序号	案件名	案号	主体要件	"善意"要件	"合法来源"要件	认定结果
52	广州市好媳妇日用品有限公司诉顾某某等侵害外观设计专利权纠纷案	浙江省义乌市人民法院民事判决书（2016）浙0782民初14088号		√	√	成立
53	蓝某某诉陈某某侵害外观设计专利权纠纷案	杭州市中级人民法院民事判决书（2017）浙01民初1675号			×	不成立
54	李某诉深圳市光正达电子科技有限公司等侵害外观设计专利权纠纷案	杭州市中级人民法院民事判决书（2016）浙01民初823号		×	×	不成立
55	欧普照明股份有限公司诉宁波欧美光源科技有限公司等侵害外观设计专利权纠纷案	浙江省高级人民法院民事判决书（2017）浙民终547号	√	√	√	成立
56	欧普照明股份有限公司诉中山市皇智电子科技照明有限公司等侵害外观设计专利权纠纷案	杭州市中级人民法院民事判决书（2017）浙01民初1198号	×		×	不成立
57	上元电力科技有限公司、上海兆邦电力器材有限公司侵害发明专利权纠纷二审民事判决书	浙江省高级人民法院民事判决书（2017）浙民终295号	×			不成立
58	绍兴县滨海飞翔化工有限公司与浙江龙盛集团股份有限公司侵害发明专利权纠纷上诉案	浙江省高级人民法院民事判决书（2015）浙知终字第91号	×	×		不成立
59	深圳市莱威光电子有限公司与欧普照明股份有限公司侵害实用新型专利权纠纷上诉案	浙江省高级人民法院民事判决书（2017）浙民终549号	×			不成立
60	汪某某与义乌市锦翔小家电商行等侵害外观设计专利权纠纷上诉案	浙江省金华市中级人民法院（2016）浙07民终1230号			×	不成立

续表

序号	案件名	案号	主体要件	"善意"要件	"合法来源"要件	认定结果
61	应某某诉永康市西城神奈电动工具厂等侵害外观设计专利权纠纷案	浙江省金华市中级人民法院（2015）浙金知民初字第174号		√	√	成立
62	源德盛塑胶电子（深圳）有限公司与余姚市星源灯具金属软管厂侵害实用新型专利权纠纷案	浙江省高级人民法院民事判决书（2017）浙民终807号	×		×	不成立
63	张某诉亚萨合莱保德安保安制品有限公司等侵害外观设计专利权纠纷案	浙江省高级人民法院民事判决书（2016）浙民终627号			×	不成立
64	浙江固道科技有限公司诉浙江力盛栅栏有限公司侵害外观设计专利权纠纷案	浙江省金华市中级人民法院（2016）浙07民初785号			√	成立
65	浙江金华瑞之祥包装材料科技有限公司与金华黄宝包装材料有限公司侵害发明专利权纠纷上诉案	浙江省高级人民法院民事判决书（2017）浙民终162号			×	不成立
66	浙江三龙通用机械有限公司诉雁峰集团有限公司侵害发明专利权纠纷上诉案	浙江省高级人民法院民事判决书（2017）浙民终343号		×	√	不成立
67	常州市燕云骑户外用品有限公司诉杭州骑客智能科技有限公司等侵害实用新型专利权纠纷案	江苏省高级人民法院民事判决书（2017）苏民终218号	√		√	成立
68	江苏虹晨液压机电制造有限公司与蔡某某侵害实用新型专利权纠纷上诉案	江苏省高级人民法院民事判决书（2015）苏知民终字第00221号	×	×		不成立
69	江苏明及电气股份有限公司诉常州市乐凯电气有限公司侵害实用新型专利权纠纷案	江苏省常州市中级人民法院民事判决书（2016）苏04民初467号		×		不成立

续表

序号	案件名	案号	主体要件	"善意"要件	"合法来源"要件	认定结果
70	江苏世泰实验器材有限公司等诉希森美康株式会社侵害发明专利权纠纷案	江苏省高级人民法院民事判决书（2017）苏民终 850 号	√	×	√	不成立
71	南京安达泰星电子有限公司与孔某侵害外观设计专利权纠纷上诉案	江苏省高级人民法院民事判决书（2016）苏民终 604 号	×		×	不成立
72	南京拓冠医疗器械有限公司与上海朗宝电子科技有限公司侵害发明专利权纠纷上诉案	江苏省高级人民法院民事判决书（2016）苏民终 803 号			√	成立
73				×	×	不成立
74	启东丰汇润滑设备有限公司与南通启重润滑设备有限公司侵害发明专利权纠纷上诉案	江苏省高级人民法院民事判决书（2016）苏民终 1399 号	√		√	成立
75	乔某与张家港市沙洲宾馆侵害外观设计专利权纠纷上诉案	江苏省高级人民法院民事判决书（2017）苏民终 16 号		√	√	成立
76	神驰气动有限公司与 SMC 株式会社等侵害发明专利权纠纷上诉案	江苏省高级人民法院民事判决书（2016）苏民终 483 号	×			不成立
77	苏州凯通工程机械有限公司与维特根有限公司侵害发明专利权纠纷上诉案	江苏省高级人民法院民事判决书（2016）苏民终 1350 号		×	×	不成立
78	百奇股份有限公司（CLAYPAKYS）等诉广州晟宏舞台灯光设备有限公司侵害外观设计专利权纠纷案	广州市中级人民法院民事判决书（2012）穗中法知民初字第 34 号			×	不成立
79	陈某某与东莞怡信磁碟有限公司侵害实用新型专利权纠纷上诉案	广东省高级人民法院民事判决书（2017）粤民终 597 号		×	√	不成立

续表

序号	案件名	案号	主体要件	"善意"要件	"合法来源"要件	认定结果
80	东莞市科惠工业材料有限公司与苏某某混合技术有限公司侵害发明专利权纠纷上诉案	广东省高级人民法院民事判决书（2016）粤民终1948号		×	×	不成立
81	东莞市誉升电子科技有限公司与万利富专利纠纷上诉案	广东省高级人民法院民事判决书（2016）粤民终1960号	×		×	不成立
82	佛山市禅城区源正兴消防水暖阀门批发部与梁某某侵害外观设计专利权纠纷上诉案	广东省高级人民法院民事判决书（2017）粤民终134号			×	不成立
83	佛山市禅城鹰豪玩具有限公司与汕头市鹏捷玩具有限公司侵害外观设计专利权纠纷上诉案	广东省高级人民法院民事判决书（2017）粤民终999号			×	不成立
84	佛山市大先生家具有限公司与刘某某侵害外观设计专利权纠纷上诉案	广东省高级人民法院民事判决书（2016）粤民终1750号			×	不成立
85	佛山市固盾原子锁业有限公司与中山市乐可多五金科技有限公司侵害外观设计专利权纠纷上诉案	广东省高级人民法院民事判决书（2017）粤民终2494号			×	不成立
86	佛山市恒元达金属材料有限公司与广州金睿五金制品有限公司侵害外观设计专利权纠纷上诉案	广东省高级人民法院民事判决书（2017）粤民终1005号			×	不成立
87	佛山市顺德区乐从镇康玲家具店与周某侵害外观设计专利权纠纷上诉案	广东省高级人民法院民事判决书（2016）粤民终1209号	×		×	不成立

续表

序号	案件名	案号	主体要件	"善意"要件	"合法来源"要件	认定结果
88	佛山市顺德区申奥制冷厨具有限公司与佛山市顺德区陈村镇中宝制冷厨具设备厂侵害外观设计专利权纠纷二审民事判决书	广东省高级人民法院民事判决书粤高法民三终字第84号			×	不成立
89	佛山市招财门门业有限公司与佛山市碧辉盈金属制品有限公司侵害外观设计专利权纠纷上诉案	广东省高级人民法院民事判决书（2016）粤民终1392号	√	√	√	成立
90	福建天天缘食品有限公司与福建富邦食品有限公司等侵害外观设计专利权纠纷上诉案	广东省高级人民法院民事判决书（2017）粤民终1498号		√	√	成立
91	广东井本实业有限公司诉梁某某等侵害外观设计专利权纠纷案	广东省高级人民法院民事判决书（2017）粤民终2399号			×	不成立
92	广东旭翔照明有限公司诉程某某公司侵害外观设计专利权纠纷案	广东省高级人民法院民事判决书（2017）粤民终29号			×	不成立
93	广州市白云区美之尼门业厂等与王某纠纷上诉案	广东省高级人民法院民事判决书（2015）粤高法民三终字第149号	×			不成立
94	广州市白云区圣洁美美容仪器厂诉株式会社MTG等侵害外观设计专利权纠纷案	广东省高级人民法院民事判决书（2017）粤民终179号			×	不成立
95	广州市番禺区市桥能轩百货店与上海姚记扑克股份有限公司侵害外观设计专利权纠纷上诉案	广东省高级人民法院民事判决书（2017）粤民终32号			×	不成立

续表

序号	案件名	案号	主体要件	"善意"要件	"合法来源"要件	认定结果
96	广州市荔湾区澳科卫浴商行与厦门金瀑布卫浴有限公司等侵害实用新型专利权纠纷上诉案	广东省高级人民法院民事判决书（2017）粤民终 1653 号		×	×	不成立
97	广州市卓奕婴儿用品有限公司与石某某侵害外观设计专利权纠纷上诉案	广东省高级人民法院民事判决书（2017）粤民终 759 号	×			不成立
98	广州舒耳电子有限公司与中山市格美通用电子有限公司侵害实用新型专利权纠纷上诉案	广东省高级人民法院民事判决书（2017）粤民终 682 号			×	不成立
99	黄某某与周某某、广州市欧梵家具制造有限公司、叶某某、叶某乙侵害外观设计专利权纠纷二审民事判决书	广东省高级人民法院民事判决书（2014）粤高法民三终字第 1090 号		√	√	成立
100	江门市安某贸易有限公司与中山市太力家庭用品制造有限公司侵害实用新型专利权纠纷上诉案	广东省高级人民法院民事判决书（2017）粤民终 719 号	×			不成立
101	江门市蓬江区闲情偶寄家具用品有限公司与刘某某侵害实用新型专利权纠纷上诉案	广东省高级人民法院民事判决书（2017）粤民终 531 号	×			不成立
102	开平市水口镇恩琪卫浴经营部与黄某某侵害外观设计专利权纠纷上诉案	广东省高级人民法院民事判决书（2016）粤民终 985 号			×	不成立
103	林某某与广州锋尚电器有限公司侵害实用新型专利权纠纷上诉案	广东省高级人民法院民事判决书（2016）粤民终 1492 号			×	不成立

续表

序号	案件名	案号	主体要件	"善意"要件	"合法来源"要件	认定结果
104	刘某某，深圳市好顺锁业有限公司，陈某某与广东雅洁五金有限公司侵害外观设计专利权纠纷二审民事判决书	广东省高级人民法院民事判决书（2015）粤高法民三终字第415号		√	×	不成立
105	南希·特德赛（NAN-CYKATHRYNTEDESCHI）与深圳市三特摩尔科技有限公司侵害发明专利权纠纷上诉案	广东省高级人民法院民事判决书（2016）粤民终1973号	×		×	不成立
106	欧某某诉深圳市宏腾通电子有限公司等侵害外观设计专利权纠纷案	广东省高级人民法院民事判决书（2015）深中法知民初字第1878号	×		×	不成立
107					√	成立
108	青岛西卡欧家具有限公司与沈某某侵害实用新型专利权纠纷上诉案	广东省高级人民法院民事判决书（2016）粤民终1883号	×	×		不成立
109	山西大华玻璃实业有限公司与弓箭国际（ArcInternational）侵害实用新型专利权纠纷上诉案	广东省高级人民法院民事判决书（2016）粤民终1632号	×		×	不成立
110	上海顺恒模型制作有限公司诉叶某某等侵害外观设计专利权纠纷案	广东省高级人民法院民事判决书（2017）粤民终2159号	×	×	×	不成立
111	深圳弘音数码科技有限公司与深圳市鑫正宇科技有限公司侵害外观设计专利权纠纷上诉案	广东省高级人民法院民事判决书（2017）粤民终231号			×	不成立
112	深圳市迪纳安科技有限公司与深圳市乐泡创新科技有限公司侵害外观设计专利权纠纷上诉案	广东省高级人民法院民事判决书（2016）粤民终909号			×	不成立

序号	案件名	案号	主体要件	"善意"要件	"合法来源"要件	认定结果
113	深圳市鼎弘科技发展有限公司与东莞市爱图比自电子有限公司侵害外观设计专利权纠纷上诉案	广东省高级人民法院民事判决书（2015）粤高法民三终字第692号			×	不成立
114	深圳市飞龙达照明有限公司等与深圳市耀嵘科技有限公司侵害外观设计专利权纠纷上诉案	广东省高级人民法院民事判决书（2016）粤民终1529号			×	不成立
115	深圳市极美伟业科技有限公司等诉欧某某专利纠纷案	广东省高级人民法院民事判决书（2017）粤民终374号	×		×	不成立
116	深圳市马天尼电子有限公司与多米尼克·西蒙斯侵害外观设计专利权纠纷上诉案	广东省高级人民法院民事判决书（2015）粤高法民三终字第100号	×			不成立
117	深圳市慕华科技有限公司与深圳市率先电器有限公司侵害外观设计专利权纠纷上诉案	广东省高级人民法院民事判决书（2017）粤民终2450号			√	成立
118	深圳市品好科技有限公司与杭州骑客智能科技有限公司侵害外观设计专利权纠纷上诉案	广东省高级人民法院民事判决书（2016）粤民终1785号			×	不成立
119	深圳市普尔科技有限公司与忻某某侵害外观设计专利权纠纷上诉案	广东省高级人民法院民事判决书（2017）粤民终1808号			×	不成立
120	深圳市舒尔特科技有限公司等诉王某某侵害外观设计专利权纠纷案	广东省高级人民法院民事判决书（2017）粤民终2447号			×	不成立
121	深圳市双通国际贸易有限公司等与北京幻响神州科技股份有限公司侵害外观设计专利权纠纷上诉案	广东省高级人民法院民事判决书（2017）粤民终1245号			×	不成立

续表

序号	案件名	案号	主体要件	"善意"要件	"合法来源"要件	认定结果
122	深圳市淘我电子商务有限公司与杭州骑客智能科技有限公司侵害外观设计专利权纠纷上诉案	广东省高级人民法院民事判决书（2017）粤民终 1711 号		×		不成立
123	深圳市鑫沃野电子科技有限公司等诉东莞市铭冠电子科技有限公司专利纠纷案	广东省高级人民法院民事判决书（2017）粤民终 2662 号			√	成立
124	深圳市易联科电子有限公司诉深圳市华诚科电实业有限公司侵害外观设计专利权纠纷案	广东省高级人民法院民事判决书（2016）粤 03 民初 2954 号	×	×	×	不成立
125	深圳新锐翼科技有限公司与深圳市乐泡创新科技有限公司侵害外观设计专利权纠纷上诉案	广东省高级人民法院民事判决书（2016）粤民终 375 号		×	×	不成立
126	孙某某与李某某侵害外观设计专利权纠纷案	广东省高级人民法院民事判决书（2015）粤高法民三终字第 217 号		√	√	成立
127	王某某与东莞市德颖光电有限公司侵害发明专利权纠纷上诉案	广东省高级人民法院民事判决书（2015）粤高法民三终字第 105 号	×			不成立
128	新派电子（深圳）有限公司与北京市九州风神科贸有限责任公司侵害外观设计专利权纠纷上诉案	广东省高级人民法院民事判决书（2014）粤高法民三终字第 778 号	×			不成立
129	新兴县邻居超级商场有限公司等与源德盛塑胶电子（深圳）有限公司侵害实用新型专利权纠纷上诉案	广东省高级人民法院民事判决书（2017）粤民终 2489 号			×	不成立

序号	案件名	案号	主体要件	"善意"要件	"合法来源"要件	认定结果
130	许某某与惠州市美轮美奂工艺礼品有限公司等侵害外观设计专利权纠纷上诉案	广东省高级人民法院民事判决书（2017）粤民终665号			×	不成立
131	张某与广州市谷希欧皮具有限公司专利纠纷上诉案	广东省高级人民法院民事判决书（2018）粤民终12号			√	成立
132	肇庆市衡艺实业有限公司诉深圳市联合国通科技有限公司等侵害发明专利权纠纷案	深圳市中级人民法院民事判决书（2016）粤03民初2051号			×	不成立
133	中山市东原家具制造有限公司等诉中山市国景家具有限公司侵害外观设计专利权纠纷案	广东省高级人民法院民事判决书（2017）粤民终1976号		√	√	成立
134	中山市恩东照明有限公司与彭某某侵害外观设计专利权纠纷上诉案	广东省高级人民法院民事判决书（2016）粤民终1270号	×		×	不成立
135	中山市卡弗照明有限公司与中山市嘉丰电器有限公司侵害外观设计专利权纠纷上诉案	广东省高级人民法院民事判决书（2016）粤民终674号		√	√	成立
136	CNLPS与广州市钜美美容美发用品有限公司等侵害发明专利权纠纷上诉案	云浮市中级人民法院民事判决书（2014）粤高法民三终字第721号			×	不成立

循环经济领域内专利产品再制造的侵权认定

■ 刘传梁　韩卓洋*

【摘要】循环经济是确保经济社会可持续发展的基本条件之一，是保证人类社会发展的长期战略，而产品再制造是资源有效利用的重要途径之一。但因为涉及权利复杂、多项理论冲突、缺少判例支持、国内对于这一重要课题的理论研究与实践案例一直有待加强。

通过文献综述与案例综述两部分，对循环经济领域内专利再制造侵权问题的研究状况作出解读。

文献综述方面，首先通过总结权利用尽原则和默认许可原则了解学界对再制造理论基础的认定与态度，进而汇总、解读修理与再造的界定和认定问题作为再制造侵权认定的判断核心，同时考虑并分析基于经济因素与环境因素下学者们对利益权衡问题的认识。最后，落回国内的政策并总结国内学者提出的相关立法建议意见。

案例综述方面，笔者首先对所选取的经典案例汇总整理，进而通过对比分析与类比分析得到对再制造侵权案件的评判标准，再运用所得的评判标准对最为争议的焦点判决——"打印机墨盒案"进行深度剖析。最后一部分对我国再制造典例进行分析与解读，并结合近些年的政策对国内循环经济领域内的再制造侵权实务进行解读。

【关键词】专利再制造；循环经济；权利用尽；默认许可；利益权衡

---

* 刘传梁、韩卓洋为大连理工大学知识产权学院 2017 级本科生。

引　言

　　近年来，环境和资源问题逐渐引起国家和社会各界的重视，相应的学术理念与法律政策频繁出台。不可否认，保护生态环境、节约资源、合理使用资源是保证社会持续发展的长期战略。在此背景下，循环经济模式也应运而生，其是一种新型的建设方式与发展理念，是兼顾社会发展和经济增长的经济模式。循环经济的推动与发展不仅是企业方的责任，也是整个社会的责任。再制造工程是环境保护和资源有效利用的重要措施之一。

　　再制造在提高资源利用率、解决环境问题上发挥着不可替代的作用。再制造可以最大限度地挖掘制造业产品的使用价值，提高资源的利用率，但是再制造也相应地影响了产业中某些权利人的权益。专利产品再制造是否侵犯原产品专利权人的合法权益；如何修订完善专利法律和制度防止专利权滥用；如果专利产品再制造确实侵犯原产品专利权人的权利，如何实施专利许可策略；如何科学制定再制造的产业政策促进产业的良性发展等，这些问题都引起学术界和实务界的广泛关注。

　　如佳能公司就以 Recycle Assist 公司进口、销售的再生墨盒侵犯其日本专利为由提起诉讼，历时 43 个月，历经三审，最终以佳能公司胜诉而告终。在美国制造业中，也有多个关于再制造专利诉讼的案例，如"刨床案""帆布车顶案""罐头加工机案"等。根据各国专利法规定，专利产品的制造权受到专利法保护，制造权即包括产品的再制造，这凸显出专利在再制造业中的重要性。随着全球再制造产业的发展，原制造商与再制造商的利益冲突和专利纠纷将更加频繁。

　　虽然中国目前没有出现由再制造引起的专利侵权典型案件，但随着中国经济的转型，以后势必会像欧美发达国家一样，出现大量再制造专利侵权案例。所以，对该问题进行研究具有重要的现实意义。

一、文献综述

（一）文献概述

笔者以"中国知网"和"北大法宝"为主要数据库，采用关键词"专利再制造""权利用尽""专利权侵权认定""专利利益平衡"等组合进行检索，并筛选相关论文，选取其中43篇文献进行分析。

根据所得论文宏观而论，正如约翰（John）和罗伯特（Robert）❶针对专利产品再制造的问题，指出再制造涉及的专利问题正处于一个高速发展的时期，专利产品再制造实践中判例法将继续发展并变得更加普遍。但是在具体研究方面，却鲜有文章可以从一个全面的角度对专利再制造的侵权认定问题进行阐述。

同时，加之近年来我国加强对环保领域的重视并频繁发布提高资源利用率的相关政策，在这个逐渐走向循环经济领域的背景下，专利再制造以及侵权认定会再次成为讨论重点。学者们将上述问题与专利权用尽问题、专利权默示许可使用问题、资源的最大化利用问题、环境保护问题以及零部件市场的反限制竞争问题结合在一起，提出各种各样的观点，使问题更加复杂化。

（二）理论基础

1. 权利用尽理论

权利用尽原则是循环经济领域内专利再制造问题的核心原则，专利权用尽原则是对专利权效力的一种重要限制，系指专利产品经专利权人或被授权人首次销售后，产品上的专利权用尽，专利权人不得再行主张权利，而买受人得以自由使用、再销售所购得产品，不受专利权人控制。该原则的核心是：专利权人依专利法所赋予之权利，自己制造、销售或许可他人制造、销售其专利产品后，已从中获取利益，若对于该专利产品再主张专利权，将影响其自由流通与利用。因此，专利权人自己

---

❶ NORMAN V SIEBRASSE, ALEXANDER J STACK. Accounting of Profits in Intellectual Property Cases in Canada［EB/OL］. （2012-06-01）［2013-08-01］.

或同意他人制造、销售的专利产品第一次流入市场后，专利权人已经行使其专利权，就该专利产品的权利已经耗尽，不得再对该产品进行法律控制。

在专利权利用尽的认定上，李扬教授❶在阐述专利产品再制造问题时提出五个构成要件：（1）用尽的时间是专利产品首次投放市场后；（2）用尽的领域只限于专利产品流通领域，而非生产领域；（3）适用的对象只限于合法投放市场的专利产品，侵权的专利产品、非法投放市场的专利产品不适用权利用尽原则；（4）专利权人丧失的仅仅是再销售权利和使用权利，专利权人仍然拥有制造、进口等权利；（5）他人对专利产品的再销售和使用在性质上属于法律拟制的不侵权。

2. 默示许可理论

在循环经济领域内专利再制造问题的默示许可理论是与专利再制造理论相辅相成的。默示许可理论，指经专利权人许可首次合法售出专利产品时，可以对买受人使用和再次处置产品的行为作出限制。如果权利人未明确提出限制性条件，则默认买受人获得了任意处置该专利产品的"许可"；如果明确提出了限制性条件，则买受人须在所限定条件范围内使用，否则将会构成专利侵权，因而属于对专利权的"保留"。此时，专利权属于相对用尽，即在限制条件范围之内用尽，在限制条件范围之外并不用尽。

但日本学者中山信弘仍指出，之于循环经济领域内的专利再制造问题，默示许可法理至少存在两个问题。一是在专利权人行使了明确的反对意思表示的情况下，默示法理就无法适用，行为人的行为将构成专利权侵害。二是在默示许可情况下，行为人的作为抗辩的实施权不像正常许可情况下的实施权，没有进行登记。这样，在专利权进行转让的情况下，行为人拥有的实施权将无法对抗新的专利权人，因而一旦继续实施，其行为也将构成专利权侵害，默示许可法理难以成为专利权利用尽范围外的修理、更换行为不侵害专利权的抗辩理由。

---

❶ 李扬．修理、更换、回收利用是否构成专利权侵害［J］．法律科学（西北政法大学学报），2008（6）：78-88．

（三）侵权判定之修理与再造的法律认定

1. 修理与再造的界定

专利再制造问题中对于专利产品的修理、更换、回收利用、再制造的界定是循环经济领域内专利再制造侵权认定的关键点所在。而其中首先要做的，也是最为关键、国内学者给予最多关注与讨论的便是修理与再造的范围界定。从现有的国内外文献看，在讨论修理、更换和回收利用是否构成专利权侵害时，几乎无一例外都把着眼点放在修理、更换和回收利用是否构成专利产品的"再造"上面。

例如，石光雨提出修理与再制造行为存在差异，并且进一步定义修理行为与再制造行为，分别给予修理与再制造合理的定义。[1] 汪玉璇分析专利产品再制造的流程，结合以前的判例层层分解专利再制造侵权行为的行为特点，并归纳出专利再制造侵权行为的判定要点。[2]

张玲则认为，所有权人在保持产品同一性的前提下对专利产品进行的加工、改造属于修理范畴。不能因为修理的行为再现了专利技术特征就认定为再造；反之，如果在专利产品整体报废后，再进行加工、改造，此时的产品已经很难说是原专利产品，实质上是在制造一个新产品，因而应属于再造。[3]

李扬教授提出对于修理与再制造的理论评判标准，即区分修理还是再造不应当以专利产品的使用寿命与修理或更换零部件的使用寿命的关系作为判断标准，而应当以修理、更换零部件或者回收利用后的产品是否落入该专利保护范围作为判断标准。修理、更换零部件是否构成专利权侵害，真正的问题在于为了修理、更换零部件而生产、销售、进口零部件的行为是否构成专利权侵害。

---

[1] 石光雨. 专利产品的修理和再造问题研究［D］. 重庆：西南政法大学，2007：8-9.

[2] 汪玉璇. 产品再制造中的知识产权法律问题研究［D］. 北京：首都经济贸易大学，2005：15-18.

[3] 张玲. 专利产品的修理与专利侵权问题探讨——从日本再生墨盒案谈起［J］. 知识产权，2007（3）：62-66.

综上可见，国内学者对专利产品再制造侵权判定的研究角度比较分散，大多从单一原则分析再制造行为属于修理还是再造，进而判定其是否侵犯专利权。但目前尚无区分专利产品修理与再造的稳定和可操作的标准，实践中应当综合考虑具体案件中的各种因素来判断。

2. 修理侵权问题的认定

综合国内外的判例和传统理论，对于传统的修理行为，按照《布莱克法律词典》的解释，是指为使产品能正常使用，通过检测、修复、更换零件等方法，恢复产品使用功能，使其达到正常设计使用寿命的维护性行为，即在产品合理寿命内的维护行为是属于合法行为并不会被纳入侵权的范畴之内。

在此问题上最早的观点来自吉藤幸朔教授，他认为，如果修理不构成产品的再造，则其行为合法。如果修理行为导致了产品的"生产"，则其行为构成专利侵权。在区分修理与再造行为时，吉藤幸朔教授主要是从产品修理及更换的程度来判断。这种解释是从量的角度来区分，有一定的参考价值。其不足之处在于，评价标准过于单一抽象，不能适应复杂多变的形势的要求。❶

在国内学者的研究上，李扬指出修理的零件数量多寡并不是判定侵权的必要条件；董美根指出单以专利权穷竭原则难以完全区分维修与再造，鉴于个案的特殊性，还需要从默示许可层面来区分维修与再造，即通过证据认定当事人的真实意思表达，从而确定购买人的维修是否属于专利权人许可；❷ 石必胜的研究表明，专利权用尽原则允许对专利产品进行修理，但如果修理超过一定限度，就会构成对专利产品的再造，损害专利权人的合法权益。❸

在上述评判标准之上，胡开忠又对修理进行细分，专利产品的购

---

❶ 吉藤幸朔. 专利法概论 [M]. 宋永林、魏启学，译. 北京：专利文献出版社，1990：409.

❷ 董美根. 专利产品的维修与再造的区分标准 [M]//国家知识产权局条法司. 专利法研究（2009）. 北京：知识产权出版社，2010：15.

❸ 石必胜. 专利权用尽视角下专利产品修理与再造的区分 [J]. 知识产权，2013（6）：14 -20.

买人对专利产品的修理可分为两种：一种是对权利要求范围以外部分的修理，这种修理不应作为专利侵权来对待；另一种是权利要求范围内的部分的修理，此时就需要区分修理与再造行为。如果购买人对专利产品的维修不是正常的维修，而是生产了专利产品，则其行为构成专利侵权。

3. 再造侵权问题的认定

包括我国在内的多数国家，在现行法律之下并未对"再造"（Reconstuction）作出明确的范围界定。但从法源的本质来看，其应是一个确定的法律概念。《布莱克法律词典》将"再造"定义为一个专利法上的概念，"以制造一个新产品的方式，重建或者修复一个已经破损，不能再使用的专利产品，从而导致侵权"。在通说的观点与判例规律上，认为在再制造领域内，构成"再造"即构成对专利权的侵犯，不过此种观点亦并非绝对。

李扬教授在再造是否侵权的认定上提出，即使修理、零部件更换和回收利用构成了专利产品的"再造"，此种"再造"行为也不必然构成专利权侵害。如果存在专利法规定的特定豁免事由，即使修理、零部件更换和回收利用构成了专利产品的"再造"，行为人的行为也不视为专利权侵害。

从立法论的角度看，即使现行专利法没有规定，也有一些因素有必要考虑为豁免事由。比如李扬教授举例，专为获得和提供医疗器械的行政审批所需要的信息而制造专利医疗器械的行为，以及为其制造专利医疗器械的行为，为了公共健康的需要，就有必要规定为豁免事由。在这种情况下，如果对专利医疗器械的修理、零部件更换或者回收利用行为构成"再造"，也不能视为专利权侵害行为。

此外，日本学者田村善之认为，资源的最大化利用和环境保护的需要、反垄断法上竞争利益的考量、默示许可也有必要考虑为侵害专利权行为豁免的依据。❶

---

❶ 田村善之. 修理、零部件的更换与专利侵权的判断 [J]. 李扬，译. 知识产权年刊，2006（2）：12.

同样，对于是否侵权的认定除了对修理与再造的范围界定以及对于其各自的侵权情况进行判断外，还需要顾及多方利益的平衡。这个问题会在下一部分有所体现。

（四）侵权判定之利益权衡

专利法作为协调和平衡知识产权利益关系的利益平衡机制，起到调整的法律关系为专利权人的垄断利益与其他利益主体之间的利益。其核心是通过专利制度规定权利人、所有人和使用人的权利义务，实现三者利益的平衡，达到经济秩序稳定，激励创造积极性、科学技术与经济发展。具体而言，专利法的利益平衡机制要求：保障公众可以适当接近专利技术；专利权的保护范围要适度合理；平衡专利技术的垄断与推广应用。针对循环经济领域内的专利再制造问题，主要包括经济效益角度与环境角度两方面的权衡。

1. 经济效益角度权衡

随着全球再制造业的发展，原制造商与再制造商的利益冲突和专业纠纷更加频繁，此问题的研究自然绕不开从经济效益出发的讨论。

作为专利权人真正想要对抗的权益主体，再制造企业在专利权人的专利产品耗损报废后，通过拆卸、清洗、回收、修复、更换、组装等加工行为，制造出一个新的零部件在流通领域内销售。由于专利权人一般没有权利限制专利产品使用者更换部件必须选择原装产品，因此，再制造企业的介入分割了专利权人相当部分的市场份额，二者存在激烈的矛盾关系。

学者尹新天认为："制止再造行为的真实目的并不在于限制专利产品的合法拥有者修理、维护其专利产品的行为，而在于限制为修理、维护专利产品而提供其零部件的公司企业的行为。"❶

张玲指出：从严定性再造意味着使大企业不仅能凭借专利权垄断产品本身的市场，还能将垄断延伸至专利产品的配件、维修、消耗品、再生品等领域，这必然限定中小企业的生存空间，不利于配套维修服务市

---

❶ 尹新天. 专利权的国际用尽及平行进口问题 ［C］//国家知识产权局条法司. 专利法研究. 2003：23.

场的竞争，而竞争作为商品经济的基石是不容动摇的，专利权人的垄断只能维持在合法的限度内。❶

艾海波❷、王小健等❸、申成然等❹、黄宗盛等❺学者分别对于专利保护下的闭环供应链的再制造模式、形式差别以及创新方式等多个角度进行研究。在具体的经济实践领域内，彭志强、陈隽、夏思思❻以重庆市再制造产业为例提出再制造产业的知识产权战略初探。

以上所列举的循环经济领域下专利再制造问题的经管类研究均以法律政策为基础，又反作用于相关法律政策。

2. 环境效益角度权衡

在我国国民经济高速发展、科学技术日新月异、国民收入稳步提升的同时，资源消耗过大、可持续发展困境等问题逐渐出现。其中随着人们对工业产品使用的种类和数量不断增加，在方便人们生活的同时也会因工业产品的使用和发生损耗，废弃大量的工业产品或其零部件，如果处理不当，不但会造成资源浪费，还会带来环境污染，因此循环经济应运而生。以循环经济减量化和资源的再利用为原则，是实现生态文明的有效途径，符合可持续发展的经济模式。

再制造作为我国践行循环经济的战略部署，契合我国两型社会建设的绿色背景。国家发改委的研究表明：再制造比新产品制造可以节约70%的原材料，降低60%的耗能，成本节约可达50%，并且工体废弃物产生量极低，还降低了约80%的大气污染排放量，明显比制造新产品减

---

❶ 张玲. 专利产品的修理与专利侵权问题探讨——从日本再生墨盒谈起 [J]. 知识产权, 2007（3）：62-66.

❷ 艾海波. 考虑知识产权保护的闭环供应链再制造策略研究 [D]. 成都：电子科技大学, 2016：14-38.

❸ 王小健, 杨志林. 考虑专利保护下再制造闭环供应链的差别定价 [J]. 合肥师范学院学报, 2015, 33（6）：5-10.

❹ 申成然, 熊中楷, 孟卫军. 考虑专利保护的闭环供应链再制造模式 [J]. 系统管理学报, 2015, 24（1）：123-129.

❺ 黄宗盛, 聂佳佳, 胡培. 专利保护下的闭环供应链再制造模式选择策略 [J]. 工业工程与管理, 2012, 17（6）：15-21.

❻ 彭志强, 陈隽, 夏思思. 再制造产业的知识产权战略初探——以重庆市再制造产业为例 [J]. 重庆理工大学学报（社会科学）, 2014, 28（7）：146-149.

少了对环境的负面影响。由于再制造属于循环经济的模式范畴，充分实现对资源的循环利用，其可以从源头着手减少资源消耗和环境污染，增强企业的可持续发展能力，给社会带来显著的经济及生态效益。

建立资源节约型和环境友好型社会，需要发展循环经济，并以完善循环经济立法作为保障。专利产品再制造涉及专利保护、环境资源保护和公众利益保护的冲突，涉及专利权人的权利、再制造厂家的运营环境、消费者的认同等问题，这些都是当前循环经济产业发展中不容回避的。

运用三和良一先生"状况场"的分析方法，同一个事物或事件在不同的状况场（或曰背景）中，由于考量的因素不同，评价的结果也不同。对于灌墨行为，如果法院以再造定性，在专利法这一状况场中，有利于对专利权人利益的保护。但是，将之放在生态环境保护，乃至社会整体发展的状况场中，评价结果就是负面的。而专利权人的利益与生态环境保护、社会整体发展相比，显然其重要性小于后者。在专利权人的利益与生态环境保护、社会整体发展发生矛盾时，前者应被舍弃。法律的内容以及其适用效果都应与社会契合。

正如日本学者田村善之提出的，资源的最大化利用和环境保护的需要、反垄断法上竞争利益的考量、默示许可也有必要考虑为侵害专利权行为豁免的依据。

此外李扬提出的，为了最大化利用资源和保护环境，应当允许对废旧专利产品进行回收利用，对磨损、损坏的专利产品进行修理、更换。确实，专利权的授予和行使应当考虑资源的节省和环境保护的需要，对那种过度浪费资源或者损害环境的发明创造不应当授予专利权，或者虽然可以授予专利权，但应当严格限制该种专利权的使用条件和范围。

（五）国内相关法律及讨论

我国以前在司法实践中很少遇到涉及专利产品维修的纠纷，因此对于专利产品修理与再造行为至今没有明确的法律规范。最高人民法院曾于 2003 年 10 月拟定了一个《关于审理专利侵权纠纷案件若干问题的决定（会议讨论稿）》，但并未正式公布实施。随着日本佳能公司起诉 RA 公司案件的发生，我国将有越来越多的企业会遇到此类案件。为此，我国理论界和司法界应当未雨绸缪，及时制定有关区分修理与再造行为的规则。

石必胜认为，在确定技术问题时，有两种路径，一种是主观标准，另一种是客观标准。所谓主观标准，是指依据专利说明书的记载来认定涉案专利所要解决的技术问题。所谓客观标准，是指在专利创造性判断时，应当客观地认定专利所要解决的技术问题。

学者胡开忠认为，应该从：（1）准确界定修理的定义；（2）准确界定再造的定义；（3）确立合理的参考因素三方面进行改进。❶

贾辰君、程德理则提出：（1）应当注重权利用尽原则的指向性作用；（2）要严格界定"再制造"的范围；（3）在司法上作一些列举性的解释；（4）考虑经济利益原则四个建议。❷

彭志强、夏思思、崔涛则提出了防止权利的滥用、界限清晰、利益平衡三个改进原则。❸

笔者认为，未来的相关立法应考虑以下因素：首先应当注重权利用尽原则的指向性作用；其次要严格界定"再制造"的范围；最后司法解释中作一些列举性的解释。在充分考虑专利权人利益和社会公众利益的基础上，首先在法律技术上为再制造产业发展扫清障碍，我国的再制造业才会迅速发展，循环经济才会正常运转，经济才能健康持续发展。

二、案例综述

（一）案例概述

笔者以"FindLaw"和"Westlaw"为主要数据库，采取"Patent Remanufacturing"为核心关键词对国外案例进行检索。以"中国裁判文书

---

❶ 胡开忠.专利产品的修理、再造与专利侵权的认定——从再生墨盒案谈起［J］.法学，2006（12）：145-151.

❷ 贾辰君，程德理.再制造产业中的专利侵权问题研究［J］.河南科技，2017（24）：28-33.

❸ 彭志强，夏思思，崔涛.专利产品再制造的侵权辨析及授权许可策略［J］.科技管理研究，2014，34（20）：137-141，147.

网""无诉案例"为平台，以"专利侵权""修理""再造""循环经济"等关键词依次组合对国内案例进行检索。以"北大法宝"为平台，以"再制造"为关键词对国内法律法规进行检索。从国内外已有的司法判例来看，一些案情大致相同的案件却出现了截然相反的判决结论。因此对评判标准与国内适用的汇总与分析将是研究的关键。

（二）循环经济领域内专利再制造案例简表

笔者在 Westlaw 中分别以"Patent Remanufacturing"及"exhaustion of right"为关键词，共检索选取以下 9 个英美案例裁判文书❶，将其案例要点摘录如表 1 所示。

表 1　循环经济领域内专利再制造案例

序号	案例名称	案例要点	审判结论	审判依据
1	美国 Wilson v. Simpson 案（刨床案）	一种刨平木材的刨床，各部件不单独受专利保护，被告提供为用户更换报废刀片服务	合理修理	更换损坏的部件以恢复机器原有的使用性能是法律允许的修理，不管它是不是专利产品中的重要部件
2	美国 Aro Manufacturing Co., Inc. v. Convertible Top Replacement Co., Inc. 案（帆布车顶案）	一种敞篷车的折叠篷，各组成部件没有单独申请专利，帆布车顶中的帆布在使用三年之后就会因风吹日晒而不能再使用，但其他部分基本完好，被告向车主出售新的帆布	合理修理，不属于间接侵权	车主更换一个不单独享有专利的组成部分，以维持其组合专利整体的使用，是合理修理；是财产所有者修理自己财产的合法权利，不构成直接侵权，故制造商也不属于间接侵权
3	美国 Dana Corp. v. American Precision Co. 案（汽车离合器案）	一种卡车上的离合器，该离合器由不单独受专利保护的部件组成，被告收集废弃离合器并把它们拆开，采用生产线大规模重新组装成新的离合器出售	合理修理	把旧专利产品拆开后重新组装，并不是将专利产品自愿破坏后重新制造；以商业规模大量组装，与逐个拆开并更换少量已损坏部件并重新装配是同一个效果，不改变其行为的性质，也属于合法修理

---

❶　裁判文书详见附录。

续表

序号	案例名称	案例要点	审判结论	审判依据
4	美国 Wilbur-Ellis Co. v. Kuther 案（罐头加工案）	一部鱼罐头加工机，各部分不具单独专利性。被告购买了四个二手的罐头加工机，维修后更换了机器部分零件规格，用于生产不同规格的鱼罐头	类似修理，不侵权	机器所加工的罐头的规格不是发明的一部分，被告改变旧机器尺寸生产不同规格的产品，虽然超出惯例对修理的理解，但仍属于类似修理
5	美国 Surfco Hawaii v. Fin Control Sys. Pty, Ltd 案（冲浪艇案）	一项冲浪艇专利，其中有一个可拆卸的尾翼。被告生产一种尾翼，可用于原告生产的冲浪艇。与原告冲浪艇上的尾翼相比，被告生产的尾翼加了橡胶边，对使用者来说更安全	类似修理，不属于间接侵权	更换破损部件，延长使用寿命是主要原因，但不是法律允许的唯一原因。为了安全便捷等其他因素更换部件是购买者的权利，被告制造并销售尾翼的行为不构成帮助侵权和引诱侵权
6	美国惠普打印机墨盒案	美国惠普公司拥有一项一次性喷墨打印机墨盒的专利，生产销售该墨盒并注明"立即扔掉旧墨盒"，被告大量购入惠普公司生产的尚未被使用过的专利墨盒，改装成可反复填充墨水的墨盒重新销售	类似修理	原告惠普公司在销售时未对买受人附加任何限制条件，买受人及以后的使用人都获得了对专利墨盒进行修理的默许许可。因受保护的墨盒未完全损坏，被告的加工只是提高了专利墨盒的使用性能，不宜认定为"再造"，这种加工方式更类似于对技术不成熟的产品予以修理
7	美国 Cotton-Tie Co. v. Simmons 案（棉包捆扎带案）	一个由金属扣和金属带组成的用于捆扎棉包的带子，被告将使用后的金属带的碎片收集起来，加上原来的金属扣，铆接在一起重新出售	再造侵权	带子完成了其捆扎棉包以便从种植园向加工厂运输的作用后，使用性能已被破坏，被告重组销售行为是再造而非修理，属于侵权
8	美国 Sandvik Aktiebolag v. E. J. Co. 案（钻头案）	一种钻子，钻头无单独专利，原告销售该专利产品并指导使用者如何在钻头用钝后重新磨砺，不同意重新安装钻头的方法使其保持原来的锋利程度，被告提供钻头维修服务，包括打磨和更换钻头	再造侵权	美国法院综合多角度考虑 1. 从部件性质看：钻头不属于非常易磨损使其使用寿命比整体的使用寿命短； 2. 从行为性质看：被告不是简单替换，而是经更换、定型和整合，这些工作实质是专利产品报废后的重新制造； 3. 从服务市场看：没有证据表明有相当大量的客户重新安装钻头，也没有许多企业提供类似服务

序号	案例名称	案例要点	审判结论	审判依据
9	英国 Schutz 案（散装容器案）	一种中型散装容器，其中塑料瓶通常仅一次性使用，而金属笼子和平台板可以反复使用，被告生产销售该塑料瓶	合理修理	英国法院认为：塑料瓶的使用寿命短于笼子并且较容易更换；塑料瓶不能包含本专利发明构思的任何方面；其性质决定了对其更换没有构成专利法意义的制造，不属于侵权

（三）评判标准总结分析

1. 以保护整体技术为评判标准

自 1850 年美国历史上第一个区分专利产品"修理"与"再造"的案件发生以来，美国判例史上出现的第一个标准即保护整体技术方案原则。在认定是"修理"还是"再造"时，美国法院坚持保护的是整个专利技术方案，而不是某个技术特征。专利权是对整个组合专利而言的，其中的非专利组成部分因不是一个独立专利，所以无论其自身性质如何，都不能作为判定组合专利侵权与否的标准。

体现该原则的三个典型案例分别是"刨床案"、"帆布车顶案"和"汽车离合器案"，三个案例的共同点是被告提供的均为原告专利产品中的一个部件的报废更换服务，包括刨床刀片、车顶帆布和汽车离合器，美国法院认为尽管这些部件都是专利产品的重要功能部分，但因其没有独立的专利权，使用者的更换行为被看作维护组合专利整体使用的必要，是财产所有者修理自己财产的合法权利，故依据该原则，三个案例的裁判均为被告属于合法修理，不侵犯原告专利权。

2. 以整体报废为评判标准

20 世纪中叶，随着市场经济的多样化发展，制造商提供的服务不再简单局限于对报废部件的修理替换服务，而是开始扩展到改良性能、提升技术的领域，面对更复杂的案件的出现，美国法院确立了以整体报废原则作为裁判依据，该原则更多的是在考虑专利权侵权的实质要件，即在认定是否构成再造时，首先关注的是专利产品是否作为一个整体已经报废。在不是整体报废的情况下，再制造行为更应该看作一种合理的修理行为。不涉及专利侵权实质要件的其他因素不应作为判断是否侵权的标准。

反面体现该原则的三个案例分别为"罐头加工案"、"冲浪艇案"和"惠普打印机墨盒案"，其中"罐头加工案"的被告改造了原告的二手加工机规格，用于生产不同规格的同种产品；"冲浪艇案"被告生产销售改良原告的冲浪艇尾翼，使其安全性更高；"惠普打印机案"被告大量购入惠普公司生产的新专利墨盒，改装成可反复填充墨水的墨盒销售，以上三个案例并未对专利产品的废弃损坏部件进行修理替换，并不属于一般意义上的修理，同时依据整体报废原则，没有对整体报废的专利产品再制造，故美国法院将三个案例均定义为类似修理，类似于改良专利产品性能的修理，不侵犯原告专利权。

同样还有正面体现该标准的"棉包捆扎带案"，该案被告把使用后的金属带的碎片收集起来，加上原来的金属扣，铆接在一起重新出售。用于捆绑的金属带被剪碎后，已经发挥了其作用，属于专利产品整体报废，故被告的再造行为侵犯了原告的专利权。

3. 以发明构思为评判标准

在英国，对专利产品已经损坏的部件进行替换通常也不构成专利法意义的"制造"。尽管英国法院所持观点与美国有诸多相似，但判例依据是完全不同的，发明构思原则在英国专利法的诸多领域具有中心位置，即制造或更换的部分是否体现专利权人的发明构思。

该原则核心体现为"散装容器案"，该中型散装容器由金属笼子、塑料瓶以及平台板构成。塑料瓶通常仅一次性使用，而金属笼子和平台板可以反复使用。塑料瓶和笼子使用寿命的差异导致塑料瓶市场的产生。被告生产销售该塑料瓶。该案核心在于：被告行为是否属于专利法上的制造行为。

英国最高法院认为，塑料瓶是否属于散装容器的一个附属部件是案件解决的关键。因为塑料瓶的使用寿命短于笼子并且较容易更换，且塑料瓶不能包含该专利发明构思的任何方面，其附属性质决定了对其更换没有构成专利法意义的制造，因而，被告并未侵犯原告的专利权。

4. 以综合多角度为评判标准

美国法院在 1997 年的"钻头案"中，根据案件实际情况，创造性地提出多角度考虑的原则，涉案专利产品为一种各部分无单独专利权的钻子，原告销售该专利产品并指导使用者如何在钻头用钝后重新磨砺，明确表示不同意用重新安装钻头的方法使其保持原来的锋利程度，被告提供钻头维修服务，包括打磨和更换钻头。对于该案，美国法院并没有照搬保护整体技术方案的原则，判定仅更换钻头这一个部件属于合法修理，而是提出新的思路：

（1）从部件性质看：钻头不属于非常易磨损的，而使其使用寿命比整体的使用寿命短；

（2）从行为性质看：被告不是简单替换，而是经更换、定型和整合，这些工作实质等同于专利产品报废后的重新制造；

（3）从服务市场看：没有证据表明有相当大量的客户重新安装钻头，也没有许多企业提供类似服务。

综合上述考虑，美国法院判定被告属于再造专利产品，侵犯了原告专利权，贯彻了司法裁判以事实为依据的理念，同时为今后的法院裁判树立了新标准。

（四）争议案件深度分析——日本打印机墨盒案

1. 案情概述

日本佳能公司生产供喷墨打印机使用的 BCI-3e 系列喷墨墨盒在日本国内及海外市场销售。该墨盒在最初填充的墨水使用完毕后，留下墨盒本体。中国境内的 RecycleAssist 公司（以下简称"RA 公司"）收集这些用完墨水的墨盒后，再次填充墨水制成再生墨盒并销售。佳能公司向东京地方法院起诉 RA 公司，指控其进口销售的佳能打印机再生墨盒，以低于正品 20%～30% 的价格在日本销售，侵犯了佳能公司的 JP3278410 号专利的专利权，要求其停止进口、销售并废弃库存。

2. 裁判结果及标准

日本法院一审认为不属于再造，专利权用尽不侵权；二审认为权利不用尽，该案有待进一步的审理，这也是首例不服东京高等法院知识财产高等法庭大合议庭判决的案件；日本最高法院的终审维持了二审的判决。

二审法院创造了一条新的标准，即将对发明的本质部分的部件全部或部分进行加工或者更换认定为再造，从而认定侵权成立，进而被告行为构成再造行为，侵犯原告佳能公司专利权，并且最高法院认可其判断标准。

3. 日本佳能与美国惠普打印机墨盒案对比评析

日本佳能案与前文提到的美国惠普案的涉案专利领域相同，案件事实基本一致，但却产生不同的判决结果。

在美国打印机案的判决上，首先美国联邦法院认定，当惠普公司在没有条件限制的情况下销售专利产品给被告时，被告及之后的买方就获得对该专利产品进行修理的权利，但不包括再造专利产品的权利。根据联邦法院的判断，墨盒并未完全损坏且被告方的再制造行为提高了墨盒的使用性能，被告改造不是一般意义上的修理，因为被专利保护的墨盒没有被破坏或变得有缺陷，此类行为属于对技术不成熟的产品的改进，应该落入类似修理的范畴。

可见，美国联邦法院结合权利用尽原则以及经济促进效益与能源环境保护效益的判罚逻辑，认为产品已经权利用尽且再制造行为有利于对能源与环境的正向作用，进而认定被告不构成对原告的侵权。

相较而言，日本的打印机墨盒案则在二审法院的裁判中创造了一条新的标准，并增加了考虑交易的实际情况这一标准，从本土企业利益与国家经济利益的角度对案件进行裁判。

基于保护环境和公共利益的角度，学术界大多支持日本一审的判决观点，但二审判定且终审维持的"侵犯了佳能公司的专利权"的事实已成定局，该再制造侵权判例将为后续司法判定实践提供借鉴参考。因此，从事再制造生产经营活动的企业将更容易处于专利侵权诉讼的经营风险中，专利侵权将成为循环经济产业发展中不可忽视的法律制度约束，进而影响产业发展规划和企业经营活动。

（五）国内循环经济领域再造案例分析

1. 案情概述

雪乡酒业公司自2004—2006年通过回收废旧的涉案外观设计专利牡丹江酒厂酒瓶，包装其生产销售的雪乡情白酒。

邹某是牡丹江酒厂的董事长，享有 ZL03346884.2 号酒瓶外观设计专利权。邹某曾要求雪乡公司不再使用其外观设计专利酒瓶，因协商未果，邹某向法院起诉，请求法院判令雪乡酒业公司承担侵犯其外观设计专利权的责任。

2. 裁判结果

原审法院认为，雪乡酒业构成再造行为，雪乡酒业公司具有侵权恶意，根据相关法律规定，不符合专利权利用尽规则，构成侵权。法院判决雪乡酒业公司停止侵权，赔偿邹某经济损失及其因调查、制止侵权所支付的合理费用。雪乡酒业公司不服提起上诉，其主要理由是：雪乡酒业公司使用的是收购的旧酒瓶，原专利权已经用尽，无论旧酒瓶是否与外观设计专利相同或近似，都不构成侵权。该案二审调解解决。

3. 裁判解读及案例评析

根据法院的裁判观点可以看出，我国的裁判标准更倾向于在不存在专利权利用尽的情形下，如果专利产品本身经济价值较高，使用寿命较长，在产品缺陷不严重的情况下，为更好地发挥原专利产品的性能、延长专利产品的寿命而进行的修补、维护等行为一般应认为是对专利产品的正常使用，而不应认为是再造行为。如果专利产品本身经济价值就不高，使用寿命也不长，产品缺陷已经严重影响产品本质功能，属于已经报废或者应当报废的情形，对该产品修补、维护的结果已经超出通常意义上修补、维护等正常使用的含义，而相当于在报废专利产品的基础上生产出一个功能、性质与原专利产品相同的新产品，因此，应当认定为是再造了专利产品。

就标准化而言，我国法官对此问题的评判主要综合考虑了以下四个因素。（1）是否属于专利权利用尽情形。如果专利权人权利用尽，则不发生对专利产品的再造行为。如果不存在专利权利用尽的情形，则要作进一步审查。（2）专利产品的经济价值和使用寿命。（3）专利产品的缺陷程度。（4）被控侵权人的行为对专利产品的作用和效果。即便如此，司法者的决定作用仍是至关重要的，正如美国上诉法院曾经指出的，对再造的认定更多地依据通常意识和理智判断，而不是技术规则和定义。

（六）国内法律政策走向

笔者在"北大法宝"中以"再制造"为关键词，共检索得到中外条约（1篇）、工作报告（2篇）、白皮书（3篇）、法规解读（6篇）、立法草案（13篇）、中央法规司法解释（352篇）、地方法规规章（2196篇）相关法律文件。从中再继续选取6篇进行呈现，如表2所示。

表2　相关法律文件整理

颁布时间	政策名称	相关影响	效力级别
2018.10.26	中华人民共和国循环经济促进法（2018修正）	销售的再制造产品和翻新产品的质量必须符合国家规定的标准，并在显著位置标识为再制造产品或者翻新产品	法律
2016.03.16	中华人民共和国国民经济和社会发展第十三个五年规划纲要	做好工业固废等大宗废弃物资源化利用，加快建设城市餐厨废弃物、建筑垃圾和废旧纺织品等资源化利用和无害化处理系统，规范发展再制造	工作文件
2013.12.28	全国人民代表大会环境与资源保护委员会关于第十二届全国人民代表大会第一次会议主席团交付审议的代表提出的议案审议结果的报告	发展改革委认为，循环经济促进法在再制造方面的具体条款需要从加强质量保障、明确标识规范、强化鼓励措施等三方面加强，建议修改循环经济促进法，重点对再制造产业发展作出进一步规范	工作文件
2019.04.22	报废机动车回收管理办法	拆解的报废机动车"五大总成"具备再制造条件的，可以按照国家有关规定出售给具有再制造能力的企业经过再制造予以循环利用	行政法规
2019.01.12	国务院关于促进综合保税区高水平开放高质量发展的若干意见	支持再制造业。允许综合保税区内企业开展高技术含量、高附加值的航空航天、工程机械、数控机床等再制造业务（商务部、发展改革委、工业和信息化部、海关总署负责）	行政法规
2019.07.30	鼓励外商投资产业目录（2019年版）	机床、工程机械、铁路机车装备等机械设备再制造，汽车零部件再制造，医用成像设备关键部件再制造，复印机等办公设备再制造	部门规章（商务部）

综合近年来颁布的法律、政府工作文件、行政法规以及部门规章来解读，出于经济因素与环境因素，我国对循环经济领域内的再制造的总体趋势是支持大于限制的。由于我国目前专利法律的相关规定仍具有原则性，并相对滞后于迅猛发展的科学技术和市场经济，由此而产生的问题已经在司法实践中不断凸显。为此，笔者认为，一方面立法者应当尽快对相关问题加以规范，在进一步明确专利权保护的权利范畴时，充分

发挥专利产品的社会效能，做到物尽其用；另一方面充分保护专利权人和社会公众的合法权益，做到利益平衡。

结　语

研究发现，当前对侵权判断的研究有所不足，对于修理、再制造行为的辨析还要考虑如下要素：零部件是否获得专利；零部件的维修、替换的难度；立法上的完善度；注重均等原则的运用等。

结合文献和案例可以看出，再制造侵权辨析可以从以下三个角度考虑。第一，这一行为是否重现了专利发明的技术特征，是否进行了对专利权人权利要求所界定的物的生产。第二，如果一个行为的结果重现专利发明技术特征，但是这个行为符合专利权利用尽的相关规定，属于合理使用并不侵犯专利权人的合法权益。第三，假使一个形式上构成了专利产品生产的行为，并且超越了专利权利用尽的范围，我们仍需要考虑这种行为是否符合默示许可的条件。

总之，在区分专利产品的维修与再制造时，要坚持从是否构成生产行为、是否属于专利权穷竭的范围、是否符合默示许可的条件这三个方面进行分析，专利产品再制造的立法完善要坚持防止权利滥用原则、利益平衡原则、界限清晰原则，才能更加有效地调动社会资源、提高社会效益，并且推动专利制度完善，最终实现资源的节约、科技的进步与经济的发展。

在立法方面应考虑以下因素：首先应当注重权利用尽原则的指向性作用；其次要严格界定"再制造"的范围；最后司法解释中作一些列举性的解释。在充分考虑专利权人利益和社会公众利益的基础上，要在法律技术上为再制造产业发展扫清障碍，我国的再制造业才会迅速发展，循环经济才会正常运转，经济才能健康持续发展。

附　录

本文引用 Westlaw 裁判文书概览：

［1］Wilson v. Simpson, 50 U. S. 109, 9 How. 109（1850）.

［2］Aro Manufacturing Co. v. Convertible Top Replacement Co. , 365 U. S. 336（1961）.

［3］Dana Corp. v. American Precision Co. , 827 F. 2d 755, 3 U. S. P. Q. 2d 1852（Fed. Cir. 1987）.

［4］Wilbur-Ellis Co. v. Kuther, 377 U. S. 422（1964）.

［5］Surfco Hawaii v. Fin Control Sys. Pty, Ltd. , 264 F. 3d 1062, 1065, 60 USPQ2d 1056, 1058（Fed. Cir. 2001）.

［6］Cotton-Tie Co. v. Simmons, 106 U. S. 89（1882）.

［7］Sandvik Aktiebolag v. E. J. Co. , 121 F. 3d 669, 43 U. S. P. Q. 2d 1620（Fed. Cir. 1997）.

［8］Aro Manufacturing Co. v. Convertible Top Replacement Co. , 365 U. S. 336（1961）.

［9］Hewlett-Packard Co. v. Repeat-O-Type Stencil Mfg. Corp. , 123 F. 3d 1445, 43 USPQ2d 1650（Fed. Cir. 1997）.

方法专利举证责任倒置的条件文献综述

汪赛飞　赵　刚　刘　梅*

【摘要】方法专利举证责任倒置制度由来已久，但是其中仍然有诸多模糊不清的地方，有待进一步研究与完善。本文主要围绕三个问题展开：一是举证责任倒置的立法模式选择问题；二是新产品和同样产品的认定问题；三是非新产品方法专利的举证责任倒置适用条件问题。希望通过对相关学者观点的系统梳理、归纳和总结，为进一步完善方法专利举证责任倒置的规定提供理论支持。

【关键词】方法专利；举证责任；新产品；同样产品

引　言

1992 年之前，我国对食品、饮料和调味品，药品和用化学方法获得的物质不授予专利权，上述产品的发明只能通过制造这些产品的方法间接获得保护。1992 年 1 月，中美两国签订第一个《知识产权保护谅解备忘录》，中方承诺在当年修订《专利法》，提供对于药品和化学品的产品专利的保护。[1] 故 1992 年之后，新产品制造方法的专利保护对于产业界

---

* 汪赛飞、赵刚、刘梅为华东政法大学知识产权学院 2018 级硕士研究生。

[1] 李明德. 新产品制造方法专利的举证责任分担——礼来公司诉常州华生制药有限公司侵害发明专利权纠纷案[J]. 中国发明与专利，2018（8）：120.

来说，重要性已经大大降低。❶ 但对于某些领域，如化学或生物技术领域，完全用结构特征来定义一个新产品较为困难，仍然有必要通过方法专利来获得更为全面的保护，所以方法专利的举证责任倒置依然有重要的现实意义。明确责任倒置适用条件，有助于厘清权利范围，保障专利权人权利的同时，也能够避免权利滥用。

一、举证责任倒置的立法模式选择

方法专利举证责任倒置的规定来源于 TRIPS 协议第 34 条。❷ 其规定了两种可供选择的立法模式：第一种是新产品模式，但并未规定新产品的认定标准；第二种是推定模式，只要专利权人经过努力证明了侵权的可能性，就可适用举证责任倒置。

就各国在举证责任倒置的立法选择来说，笔者考察了国外具有代表性的 9 个国家（见附表 1），总结如下：美国、埃及、芬兰采取了第二种模式，俄罗斯、德国、日本、英国、韩国使用了第一种模式，法国则将两种模式均纳入法律规定。其中，俄罗斯、韩国明确将新颖性作为界定新产品的标准，日本则采用了在本国范围不为公众所知的标准，德国、英国、法国则未进一步规定新产品的标准。

通过汇总我国历年专利法及司法解释可知（见附表 2），专利法规定了举证责任倒置，1992 年将倒置范围从"产品"限缩为"新产品"，2000 年修订时又将"提供产品的制造方法的证明"进一步规定为"不同于专利方法的证明"，专利法延续了 2000 年专利法的规定。由上可知，我国举证责任倒置属于第一种模式。

---

❶ 张晓都. 如何界定专利法第 61 条第 1 款中的新产品 [J]. 中国专利与商标，2009（3）：45.

❷ 如果专利是获得产品的方法，在涉及侵犯 TRIPS 协议第 28 条 1（b）赋予的权利的纠纷中，司法机关有权责令被诉侵权人证明其获得相同产品的方法不同于该专利方法。各成员应规定至少在下列一种情况下，任何未经专利权人许可而生产的相同产品，如无相反的证明，则应被视为通过该专利方法所获得：（一）使用该专利方法获得的产品是新产品；（二）如果该相同产品有相当大的可能性是使用该专利方法生产的，而专利权人经合理努力不能确定确实使用了该方法。

就我国专利法对方法专利举证责任倒置的立法模式选择，学界存有不同的声音。尹新天倾向于第二种模式，认为此种方法便于专利权人举证，也易于法院认定。❶ 马东晓、张耀亦持相同的观点。❷ 胡学军则持反对意见，认为现行专利法已经能够较好地保护专利权人的利益，而且也完全满足 TRIPS 的要求。❸ 刘红兵、卢山也赞同此观点，认为采取第二种模式主要是为了解决涉及非新产品方法专利侵权时举证责任倒置的适用问题，而在这种情况下可以通过证据调查制度来解决。❹

通过上述分析可以看出，两种立法模式孰优孰劣并没有一个确定的结论，各国的立法实践也表明两种模式都是可取的。笔者更倾向于认为，通过进一步细化现有的新产品方法专利举证责任倒置的规定来平衡诉讼双方的利益是更优的选择，至于非新产品的举证责任倒置则可通过细化适用条件由法院根据具体情况来确定。

二、新产品的方法专利举证责任倒置的条件

（一）新产品的认定标准

方法专利适用举证责任倒置的首要条件是涉案方法专利生产的产品是"新产品"。满足什么样的条件才能称该产品是新产品，成为决定是否适用举证责任倒置的关键因素。相关学者也对新产品的认定标准展开了细致的研究。其中主要涉及两个问题，一是达到什么样的程度才能将一个产品称为新产品，二是在什么时间节点认定新产品。

1. "新"的认定标准

国家知识产权局条法司认为，新产品的"新"不同于《专利法》所

---

❶ 尹新天. 中国专利法详解（缩编版）[M]. 北京：知识产权出版社，2012：521.

❷ 马东晓，张耀. 专利法修改若干问题之管见——关于专利法第三次修改（送审稿）的理论思考 [J]，知识产权，2007（4）：67.

❸ 胡学军. 分合之道：两种方法发明专利侵权举证责任规则变迁评析 [J]. 当代法学，2014（1）：108.

❹ 刘红兵，卢山. 方法专利侵权诉讼的举证责任分配 [J]. 知识产权，2007（5）：60-64.

规定的"新颖性"，只要所涉及的产品在专利申请日之前是本国市场上未曾见过的，就可以认为是新产品，从而将举证责任转移到被告一方。❶ 汤宗舜也持相同的观点。❷ 上述观点有两个特点，一是指出新的标准不同于新颖性的标准，二是认为所涉产品只局限于本国市场。

《最高人民法院关于审理侵犯专利权纠纷案件应用法律若干问题的解释》（以下简称《解释》）第17条规定：产品或者制造产品的技术方案在专利申请日以前为国内外公众所知的，人民法院应当认定该产品不属于《专利法》第61条第1款规定的新产品。❸《解释》推翻了知识产权局条法司的观点，首先明确地域范围为国内外，其次"为公众所知"可依据新颖性的标准进行判断。正如孔祥俊、王永昌、李剑所指出的，《解释》借鉴了新颖性的判断标准。❹ 尹新天也认为，新颖性的判断标准在专利领域早已众所周知，没有必要为新产品另外创立一种独特的判断标准。❺ 张丽霞❻、张晓都❼、戴年珍❽、张泽吾❾、彭超❿等均持相同的观点。

对上述两种认定标准，刘元霞均持反对意见，认为如果在该产品与专利申请日前已有的同类产品相比，本领域的技术人员通过对已有的同

---

❶ 国家知识产权局条法司. 新专利法详解 [M]. 北京：知识产权出版社，2001：324.

❷ 汤宗舜. 专利法解说 [M]. 北京：知识产权出版社，2002：347.

❸《最高人民法院关于审理侵犯专利权纠纷案件应用法律若干问题的解释》（法释〔2009〕2号）第17条.

❹ 孔祥俊，王永昌，李剑.《关于审理侵犯专利权纠纷案件应用法律若干问题的解释》的理解与适用 [J]. 人民司法，2010（3）：33.

❺ 尹新天. 中国专利法详解（缩编版）[M]. 北京：知识产权出版社，2012：521.

❻ 张丽霞. 方法发明专利侵权诉讼举证责任分配探析 [J]. 知识产权，2014（1）：68.

❼ 张晓都. 如何界定专利法第61条第1款中的新产品 [J]. 中国专利与商标，2009（3）：44.

❽ 戴年珍. 新产品制造方法专利侵权诉讼中的举证责任倒置与制造方法专利的延伸保护 [A] //2013年中华全国专利代理人协会年会暨第四届知识产权论坛论文汇编第三部分. 2013：6.

❾ 张泽吾. 特殊专利的侵权判定——"防伪纤维无碳复写纸及其生产方法"发明专利权侵权纠纷案评析 [J]. 科技与法律，2011（1）：54.

❿ 彭超. 制造方法专利侵权纠纷的举证责任研究 [D]. 上海：华东政法大学，2014：30.

类产品进行简单替换无须付出创造性的劳动即可获得，该产品不是新产品。❶ 此种观点则将新产品的认定标准提升至接近创造性标准。❷ 最高人民法院曾指出："专利法所称的新产品，是指专利申请日之前在国内外未公开出现过的，与已有产品不相同也不等同的产品。"❸ 等同的技术特征，除了惯用手段的直接置换，一般不属于缺乏新颖性的范围。此处引入等同的产品，表明一定程度上也采纳了创造性标准。孙海龙、姚建军认为，新产品要在产品的组分、结构或者其质量、性能、功能上与现有的同类产品相比有明显区别，这种认定标准也接近创造性标准。❹ 北京市高级人民法院认为，创造性标准有一定合理性，可以平衡专利权人利益与社会公众利益，但是不易判断，增加了专利权人证明一项产品属于新产品的难度，但对于究竟适用新颖性标准还是创造性标准则并未给出结论，需要法院根据具体情况分析确定。❺

新颖性与创造性标准是从审查的角度来界定新产品。除此之外，新产品还可以从其他角度来理解。蒋志培从科技开发和市场营销等不同角度，赋予了新产品不同的内涵。❻此外，在一些行政法规中也有关于新产品的定义。例如，在《药品注册管理办法》中规定："新药申请，是指未曾在中国境内上市销售药品的注册申请。已上市药品改变剂型、改变给药途径的，按照新药管理。"此处的新药并不一定是具有新颖性或创造性的新产品，而且地域范围也不符合新颖性的规定。

实践中，新产品主要依据权利人出具的鉴定评价报告、科技情报部门出具的查新报告、行政主管机关或相关行业协会出具的新产品证书来

---

❶ 刘元霞. 如何界定医药诉讼领域的新产品 [A] //专利法研究 (2007). 北京：知识产权出版社，2007：408.

❷ 笔者将该学者的观点归类为接近创造性标准，虽然原文中作者表述为采用绝对新颖性标准。

❸❻ 蒋志培. 新产品、产品概念与创新，涉及新产品方法专利与举证责任倒置把握——如何理解专利法第六十一条第一款规定的"新产品"的含义？[EB/OL]. [2019-07-25]. http://www.cnipr.net/article_show.asp? article_id=5927.

❹ 孙海龙，姚建军. 审理侵犯新产品方法专利权案件的几个问题 [J]. 电子知识产权，2009 (6)：68.

❺ 北京市高级人民法院知识产权审判庭. 北京市高级人民法院《专利侵权判定指南》理解与适用 [M]. 北京：中国法制出版社，2014：441-443.

进行确定，专利证书也可以作为认定新产品的初步证据。❶ 上海市高级人民法院也认为，权利要求已经得到授权，可以认定为新产品。❷ 但是最高人民法院却指出，不能因权利要求获得授权即推定其所限定的产品为新产品，而是应当由当事人举证证明其产品属于新产品。❸ 最高人民法院的上述认定无疑否定了专利证书作为证据来评价新产品的效力。既然否定了专利证书的效力，那么换言之，即使产品具有创造性，也不能直接认定属于新产品。最高人民法院虽然没有直接给出新产品的认定标准，但是这种反面认定使笔者认为其又采取了一种全新的认定标准。

所以，新产品的认定究竟采纳新颖性标准还是创造性标准，抑或一种既不同于新颖性也不同于创造性的其他标准，有待于进一步研究。

2. 新产品的时间标准

司法解释明确规定专利申请日作为新产品认定的时间。北京市高级人民法院侵权判定指南也作出同样的规定，认为将专利申请日作为参照点确定新产品的属性更容易操作，否则新产品的认定会因原告起诉的时间不同而不同。❹ 张晓都❺、何怀文❻则提出将认定时间推迟到侵权日，适用举证责任倒置还需确定在侵权行为发生之前，国内外没有公开制造该产品的其他方法。宋敏也认为适用申请日来判断不甚合理。❼ 举证责任倒置是在高度盖然性的前提下，推定侵权人使用了专利方法生产产品，如果申请日之后开发出其他生产该产品的方法，这种高度盖然性则不复存在。为了使举证责任倒置的规定更为合理，符启林、宋敏则提出

---

❶ 张泽吾. 特殊专利的侵权判定——"防伪纤维无碳复写纸及其生产方法"发明专利权侵权纠纷案评析 [J]. 科技与法律，2011（1）：54.

❷ （2018）沪民终 8 号。

❸ （2018）最高法民申 4149 号。

❹ 北京市高级人民法院知识产权审判庭. 北京市高级人民法院《专利侵权判定指南》理解与适用 [M]. 北京：中国法制出版社，2014：445.

❺ 张晓都. 如何界定专利法第 61 条第 1 款中的新产品 [J]. 中国专利与商标，2009（3）：44.

❻ 何怀文. 方法专利的"延伸保护"和新产品制造方法专利侵权诉讼中的举证责任倒置——评最高人民法院张喜田提案 [J]. 中国专利与商标，2011（2）：6.

❼ 宋敏. 方法专利侵权举证责任倒置制度之修改 [J]. 商场现代化，2008（10）：269.

另一种方法，虽然根据专利方法获得的产品在专利申请日时是新的，但是专利权人只有在其方法专利授权之日起三年内指控他人侵权时才能适用举证责任倒置。❶李良锁则认为五年较为合适。❷ 张丽霞认为，第一种方法对平衡当事人的举证能力有促进作用，第二种方法标准可观、易于操作，却只能暂时缓解证明压力，方法发明专利侵权诉讼依然存在证明困难问题。❸

无论是将新产品认定时间推迟到侵权日还是设置若干年的时间期限，本质上均是为了解决当申请日之后出现其他生产方法时，是否应该适用举证责任倒置的问题。推迟至侵权日更符合举证责任倒置应当满足的高度盖然性条件，但是这种做法对于专利权人明显不利，科技一直在进步，一种申请日时的新产品，之后开发出新的生产方法是很常见的，如果采取侵权日来判断，那么举证责任倒置的适用可能会变得极为困难。而如果设置一定的时间期限，因为侵权行为的发生并不受专利权人控制，设置时限缺乏一定的正当性，且究竟应当设置多长的时限也难以确定。所以上述两种观点均有一定的合理性，但也各自存在严重的缺陷。现行立法和司法实践的做法都是依据专利申请日作为判断新产品的时间节点，但是这种规定是否真的合理，能否进一步改进，有待深入研究。

（二）同样产品的认定标准

认定新产品之后还需确认侵权产品与专利方法获得的产品是否属于同样的产品。同样产品的认定，笔者研究现有文献后发现主要存在两个争议问题：一是参与比对的产品范围，二是同样产品的判断标准。

1. 同样产品的范围

首先是用来比对的新产品的范围。最高人民法院认为，新产品是指使用专利方法获得的原始产品，而不包括对该原始产品作进一步处理后

---

❶ 符启林，宋敏．方法专利侵权举证责任倒置适用条件之研究——谏言《专利法》第 57 条第 2 款的修改［J］．电子知识产权，2008（4）：50．

❷ 李良锁．产品的制造方法专利侵权诉讼中的举证责任研究［D］．上海：复旦大学，2010：30．

❸ 张丽霞．方法发明专利侵权诉讼举证责任分配探析［J］．知识产权，2014（1）：69．

获得的后续产品。❶ 北京市高级人民法院❷、戴年珍❸均认可这种做法。何怀文则认为，以原始产品界定新产品，不仅直接缩窄了新产品的外延，还间接缩窄了使用方法专利的范围，即如果将新产品认定为原始产品，那么如果被诉侵权人将该产品稍加改变，或进一步加工，则对于同样产品的认定就会造成阻碍，那么举证责任倒置则难以适用。❹ 其次是侵权方法获得的产品的范围。尹新天认为，制造同样产品应当包含使用专利方法，从而在制造过程中曾经获得同样产品的情况，而不应当仅以被控侵权人最后获得的最终产品作为比较的对象。❺

两种产品的范围两相结合有 4 种组合方式，表 1 列出了各种具体的组合方式。上述 4 种组合方式中，组合 1 最难成立同样产品，组合 4 最易成立，而组合 2 与组合 3 则介于两者之间。笔者认为依据组合方式 4 来认定同样产品是最佳选择。

表 1　产品范围的组合方式

侵权产品 新产品	最终产品	最终产品与曾经获得产品
原始产品	组合方式 1	组合方式 2
原始产品与后续产品	组合方式 3	组合方式 4

新产品的范围和侵权产品的范围共同决定了适用举证责任倒置的难度，两者应当如何划定才能相互协调、配合，从而达到法律的规范目的有待进一步研究。同时如果将新产品的范围扩展至后续产品，那么如何科学地划定后续加工产品的范围也值得进一步讨论。

---

❶ （2009）民提字第 84 号。

❷ 北京市高级人民法院知识产权审判庭．北京市高级人民法院《专利侵权判定指南》理解与适用［M］．北京：中国法制出版社，2014：453.

❸ 戴年珍．新产品制造方法专利侵权诉讼中的举证责任倒置与制造方法专利的延伸保护［A］//2013 年中华全国专利代理人协会年会暨第四届知识产权论坛．2013：6.

❹ 何怀文．方法专利的"延伸保护"和新产品制造方法专利侵权诉讼中的举证责任倒置——评最高人民法院张喜田提审案［J］．中国专利与商标，2011（2）：6-7.

❺ 尹新天．中国专利法详解（缩编版）［M］．北京：知识产权出版社，2012：523.

2. 同样产品的判断标准

同样产品的判断标准也是适用举证责任倒置的一个难点，具体满足什么条件才能认定两个产品属于相同产品。在侵权诉讼中权利人有具体的权利要求，在审查程序中待审查的技术方案也有具体的权利要求，所以在这两者的比对过程中都有能够用来作为比对的权利要求，也就可以划分出技术特征进行比较。但是在相同产品的比对过程中，并没有这种可供参考的比对依据。

尹新天指出，由于实际产品包含了无穷多个技术特征，不能依据所有技术特征进行比对来判断，但并未提出具体比较的方法。❶ 宋敏认为，"同样"的产品应该是指各方面相同的产品，而非"同类"产品。❷ 孙海龙、姚建军认为，二者组分、结构或者其质量、性能、功能基本相同或者没有质的区别就应该认定属于"同样产品"，并进一步指出，只要原告产品与被告产品的行销市场、产品作用雷同就可认定"同样产品"。❸ 梁勇亦持相同的观点。❹ 张泽吾则将比对的要素限于结构、组分、配比等物理化学参数，认为产品的外在特征、功能和用途等仅是产品的外部特征，对产品的本质属性不起决定性作用。❺ 可见学界对同样产品的判断标准并无定论。

三、非新产品的方法专利举证责任倒置

在方法专利的侵权诉讼中，除了新产品能够适用举证责任倒置外，非新产品在满足一定的条件下依然可以适用举证责任倒置。

最高人民法院指出："使用专利方法获得的产品不属于新产品，专利

---

❶ 尹新天. 中国专利法详解（缩编版）[M]. 北京：知识产权出版社，2012：523.

❷ 宋敏. 方法专利侵权举证责任倒置制度之修改 [J]. 商场现代化，2008（10）：269.

❸ 孙海龙，姚建军. 审理侵犯新产品方法专利权案件的几个问题 [J]. 电子知识产权，2009（6）：69.

❹ 梁勇. 专利侵权诉讼中的举证责任倒置 [J]. 中国发明与专利，2006（10）：77.

❺ 张泽吾. 特殊专利的侵权判定——"防伪纤维无碳复写纸及其生产方法"发明专利权侵权纠纷案评析 [J]. 科技与法律，2011（1）：55.

权人能够证明被诉侵权人制造了同样产品，经合理努力仍无法证明被诉侵权人确实使用了该专利方法，但根据案件具体情况，结合已知事实以及日常生活经验，能够认定该同样产品经由专利方法制造的可能性很大的，可以根据民事诉讼证据司法解释有关规定，不再要求专利权人提供进一步的证据，而由被诉侵权人提供其制造方法不同于专利方法的证据。"❶ 这种做法可以看成举证责任倒置的兜底性规定，由法院合理分配举证责任，是坚持形式分配和实质分配相结合的体现。❷ 同时也可以依法强化权利人的举证能力，避免使诉讼陷入僵局，在维护专利权人利益和社会公共利益之间实现平衡。❸

实践中，通过证据保全能够弥补专利权人调查取证能力的不足。宋敏❹、杜微科❺、牟永林❻均认可通过证据保全的方式来获取证据认定侵权。但是胡学军认为通过证据保全也存在法院负担过重，被告不配合、虚假陈述等问题，并建议借鉴德国的"不负证明责任当事人的阐明义务"理论。❼ 证据保全并不能解决所有问题，有时通过证据保全获得的证据能够直接用来认定侵权是否成立，有时则能作为举证责任倒置的判断依据。

非新产品方法专利举证责任倒置的适用，首先权利人应当付出合理的努力，其次要满足侵权的可能性极大。宋新月、盖敏在总结法院判例后得出更为具体的判断依据，一是有证据证明被诉侵权人曾"接触"专

---

❶ 《最高人民法院关于充分发挥知识产权审判职能作用推动社会主义文化大发展大繁荣和促进经济自主协调发展若干问题的意见》（法发〔2011〕18号）.

❷ 尹佳子. 论方法专利侵权诉讼中举证责任的分配［J］. 中国发明与专利，2017（3）：85.

❸ 刘红兵，卢山. 方法专利侵权诉讼的举证责任分配［J］. 知识产权，2007（5）：60-64.

❹ 宋敏. 方法专利侵权诉讼亟需诉前证据保全制度［J］. 电子知识产权，2008（5）：61.

❺ 杜微科. 方法专利侵权中新产品、同样产品的认定［J］，人民司法，2011（8）：7.

❻ 牟永林. 方法专利侵权诉讼问题研究［A］//全面实施国家知识产权战略，加快提升专利代理服务能力——2011年中华全国专利代理人协会年会暨第二届知识产权论坛论文集. 2011：877.

❼ 胡学军. 分合之道：两种方法发明专利侵权举证责任规则变迁评析［J］. 当代法学，2014（1）：104-105.

利方法；二是产品反向工程倒推被诉侵权人很可能使用了专利方法；三是尽力举证后申请法院证据保全认为很可能使用了专利方法。❶ 朱巍总结了四种能够适用举证责任倒置的情况：在他人产品中发现某种特定物质或者多种物质组成的特定物质组合，并且该特定物质或者该特定物质组合是该专利制造方法所特有的；证明他人的制造方法与专利制造方法具有相同的步骤，并且该相同步骤是该专利制造方法区别于现有技术的区别技术特征之一或全部；专利制造方法是某产品国内唯一商业化的制造方法；被许可人在制造方法的专利许可终止后或超出其被许可的范围以外制造同样的产品。❷

专利法针对新产品规定了举证责任倒置，在非新产品上适用举证责任倒置应当更为慎重，否则专利法的特别规定将失去意义。举证难确实是一个现实存在的问题，但是一味地扩大举证责任倒置的适用也不合适。如何在非新产品的方法专利诉讼中适用举证责任倒置有待于进一步研究。

结　语

综上所述，本文依次梳理举证责任倒置的立法模式、新产品和非新产品举证责任倒置的适用条件三个问题的研究现状，对涉及的相关学者的观点进行了系统梳理。对我国举证责任倒置是否应当改采 TRIPS 协议规定的第二种方式，学界仍有不同的意见；对新产品的认定标准和认定时间，同样产品的判断范围和判断标准亦各有见解；对非新产品举证责任倒置的具体适用条件仍未能达成共识。探索既能有效地维护专利权人的利益，又能防止滥诉的举证责任倒置制度，任重而道远。

---

❶ 宋新月，盖敏. 浅析非新产品制造方法专利纠纷中的举证推定规则 ［J/OL］. ［2019-07-25］.https：//www.chinalawinsight. com/2018/05/articles/intellectual-property/.

❷ 朱巍. 制造方法专利之侵权举证责任研究 ［D］. 上海：华东政法大学，2012：32.

附　录

附表 1　国外立法实践

国家及相关法律	具体条文
美国专利法 第 295 条	基于进口、销售、许诺销售或使用已在美国授予方法专利所制成的产品而主张方法专利侵权的诉讼中，如果法院发现——（1）该产品与已授予方法专利所制成的产品存在实质上相似性，及（2）原告已经做了合理的努力以确定实际制造出的该产品的方法但无法如此确定，则该产品应被推定为由专利方法所制造，而举证该产品不是由该专利方法所制成的责任，应由主张其不是由专利方法所制成的一方证明
埃及专利法 第 34 条	相同的产品应被视为通过使用受专利保护的方法获得，如果原告在民事程序中证明：（1）相同的产品系通过直接使用受专利保护的方法获得。（2）原告已进行合理的努力披露生产中使用的方法。在此种情况下，法院可责令被告证明用于获得相同产品的程序不同于受原告专利保护的程序。在进行证明原告权利的程序时，法院应考虑保护其行业和商业秘密
芬兰专利法 第 57a 条	如果就获得一种产品的方法授予了专利，在没有相反证明的情况下，任何未经专利权人同意生产相同产品应被视为通过有专利的方法获得。引证相反证明，应考虑被告保护其工艺和商业秘密的合法利益
俄罗斯联邦民法典 第 1358 条第 2 款第 2 项	就直接通过专利方法获得的一种产品进行本款第（1）项述及的行为。如果通过专利方法生产的产品具有新颖性，相同的产品应被视为通过使用专利方法生产的，除非另有证明
德国专利法 第 139 条第 3 款	如果一项专利的客体是获得一种新产品的方法，在没有相反的证明的情况下，另一人制造的相同产品应被视为使用有专利的方法制造。在提取相反证据时，应考虑被告保护其制造和商业秘密的合法利益
日本专利法 第 104 条	如果生产一种产品的方法的发明被授予专利，并且该产品在专利申请提交之前在日本不为公众所知，与此产品相同的产品应被推定通过该专利方法生产
英国专利法 第 100 条	（1）如果被授予专利的发明是获得一种新产品的方法，专利所有者或其被许可人以外的人生产的同样产品，除非有相反的证明，应在任何程序中被视为以该方法获得。（2）在考虑一方是否履行了本条对其施加的举证责任时，法院不应要求他披露任何制作或商业秘密，如果在法院看来这样做不合理
韩国专利法 第 129 条	产品与由专利方法制造的另一产品相同，则推定该产品是由后者的专利方法制造的，但属于下列各项的发明除外：（i）在专利申请提出之前，在韩国已公知或使用过的发明；或（ii）在专利申请提出之前，在韩国或外国发行的出版物中描述的发明，或公众通过总统令规定的电子通信线路可获得的发明

续表

国家及相关法律	具体条文
法国知识产权法第 L615-5-1 条	如果一项专利的对象是获得一种产品的方法，法庭可要求被告证明其用于制造同样产品的方法不同于已获专利的方法。如被告无法提供相关证据，在下列两种情况下，任何未经专利所有人同意制造出同样产品应被视为通过专利方法制造：a）通过专利方法制造出的产品是新型产品；b）尽管专利所有人作出努力仍无法确定被告制造产品时实际使用的是哪一种方法，但相同产品通过专利方法制造出来的可能性很大。提供相反证据时，应考虑被告保护期商业秘密和制造的合理权益。

注：表 1 中相应国家的法律规定参见：中国人民大学知识产权学院《十二国专利法》翻译组．十二国专利法［M］．北京：清华大学出版社，2013．

附表 2　国内立法沿革

法律法规	具体条文
1984 年《专利法》第 60 条第 2 款	在发生侵权纠纷的时候，如果发明专利是一项产品的制造方法，制造同样产品的单位或者个人应当提供其产品制造方法的证明
1992 年《专利法》第 60 条第 2 款	在发生侵权纠纷的时候，如果发明专利是一项新产品的制造方法，制造同样产品的单位或者个人应当提供其产品制造方法的证明
2000 年《专利法》第 57 条第 2 款	专利侵权纠纷涉及新产品制造方法的发明专利的，制造同样产品的单位或者个人提供其产品制造方法不同于专利方法的证明；涉及实用新型专利的，人民法院或者管理专利工作的部门可以要求专利权人出具由国务院专利行政部门作出的检索报告
2008 年《专利法》第 61 条第 1 款	专利侵权纠纷涉及新产品制造方法的发明专利的，制造同样产品的单位或者个人应当提供其产品制造方法不同于专利方法的证明
《最高人民法院关于审理侵犯专利权纠纷案件应用法律若干问题的解释》第 17 条	产品或者制造产品的技术方案在专利申请日以前为国内外公众所知的，人民法院应当认定该产品不属于专利法第 61 条第 1 款规定的新产品
《最高人民法院关于民事诉讼证据的若干规定》第 4 条第 1 项	因新产品制造方法发明专利引起的专利侵权诉讼，由制造同样产品的单位或个人对其产品制造方法不同于专利方法承担举证责任

方法专利举证责任倒置的条件案例综述

■ 汪赛飞 赵 刚 刘 梅*

【摘要】方法专利举证责任倒置制度由来已久，但是其中诸多问题值得研究。要适用该条款，专利权人需完成初步举证，尤其是要证明自己专利方法制造的产品是"新产品"以及该"新产品"与被诉侵权人制造的产品相同。本文主要围绕如下问题进行案例综述：一是专利权人的举证责任问题，二是"新产品"判断和认定方式，三是"相同产品"的举证判断，并涉及非新产品的举证责任倒置问题和专利方法制造产品的范围问题。

【关键词】方法专利；举证责任；新产品；相同产品

引 言

我国《专利法》第 61 条第 1 款规定，"专利侵权纠纷涉及新产品制造方法的发明专利的，制造同样产品的单位或者个人应当提供其产品制造方法不同于专利方法的证明"。本文即针对该条款进行研究。为论述简洁，以下简称"该条款"。

适用该条款，新产品制造方法专利的专利权人可以转移举证责任，由被诉侵权人证明其产品制造方法不同于专利方法，但是该条款的适用

* 汪赛飞、赵刚、刘梅为华东政法大学知识产权学院 2018 级硕士研究生。

是有前提的，专利权人只有完成初步举证才能适用该条款，比如需举证证明依照专利方法制造的产品是"新产品"，被诉侵权人制造的产品与采用专利方法制造的产品相同。本文将主要针对专利权人的举证责任、"新产品"的判断、如何证明是"新产品""相同产品"的判断这些问题，还有一些其他问题进行。

在北大法宝、无讼法律数据库中同时检索关键词"新产品制造方法"和"发明专利"，共得到 206 份与该条款相关的裁判文书，这当中法院有讨论该条款或适用该条款的裁判文书共 125 份。❶ 需注意，1 份判决书中可能涉及上述多个问题，或者只是简单适用而没有对该条款进行论述。根据相关问题笔者对这 125 份裁判文书进行统计分类，统计如表1 所示。

表 1　裁判文书按照问题分类

讨论的问题		法院判决数量（件）	法院判决数量（件）
专利权人的举证责任	通常观点	14	16
	特殊观点	2	
"新产品"的的判断	何者为新产品	16	21
	何者不为新产品	5	
如何证明是"新产品"	被授予专利	6	18
	提交额外证据	12	
"相同产品"的举证	比对技术特征	2	6
	不比对技术特征	4	
其他问题	非新产品方法专利的举证责任倒置	3	4
	该条款中产品的范围	1	

❶ 我国现行生效法律中含有关键词"新产品制造方法"的仅有《专利法》第 61 条第 1 款，因此检索关键词即可定位到该条款。与单纯检索法律条文得到的裁判文书相比，关键词检索可有效过滤掉涉及第 61 条第 2 款的裁判文书。配上关键词"发明专利"，可再过滤掉部分与发明专利无关的其他专利类型案件，如实用新型、外观设计的案件。

在这 125 份裁判文书中，适用该条款的仅有 33 份，另有 3 份论述的是非新产品方法专利的举证责任倒置问题，该条款是否被成功适用的情况统计如表 2 所示。

表 2　该条款适用率

	法院判决数量（件）	占比（%）
适用	33	26.4
不适用	89	71.2
非新产品方法专利的举证责任倒置问题	3	2.4
合计	125	100

这当中有 89 份法院未适用该条款的裁判文书，笔者就法院否定适用该条款的理由作了分类和统计，法院判令不能适用该条款的理由包括：其一，专利权人要求保护专利的非新产品的制造方法；其二，非"新产品"；其三，非"相同产品"；其四，既非"新产品"也非"相同产品"；其五，专利权人并未举证证明是"新产品"和"相同产品"；其六，其他原因，如专利权人未举证证明被诉侵权人生产了涉案产品。统计结果如表 3 所示。

表 3　未适用该条款的理由统计

	法院判决数量（件）	占比（%）
非新产品的制造方法	38	42.7
非"新产品"	31	34.9
非"相同产品"	8	9.0
非"新产品"也非"相同产品"	5	5.6
未举证	5	5.6
其他理由	2	2.2
合计	89	100

一、专利权人的举证责任

专利权人要适用该条款不是无条件的，只有完成一定的初步举证后，举证责任才发生移转。共有 16 份裁判文书对专利权人要完成的初步举证责任的内容进行论述。

（一）通常观点

14 份裁判文书❶的观点与 2008 年《国家知识产权局办公室对某某公司涉及专利侵权案件有关问题的复函》中的观点一致，国家知识产权局表示专利权人在侵权诉讼中要适用该条款须满足两个前提证明条件，"第一，依照专利方法制造的产品应当是新产品，所述'新产品'是在专利申请日以前在我国未曾出现过的产品；第二，被请求人制造的产品与采用专利方法制造的产品相同"。下文分别简称"新产品"和"相同产品"。

例如，在"张喜某案"❷ 中，最高人民法院认为，"由被诉侵权人承担证明其产品制造方法不同于专利方法的举证责任，须满足一定的前提条件，即权利人能够证明依照专利方法制造的产品属于新产品，并且被诉侵权人制造的产品与依照专利方法制造的产品属于同样的产品"。即在司法实践中已经形成共识，专利权人要适用该条款，需对"新产品"和"相同产品"进行初步举证。

（二）特殊观点

在"可可纺织材料有限公司案"❸ 中，深圳市中级人民法院表示，专利权人要适用该条款，除了要完成"新产品"和"相同产品"的举证，还须举证证明原告"是所请求保护的新产品发明专利的合法权利

---

❶ （2017）京 73 民初 568 号、（2011）民申字第 37 号、（2014）浙杭知初字第 769 号、（2012）皖民三再终字第 00002 号、（2013）皖民三终字第 00074 号、（2007）宁民三初字第 104 号、（2005）一中民初字第 7493 号、（2014）泰中知民初字第 00089 号、（2018）新民终 260 号、（2007）宁民三初字第 104 号、（2008）烟民三初字第 118 号、（2017）京 73 民初 568 号、（2009）冀民三终字第 23 号、（2016）赣 02 民初 52 号。

❷ （2017）京 73 民初 568 号。

❸ （2018）粤 03 民初 580 号。

人"，笔者认为这项举证要求是任何专利侵权诉讼中专利权人所必须举证的，不是该条款的特殊举证要求，且相关专利授权文件可以很容易证明专利权人的身份。

另外，在"湖北葛店开发区新创热喷涂材料有限公司案"❶中，东莞市中级人民法院认为专利权人的举证责任包括，"（1）地大公司存在生产被控侵权产品的行为；（2）地大公司生产的被控侵权产品与新创公司的专利产品是同样产品"。笔者认为该观点与前述观点相比，并不完整，"新产品"的举证是专利权人必须要完成的。该条款背后的法理是，如果涉案专利方法制造的产品是"新产品"，那么理论上除了专利的制造方法外，没有其他方法能够制造该产品，被诉侵权人生产的产品使用专利方法的可能性很大，因此法律才规定转移举证责任。因此"新产品"的举证是专利权人在适用该条款时所必不可少的。

二、"新产品"的判断

专利权人适用该条款须初步举证证明依照专利方法制造的产品是"新产品"，但是，法律法规、司法解释并没有从正面规定何为"新产品"。《最高人民法院关于审理侵犯专利权纠纷案件应用法律若干问题的解释》（以下简称《解释一》）第17条从反面规定何者不为"新产品"，即"产品或者制造产品的技术方案在专利申请日以前为国内外公众所知的，人民法院应当认定该产品不属于专利法第六十一条第一款规定的新产品"。

共有21份裁判文书中对什么是"新产品"进行论述，其中16份从正面论述何为"新产品"，5份根据《解释一》论述何不为"新产品"。

---

❶ （2013）东中法知民初字第166号。

（一）正面论述何为"新产品"

正面论述何为"新产品"的裁判文书 16 份。这当中有 12 份裁判文书❶的表述类似，以"中山市远宏实业有限公司案"❷为例，广东省高级人民法院认为，"新产品可以理解为在国内第一次生产的产品，该产品与专利申请日之前已有的同类产品相比，在产品的组分、结构或者质量、性能、功能方面有明显区别"。这些判决文书主要集中在 2008 年之前。❸之所以要强调这些裁判文书集中在 2008 年之前，是因为这一年我国进行了《专利法》第三次修改，专利法上确立了绝对新颖性原则。尽管新产品的"新"和新颖性的"新"的内涵并不相同，但是新颖性判断地域范围的改变影响了法院对"新产品"中"新"的判断。2008 年以前的裁判文书中，法院无一例外表示新产品中的"新"的判断是指该产品是"国内第一次生产出的产品"或者"国内第一次制造出的产品"。就地域性判断是在国内的观点，在 2008 年后改变，在 2018 年的"义乌市贝格塑料制品有限公司案"❹中，判断新产品"新"的地域标准从"国内"变成了"国内外"，其他文字表述没有变动。

就"新产品"判断的时间标准一直以来是同"申请日"之前的同类产品相比较。具体判断规则是要求产品在诸如组分、结构或者质量等方面有明显区别，当然什么样的区别才能达到明显区别，在裁判文书中并没有具体或统一的论述，需要法院在各案中根据案情和涉案产品的类别具体认定。

在"金某某与常州市圣王果蔬有限公司案"❺中，尽管法院也认定

---

❶　（2007）粤高法民三终字第 209 号、（2007）粤高法民三终字第 209 号、（2008）高民终字第 164 号、（2007）皖民三终字第 0004 号、（2007）宁民三初字第 104 号、（2007）皖民三终字第 0002 号、（2007）皖民三终字第 0003 号、（2014）泰中知民初字第 00089 号、（2011）二中民初字第 06746 号、（2007）宁民三初字第 104 号、（2006）二中民初字第 11593 号、（2007）二中民初字第 12860 号。

❷　（2007）粤高法民三终字第 209 号。

❸　除了（2011）二中民初字第 06746 号"坦萨科技有限公司"案为 2011 年由北京市第二中级人民法院审理的案件，该案专利的授权公告日是 2008 年 1 月 16 日。

❹　（2018）最高法民申 4149 号。

❺　（2007）苏民三终字第 0030 号。

新产品是指"市场上没有出现过的产品"，但对于专利权人提出的证据"公开出版物中关于无花果片制造工艺的相关表述内容"，认定"无花果片"不属于新产品，也就是说仅仅书面公开了制造产品的工艺，也能否定涉案产品是新产品。因此，欲证明涉案产品的"新"，仅仅比对市场上已有的产品是不够的，还要比对能够公开该产品的书面文件。

总之，目前司法主流观点的"新产品"是指涉案产品同申请日前市场上已有的同类产品相比在某些特征上具有显著区别，且对市场上已有的同类产品的理解还包括公开了产品工艺的文件。

（二）反面论述何者不为"新产品"

自从 2009 年《解释一》生效后，法院往往不再论证何为"新产品"，而从反面论证何者不为"新产品"，对此进行讨论的裁判文书共 5 份❶，均在 2008 年或之后，且均援引了《解释一》第 17 条。以"浙江道明反光材料有限公司案"❷为例，上海市第二中级人民法院认为，"原告仍应当首先对于其产品或者制造产品的技术方案在专利申请日前不为国内外公众所知这一事实提供初步证据予以证明，之后举证责任才发生转移"。

三、如何证明是"新产品"

专利权人如何证明自己的专利方法制造的产品是"新产品"并不是一个容易的过程，论述到该问题并且成功适用该条款的裁判文书共 18 份。这当中的 6 份裁判文书❸，法院是根据"国家知识产权局的专利证

---

❶（2014）浙杭知初字第 769 号、（2016）赣 02 民初 52 号、（2018）最高法民申 4149 号、（2014）苏知民终字第 0113 号、（2008）沪二中民五（知）初字第 262 号。

❷（2008）沪二中民五（知）初字第 262 号。

❸（2005）赣民三终字第 15 号、（2005）沪一中民五（知）初第 298 号、（2006）苏民三终字第 0025 号、（2016）沪 73 民初 841 号、（2012）津高民三终字第 41 号、（2006）苏民三终字第 0025 号。

书"认定涉案产品为"新产品"的，另外 12 份裁判文书❶，法院要求专利权人还需专门提交额外证据论证。

（一）因被授予专利且专利有效

因相关产品被授予专利且专利有效就认定为"新产品"的案件审判年份普遍较早，集中在 2005 年和 2006 年，且法院也并非仅以专利权人的举证就认定相关产品为"新产品"，一般来说也会考虑被诉侵权人能否提出为自己辩护的反证，综合判定。

以"常州市武进佳华化工有限公司案"❷为例，江苏省高级人民法院认为，"CIRS 公司涉案专利作为一种产品，能够被授予发明专利，说明该产品属于新产品。佳华公司主张涉案专利系老产品，但因其未提供相应证据，故对其主张不予支持"。同样，在"山东隆大生物工程有限公司案"❸中，天津市高级人民法院认为相关产品专利"葡萄糖淀粉酶"不仅通过实质审查获得专利授权，且经过知识产权局专利复审委员会的无效审查，虽被部分无效，但无效原因并非因缺乏新颖性、创造性、实用性，故能初步证明该产品是新产品。

审判年份较晚的案件"义乌市贝格塑料制品有限公司案"❹，在 2016 年一审上海知识产权法院认为因相关产品获得专利授权，且无相反证据的情况下，可完成新产品的认定。但该观点随后被推翻，在 2018 年二审中，最高人民法院根据专利权人提交的其他初步证据才作出涉案产品是新产品的认定。

（二）提交额外证据

单纯因为某些产品发明被授予专利，说明其具有新颖性和创造性，因而认定其是新产品的观点渐渐被抛弃，取而代之的是法院要求专利权

---

❶ （2009）一中民初字第 4360 号、（2015）筑知民初字第 60 号、（2009）苏民三终字第 0180 号、（2007）粤高法民三终字第 209 号、（2018）最高法民申 4149 号、（2006）郑民三初字第 204 号、（2007）粤高法民三终字第 209 号、（2012）济民三初字第 404 号、（2006）吉民三终字第 146 号、（2008）云高民三终字第 40 号、（2012）锡知民初字第 199 号、（2011）二中民初字第 06746 号，案例检索截止日期为 2019 年 6 月 18 日。

❷ （2006）苏民三终字第 0025 号。

❸ （2012）津高民三终字第 41 号。

❹ （2016）沪 73 民初 841 号、（2018）最高法民申 4149 号。

人提供查新报告等证据就"新产品"进行举证，再结合被诉侵权人的答辩进行综合判定。因提供额外证据完成初步举证并成功适用该条款的裁判文书共筛选出 12 份❶。

以"坦萨科技有限公司案"❷为例，北京市第二中级人民法院是根据专利权人的额外举证才认定相关产品"三向土木格栅"属于新产品的。原告提供的证据包括专利说明书和查新检索报告，专利说明书中详细阐明涉案产品是针对现有技术产品的替换物，且有多家机构包括武汉市科学技术情报研究所查新检索中心提供的查新报告可用于论证"三向土木格栅"产品是新产品。

以"云南泰康消防化工集团股份有限公司案"为例，云南省高级人民法院认为要认定涉案专利生产的"磷酸铵盐干粉灭火剂"是新产品，需结合专利权人提供的证据进行分析。该案中专利权人提供了专利文件、《科技查新报告》《云南省新产品证书》，综合判断得出"国内外尚未见他人开展用低含量农用湿法磷酸一铵研制、生产磷酸铵盐干粉灭火剂"的结论，故该产品方被认定为新产品。

专利权人提交的额外证据多为查新检索报告，通过查新报告和其他证据辅助共同证明专利方法生产的产品是新产品是专利权人完成初步举证的主要手段，这种思路已在司法实践中逐渐达成共识。

四、"相同产品"的举证

被诉侵权人制造的产品与采用专利方法制造的产品相同是适用该条款的重要一环，但法院在裁判文书中进行论述的案例较少，共 6 份，当中有 2 份❸的比对方式同专利侵权比对一样，先将相关产品进行技术特

---

❶ （2009）一中民初字第 4360 号、（2015）筑知民初字第 60 号、（2009）苏民三终字第 0180 号、（2007）粤高法民三终字第 209 号、（2018）最高法民申 4149 号、（2006）郑民三初字第 204 号、（2007）粤高法民三终字第 209 号、（2012）济民三初字第 404 号、（2006）吉民三终字第 146 号、（2008）云高民三终字第 40 号、（2012）锡知民初字第 199 号、（2011）二中民初字第 06746 号。

❷ （2011）二中民初字第 06746 号。

❸ （2018）粤 03 民初 580 号、（2005）沪一中民五（知）初第 298 号。

征的总结，再比对技术特征来判断是否属于相同产品；另外 4 份❶并未涉及技术特征的比对。

（一）比对技术特征

在"东莞市可可纺织材料有限公司案"❷ 中，深圳市中级人民法院通过比对两产品的技术特征认为两者不属于相同产品。相同产品意味着两者在形状、结构或成分等方面不存在实质性差异，故法院认为专利权人要举证证明的内容是"被诉产品落入案涉专利权利要求 1 的保护范围"。

姑且不论以比对技术特征来判断产品是否相同的方式是否正确，笔者认为，现实生活中专利权人请求保护的专利方法制造的产品未必申请产品专利，或者说专利权人的专利方法制造的产品很可能难以申请产品专利，这点在化学、药物、生物领域尤其显著，因为对于这些领域的发明来说，很难用结构特征来定义一个产品，专利权人不得不通过方法专利的方式保护这个方法专利和其所延及的产品。故笔者认为，通过比对技术特征来证明"相同产品"的方式具有局限性。

（二）不比对技术特征

比对两个产品是否是相同产品，法律法规、司法解释并没有明文规定，司法实务中法院往往根据个案进行判断。不同产品往往具有不同的特征，机械领域的产品和生物医药领域的产品描述的方式具有较大差异，法院认定的方式也要根据产品所属领域而定，认定方式自然大不相同。

"北京万生药业有限责任公司案"❸ 的专利属于医药领域，每个药品都有固定的化学结构式，因此北京市第二中级人民法院通过比对两个药品的化学结构式，认定两者属于相同产品。在"黄卓某案"❹ 中，需要比对的专利是具有物理空间结构的产品，安徽省高级人民法院认为产品

---

❶ （2016）云民终 494 号、（2009）民提字第 84 号、（2012）皖民三再终字第 00002 号、（2006）二中民初字第 04134 号。

❷ （2018）粤 03 民初 580 号。

❸ （2006）二中民初字第 04134 号。

❹ （2012）皖民三再终字第 00002 号。

的"内部微观结构、组分、物理特性等是影响产品性能的决定性因素，也是判断产品是否相同的基本依据"，该案中两种产品的原料并不相同，一者为"粉煤灰、页岩"，另一者为"粉煤灰、黏土"，"虽然页岩的化学成分一般与易熔黏土（制砖瓦黏土）相近，但两者并不相同"。在原料并不相同的情况下，法院认为最终生产的产品在结构、组分以及物理性能上也会不同，因此两者并不为相同产品。

五、其他问题

近年来，就该条款的适用又遇到新的问题，并在具体案例中得以体现，其一是非新产品方法专利的举证责任倒置问题，其二是专利方法制造的产品的范围问题。涉及前者问题的裁判文书，笔者找到 3 份❶，涉及后者问题的笔者找到 1 份。

（一）非新产品方法专利的举证责任倒置

专利法领域，举证责任倒置有明文规定的只有本文讨论的《专利法》第 61 条第 1 款，但在具体的司法实践中，法院完全可以根据相关法律的规定，将举证责任重新分配，由被告承担。

在"潍坊恒联浆纸有限公司案"❷中，最高人民法院认为不能僵化地认为只有遇到新产品制造方法的案件才能依据该条款举证责任倒置，根据《民事诉讼法》第 7 条，"在法律没有具体规定，依本规定及其他司法解释无法确定举证责任承担时，人民法院可以根据公平原则和诚实信用原则，综合当事人举证能力等因素确定举证责任的承担"。因此在专利法领域若遇到特殊情形，法院依然可以重新分配当事人之间的举证责任。

即使不是制造新产品的方法专利，对于一般产品的方法专利而言，专利权人要举证证明他人侵犯自己的专利也是不容易的，具体生产过程专利权人很难取证。因此简单适用谁主张谁举证的原则，对专利权人来

---

❶ （2013）民申字第 309 号、（2016）赣 02 民初 52 号、（2016）鲁民终 491 号。

❷ （2013）民申字第 309 号。

说可能确有困难或不公平，但是又不能滥用举证责任倒置规则，否则专利权人会滥用该规则套取商业秘密。因此，在该案中，最高人民法院认为，"在专利权人能够证明被诉侵权人制造了同样产品，经合理努力仍无法证明被诉侵权人确实使用了该专利方法，根据案件具体情况，结合已知事实及日常生活经验，能够认定该同样产品经由专利方法制造的可能性很大的，人民法院可以根据民事诉讼证据规定中的第七条规定，将举证责任分配给被诉侵权人"。

（二）专利方法制造的产品的范围

在"张喜某"案❶中，最高人民法院认为在适用该条款时，比对的专利方法制造的产品应该仅限于依照该专利方法直接获得的产品，即"原始产品"，不包括"该原始产品作进一步处理后获得的后续产品"。在该案中，专利的主题名称为"一种从混合物中分离出氨氯地平的（R）－（+）－和（S）－（－）－异构体的方法"，根据其权利要求1直接获得的原始产物是结合一个DMSO－d6的（S）－（－）－氨氯地平的D－酒石酸盐"，或"结合一个DMSO－d6的（R）－（+）－氨氯地平的L－酒石酸盐"，进一步加工获得的产品才是"左旋氨氯地平"或"右旋氨氯地平"。也就是说，专利权人主张的专利方法生产的产品应该是制造药物"左旋氨氯地平"和"右旋氨氯地平"的中间产物。

当然，范围仅限于原始产品会产生这样的后果：在进行"新产品"的判断时专利权人举证更加容易，以该案为例，专利权人只要证明该中间产物是"新产品"，加工的产品是否是新产品不用专利权人举证；但是在进行"相同产品"的判断时专利权人的举证难度加大，得证明被诉侵权人在生产过程中也制造了该中间产物，这样的举证并不容易。

结　语

在笔者统计的裁判文书中，该条款的适用率仅有26.4%，从中就可以看出，专利权人适用该款进行举证责任倒置并不容易。专利权人要想

---

❶　（2009）民提字第84号。

转移自己的举证责任，还须证明专利方法生产的产品是"新产品"，该"新产品"与被诉侵权人生产的产品是"相同产品"。尽管就"新产品"和"相同产品"的举证法律法规和司法解释中并没有明文规定，但是法院在多年的裁判中逐渐形成了一套证明标准，且由于不同专利领域产品的性能差异较大，具体的判断还需要结合个案案情进行。总之，专利权人要适用该条款承担的举证责任是不轻的，利用查新报告或特定比对方式完成初步举证才能将举证责任转移给被诉侵权人。

专利临时保护中的"后续使用"问题探析

张婉清　李京霈　李璇彤　赵林翔[*]

【摘要】对于在专利临时保护期内使用专利技术，而后又在专利获得授权后继续使用、许诺销售、销售行为，最高人民法院在第20号指导案例中确定了后续使用行为的合法性。来自学界的反对观点认为，后续行为不侵权的认定缺乏法律依据，从利益平衡原则考量也应对后续行为进行限制，仅依靠临时保护使用费对权利人的弥补是不够的。实际上，作为制造行为的必然延伸，后续使用专利行为也是权利人授权的应有之义。面对屡受诟病的专利临时保护期的弱保护问题，我们真正要做的是在"事发当初"即赋予权利人以临时禁令的主张权利来避免专利权人在获得授权后造成过多损失，而非对后续使用行为进行限制。

【关键词】专利临时保护期；后续使用；专利许可使用费；利益平衡

一、专利临时保护期及其后续使用

专利临时保护期制度是指在申请专利文件公开之后、授权之前对发明专利申请人的保护制度。由于此时申请人的技术方案能否最终获得授权不确定，申请人尚未获得排他性专有权，专利法的保护水平相较于授

＊ 张婉清、李京霈、李璇彤、赵林翔为华东政法大学知识产权学院2017级硕士研究生。

权后阶段明显较低。现行《专利法》第 13 条规定："发明专利申请公布后，申请人可以要求实施其发明的单位或者个人支付适当的费用。"这一规定决定了专利申请人此时仅有权获得适当费用的补偿，并且仅在授权后才有权向行为人主张。

专利临时保护期制度的落实和完善有助于鼓励权利人尽早公开技术方案，使其为公众知悉，有利于技术的快速发展、创新，有助于发明专利的"早期公开，实质审查"制度的实现。对于公众而言，如果专利申请最终未获得授权，其将能尽早地利用相关技术方案；如果专利申请最终获得授权，其也有充分时间决定是否要获得专利权人的许可使用该专利技术。对于专利申请人而言，其可以有充分的时间修改、完善申请而不用担心损失过大。对于专利行政审查部门而言，专利临时保护期有助于减轻其审查的负担和压力。2016 年最高人民法院出台了相关司法解释，对此前临时保护期内争议较大的专利产品"后续使用"问题，对临时保护期保护范围及"适当的费用"的确定问题作出规定。❶ 下文将围绕"后续使用"问题进行综述分析和进一步的解释说明。

二、司法机关对"后续使用"行为态度的明确化

我国司法实践对于在临时保护期内使用专利技术，而后又在专利获得授权后继续使用、许诺销售、销售（"后续使用"）行为的态度，经

---

❶ 《最高人民法院关于审理侵犯专利权纠纷案件应用法律若干问题的解释（二）》第 18 条规定：

权利人依据专利法第十三条诉请在发明专利申请公布日至授权公告日期间实施该发明的单位或者个人支付适当费用的，人民法院可以参照有关专利许可使用费合理确定。

发明专利申请公布时申请人请求保护的范围与发明专利公告授权时的专利权保护范围不一致，被诉技术方案均落入上述两种范围的，人民法院应当认定被告在前款所称期间内实施了该发明；被诉技术方案仅落入其中一种范围的，人民法院应当认定被告在前款所称期间内未实施该发明。

发明专利公告授权后，未经专利权人许可，为生产经营目的使用、许诺销售、销售在本条第一款所称期间内已由他人制造、销售、进口的产品，且该他人已支付或者书面承诺支付专利法第十三条规定的适当费用的，对于权利人关于上述使用、许诺销售、销售行为侵犯专利权的主张，人民法院不予支持。

历了从不明确到明确的过程。一开始，法院并没有对后续使用行为单独进行说明，更没有对"后续使用侵权与否"进行分析；在确定临时保护期内的使用费与专利授权后的侵权赔偿数额的过程中，没有在判决书中说明数额的计算方法，因此也无法看出后续使用行为是否产生侵权赔偿。直到最高人民法院通过第 20 号指导案例——深圳市斯瑞曼精细化工有限公司诉深圳市坑梓自来水有限公司、深圳市康泰蓝水处理设备有限公司侵害发明专利权纠纷案，确定了在专利临时保护期内制造、销售、进口被诉专利侵权产品不为专利法禁止的情况下，其后续的使用、许诺销售、销售该产品的行为，即使未经专利权人许可，也应当得到允许。❶

在陈某某与浙江乐雪儿家居用品有限公司、何某某及第三人温某某侵害发明专利权纠纷案中，一审过程中，原告陈某某主张侵权损害赔偿数额中包括临时保护期使用费，对此，一审法院已在开庭审理中告知其不能在该案中主张该项费用，可另行起诉予以主张。由此可见，原一审判决所认定的赔偿数额中并不包括临时保护期使用费。在二审法院审理过程中，二审判决认定一审法院判决的赔偿数额中包括临时保护期使用费，但最高人民法院再审时，对二审法院的这一观点予以纠正。可见，最高人民法院并未直接对后续使用是否侵犯专利权进行评述，而只是分别确认了专利侵权赔偿额与临时保护期使用费。❷ 至于被告是否存在后续使用行为，以及法院是否要求其为这部分后续使用行为支付费用，我们无从得知。

在宁波高新区汇富科技有限公司与程某某发明专利临时保护期使用费纠纷及侵害发明专利权纠纷上诉案中，浙江高级人民法院在判决中确认，汇富公司在涉案专利申请公开后、授权前实施了专利技术，应当向程某某支付发明专利临时保护期使用费，其数额可以参照有关专利许可使用费合理确定。汇富公司还应就其实施的制造、销售、许诺销售被诉侵权产品的行为，承担侵权损害赔偿责任。❸ 在日本电产（东莞）有限公司诉 LG 伊诺特有限公司等发明专利临时保护期使用费和侵害发明专利权纠纷案中，

---

❶ （2011）民提字第 259 号。

❷ （2013）民提字第 225 号。

❸ （2017）浙民终 734 号。

一审法院判决："……三、日本电产（东莞）有限公司自本判决生效之日起十日内支付 LG 伊诺特有限公司发明专利临时保护期使用费共计人民币 2426834 元；四、日本电产（东莞）有限公司自本判决生效之日起十日内赔偿 LG 伊诺特有限公司经济损失共计人民币 1202048 元……"北京市高级人民法院驳回上诉，维持原判。❶ 在这两个案件中，我们同样无法看出法院对后续使用行为的态度。因为法院并没有将那些从临时保护期内延伸到专利授权后的行为单独考虑，而仅仅是对临时保护期内的使用费以及专利侵权费用进行分别的计算。凭借使用费和赔偿数额这两个数字，我们也无法推断出后续使用行为是否被包含在内。

然而令人意想不到的是，最高人民法院于 2013 年 11 月 8 日发布的《关于第五批指导性案例的通知》❷ 中，第 20 号指导性案例❸一改之前判决的论调，认为："在发明专利申请公布后至专利权授予前的临时保护期内制造、销售、进口的被诉专利侵权产品不为专利法禁止的情况下，其后续的使用、许诺销售、销售，即使未经专利权人许可，也不视为侵害专利权。也就是说，专利权人无权禁止他人对专利临时保护期内制造、销售、进口的被诉专利侵权产品的后续使用、许诺销售、销售。但专利权人可以依法要求临时保护期内实施其发明的单位或者个人支付适当的费用。对于在专利临时保护期内制造、销售、进口的被诉专利侵权产品，在销售者、使用者提供了合法来源的情况下，销售者、使用者不应承担支付适当费用的责任。"

最高人民法院认为，专利制度的设计初衷是"以公开换保护"，且是在授权之后才能请求予以保护。对于发明专利申请来说，在公开日之前实施相关发明，不构成侵权，在公开日后也应当允许此前实施发明得到的产品的后续实施行为；在公开日到授权日之间，为发明专利申请提供的是临时保护，在此期间实施相关发明，不为专利法所禁止，同样也应当允许实施发明得到的产品在此期间之后的后续实施行为，但申请人

---

❶ （2017）京民终 55 号。

❷ 《最高人民法院关于发布第五批指导性案例的通知》，法〔2013〕241 号，法宝引证码 CLI. 3. 213430。

❸ （2011）民提字第 259 号。

在获得专利权后有权要求在临时保护期内实施其发明者支付适当费用。由于专利法没有禁止发明专利授权前的实施行为，则专利授权前制造出来的产品的后续实施也不构成侵权，否则就违背了专利法的立法初衷，为尚未公开或者授权的技术方案提供了保护。❶ 最高人民法院的逻辑很清晰，只要制造产品的时候不侵权，这些产品在之后的任何时候的使用、销售等行为均不构成侵权。❷

三、关于"后续使用"是否侵权的争论

（一）支持的观点

上述最高人民法院的判决一出，可谓一石激起千层浪。有少部分学者支持最高人民法院的论述，比如杨明副教授认为同一个主体实施的从临时保护期延续至专利授权之后的连续性行为，不能将其割裂开来分别定性，如果以专利授权的时间为基点将同一主体的连续行为一分为二，分别定性，则会导致专利权人获得双重收费的荒谬结果，❸ 即行为人在临时保护期内实施专利，在申请人获得专利授权之后，很有可能向行为人要求支付这一时期的使用费；并且，在专利授权后，如果行为人再继续实施又要向专利权人支付许可费。这就在立法上给予专利权人双重收费的可能性。所以最高人民法院将"在临时保护期内制造、销售专利侵权产品，在专利授权后使用、销售同批产品"认定为一个连续的行为，符合现行立法的逻辑。理由就在于产品之上不能重复收费，现行立法中计算专利权人的损失是通过产品的数量乘以产品的单价❹，只要侵权专利

---

❶ （2011）民提字第 259 号。

❷❸ 杨明. 从最高人民法院第 20 号指导案例看发明专利的临时保护制度 [J]. 北京仲裁，2013（4）：47.

❹ 《中华人民共和国专利法》第 65 条：侵犯专利权的赔偿数额按照权利人因被侵权所受到的实际损失确定；实际损失难以确定的，可以按照侵权人因侵权所获得的利益确定。权利人的损失或者侵权人获得的利益难以确定的，参照该专利许可使用费的倍数合理确定。赔偿数额还应当包括权利人为制止侵权行为所支付的合理开支。

产品的数量相同，损害赔偿的数额就应该是一致的。❶ 至于从制造到销售再到使用，其中到底牵涉多少个行为人，不在考虑的范围之内，实际上，行为人的多少只是责任承担方式的问题。

但是他同时指出，最高人民法院的判决将临时保护定位成非常弱的制度❷，以至于该制度几乎失去了实际意义。❸一方面，在申请人未获得专利之前，无法通过专利法上的临时保护制度向使用人主张支付使用费，而那时专利权人的市场早已被使用人抢占了；另一方面，即使没有临时保护制度，也可通过民法基本原理——"使用了别人的财产理应征得权利人的同意和/或付费"来要求使用人支付一定的使用费。由此可以看出，临时保护制度只是虚有其表，因为在临时保护期内申请人没有任何保障，一切都要等到授权之后再说。❹

（二）反对的观点

也有不少观点认为，最高人民法院所提出的，"在专利临时保护期内制造、销售、进口被诉专利侵权产品不为专利法禁止的情况下，其后续的使用、许诺销售、销售该产品的行为，即使未经专利权人许可，也应当得到允许"这一观点是不合理的。"后续行为"应当经过专利权人的许可方能进行。其理由主要有以下几个方面。

1. "后续行为不侵权"缺乏法律依据

第 20 号指导性案例所涉及的行为跨越了临时保护期和专利授权后两个时段。在专利授权之后，专利权人就享有了排除他人制造、使用、许诺销售、销售、进口其产品的权利。现行《专利法》第 11 条第 1 款规

---

❶ 杨明. 从最高人民法院第 20 号指导案例看发明专利的临时保护制度 [J]. 北京仲裁，2013（4）：48.

❷ 这里值得一提的是，有的学者认为临时保护期内的保护力度达到最低有其合理性，因为此阶段的专利申请是否能通过实质审查还是未知数。而且，还存在着公众所实施的技术的确是其自行研发的成果的可能性。燕菁菁. 专利临时保护法律效力初探——简评最高人民法院（2011）民提字第 259 号民事判决书 [J]. 中国发明与专利，2014（4）：58.

❸ 杨明. 从最高人民法院第 20 号指导案例看发明专利的临时保护制度 [J]. 北京仲裁，2013（4）：43.

❹ 杨明. 从最高人民法院第 20 号指导案例看发明专利的临时保护制度 [J]. 北京仲裁，2013（4）：44.

定："发明和实用新型专利权被授予后，除本法另有规定的以外，任何单位或者个人未经专利权人许可，都不得实施其专利，即不得为生产经营目的制造、使用、许诺销售、销售、进口其专利产品，或者使用其专利方法以及使用、许诺销售、销售、进口依照该专利方法直接获得的产品。"对于那些在专利授权后，后续使用、许诺销售、销售专利产品的行为，应当受到专利权的控制。

虽然《专利法》也对专利权的限制作出了规定，主要体现在《专利法》第 48～51 条关于专利实施的强制许可的规定，以及《专利法》第 69 条关于不视为侵犯专利权的情形的规定，但是该案中专利后续使用的行为，均不符合上述条件。而在最高人民法院的裁判理由中，也并没有回答对于这种落入专利保护期之内的行为予以豁免的其他理由。❶

2. 利益平衡原则的考量

专利法以公开换保护，在临时保护期内申请人的发明在获得专利授权之前就已经将专利毫无保留地展示给社会公众。而我国的临时保护期间在理论上可以达到 36 个月，最短也有 18 个月。❷ 根据我国目前对专利临时保护的规定，专利申请人只能向在临时保护期内的专利使用人收取合理费用，并且必须在获得专利授权之后才能提出支付的请求。因此，临时保护期内对发明创造的保护本身就是一种"弱保护"。❸ 在此期间，抄袭者可以毫无顾忌地利用这种"弱保护"模式率先抢占市场，而市场份额的损失对于权利人来说是"致命的"、不可逆的损害。❹ 如果将临时保护期内实施的行为延伸到专利授权之后，依然不需要承担侵权责任，专利权人依然不能要求该使用人停止实施其专利，这无疑是将这种"弱保护"的存续期间进一步延长了。

---

❶ 燕菁菁. 专利临时保护法律效力初探——简评最高人民法院（2011）民提字第 259 号民事判决书 [J]. 中国发明与专利，2014（4）：59.

❷ 廖恬婧. 专利临时保护的性质及法理依据探析 [J]. 中国发明与专利，2013（12）：80.

❸ 燕菁菁. 专利临时保护法律效力初探——简评最高人民法院（2011）民提字第 259 号民事判决书 [J]. 中国发明与专利，2014（4）：60.

❹ 杨明. 从最高人民法院第 20 号指导案例看发明专利的临时保护制度 [J]. 北京仲裁，2013（4）：45.

在专利公开后，完全竞争市场的出现达到了传播知识产品的效果，能给社会公众带来巨大的好处，作为回报，法律应当在专利授权之后给予专利权人合理的保护，方能平衡双方利益。因此，严格追究"后续使用"行为就很有必要。❶

3. "临时保护使用费"对权利人的弥补是不够的

专利权利人的救济方式最常见的有两种，即停止侵权和赔偿损失。如果承认"后续使用"行为不构成侵权，这就意味着在专利获得授权之后，临时保护期内的制造专利产品的行为人还能继续销售该产品，专利权人无权禁止，失去的市场也无法挽回。这种情形可以被多个主体大量、反复地复制，很可能对发明人申请专利的积极性造成巨大的打击。❷虽然专利权人可以通过向行为人主张使用费获得弥补，但是，根据我国司法实践，这种使用费一般是参照专利许可的费用来确定的，而如前所述，市场份额的损失对于权利人来说却是"致命的"、不可逆的，特别是对于电子通信、集成电路等快速发展的行业来说，犹如灭顶之灾，使用费的支付显然很难弥补市场份额的丢失。

因此，"责令停止侵权"这一救济措施对权利人而言尤为关键。对于在临时保护期被他人抢走的市场，专利权人可以通过在获得授权后，要求停止后续使用其专利，从而寻回其丢失的市场，防止使用人在专利授权前形成的市场进一步扩大。❸

---

❶ 邹剑星. 论使用跨期产品的行为构成专利侵权 [D]. 重庆：西南政法大学，2013：19.

❷ 潘中毅. 论发明专利临时保护的法律效力——兼评最高人民法院（2011）民提字第259~262号判决 [C] //中华全国专利代理人协会. 发展知识产权服务业，支撑创新型国家建设——2012年中华全国专利代理人协会年会第三届知识产权论坛论文选编（第一部分）. 中华全国专利代理人协会，2011：522.

❸ 潘中毅. 论发明专利临时保护的法律效力——兼评最高人民法院（2011）民提字第259~262号判决 [C] //中华全国专利代理人协会. 发展知识产权服务业，支撑创新型国家建设——2012年中华全国专利代理人协会年会第三届知识产权论坛论文选编（第一部分）. 中华全国专利代理人协会，2011：523.

四、对专利产品"后续使用"及临时保护期相关问题的评析

本文认为,最高人民法院的观点较好地阐释了这个问题。我们结合上述观点的争议内容对该问题及相关司法解释的规定进行更为详细的解释。

为了更好地厘清问题的本质,首先需要明确"后续使用"的概念。准确地说,本文探讨的"后续使用"指的是在专利临时保护期内他人制造的涉专利产品在相关申请获得授权后的继续使用,关键词在于"涉专利产品",而非"专利技术"。也就是说,后续使用的专利技术必定只能以临时保护期内他人制造的专利产品为基础,故而我们在最高人民法院指导案例的结论中看到其仅针对"后续的使用、许诺销售、销售该产品的行为"讨论,而不包括后续的"制造"行为。行为人在专利权人获得授权以后利用专利技术制造产品并进行使用、许诺销售、销售、进口等行为当然应经得权利人许可,此不在该问题的讨论范围之内。

其次,我们提倡法教义学,但不等同于认可法教条主义。对于法律规范的解释不能停留于其字面上有无涉及相关问题的规制,而应探究立法本意,运用法律解释的方法探讨法律问题。就专利的"后续使用"问题,虽然目前专利法体系没有直接规定,但并不意味着立法者倾向于直接将其纳入专利的排他权保护范围。从知识产权法的基本法理角度考虑,我们需要遵循基本的意思自治原则,探寻当事人的本意。暂不论较为特殊的临时保护期,在普通的专利授权保护期内,试想一家制造厂取得持有专利的科研院所的授权"制造"专利产品,如授权协议中未提及其他专利权控制的行为,是否意味着该制造厂不能销售制造产品呢?这显然是不合逻辑的,作为"制造"行为的必然延伸,后续使用专利行为也是权利人授权的应有之义。这就类似于著作权法中当权利人授予他人改编、翻译等演绎权时也同时默示许可他人可对演绎作品进行后续的复制、发行等行为,否则行为人的行为完全可以构成合理使用,何苦当初取得著作权人的授权许可呢?专利权人没有授权"使用、销售、许诺销售、进口"等行为仅意味被许可人不得未经许可为生产经营目的"使

用、销售、许诺销售、进口"非法制造的专利产品或无须制造的直接非法使用、进口、销售、许诺销售专利方法。如是行为人自己合法制造的专利产品，其后续对制造的产品的使用自然可推定为权利人的默示许可范畴；如行为人从他人合法制造的专利产品（或依专利方法制造获得的产品）中获得并对其进行其他生产经营性使用也完全符合专利权用尽的例外（注意：最高人民法院在指导案例中提及专利权用尽并不是指"后续使用"情形属于专利权用尽，而是指"后续使用"的认定思想和专利权用尽的立法主旨是相似的）。回到临时保护期内，他人未经许可制造专利产品并进行后续使用的情形，与前述假设的不同点仅在于一个是行为人给付专利许可费，另一个是行为人给付使用费，以及两种情形发生时间段不同。因此对"后续使用"行为的争论可以转变为仅因为以上两点不同即违背立法本意，将原本不侵权的行为认定为侵权行为是否合理呢？

对于前者的不同点，我们从法经济学角度考量当事人均为追求利益最大化的理性人假设可知，在实际交易过程中，专利许可费和临时保护期内的专利技术使用费仅仅是名称不同，权利人所主张的费用必定能实现其预期利益。尽管根据《专利法》的文义要求是支付"适当的费用"。对于这一点的理解，我们还需要结合考虑在实际操作过程中，由于在临时保护期内专利权人能否获得授权还不确定，行为人没有义务给付使用费，因此权利人对使用费的给付请求只能在获得授权后（也就是临时使用给权利人造成的全部损失当事人都可精准测算的情形下）主张。如此，对于使用费的给付难以平衡双方利益的担心不免显得多余。可能各方观点更为担心的是前文所述的市场占有上权利人的损失，这里的损失权利人既无法有效证明，也无法简单地用金钱弥补，因此更多主张认定后续使用侵权的观点更多的是通过主张前述两种情形下的后者相异处（制造行为的时间阶段不同）来赋予权利人以禁用权。因此这里争议的背后问题在于禁用权的赋予问题。

那么我们能否基于专利的垄断保护从而利用行政力量强制允许权利人在授权后向行为人主张使用费又同时有权禁止其后续使用呢？这种观点显然是不合理的。其一，从默示许可角度来看，这明显违背当事人本意，使得权利人可以"出尔反尔"，两边得利，明显违背意思自治；其二，使得行为人的使用费给付毫无意义，沦为惩罚性赔偿的本质，明显有违前文所述临时保护期制度的设计本意；其三，根据我们对"后续使用"的定义可知，这里禁用的仅能是行为人临时保护期内制造的产品，因此禁用权维持的时间仅能至这批专利产品（或依专利方法获得的产品）耗尽为止。即使不赋予权利人对这批产品的禁用权，行为人面对已经获得专利的权利人为维持其市场占有率，必须继续"制造"专利产品或"使用"专利方法，此时即完全进入权利人的专有权控制范围内，不再属于"后续使用"，权利人完全可以再通过行使禁用权以防止自身损失的扩大。针对有观点提出的行为人临时保护期内"囤货"的投机情形，我们认为，在这种情形下，行为人已经对权利人造成较大的损失，面对这种既存的现状，仅仅依靠提前赋予权利人以禁用权是完全不够的，面对屡受诟病的专利"临时保护期"的弱保护，在这种情形下我们真正要做的是在"事发当初"即赋予权利人以临时禁令的主张权利来避免专利权人在获得授权后造成过多损失。总而言之，回到知识产权法的立法宗旨，无论是我国的知识产权法律文本，还是相关国际条约，均指出知识产权法旨在鼓励创新，而非一味保护私权。何谓鼓励创新？或许我们从法经济学的基本原理中可以得到灵感。科斯定理告诉我们，对交易成本影响最小化的法律方为良法。鼓励创新意味着尽量遵从当事人的意思自治，减少行政干预，促进知识的传播和交流。机械地理解和使用法律文本会使得我们"忘记初心"。

最后，针对当前不少关于临时保护期"弱保护"的问题，可以建立较为完善的临时禁令制度，以更为准确地维护权利人的利益，防止行为人恶意投机性侵占权利人的市场份额。临时禁令制度下该如何判断禁令主张条件是否满足、对担保的要求等具体要件，这里由于篇幅所限不再一一展开阐述。同时，对临时保护期内生产的专利产品的"后续使用"问题的仔细分析也使得我们对关于"临时保护期"的其他问题有了更为清晰的解释方向。比如，关于临时保护范围的问题，根据上文的思想，应该解释为较小的范围，而不应纠结于不同阶段保护范围的形式上的统一。具体指的是，如果专利授权范围广于专利文件公开的权利要求范围，则以公开的权利要求范围为准，因为此时没有理由要求行为人在授权之前预料到本不存在的增加的保护范围，遵从当事人当时的真实意思，但这个范围的确定仅限于作为判断专利权人主张临时保护期内的使用费及行为人主张专利产品的"后续使用"的依据，对于行为人在专利授权后制造的产品，则当然依据授权文本的权利要求范围确定相关主张成立与否；如果专利授权范围窄于专利文件公开的权利要求范围，则以授权文本的权利要求范围为准，否则即会出现临时保护期的保护范围大于专利权的专有保护范围的情形，明显违背了知识产权法促进创新、鼓励知识文化传播的立法宗旨。因此在这种分析下，其结论即为对于行为人实施的技术方案若仅落入专利文件的公开范围和授权范围其中一个范围，则专利权人难以向其主张给付适当的费用。再比如专利临时保护期使用费的计算问题，根据上文的思想，法官要依据双方当事人于具体案件中的实际举证情况予以认定，充分尊重当事人的辩论权和处分权，以弥补权利人的预期损失为目标，可以以本专利授权后许可合同约定的许可费为参照依据，同时考虑行为人的市场占有率等因素。

专利侵权判定中使用环境特征研究文献综述

沈孝慈　张晓丽　杜昊宇*

【摘要】 专利使用环境特征产生于我国司法实践，虽然最高人民法院司法解释给出关于使用环境特征的解释，但就其定义、对权利要求保护范围的限定作用、侵权判定规则等问题仍存在诸多争议。相关学术论文大部分均从案例入手分析使用环境特征，并无系统性探究。笔者在归纳总结学者观点的基础上，主要围绕学界和司法实践中使用环境特征的起源发展脉络、其对权利要求保护范围限定作用以及使用环境特征侵权判定标准三方面进行梳理，为使用环境特征研究讨论提供理论支持。

【关键词】 使用环境特征；保护范围限定；专利侵权；特殊侵权判定规则

引　言

通过检索相关法律法规、专利侵权案例和相关文献，无论是法律法规还是案件判决书中对专利使用环境特征的分析甚少。同时，相关学术论文大部分均从案例入手分析使用环境特征。具体而言，《专利法》中并无关于使用环境特征的规定，仅仅见于司法解释和各级法院的指导意见，虽然最高人民法院的司法解释给出了结论，但目前司法实践以及学

---

* 沈孝慈、张晓丽、杜昊宇为华东政法大学 2017 级法律硕士研究生。

术界关于使用环境特征的侵权判定规则仍存在争议。

另外，目前在《专利审查指南2010》未明确使用环境特征的情况下，专利申请人为了能够获得专利，缩小权利要求的范围，可能会将发明点局限在特定的使用环境。而在侵权诉讼中，专利权人又试图扩大权利保护范围，认为不应当将自己的权利局限在特定的使用环境中，结果造成关于使用环境特征的争议主要集中在专利侵权审判阶段。因此，非常有必要对使用环境特征进行详细分析，深入探讨使用环境特征对专利侵权判定的影响。

本文将通过梳理相关法律规定和文献，主要围绕以下几个问题展开论述：使用环境特征的定义；使用环境特征对专利要求保护范围的限定作用；使用环境特征在专利侵权判定中的规则。

一、使用环境特征的定义

对使用环境特征进行讨论的前提是明确其定义。使用环境特征产生于我国司法实践，其定义在法律中尚无明确界定，学界对其内涵和外延存在不同的认识。

（一）官方文件沿革

1. "岛野案"再审判决书

2012年，我国最高人民法院在株式会社岛野与宁波市日骋工贸有限公司专利侵权再审案（以下简称"岛野案"）❶ 的民事判决书中，首次正式提出使用环境特征这一概念："使用环境特征是指权利要求中用来描述发明所使用的背景或者条件的技术特征。"在这一判决作出后，学界逐渐开始研究使用环境特征，许多法官和学者直接接受了最高人民法院在"岛野案"中给出的定义。如上海"兆邦案"❷ 的凌崧法官在《涉及环境特征权利要求的解释及侵权判定》中，李明月在《论权利要求中环境技术特征的解释规则》中都直接引用了最高人民法院判决书中的

---

❶ （2012）最高人民法院民提字第1号。
❷ （2015）上海知识产权法院沪知民初字第272号。

定义。

2. 2013 年北京市高级人民法院《专利侵权判定指南》

2013 年 9 月，北京市高级人民法院发布《专利侵权判定指南》，其中第 22 条❶涉及使用环境特征的定义，在界定使用环境特征时也完全沿用前述最高人民法院判决书中的表述。

3. 2016 年《最高人民法院关于审理侵犯专利权纠纷案件应用法律若干问题的解释（二）》

值得注意的是，2016 年颁行的《最高人民法院关于审理侵犯专利权纠纷案件应用法律若干问题的解释（二）》（以下简称《解释（二）》）并未将上述定义纳入，用双重否定的方式规定："被诉侵权技术方案不能适用于权利要求中使用环境特征所限定的使用环境的，人民法院应当认定被诉侵权技术方案未落入专利权的保护范围。"但并没有规定使用环境特征的定义。

4. 2017 年北京市高级人民法院《专利侵权判定指南》

北京市高级人民法院 2017 年发布的《专利侵权判定指南》对 2013 年指南中关于使用环境特征定义的用语作了调整，增加了"且与该技术方案存在连接或配合关系"的限定。❷

（二）学者研究成果

早期关于使用环境特征定义有所规定且有法律效力的文件仅限于"岛野案"再审判决书，在官方文件还未给出使用环境特征确切定义的情形下，不同学者尝试给出自己的定义。邓云鹏提出可以将环境特征定义如下："环境特征是不属于权利要求要求保护主题的一部分，但是在对主题进行限定时用到的特征，环境特征一般是指物的特征，少部分情

---

❶ 北京市高级人民法院《专利侵权判定指南》第 22 条："写入权利要求的使用环境特征属于必要技术特征，对专利权保护范围具有限定作用。使用环境特征是指权利要求中用来描述发明所使用的背景或者条件的技术特征。"

❷ 北京市高级人民法院《专利侵权判定指南》2017 年第 24 条第 3 款："使用环境特征不同于主题名称，是指权利要求中用来描述发明或实用新型所使用的背景或者条件且与该技术方案存在连接或配合关系的技术特征。"

况下也可以是活动的特征。"❶

在之后出台的《解释（二）》及 2017 年北京市高级人民法院《专利侵权判定指南》的基础上，胡波在综合各个案件及国内外法律文件研究的基础上，对使用环境特征给出更具体的定义："使用环境特征是指发明或实用新型专利权利要求中说明作为发明主题的结构之全部或部分需安装于何种其他结构或者需与何种其他结构连接的技术特征。"❷ 谭慧慧在《专利侵权判定中的使用环境特征研究》中试图给出不同的解释："为了实现专利技术方案的创造性目的或者纯粹的撰写失误等，专利撰写人可能会在撰写专利申请文件时，在权利要求文件中加入描述发明所使用的背景或者条件的技术特征，包括技术方案所针对的使用环境（类似于用途）、技术实施时所必需的客观条件等，或者对技术特征进行环境因素的限定，并对产品专利和方法专利中使用环境的定义作出了区分。"❸

二、使用环境特征对权利要求保护范围的限定

（一）是否存在限定作用

基于我国《专利法》对专利保护范围的确定采用折衷制，其标准是"以其权利要求的内容为准，说明书和附图可以用以解释权利要求"，而对"以权利要求为准"的理解，则采纳"全部技术特征规则"，即权利要求中记载的每一项技术特征均构成专利所保护的发明的必要技术特征，均对其保护范围有限定作用。胡波认为所谓"每一项技术特征"，既包括发明主题本身具有的结构特征，也包括记载在权利要求中的使用环境特征。因此，使用环境特征对于专利保护范围有限定作用。❹凌崧法

---

❶ 邓云鹏. 从微信案看专利文件中的环境特征［C］//中华全国专利代理人协会. 提升知识产权服务能力 促进创新驱动发展战略——2014 年中华全国专利代理人协会年会第五届知识产权论坛优秀论文集. 2014：8.

❷❹ 胡波. 专利法中的使用环境特征［J］. 知识产权，2018（5）：60—67.

❸ 谭慧慧. 专利侵权判定中的使用环境特征研究［D］. 广州：暨南大学，2018：11-15.

官在《涉及环境特征权利要求的解释及侵权判定》一文中通过对上海"兆邦案"❶中"全面覆盖原则"的分析表明了相同观点。❷ 李明月则从"必要技术特征"出发，表明关于使用环境特征对专利保护范围的限定作用，已经写入权利要求的使用环境特征属于权利要求的必要技术特征，对权利要求的保护范围具有限定作用。❸

综上，国内学者对写入权利要求的使用环境特征对权利要求是否产生限定作用这一问题，基本都持肯定态度。具体学理分析除从"全面覆盖原则""必要技术特征"等理论出发之外，张振军在对比研究中美两国对"使用环境特征"应用做法的区别之后发现，美国司法实践对环境特征的理解以及相应的侵权判定方式相较于我国就显得更为简单纯粹。在美国，如果环境特征不是必需的，则不具有限定作用，如果环境特征是必需的，则具有限定作用，并按照常规的直接侵权和间接侵权标准来作判断。❹

（二）使用环境特征对权利要求保护范围的限定程度

在讨论使用环境特征对权利要求保护范围的限定程度之前，首先要明确的是何谓限定程度。"岛野案"再审判决书中提到"此处的限定程度是指使用环境特征对权利要求的限定作用的大小，具体地说是指该种使用环境特征限定的被保护的主题对象，必须用于该种使用环境，还是可以用于该种使用环境即可。使用环境特征对于保护范围的限定程度，需要根据个案情况具体确定"。学界和司法实务界多以"岛野案"再审判决书中所持具体案件具体分析的观点为主。如李明德所述，一般情况下使用环境特征应该理解为要求被保护的主题对象可以使用于该种使用

---

❶ （2015）上海知识产权法院沪知民初字第 272 号。

❷ 凌崧. 涉及环境特征权利要求的解释及侵权判定 ［N］. 中国知识产权报，2017-02-22（9）.

❸ 李明月. 论权利要求中环境技术特征的解释规则 ［C］//中华全国专利代理人协会 . 2014 年中华全国专利代理人协会年会第五届知识产权论坛论文（第三部分）. 2014：8.

❹ 张振军. 涉及环境特征的权利要求的解释及侵权判定问题 ［C］//中华全国专利代理人协会 . 2014 年中华全国专利代理人协会年会第五届知识产权论坛论文（第三部分）. 2014：6.

环境即可，不要求被保护的主题对象必须用于该种使用环境。如果本领域普通技术人员在阅读专利权利要求书、说明书以及专利审查档案后，可以明确而合理地得知被保护对象必须用于该种使用环境，那么，该使用环境特征应被理解为要求被保护对象必须使用于该特定环境。❶

三、使用环境特征的侵权判定规则

（一）使用环境特征定位

目前我国的《专利审查指南 2010》并没有对使用环境特征作出清晰明确的规定，因此关于使用环境特征的争议主要集中在专利侵权审判阶段。胡波对使用环境特征在专利法中的位置进行定位，认为使用环境特征与功能限定权利要求、封闭型权利要求、方法限定产品权利要求等一样成为特殊的权利要求类型，在司法解释中被并列规定。❷

（二）不同侵权判定规则分类及其合理性

国内主流观点将侵权判定规则主要分为四大类。一是"已经使用"标准，认为被诉侵权产品已经用于使用环境特征，才构成侵权。二是"必然使用"标准，即被诉侵权产品必然使用于权利要求记载的环境特征，不可能用于其他环境，则认定其侵权。三是"可能使用"标准，即被诉侵权产品可能使用于权利要求记载的使用环境即构成侵害专利权。四是"不能使用"标准，即被诉侵权产品不能安装或连接于权利要求所记载的使用环境结构，则认定未侵害专利权。❸对于这四种不同的侵权判定标准，"已经使用"标准和"不能使用"标准几乎没有人讨论，学者的主要分歧在于"必然使用"标准和"可能使用"标准这两种侵权判定规则。

采纳"可能使用"标准的学者主要依据北京市高级人民法院 2017

---

❶ 李明德. 专利权利要求中的使用环境特征——株式会社岛野与宁波市日骋工贸有限公司专利侵权案 [J]. 中国发明与专利，2018，15（10）：103-105. 李明月在《论权利要求中环境技术特征的解释规则》、张振军《涉及环境特征的权利要求的解释及侵权判定问题》中亦持这一观点。

❷❸ 胡波. 专利法中的使用环境特征 [J]. 知识产权，2018（5）：60-67.

年发布的《专利侵权判定指南》第 24 条。从专利权要求正确撰写的角度来看，凡是写入权利要求的使用环境特征，实质上都属于被保护的主体对象为了实现发明目的、达到发明效果所必须使用的具有接口结构性质的环境，对于可用可不用的环境特征，将其写入权利要求来限定保护范围，实际上属于一种撰写错误，在这种情况下，如果将该使用环境特征的限定作用解释为被保护的主题对象"可以用于"该环境，则意味着被保护的主题对象也"可以不用于"该环境，这将导致使用环境特征对于保护范围实质上没有限定作用，构成"多余指定原则"的变相适用，专利权人应当自行承担权利要求撰写失误的后果。因此，从这一角度来看，应当将使用环境特征的限定作用解释为被保护的主题对象必须用于该环境。但在侵权诉讼阶段，如果坚持要求权利人完全承担证明被控侵权产品必须用于权利要求中限定的使用环境，这样举证责任过重而不利于保护权利人。因此，在诉讼实践中，只要权利人证明被控侵权产品可以用于权利要求中限定的使用环境特征，而被告不能提供反证，就可以认定被控侵权产品覆盖了该项使用环境特征，也不以被诉侵权技术方案实际使用该环境特征为前提。❶

胡波采纳"必然使用"标准，提出"必然使用"标准与专利法的既有体系是融会贯通的，已经使用于权利要求记载的使用环境的，构成实际侵权行为，并无疑问；未证明已经使用，但可证明必然使用的，可以用"即发侵权"的理论解释，也符合"全面覆盖"原则。❷ 另外，围绕"华为诉中兴"这一案件的分析，不同学者也对上述观点持积极态度。王江桥、张书青认为，若被控侵权产品仅在非常规运行模式下再现专利方法，则不能径行推定其制造者存在使用专利方法的侵权行为。❸ 关于该案骆电法官提到："……但并不能推定中兴公司在产品的研发和出厂

❶ 王明达. 北京市高级人民法院《专利侵权判定指南》理解与适用 [M]. 北京：中国法制出版社，2014：101-117.

❷ 胡波. 专利法中的使用环境特征 [J]. 知识产权，2018（5）：60-67.

❸ 王江桥，张书青. 方法专利中未写明但通常会作此理解的应用环境特征可影响专利侵权认定 [J]. 人民司法·案例，2016（14）：83-85.

检测过程中必然会搭建该网络应用环境，并实际使用涉案专利方法。"❶
马云鹏表明赞同这一侵权判定规则的观点："华为诉中兴"案的关键在
于虽然"ZXR10 3952A 型交换机"不属于涉案被控侵权产品，关键在于
使用该交换机是否必然实施了涉案专利方法。❷

谭慧慧在《专利侵权判定中的使用环境特征研究》中，通过比对美
国的司法实践以及我国最高人民法院的司法判例，从专利权公示原则、
禁止反悔原则、专利制度整体性的角度来否定所有的使用环境特征都具
有限定作用的观点。在进行专利侵权判定时，要区分实质性使用环境特
征和非实质性使用环境特征。即如果一项使用环境特征对专利技术方案
具有新颖性或创造性的影响作用，则认定该使用环境特征对专利技术方
案具有限定作用，反之则无限定作用。❸

最后值得一提的是，张振军提出将权利要求中的特征划分为两类：
环境特征和非环境特征，其中环境特征又分为非必须环境特征和必须环
境特征。对于非环境特征，在侵权判定时按照"全面覆盖原则"来处
理；对于非必须环境特征，只要被诉侵权技术方案"可以用于"该使用
环境即可，也就是只要证明其存在使用的可能性即可判定侵权；而对于
必须环境特征，需要被诉侵权技术方案"必须用于"该使用环境才可判
定侵权。❹

结　语

使用环境特征是在中国的司法实践中产生的一种区别于一般技术特

---

❶ 骆电．在侵权判定中使用环境因素对专利方法实施的影响［J］．人民司法·案例，
2016（14）：89-93.

❷ 马云鹏．方法专利权利要求的解释及使用环境因素的考量——以华为诉中兴侵害
发明专利权纠纷案为例［J］．中国发明与专利，2016（5）：94-98.

❸ 谭慧慧．专利侵权判定中的使用环境特征研究［D］．广州：暨南大学，2018：
11-15.

❹ 张振军．涉及环境特征的权利要求的解释及侵权判定问题［C］//中华全国专利
代理人协会．2014 年中华全国专利代理人协会年会第五届知识产权论坛论文（第三部分）.
2014：6.

征的特殊技术特征。通过对文献的整理和分析，在法律未对使用环境特征定义的情况下，大部分学者选择与"岛野案"判决书给出的"使用环境特征"定义保持一致，个别学者如胡波进一步细化诠释，可以借鉴。在使用环境特征对权利要求是否存在限定作用的问题上，学者基本一致肯定限定作用的存在。使用环境特征对权利要求的限定程度问题，经过早期研究的争论，学者在《解释（二）》第9条出台后，基本都采纳司法解释给出的"可以使用标准"的观点。最后，对于使用环境特征特殊侵权判定规则的讨论，在已经出现的四种不同判定规则中，学者主要分为两种观点——"必然使用标准"和"可能使用标准"，这两种不同的观点还在碰撞，目前尚未出现统一的结论，有待立法和司法实践进一步思考与回应。

专利侵权判定中使用环境特征研究案例综述

■ 沈孝慈 张晓丽 杜昊宇*

【摘要】使用环境特征这一概念独创于我国专利侵权案件判定中，在美国、日本等国家的专利侵权司法实践中不存在这一概念。为了更好地研究使用环境特征，有必要对使用环境特征的起源和原理进行研究。通过对国内的相关案件进行对比分析，并结合具体案件判决，探寻我国法院在专利侵权案件中对使用环境特征的认定方法。在司法实践中，法院基本认可应用使用环境特征对权利要求的保护范围具有限定作用，且发展出一套独有的侵权判定规则——"已经使用"标准、"必然使用"标准、"可能使用"标准。通过梳理国内司法实践对专利侵权案件中关于使用环境特征判定的思路脉络，有助于丰富专利侵权理论的发展，也从实务角度为使用环境特征的文献综述进行补充。

【关键词】专利侵权；使用环境特征；专利保护范围；认定规则

引 言

在专利侵权的司法实践中涉及并以使用环境特征为判定中心的案例并不多，笔者以中国裁判文书网、北大法宝数据库和无讼案例数据库作

---

* 沈孝慈、张晓丽、杜昊宇为华东政法大学 2017 级法律硕士研究生。

为研究案例的来源，通过阅读文献和关键词检索❶共提取 10 个具有研究价值的中国案例，按裁判时间排序如表 1 所示。

表 1　案例及权利要求的类型

案例简称	权利要求的类型	时间
"岛野案" 再审❷	产品技术方案	2012
"瑞枫案" 二审❸	产品技术方案	2013
"赵一美案" 一审❹	产品技术方案	2014
"集装箱案" 再审❺	产品技术方案	2014
"香兰素案" 二审❻	方法技术方案	2014
"兆邦案" 一审❼	产品技术方案	2015
"华为案" 再审❽	方法技术方案	2015
"墨盒案" 一审❾	产品技术方案	2016
"硅熔炉用缝制底垫案" 一审❿	产品技术方案	2017
"佳能案" 一审⓫	产品技术方案	2017

在我国，就可以检索到的案例而言（见表 1），最早出现"使用环境特征"这一概念的是 2012 年株式会社岛野与宁波市日骋工贸有限公司专利侵权再审案（以下简称"岛野案"）。案中最高人民法院认为，"使用环境特征"是指权利要求中用来描述发明所使用的背景或技术条件的

---

❶　以"专利侵权"和"使用环境特征"为检索关键词，最后检索日期为 2019 年 7 月 8 日。

❷　（2012）民提字第 1 号。

❸　（2013）高民终字第 763 号。

❹　（2014）浙金知民初字第 103 号。

❺　（2014）民提字第 40 号。

❻　（2014）浙知终字第 246 号。

❼　（2015）沪知民初字第 272 号。

❽　（2015）民申字第 2720 号。

❾　（2016）鄂 01 民初 1428 号。

❿　（2017）沪 73 民初 596 号。

⓫　（2017）沪 73 民初 596 号。

技术特征。此后，根据最高人民法院以及后续的相关解释和司法实践指南，❶ 形成这一中国司法实践中独有的概念。

笔者未在外国专利法相关的教材或论著中找到与这一概念相同的概念，❷ 所以本文将主要对国内的案例进行分析和综述。

一、权利要求中使用环境特征的认定

在法院认定的专利❸中，使用环境特征集中于产品专利技术方案中，方法专利的技术方案的案例较少。法院在认定环境特征的过程中会先确定发明保护的主题，然后法院再根据权利要求中语句的描述以及结合说明书及其附图等进行使用环境特征的认定。

关于发明保护的主题，依据专利撰写实务的实践以及《专利法实施细则》第 21 条："发明和实用新型的独立权利要求应当包括前序部分和特征部分。"以及《专利审查指南 2010》第二部分第二章第 3.2.2 节有关"权利要求的主题名称应当与权利要求的技术内容相适应"的规定，发明的主题往往在专利名称和权利要求的前序部分有所体现，所以法院可以很容易确定发明所保护的主题。

法院在认定使用环境特征时依据专利的具体情况进行个案认定，通过分析案例，有以下特点：在产品专利技术方案中，使用环境特征在权利要求书中往往表现为结构特征，环境特征与技术方案存在连接或配合

---

❶ 北京市高级人民法院在 2013 年发布的《专利侵权判定指南》第 22 条沿用了在"岛野案"中最高人民法院判决书的表述用语；最高人民法院在 2016 年《最高人民法院关于审理侵犯专利权纠纷案件应用法律若干问题的解释（二）》的第 9 条再一次提及这一概念；北京市高级人民法院在 2017 年发布的《专利侵权判定指南》的第 24 条中作了更详细的规定。

❷ 通过研究发现，国外的专利审查规定中出现了与使用环境特征这一概念相类似的规定，例如，日本在 2012 年制定并公布的《墨盒发明审查指南》中，明确了打印机、复印机、自动分析装置等领域存在的"限制技术方案安装环境"的相关审查标准；EPO 发布的 EPC 细则第 29 条第（2）款对"互相关联的多件产品"（"a plurality of inter-related products"）进行相关规定。

❸ 10 个案例中仅"硅熔炉用缝制底垫案"的涉案专利是实用新型专利，其余皆为发明专利。

关系。例如，在"集装箱案"的再审判决书中，专利的保护主题是"运输平台和运输单元"，权利要求中记载"顶角件"这一构件"用于与非标准集装箱的底角件相配合"，此技术特征为使用环境特征。在"瑞枫案"二审判决书中，涉案专利保护的主题是流体处理模块，互补性的支持结构是流体处理模块的安装位置，其权利要求记载该模块"被构造和布置为使得模块可更换地安装在互补性地支持结构上"的特征是使用环境特征。又如"兆邦案"一审判决书中，涉案专利保护的主题是"防雷支柱绝缘子"，权利要求 1 在描述该防雷支柱绝缘子的结构特征的同时，载明其中横担与防雷支柱绝缘子存在配合关系，"该绝缘子通过该下钢脚安装于横担上"是使用环境特征。

在方法专利技术方案中，使用环境特征表现为发明的使用背景或使用条件的技术特征。"华为案"涉及的发明专利是"一种动态地址分配中防止 IP 地址欺骗的方法"，一审、二审判决和最高人民法院的再审裁定书均认定开启 DHCP 中继为方法专利的使用环境特征。[1] 在"赵一美案"中，"脏物"和"水"是权利要求中用来描述发明所使用的背景或者条件的技术特征，属于使用环境特征；在"香兰素案"中，法院从发明的使用条件角度认定权利要求中的关于"香兰素"和"氧化剂"的有关语句为使用环境特征。

二、使用环境特征对权利要求保护范围的限定作用

近年的司法实践中，使用环境特征对专利权的保护范围具有限定作用被多数法院所肯定。具体而言，在"岛野案"的再审判决书中，最高人民法院明确指出："凡是写入权利要求的技术特征，均应理解为专利技术方案不可缺少的必要技术特征，对专利保护范围具有限定作用，在确定专利保护范围时必须加以考虑。"关于使用环境特征对于保护范围的限定程度："一般情况下，使用环境特征应该理解为要求被保护的主

---

[1] 该案被认定的使用环境特征不在权利要求中，最高人民法院认为："涉案专利虽未将专利方法的具体网络应用环境作为技术特征写入权利要求 1，但专利方法的实施不能与之相分离。"

题对象可以使用于该种使用环境即可，不要求被保护的主题对象必须用于该种使用环境。但是，如果本领域普通技术人员在阅读专利权利要求书、说明书以及专利审查档案后可以明确而合理地得知被保护对象必须用于该种使用环境，那么该使用环境特征应被理解为要求被保护对象必须使用于该特定环境。"此后的"集装箱案""兆邦案""瑞枫案"等均持此种立场。北京市高级人民法院2017年发布的《专利侵权判定指南》的第24条❶也基本依托了最高人民法院"岛野案"的相关审判标准，表明使用环境特征对专利权的保护范围具有限定作用。

上文提到，法院在认定使用环境特征时，往往会提及专利的保护主题，通过对案例的分析可知，虽然此部分往往涉及权利要求的前序部分，但法院的做法是，仅以此为基础讨论使用环境特征的限定作用，并不会单独讨论前序部分对权利要求的限定作用，法院对专利权利要求的前序部分也并无特殊的审查标准。

国外类似的专利诉讼或复审案件中，同样认为"使用环境特征"❷对权利要求的保护范围具有限定作用。例如，在日本的"剪切式粉碎机的切刀案"❸中，被告的产品具备原告切刀的全部技术特征，但被告的产品仅仅是切刀本身，而专利的权利要求中出现了剪切式粉碎机的限定语句，因此被告认为权利要求的保护范围应该是具备该剪切式粉碎机的切刀。法院认为本发明是关于切刀的发明，应仅从切刀这一主题与被诉侵权产品进行对比，因此认定产品落入权利要求的保护范围，从而判定侵权。在欧洲的专利复审无效T0194/99案❹中，专利的权利要求利用了光敏剂的能量吸收特性来限定发明医用激光器的震荡波长。审判委员会认为：在权利要求中，通过第二有体物的特性对第一有体物的某种特性进行限定是可能的，并不需要权利要求的保护对象必须是第一和第二有

---

❶ 2013年北京市高级人民法院《专利侵权判定指南》第24条："写入权利要求的使用环境特征对专利权的保护范围具有限定作用。"

❷ 由于国外没有"使用环境特征"这一概念，所以选取了两个类似的案例进行说明。

❸ 大阪地裁2013年5月23日判决、2013年（ワ）13054号（剪断式砕破機の切断刃事件）。

❹ 涉案专利：EP0604931。

体物的组合。❶

三、使用环境特征的侵权判定规则

我国法院在专利侵权的司法实践中对使用环境特征逐渐发展出了一套特殊的侵权判定规则，侵权比对的方法和对当事人的举证要求都有别于一般的技术特征。表2是法院认定关于使用环境特征侵权的判定理由和分析。

表2　法院判定理由及分析

案件简称	法院判定理由	分析
"岛野案"	一审❷、二审❸、浙江高级人民法院再审❹：一审法院认为被诉侵权产品因未被安装在自行车上，且安装方式是否如专利权利要求所述的方式并不清楚，因此对比条件尚不具备；二审法院认为：日驰公司没有进行安装行为，被诉侵权产品不具有专利权利要求中的安装特征，没有落入本案专利保护范围，不构成专利侵权；再审法院认为：虽然被诉侵权产品具备了专利的结构特征，但由于日驰公司未实施安装行为，而株式会社岛野无法证明被诉侵权产品必然具备专利权利要求所述的安装特征，故日驰公司的被诉行为不构成侵权 最高人民法院提审：被诉侵权产品在商业上必然用于本案专利权利要求1限定的自行车车架，因此被诉侵权产品具备权利要求1关于自行车车架的环境特征	一审、二审和浙江高级人民法院再审均认为被诉侵权产品未安装所以无法进行技术特征的比对，无法认定侵权； 最高人民法院从产品的实际商用角度分析了被诉侵权产品必然用于该使用环境，认定侵权
"香兰素案"一审❺、二审	法院委托的司法鉴定现场勘验中，检测出了3-甲氧基-4-羟基扁桃酸等成分，据此，该院认定王龙科技公司有关氧化亚铜的回收工艺具备了涉案专利独立权利要求所记载的使用环境特征	通过证据证明被诉生产方法符合权利要求中使用环境特征的记载而认定侵权

---

❶　"In principle, having regard to the clarity of a claim, it is possible in a claim for a first entity to define certain characteristics of that entity as a function of characteristics of a second entity employed when using the first entity. As such, there is no need for the claim to be directed to the combination of the first and the second entity (cf Guidelines, C-III, 4.8a and T 455/92)."

❷　（2004）甬民二初字第240号。

❸　（2005）浙民三终字第145号。

❹　（2009）浙民再字第135号。

❺　（2013）浙嘉知初字第154号。

续表

案件简称	法院判定理由	分析
"瑞枫案"二审	被诉侵权技术方案的技术特征已经确定其可以适用于权利要求记载的使用环境的，应当认定被诉侵权技术方案具备权利要求记载的使用环境特征，而不以被诉侵权人实际使用该环境为前提	被诉侵权产品可以用于使用环境就认定产品具有该使用环境特征
"赵一美案"一审	法院的判定理由与"瑞枫"案二审一致，且被控侵权产品明显可以使用于所记载的使用环境，因此具备技术特征	
"集装箱案"再审	该使用环境特征只能解释为可以或者能够用于堆码非标准集装箱，且本案被诉侵权产品可以上连非标准集装箱、被诉侵权产品的实际使用状态对本案侵权判定结果并无影响	
"墨盒案"一审	被保护的主题对象（专利产品）可以运用于该使用环境即可，并不要求被保护的主题对象已实际使用到该使用环境，更不应将该使用环境技术特征作为专利产品的必要技术特征进行比对	
"硅熔炉用缝制底垫案"一审	只要被诉侵权技术方案可以适用于权利要求记载的使用环境的，就应当认定该被诉侵权技术方案具备权利要求记载的使用环境特征，而不应以被诉侵权技术方案实际使用该环境特征为前提	
"佳能案"一审	只要被控侵权产品能够适用于权利要求中使用的环境特征所限定的使用环境即可	
"兆邦案"一审	被控侵权产品在实际安装、使用过程中，必然具有涉案专利的横担技术特征	被诉侵权产品在使用中必然使用该使用环境特征时才认定侵权
"华为案"再审	华为公司提供的现有证据仅能证明在其主张的特定组网方式下，被诉侵权产品才会重现涉案专利方法，并不足以证明中兴公司实施了侵害其涉案发明专利权的行为	

（一）侵权判定标准

根据表 2 的整理和分析，司法实践目前大致可以总结为以下三种侵权判定标准："已经使用"标准、"必然使用"标准和"可能使用"标准。

"已经使用"标准认为，只有当被诉的侵权技术方案已经被用于使用环境特征时，才认定构成侵权，关于未来该技术方案是否会被使用于该环境在所不问。此种标准以被诉侵权产品的实际使用状态进行判断，最大限度地满足了对专利保护范围的确定性要求。"自行车后换挡器支架"案的一审、二审法院和再审的浙江省高级人民法院以及在这之后的"香兰素案"的一审法院就是依照此种思路认定被诉侵权方法是否具备涉案专利的使用环境特征。

"必然使用"标准认为，被诉侵权技术方案必然被使用于使用环境特征时，没有其他应用环境时才认定其侵权。再审"自行车后换挡器支架案"的最高人民法院在确认了被告产品正常的产业生产和正常使用状态下是安装于该使用环境后认定侵权。又如"华为案"的再审裁定书中，最高人民法院依照此思路认可二审法院的判决，认为"中兴公司仅在特定的组网方式下才会重现涉案专利方法中的 DHCP 中继"使用环境特征，以及"华为公司不能证明中兴公司必然应用华为公司的组网方式而实际使用涉案专利方法"，最终驳回华为的再审申请。

"可能使用"标准认为，只要被诉侵权技术方案可以适用于权利要求记载的使用环境的，就应当认定该被诉侵权技术方案具备权利要求记载的使用环境特征，而不应以被诉侵权技术方案实际使用该环境特征为前提。北京市高级人民法院发布的 2013 版《专利侵权判定指南》的第 23 条和 2017 年版《专利侵权判定指南》的第 24 条均采纳此判定标准。早些年有最高人民法院再审的"集装箱案"与"瑞枫案"二审案，最近的"硅熔炉用缝制底垫案"、"墨盒案"和"佳能案"都按照此种思路进行论证，由此可见，"可以使用"标准已经被大多数法院所接受和认可。

关于使用环境特征的侵权判定标准，最高人民法院于 2016 年发布的《最高人民法院关于审理侵犯专利权纠纷案件应用法律若干问题的解释（二）》第 9 条规定："被诉侵权技术方案不能适用于权利要求中使用环境特征所限定的使用环境的，人民法院应当认定被诉侵权技术方案未落入专利权的保护范围。"司法解释的此规定不同于上述法院的三个判定标准，其从另一个角度规定了不侵权标准，且内容上看也不与上述三个标准相排斥。

（二）举证责任

"已经使用"标准的举证责任与一般技术特征的举证责任相同，原告需要证明侵权产品的技术方案使用了相应专利权利要求的技术特征，甚至需要对侵权的产品中对应于使用环境特征的技术方案进行举证，这无疑增加了原告的举证责任。例如，"自行车后换挡器支架案"中，涉诉的侵权产品是自行车后换挡器支架，原告因为很难追踪产品售出后的使用情况，对于其是否用于连接自行车车架和自行车后换挡器，以及所用自行车是否具有专利中的安装特征，都难以进行举证。

在"必然使用"标准中，原告不需要对侵权产品的实际使用证据进行举证，只需要对侵权产品正常的使用状况和产业生产进行举证，证明降低了原告的举证要求。同时，在此种标准下，被告只需证明被诉侵权产品在正常的产业生产和正常使用状态下不同于使用环境特征的其他使用环境，侵权即不成立。

"可能使用"标准不要求原告对侵权产品是否使用该环境进行举证，只需证明侵权产品具备该使用环境的可能性即可，对专利权人的举证要求最低。

（三）使用环境特征侵权比对方法

我国司法实践对于专利侵权的判定采取的基本原则是全面覆盖原则，等同原则、多余指定等其他原则都是全面覆盖原则的补充。关于使用环境特征的专利侵权案件也不例外，依然采取上述基本原则。在比对方法上，除了"已经使用"标准，"必然使用"标准和"可能使用"标准都区别于一般的技术特征比对方法。具体而言，法院在将被诉产品的技术特征与专利保护的技术特征进行比对时，不将该使用环境技术特征作为专利产品的必要技术特征直接与被诉产品的技术特征进行比对，而是法院结合产品的使用情况等因素进行使用环境特征的比对。在"墨盒案"中，此种侵权比对思路尤为明显，法院认为"不应将该使用环境技术特征作为专利产品的必要技术特征进行比对"，法院在对比了权利要求中的其他技术特征后，在后续的比对过程中详细论证了"托架""供墨针"同样是被诉侵权产品的使用环境，从而被诉侵权产品具备权利要求中的使用环境特征。

结　语

使用环境特征是在中国的司法实践中产生的一种区别于一般技术特征的特殊技术特征。通过对案例的整理和分析可知，近年来，中国法院在对使用环境特征对权利要求保护范围的限定作用上基本都持肯定态度。由于缺少明确的法律规定，使用环境特征仍缺少明确而权威的定义，法院在认定使用环境特征上缺少完整和令人信服的论证，在涉及方法技术特征专利侵权中尤其明显。在认定专利侵权的标准上及相应的举证责任分配上，法院多持有不同的标准，难以统一，但从最近的案例可以看出，"可能使用"标准更加被法院所青睐。现阶段关于使用环境特征的司法实践及理论等层面的研究仍处于探索阶段，仍有许多问题需要解决。在强化专利保护的大趋势之下，结合我国创新型国家建设的实际，在专利审查和司法上，研究和应对使用环境特征相关的专利侵权是现在和未来我国不得不面对的问题。

网络环境中专利侵权"通知—移除"规则的适用及完善研究

【摘要】将"通知—移除"规则适用于专利侵权领域存在许多不适应之处。首先，网络服务提供者并不接触实物，仅靠网页中的商品信息很难对产品是否侵权作出判断；其次，基于专利侵权判定的专业性和复杂性，加之网络平台的侵权投诉多为未经实质审查的外观设计和实用新型，权利状态并不稳定，使网络服务提供者承担审查义务超过其能力范围；最后，与"通知—移除"后果相似的诉前禁令适用的条件和对权利人的要求都远较"通知—移除"高，在专利领域审慎采用诉前禁令救济的情况下，"通知—移除"规则的引入会损害诉前禁令的制度目的。基于以上原因，"通知—移除"规则是否应在专利侵权中引入产生了较大的争议。从规范层面上看，《侵权责任法》第36条对"通知—移除"作出了原则性规定，生效的《电子商务法》也针对电子商务平台中知识产权侵权的"通知—移除"作出细化和创新性的规定。因此，专利侵权中的"通知—移除"在法律层面是有据可依的。但如何基于专利侵权的特点对现有规范进行解释，使"通知—移除"适用的要件，如合格通知的认定、网络服务提供者应负的审查义务以及网络服务提供者接到通知后应采取的必要措施得以明确，以及如何对"通知—移除"规则本身进行改造还需进一步研究。本文以"网络环境中专利侵权'通知—移除'规则的适用和完善"为主题，第一部分对现行法律规定下在专利领域适用

---

* 张媛媛为华东政法大学知识产权学院2017级硕士研究生。

"通知—移除"规则存在的困境进行梳理。第二部分针对如何理解"通知—移除"规则适用要件中各方的观点进行阐述。第三部分对如何解释完善"通知—移除"规则以适应专利侵权的特殊之处进行归纳总结,主要从如何解释现行法律、如何对"通知—移除"规则进行适当改造以及平台自身如何进行监管体系的完善展开,以期为正在进行的第四次《专利法》修改关于"通知—移除"规则的存废之争在学理上的观点进行呈现。最后对现有文献的贡献及不足作出简要评述。

【关键词】 "通知—移除";网络服务提供者责任;网络环境中专利侵权

引　言

"通知—移除"规则来源于美国《千禧年数字版权法》(DMCA),我国在制定《信息网络传播权保护条例》时对该制度进行了借鉴,主要内容为:权利人发现侵权后通知网络服务提供者,网络服务提供者在接到合格的通知后对侵权内容采取删除、屏蔽、断开链接等措施,并将通知及时转送给被投诉的网络用户,用户认为自己提供的内容不侵权的,可以向网络服务提供者发送反通知,网络服务提供者在接到合格的反通知后采取恢复措施,并将反通知转送权利人,权利人不得再要求网络服务提供者采取措施。❶后在《侵权责任法》的制定过程中,"通知—移除"规制被原则性地适用在网络侵权中,至此,专利侵权中"通知—移除"规则也有了适用的依据。然而,著作权与专利权在表现形式、权利内容、侵权判定的方法和难度上都存在着很大的差异,"通知—移除"规则是否适用于专利侵权、该规则在专利侵权中究竟属于归责条件还是免责条件,网络服务提供者在侵权判定中的地位以及何为合格的通知、网络服务提供者在接到通知后应采取的必要措施有哪些,在缺乏反通知和对通知错误的赔偿的情况下,网络用户的利益如何保护,由于《侵权

---

❶ 《信息网络传播权保护条例》第14—17条。

责任法》规定的原则性，至今仍有争议。在《专利法》第四次修订过程中，立法者也认识到专利侵权判定的专业性与复杂性，仅靠《侵权责任法》中的原则性规定还不足以有效应对网络服务提供者面对的大量侵权投诉，因此在 2015 年 4 月和 2015 年 12 月公布的修改草案中，都对"通知—移除"进行了规定，但上述关键问题仍没有解决，草案的规定使得"通知—移除"在专利侵权中引入的正当性再次引发讨论。而在 2019 年 1 月公布的修改草案将之前文本中的"通知—移除"规则改为权利人或利害关系人可以依人民法院的裁判文书及行政机关停止侵权的决定，要求网络服务提供者采取措施。这就意味着，"通知—移除"在该文本草案中被设计为协助公权力机关对侵权行为的执行和处理，已非原本意义上的"通知—移除"规则了。2019 年 1 月 1 日生效的《电子商务法》也对"通知—移除"规则进行了细化和创新，增加了错误通知和恶意通知的赔偿责任。但其针对的是整个电子商务领域知识产权侵权，不乏原则与抽象，专利侵权中"通知—移除"适用过程中的困境仍然存在。在此情况下，《专利法》的修改中究竟有无必要引入"通知—移除"规则，应该进行怎样的制度设计，才能既兼顾专利侵权的特殊性，又能更好地与《侵权责任法》和《电子商务法》衔接就成了亟待解决的问题。

一、网络环境中专利侵权适用"通知—移除"规则的困境

（一）不同规范对"通知—移除"的不同规定

"通知—移除"规则最初用于规制网络环境下的著作权侵权，因此，《信息网络传播权保护条例》中最先对此进行了规定，其仿照 DMCA，对反通知等措施进行了较为完整的设计。后《侵权责任法》在第 36 条第 2 款对网络服务提供者接到通知后，应该采取的"删除、屏蔽、断开链接等必要措施"进行了原则性规定，所有民事权益受到的侵犯，都可以依据该条发起通知。而于 2019 年生效的《电子商务法》中，❶ 增加了转通知—经营者提交不侵权的声明—平台转送声明给权利人的程序，且

---

❶ 《中华人民共和国电子商务法》第 42—45 条。

规定在将声明转送给权利人之后，告知其可以向公权力机关寻求解决，如果在15日内平台没有收到权利人投诉或起诉的通知，应采取及时终止的措施。这些较为原则的规定，在具体适用到专利侵权时未能体现出对侵权判定的一些特殊的考量，因而出现了极大的不适应性。例如，权利人依据《电子商务法》向平台提交投诉，即便符合合格通知的要求，基于外观设计和实用新型未经实质审查、专利权稳定程度不够，可能处于无效宣告程序等因素，错误地将产品下架的概率也是很大的。且即使被投诉人提交了不侵权的反声明，平台承担的责任也只是将该反声明转送给权利人，并等待其在15日内向公权力机关寻求纠纷的解决，15日内权利人没有寻求解决的，平台才对下架产品采取恢复措施。这对于商机转瞬即逝的网络交易来说，尤其是在"双十一""618"等销售旺季，带来的损失是难以估量的。❶ 由于不同法律规范对该制度的设计不同，如何基于专利侵权判定的特殊之处对法律规范进行选择和解释在司法裁判过程中就变得尤为重要。具体来说，现有法律规定的不同的"通知—移除"规则如图1所示。

（二）依据现有规定在专利领域适用"通知—移除"规则存在的问题

1. 免责条件还是归责条件不明

在司法实践中，一些法院在认定网络服务提供者在专利侵权中的责任时，时常认为，只要权利人的投诉符合要求，最终侵权成立，网络服务商就应为其接到通知后未及时断开或删除链接的行为承担连带责任，在"嘉易烤公司诉天猫、金仕德工贸有限公司专利侵权案"中，一审法院即采取此观点。❷ 这实际上是认为"通知—移除"是网络服务提供商承担责任的归责要件，只要接到通知后没有采取措施，即应对损失扩大承担责任。

梅夏英等认为，《侵权责任法》中网络服务提供者在接到合格的通知后，没有采取必要措施的，对于损害的扩大部分应承担连带责任的规定，背离了"通知—移除"规则设立的初衷。DMCA中的"通知—移

---

❶ 张德芬.《电子商务法》中"通知与移除"规则评析——以专利侵权纠纷中电商平台责任为例［J］. 知识产权，2019（3）：45.

❷ （2015）浙金知民初字第148号，（2015）深中法民知初字第727号。

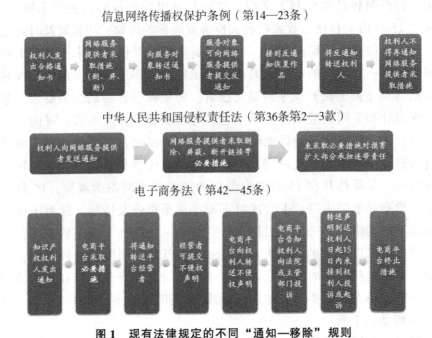

图1　现有法律规定的不同"通知—移除"规则

除"规则是免责条件，网络服务提供商在接到通知后未采取必要措施，仅仅是不能享受"避风港"的豁免，其是否应当承担责任，还需结合其他行为要件进行确定。而《侵权责任法》的规定，易使人理解为：只要网络服务商接到通知后没有采取措施，就构成侵权。这就降低了通知者的举证难度，使网络服务提供商的责任变为一种过错推定责任。❶ 刘润涛认为，《侵权责任法》的规定，使得网络服务提供者在接到通知后，为了避免承担赔偿责任，一概选择采取删除、屏蔽、断开链接的措施，可能会有损实质正义，对被投诉人造成不公，也会使"通知—移除"成为事实上的结果责任。❷

2015年两次公布的专利法修改草案也存在同样的问题。王迁认为，

---

❶　梅夏英，刘明．网络侵权归责的现实制约及价值考量——以《侵权责任法》第36条为切入点［J］．法律科学（西北政法大学学报），2013，31（2）：82-92.

❷　刘润涛．完善网络交易平台专利侵权"通知与移除"规则探讨［J］．学术交流，2017（12）：76.

著作权和专利权中"通知—移除"适用效果是不一样的。著作权人发出通知，即使网络服务提供者不作实质性审查断开链接，对上传作品用户的影响也不大，何况这些作品多为免费在网络上传播的。但在我国专利权质量不高、权利不稳定的情况下，如果权利人发出的通知存在问题，此时仅依通知就下架产品，会给销售者带来很大的损失。草案中归责要件的设计会使网络服务提供者直接采取下架措施，这对于销售者来说是不公的。❶ 而生效的《电子商务法》对"通知—移除"规则的设计存在同样的问题。张德芬认为，《电子商务法》中要求电商平台接到符合形式要求的通知之后，就必须采取措施，否则将可能承担赔偿责任的规定，加重了电商平台知识产权保护的责任。❷

2. 网络服务提供者的法律定位不清

无论是《侵权责任法》还是《电子商务法》，都没有对网络服务者在侵权判定中的地位作出规定。这也使得网络服务提供者在基于自己的判断采取"通知—移除"措施时，正当性面临质疑。廖宇羿认为，网络交易平台上，平台是作为第三者对侵权行为进行判定的，因为第一，平台只提供信息发布空间；第二，平台不参与交易。❸

徐好认为，平台不是第三者，其与纠纷的处理有利害关系，因而地位不中立，理由是：（1）平台提供的投诉机制和投诉渠道本质上是一种售后服务，法律并没有赋予网络服务提供者在知识产权侵权过错中的裁决权；（2）网络服务提供者依据投诉人或被投诉人提供的材料作出的侵权或不侵权判定不具有法律拘束力，不具有法律上的执行力；（3）网络服务提供者与交易各方都存在密切的关系，自身也在侵权判定中承担着一定的义务，因此无法保持自身的中立。❹ 何炼红、邓欣欣认为，"通

---

❶ 王迁. 论"通知与移除"规则对专利领域的适用性——兼评《专利法修订草案（送审稿）》第 63 条第 2 款 [J]. 知识产权，2016（3）：25.

❷ 张德芬.《电子商务法》中"通知与移除"规则评析——以专利侵权纠纷中电商平台责任为例 [J]. 知识产权，2019（3）：42.

❸ 廖宇羿. 以淘宝网为例谈网络交易平台提供商在知识产权保护中的义务 [J]. 法律适用，2012（9）：120.

❹ 徐好. 网络交易平台提供商在电子商务纠纷中的法律定位 [J]. 仲裁研究，2008（2）：3340.

知—移除"规则存在的目的是避免电商平台面对权利人的投诉无动于衷，不采取措施帮助权利人维护权利，避免在公权力介入之前损失扩大，而不是让其充当裁决者，电商对平台上的侵权行为进行判断裁决既没有法律依据，也不具有执行力，尤其是在专利侵权这种高度依赖专业能力的领域，贸然进行侵权判断会使其面临法律与经济上的双重风险。❶张德芬认为，电子商务平台经营者与专利权人、平台内经营者具有同等的法律地位，都属于私法主体，平台并不具有对专利侵权纠纷进行裁决的责任，专利的授权、确权与侵权判定属于公权力范畴，不应让平台承担判定专利侵权的义务。❷

笔者认为，网络服务提供者（以电子商务平台经营者为主，文中有混用）是私法主体并不影响其在侵权投诉中基于平台提供者的地位对侵权情况进行自主判断。首先，专利权作为一种绝对权，除了权利人之外的主体都负有合理避让义务，通过尽到合理的注意义务对权利人的权利行使施以尊重，在这个过程中必然涉及对专利权存在与否及其范围的判定。其次，平台对侵权行为是否存在进行审查，并不是在越位行使某种公权力，其只是为了在平台自治的范围内，履行合理的注意义务，避免因自身的过错给权利人或平台经营者造成损失，因为如果有侵权通知，不进行任何审查即采取下架措施，不仅会激发滥诉，也会使平台流失更多的经营者。因此，平台对侵权行为进行审查并无不妥。

3. 配套规定缺失

专利领域的"通知—移除"以《侵权责任法》第 36 条或《电子商务法》为依据，从图 1 可以看出，与《信息网络传播权保护条例》的规定相比，前两者的设计还较为原则，缺乏对合格通知、反通知的规定。

在 2015 年公布的两稿《专利法》修订草案中，也没有关于合格通知、反通知的规定，王迁认为，在专利领域引入"通知与移除"规则对销售者的影响要比著作权中的作品传播者的影响大得多。在这种情况

---

❶ 何炼红，邓欣欣. "互联网+"时代我国电子商务平台法律定位之反思 [J]. 重庆邮电大学学报（社会科学版），2016，28（1）：35.

❷ 张德芬.《电子商务法》中"通知与移除"规则评析——以专利侵权纠纷中电商平台责任为例 [J]. 知识产权，2019（3）：42.

下，《信息网络传播权保护条例》中尚且对错误通知规定了反通知的救济，专利的相关立法中，在引入"通知—移除"规则后却缺失了该部分，对于因错误通知而遭受产品下架处理结果的销售者来说有失公平。❶

冀瑜等认为《侵权责任法》对程序的规定太过笼统，对合格通知、知道的规定都是缺失的。❷ 司晓等还指出对错误通知责任规定的缺失也会为滥诉提供法律上的激励。❸

4. 专利界权困难平台缺乏审查能力

王迁认为，专利侵权的判断存在专业性与复杂性，加之我国专利无效宣告率较高，专利权具有不稳定性。涉及投诉较多的实用新型与外观设计未经实质审查，处理纠纷的法院和管理专利的工作部门在进行侵权判断时，认为仅依专利权证书不能作为权利有效的唯一证据，需要出具评价报告，在这种情况下，就不能苛求网络服务提供者对专利权有效性进行准确判定。❹ 杨明认为，立法者关于在专利法修改过程中加入"通知—移除"规则的说明中指出，电商平台涉及的侵权投诉多为外观设计专利，判定较为简单，不须进行实质审查的观点值得商榷。外观设计对比遵循"整体观察、综合判断"原则，除非两产品一模一样，否则就仍须进行审查，电商平台不具备这种能力。❺ 何琼、吕璐也认为，电商平台仅依靠权利人提交的材料和网站上展示的产品图片、说明进行对比，

---

❶ 王迁. 论"通知与移除"规则对专利领域的适用性——兼评《专利法修订草案（送审稿）》第 63 条第 2 款 [J]. 知识产权，2016（3）：27.

❷ 冀瑜，邢雁发，洪积庆，等. 电子商务市场知识产权保护的制度缺失及其对策 [J]. 知识产权，2014（6）：60.

❸ 司晓，范露琼. 知识产权领域"通知—删除"规则滥用的法律规制 [J]. 电子知识产权，2015（Z1）：92.

❹ 王迁. 论"通知与移除"规则对专利领域的适用性——兼评《专利法修订草案（送审稿）》第 63 条第 2 款 [J]. 知识产权，2016（3）：26. 作者随机检索了专利复审委员会网站公布的外观设计无效宣告审查决定的 3 个月的样本，发现 2015 年 5 月所作的审查决定共 71 件，其中无效宣告 40 件，无效率为 56.34%；2015 年 9 月所作的审查决定共 123 件，其中 58 件宣告无效，无效率为 47.15%；2016 年 1 月所作的审查决定共 70 件，其中 31 件宣告无效，无效率为 44.29%。

❺ 杨明. 《电子商务法》平台责任条款之失 [J]. 中国经济报告，2017（5）：49.

很难判断被诉侵权产品包含的技术特征是否落入专利权的保护范围内。❶ 刘润涛认为，因专利权侵权中民事与行政交织的特点，无效宣告会使得"通知—移除"很难发挥作用。❷

冀瑜等认为，网络环境下的专利侵权具有以下特点：（1）客体具有间接性和隐蔽性；（2）专利权的确定与稳定须经法定程序，权利不稳定；（3）网站上展示的信息与物的流通相分离，侵权判定困难，因此平台审查能力有限。❸ 张德芬也认为，（1）专利侵权特殊，需要较强的专业知识；（2）专利权的权界具有模糊性；（3）专利权具有不稳定性，随时可能被宣告无效。在电商平台缺乏审查能力的情况下，权利人以专利权侵权进行投诉，错误的概率较高，对于被投诉人来说是不公平的。❹

在"Blazer诉eBay案"中，美国亚拉巴马州地方法院认为，权利人向电子商务平台eBay发出平台内销售产品侵权的通知，平台没有采取删除措施并不构成间接侵权。平台缺乏判断产品是否构成专利侵权的专业知识，权利人的通知只会让平台认识到权利人认为产品构成侵权，并不能说明平台实际知道销售的产品侵权。❺

5. 恶意投诉频发

在电商平台，恶意投诉很普遍，利用实用新型和外观设计不进行实质审查的漏洞而申请不具有新颖性的外观设计然后向平台发出大量通知，已经成为一种"黑灰产业"。徐楠轩在对阿里巴巴调研的报告中介绍，电商平台投诉量大，恶意投诉也多，曾发生过有人一次性申请124件专利，然后向平台提起大量申请，要求下架的事件。❻

---

❶ 何琼，吕璐."通知—删除"规则在专利领域的适用困境——兼论《侵权责任法》第36条的弥补与完善[J].电子知识产权，2016（5）：14.

❷ 刘润涛.完善网络交易平台专利侵权"通知与移除"规则探讨[J].学术交流，2017（12）：76.

❸ 冀瑜，李建民，慎凯.网络交易平台经营者对专利侵权的合理注意义务探析[J].知识产权，2013（4）：54.

❹ 张德芬.《电子商务法》中"通知与移除"规则评析——以专利侵权纠纷中电商平台责任为例[J].知识产权，2019（3）：43.

❺ Blazer v. eBay, Inc., 2017 U. S. Dist. LEXIS 39217.

❻ 徐楠轩.电子商务领域专利保护协作机制的构建——基于对阿里巴巴集团的调研[J].科技管理研究，2015，35（2）：123.

杨明认为，纠纷的解决主要产生三种成本：（1）权利人因侵权行为而产生的机会成本；（2）错误启动纠纷解决机制所产生的沉淀成本；（3）解决纠纷本身产生的成本。在电子商务领域，权利人错误投诉产生的成本几乎为零，因为侵权需要进行判定，很难证明投诉是错误的。此外，被投诉人证明自己的损失也存在很大的难度，这就会对权利人发起投诉产生激励。❶刘迪也指出，与向法院申请诉前禁令相比，通过"通知—移除"规则维护自己的权利更加便利快捷，而由此也滋生了许多恶意投诉行为。❷

6. 架空诉前禁令

与"通知—移除"规则效果相似的制度是诉前禁令，但采取诉前禁令的条件和标准与"通知—移除"相比要严格许多，具体来看，两者的不同如表 1 所示。

表 1 诉前禁令与"通知—移除"规则的比较

	诉前禁令	通知—移除
担保	要求提供担保	不需要
起诉	15 日不起诉法院解除措施	不要求（电子商务法要求）
申请错误的救济	赔偿	不要求（电子商务法要求）
证据	难以弥补的损害等	初步证据

《电子商务法》中增加规定了申请错误的赔偿以及在电商平台接到经营者的不侵权声明之后，要转送权利人，同时告知权利人向法院起诉或向主管部门投诉，在 15 日内平台未接到投诉或起诉通知的，则会解除之前采取的屏蔽、删除等必要措施。但《电子商务法》中对"通知—移除"的主体有限制，即仅针对第三方网络交易平台，不适用于所有网络服务提供者。

---

❶ 杨明.《电子商务法》平台责任条款之失［J］. 中国经济报告，2017（5）：50-51.

❷ 刘迪. 刍议电子商务平台服务提供者专利间接侵权中"通知—删除"规则的完善［J］. 电子知识产权，2015（6）：24.

何琼、吕璐认为，"通知—移除"与诉前禁令的效果类似，但对权利人的要求却十分不同。利用"通知—移除"，仅向网络服务提供商提交材料即可，❶ 省去了担保以及来回法院的奔波❷，如果在专利领域引进，则会架空诉前禁令制度。

詹映也指出，基于我国专利质量不高、滥用专利权打击竞争对手等普遍存在的现状，司法实践中对专利侵权诉前禁令的采取持十分谨慎的态度。相比之下，在不改变现有规定的情况下，专利权人依据"通知—移除"就能达到与临时禁令相同的效果，使得临时禁令制度失去意义。❸

（三）关于"通知—移除"规制在专利领域的存废之争

1. 支持论

基于专利领域适用"通知—移除"规则面临着上述困境，故该制度是否应在专利领域引入也一直存在争议。支持者多为民法学者。王利明认为，专利权作为一种民事权利，是私权的一种，应与其他权利一样在遭受侵害时向网络服务提供者发出通知寻求救济。❹ 张新宝认为，网络侵权行为的发生以服务商提供的服务为媒介，侵权行为发生之后，网络服务商凭借其对设备的控制和其专业的能力，能够及时制止侵权行为，故《侵权责任法》以网络服务提供者为中心进行了责任的设计。❺ 杨立新认为，侵权行为中加害人是直接责任人，❻ 但基于互联网技术的匿名性、无界性和用户参与性，❼ 使得侵权者发现的成本增加，最有效的方式就是使网络服务提供者承担一定的责任。徐伟也认为"通知—移除"

---

❶ 何琼，吕璐 . "通知—删除"规则在专利领域的适用困境——兼论《侵权责任法》第36条的弥补与完善［J］. 电子知识产权，2016（5）：15.

❷ 王迁 . 论"通知与移除"规则对专利领域的适用性——兼评《专利法修订草案（送审稿）》第63条第2款［J］. 知识产权，2016（3）：27.

❸ 詹映 . "通知—移除"规则在专利领域的适用性分析［J］. 法商研究，2017，34（6）：184.

❹ 王利明 . 论网络侵权中的通知规则［J］. 北方法学，2014，8（2）：34-44.

❺ 张新宝 . 互联网上的侵权问题研究［M］. 北京：中国人民大学出版社，2003：43-47.

❻ 杨立新 . 《侵权责任法》规定的网络侵权责任的理解与解释［J］. 国家检察官学院学报，2010，18（2）：9.

❼ Yoo, Christopher S. Innovations in the Internet's Architecture that Challenge the Status Quo［J］. Journal on Telecommunications & High Technology Law, 2010（8）：79.

可以解决用户与网络服务提供商之间的纠纷，减少国家机关的干预，节约司法行政资源。❶ 王珏认为，从利益平衡的角度来看，网络服务提供商在接到可以明显判断侵权行为成立的通知后不采取措施并不合理，且《侵权行为法》关于"通知—移除"的一般规定可以用于专利侵权中，因此，《专利法》的修改中将其引入具有合理性。❷

2. 反对论

吴汉东认为，"通知—移除"规则不能贸然在所有知识产权侵权中进行适用，专利侵权判定专业且复杂，商业秘密隐蔽难以确定，网络服务提供者在此情况下进行主动处理并不合适，"通知—移除"规则仅适用于著作权领域。❸ 李明德认为，（1）网络仅是传输信息的渠道，作品在网络中传播受著作权人控制，而专利不同，受专利权控制的物的流通和交付都是在线下进行的，网络服务提供者对此难谓有控制力；（2）专利权范围的确定要根据权利要求书由法官、行政人员进行确定，电商平台没有这样的能力，故"通知—移除"规则不应适用于专利领域。❹ 司晓等认为，"通知—移除"不是适用于所有类型的网络服务提供者和所有权利类型，《信息网络传播权保护条例》中的"通知—移除"仅适用于搜索链接和存储空间服务提供者，在专利侵权判定困难和专利权滥用普遍存在的情况下，"通知—移除"规则不应适用于专利领域。❺

但多数学者认为，《侵权责任法》《专利法》修订草案中曾经出现过的方案设计以及《电子商务法》中关于"通知—移除"的规定，都不能较好地解决上文所述的困境，需要对规则进行完善改造。而改造的路径也有多

---

❶ 徐伟．网络侵权治理中通知移除制度的局限性及其破解［J］．法学，2015（1）：137.

❷ 王珏．论"通知—移除"规则在网络专利侵权中的适用［D］．宁波：宁波大学，2017：9-10.

❸ 吴汉东．论网络服务提供者的著作权侵权责任［J］．中国法学，2011（2）：44.

❹ 李明德．"通知删除"制度在专利侵权领域的适用——威海嘉易烤生活家电有限公司诉永康市金仕德工贸有限公司、浙江天猫网络有限公司侵害发明专利权纠纷案［J］．中国发明与专利，2018，15（7）：108.

❺ 司晓，范露琼．知识产权领域"通知—删除"规则滥用的法律规制［J］．电子知识产权，2015（Z1）：91-99.

种，如增加反通知的规定；采取"通知—通知—移除"❶或"通知—转送有关部门"的路径，使网络服务提供者从侵权纠纷的判定中解脱出来。

二、"通知—移除"规则的适用要件

即使持"通知—移除"规则应在专利侵权领域引入的观点者也认为，应基于专利侵权的特殊之处，对适用要件进行解释，或者对程序进行改造完善。他们对投诉接受的主体争议并不大，主要争论集中于合格通知的认定和网络服务提供商应负的审查义务以及网络服务提供商在接到通知后采取的必要措施的认定上。

（一）适用主体：网络服务提供者的确定

徐棣枫、孟睿认为，专利中网络服务提供者的规定，不必限定类型和范围，避免随着技术发展涵盖不周延的情况出现。可在专利法中明确，帮助网络用户销售或许诺销售者为网络服务提供者，可以对其提出通知。作者参照著作权中依技术类型对网络服务提供者的分类对专利领域的网络服务提供者进行分类，并指出，生效的《电子商务法》中"通知—移除"的接受主体仅包括第三方交易平台，范围小于专利领域的网络服务提供者。《商标法实施条例》中仅规定了网络交易平台为网络服务提供者，但无法有效应对搜索关键词等新类型的侵权行为，因此，专利法中的网络服务提供者不宜进行类型限制（见表2）。❷

---

❶ 王迁．论"通知与移除"规则对专利领域的适用性——兼评《专利法修订草案（送审稿）》第63条第2款［J］．知识产权，2016（3）：31-32.

❷ 徐棣枫，孟睿．网络服务提供者专利法规制——《侵权责任法》第36条在专利法领域的具体化和专利法四修修正案草案第71条的完善［J］．重庆大学学报（社会科学版），2020（1）：1-13.《电子商务法》第9条规定：本法所称电子商务平台经营者，是指在电子商务中为交易双方或者多方提供网络经营场所、交易撮合、信息发布等服务，供交易双方或者多方独立开展交易活动的法人或者非法人组织。第42条规定：知识产权权利人认为其知识产权受到损害的，有权通知电子商务平台经营者采取删除、屏蔽、断开链接、终止交易和服务等必要措施。

表 2　网络服务提供者的分类

网络存储空间服务商	交易平台	自营交易平台	直接侵权，不适用"通知—移除"
		第三方交易平台	适用"通知—移除"
	非交易平台	媒介性、社交性平台	适用"通知—移除"
内容服务提供商	提供文字、图像、音视频等	可能以投放广告、发布信息的方式帮助销售、许诺销售	适用"通知—移除"
链接与搜索服务提供商	有偿服务	以竞价排名等方式帮助销售、许诺销售	适用"通知—移除"
	无偿服务	不干预搜索结果	适用"通知—移除"
其他网络服务提供者	包括接入与传输、系统缓存服务提供商	无法向公众发布信息供公众接收	不适用"通知—移除"

注：根据徐棣枫、孟睿《网络服务提供者专利法规制——〈侵权责任法〉第 36 条在专利领域的具体化和专利法四修正案第 71 条的完善》一文整理。

冀瑜等认为，直接参与经营的 B2B、B2C 平台对其销售侵权商品的行为承担直接侵权责任，而对于天猫、淘宝这种单纯提供网络服务、自身不参与经营的网络服务提供者来说，适用"通知—移除"规则。❶ 司晓等也指出，"通知—移除"规则并不是无限制地适用于所有类型的网络服务提供者，在著作权领域，承担"通知—移除"义务的仅为搜索链接和网络存储空间服务商，自动接入、缓存服务商对用户的通知并不负审查注意义务。❷

在通知的接受主体——网络服务提供者的确定上，争议不大。由于专利权控制的行为中，产品的制造、使用、进口等行为都不能在网络上进行，因此，只要网络服务提供商的行为为侵权专利产品的销售、许诺销售提供了帮助，权利人就有权向其发出通知。接入、传输、缓存等服务提供商，其对传输的信息并无控制能力，即使向其发出通知，服务的性质也决定了其不可能对所称侵权信息是否存在进行审查。除此之外，有条件接触信息、有能力在接到通知后对权利人所称的侵权事实进行核

❶　冀瑜，李建民，慎凯. 网络交易平台经营者对专利侵权的合理注意义务探析 [J]. 知识产权，2013（4）：54.
❷　司晓，范露琼. 知识产权领域"通知—删除"规则滥用的法律规制 [J]. 电子知识产权，2015（Z1）：94.

查的网络服务提供者都属于此处所称的网络服务提供者，都可成为接收通知的主体。

（二）合格的通知

《侵权责任法》与《电子商务法》都没有对合格的通知作出规定。电子商务较为发达的省份曾经出台过一些指导意见对此进行规定，如《浙江省电子商务领域专利保护工作指导意见（试行）》中，对合格的投诉材料的要求为：（1）权利人的身份证明和联系方式；（2）专利权证书及有效证明；（3）要求采取措施的商品名称和链接；（4）涉嫌侵权商品和专利权范围的对比材料；（5）其他证明侵权的证据材料。❶

该规定也代表了一部分学者的观点，如易玲、詹映就认为，合格的通知应当包含：（1）权利人姓名、联系方式、地址；（2）侵权产品的商品名及链接；（3）专利权证明文件，外观设计与实用新型应当提供有效的评估证明；（4）对通知真实的承诺。❷

但也有学者对网络服务提供者对于专利侵权的审查能力不足的现实指出，为了实现精准删除，使网络服务提供商从侵权判定的困境中摆脱出来，权利人应当提供包含法院判决或行政机关决定的投诉材料，平台才可采取措施。❸ 洪婧指出，这种通知要求，虽然能够实现较为准确的

---

❶ 详见 2014 年 12 月 15 日浙江省知识产权局与阿里巴巴集团合作出台的全国首个《浙江省电子商务领域专利保护工作指导意见（试行）》第 7 条：专利权人认为交易平台上销售的商品涉嫌侵犯其专利权的，可以通过交易平台提供者建立的投诉机制提交投诉，请求删除、屏蔽涉嫌侵权的商品。投诉材料应当包含下列内容：（1）专利权人身份证明（营业执照副本或身份证复印件）、有效联系方式和地址，委托他人投诉的，还应当提供授权委托证明；（2）专利权证书及其有效性证明；（3）要求删除、屏蔽的商品名称和具体互联网链接；（4）涉嫌侵权商品与专利权保护范围的比对材料；（5）其他能够证明存在侵权行为的证据材料。专利权利害关系人投诉的，还需提交专利权人的授权书或专利许可合同等证明。专利权人或者利害关系人应当对投诉材料内容的真实性负责。以虚假材料投诉的，应承担法律责任。

❷ 易玲. 网络交易平台专利侵权中"通知—删除"规则适用问题研究——兼论《专利法修订草案（送审稿）》第 63 条第 2 款的完善 [J]. 湘潭大学学报（哲学社会科学版），2017，41（2）：27-28；詹映."通知—移除"规则在专利领域的适用性分析 [J].法商研究，2017，34（6）：187.

❸ 祝建军. 电子商务交易平台服务商侵犯专利权的责任认定 [J]. 人民司法，2013（16）：72.

维权，但取得判决或决定需要耗费大量时间，且具有很大的难度，不利于快速维权。❶ 刘迪也指出，专利侵权判定难度大，仅靠当事人的承诺还不够，但要求取得侵权判决或决定，又会牺牲效率，耗费时力。❷ 浙江省高级人民法院在"曼波鱼公司与康贝婴童用品厂、淘宝不正当竞争案"中也指出，如果要求只有司法机关最终认定侵权成立的判定才可作为合格的投诉，对于权利人来说过于苛刻，还会使平台的争议解决机制变得毫无意义。❸

刘润涛认为，要求提供侵权判决或决定才采取措施不合理，合格的通知应包括但不限于以上几种，第三方知识产权服务机构出具的侵权判定意见也可以作为证明侵权存在的初步证明材料。❹ 刘建臣认为网络服务提供者根据第三方判断采取措施也应认为是尽到了合理的注意义务。❺

要求提供法院的裁判或行政机关的决定才认定为合格的通知，网络服务提供商才应采取措施的观点体现在 2019 年 1 月公布的《专利法》修订草案中，❻ 但这种对合格通知的要求实质上已经属于对公权力决断结果的协助执行，并非网络服务提供者通过对侵权行为的自行审查判断采取的私力救济措施，实质上是对"通知—移除"在侵权领域适用的否定。

（三）网络服务提供者应负的审查义务标准

网络服务提供者是否应承担审查义务是"通知—移除"规则在专利

---

❶ 浙江省宁波市中级人民法院课题组，洪婧."通知—删除"规则的区别适用 [J]. 人民司法（应用），2018（4）：62.

❷ 刘迪. 刍议电子商务平台服务提供者专利间接侵权中"通知—删除"规则的完善 [J]. 电子知识产权，2015（6）：24.

❸ （2010）浙知终字第 196 号。

❹ 刘润涛. 完善网络交易平台专利侵权"通知与移除"规则探讨 [J]. 学术交流，2017（12）：79.

❺ 刘建臣."通知—移除"规则适用于专利领域的理论困境及其破解 [J]. 知识产权，2019（1）：56.

❻ 2019 年 1 月 4 日公布的《中华人民共和国专利法（修正案草案）》第 71 条：专利权人或者利害关系人可以依据人民法院生效的判决书、裁定书、调解书，或者管理专利工作的部门作出的责令停止侵权的决定，通知网络服务提供者采取删除、屏蔽、断开侵权产品链接等必要措施。

领域改造适用的争议焦点。认为网络服务提供者审查能力不足者，倾向于将制度改造为通知—转通知—移除（或转送司法/行政机关），认为网络服务提供者应承担一定的审查义务者，则倾向于赋予电商平台一定的自主审查权限，根据某些明显的侵权或不侵权事实采取一定的措施。但基本共识是专利权范围的判断专业且复杂，侵权对比并非网络服务提供者可以自力、准确、快速进行的，因此不应对网络服务提供者设定较高的注意义务标准。在"百诚烟具公司诉鲲鹏电子商务公司、阿里巴巴案"中，法院即认为，鲲鹏公司在网站上发布的信息是否侵权，此涉及专业知识，阿里公司不具有审查的能力与义务。❶

王利明认为网络服务提供者应当负完全的审查义务，根据权利人的通知或被投诉人的反通知进行审查，如果判断失误，则应为自己的行为承担责任。为网络服务提供者在专利侵权判定中施加此种义务，无疑会严重影响产业发展。❷

石必胜认为，网络服务提供商的审查义务的确定，应当坚持利益平衡原则，合理地在权利人与网络服务提供者之间分配预防侵权的成本。高度盖然性标准能够较好实现这种平衡。诉前禁令的采取与平台必要措施的采取具有类似效果，诉前禁令即要求具有较大的胜诉可能性，因此，以该标准作为网络服务提供商的审查标准是合理的。❸

冀瑜等认为，使网络服务提供者承担专利实质审查的义务不现实，但也不能对所有涉及专利的侵权通知一概不负审查义务。笔者对我国最大的网络交易平台中的专利侵权投诉情况进行了分析，发现电商平台专利侵权投诉的特点是：（1）数量大；（2）外观设计和实用新型居多，对其中一些投诉，如在专利申请之前平台上就出售被指称侵权的商品，此时网络服务提供者就可以在尽到一般注意义务的情况下进行审查判断。对于难以判定的，应等待司法或行政机关处理后平台再采取措施。❹

---

❶ （2014）浙杭知初字第 1221 号。

❷ 王利明. 侵权责任法研究［M］. 北京：中国人民大学出版社，2016：65.

❸ 石必胜. 数字网络知识产权司法保护［M］. 北京：知识产权出版社，2016：142.

❹ 冀瑜，李建民，慎凯. 网络交易平台经营者对专利侵权的合理注意义务探析［J］. 知识产权，2013（4）：56.

陈怡、袁雪石认为，专利侵权判定复杂度高、成本大，让网络服务提供商承担判断专利是否侵权的审查注意义务并不合理。但为了保护权利人，可以要求网络服务提供者向权利人提供一定的信息，协助其更好维权。❶

何琼、吕璐认为，平台从交易中获利，理应承担一定的审查义务，具体来说，就是通知应该包含权利人的信息和侵权产品的定位，网络服务提供商在转送通知、接到反通知之后，结合双方提供的材料，进行一定程度的审查，发现有明显侵权的信息的，应当采取一定的措施。❷

（四）"必要措施"的认定

《侵权责任法》与《电子商务法》以及 2015 年公布的两个《专利法》修订草案文本中都对网络服务提供者或电子商务平台经营者接到通知后采取的措施进行了开放式规定，即不再局限于删除、屏蔽、断开链接，而是以"必要措施"统称，学者多从对"必要措施"的界定入手，试图缓解专利领域"通知—移除"措施适用的困境。

将"转通知"作为必要措施的做法在司法实践中已经采用。在"嘉易烤公司诉天猫、金仕德工贸有限公司专利侵权案"中，二审法院即指出，《侵权责任法》第 36 条第 2 款中的必要措施应根据侵害的权利性质、侵权的具体情形和技术条件加以综合确定。天猫公司作为网络服务提供者，基于其在专利侵权判断中判断能力等的考量，在接到通知后不采取删除、屏蔽等措施，将转通知作为应当采取的必要措施是合理的……最终法院因天猫在接到通知后未及时转送导致权利人的损失扩大承担责任。❸

刘润涛则认为，将"转通知"作为网络服务提供者应当采取的必要措施不合理。首先，转通知并未被规定在《侵权责任法》中；其次，转通知与删除、屏蔽等其他"必要措施"的效果不同，不能阻止侵权后果

---

❶ 陈怡，袁雪石．网络侵权与新闻侵权［M］．北京：中国法制出版社，2010：32-33．

❷ 何琼，吕璐．"通知—删除"规则在专利领域的适用困境——兼论《侵权责任法》第 36 条的弥补与完善［J］．电子知识产权，2016（5）：18．

❸ （2015）浙知终字第 186 号。

的扩大；最后，将转通知作为必要措施，网络服务提供者接到通知后转送就具有了免责事由，其将失去协助当事人查明事实的动力，不会进一步采取删除、屏蔽措施。❶徐棣枫等也认为转通知具有独立的法价值，在于在权利人与网络用户之间建立沟通渠道，而非防止损害扩大的"必要措施"，及时转通知具有确保权利人行使权利和网络用户评估自己行为风险的作用。网络用户在接到通知之后，可以提出含有确认不侵权内容的反通知，早日结束自己行为所处的不确定状态。❷

三、"通知—移除"规则适用于专利侵权的解释以及完善

虽然学者们对"通知—移除"规则适用于专利领域的质疑不断，但最新修订的法律以及某些法院发布的审理指南❸、知识产权行政管理部门发布的意见❹中，都对专利侵权中的"通知—移除"规则进行了规定，且电商平台每天也确实在接受着来自专利权人或利害关系人的侵权投诉，因此，对现有规定进行合理解释，将传统的"通知—移除"规则进行改造以适用于专利领域更加贴合实际。

（一）对现行规定解释以适应专利侵权投诉的特殊之处

1. 类推适用对错误投诉进行救济

北京市高级人民法院在《涉及网络知识产权案件审理指南》中指出，因权利人的错误通知导致网络服务提供者采取措施，给卖家造成损失的，卖家有权要求权利人赔偿。❺

---

❶ 刘润涛. 完善网络交易平台专利侵权"通知与移除"规则探讨 [J]. 学术交流，2017（12）：77.

❷ 徐棣枫，孟睿. 网络服务提供者专利法规制——《侵权责任法》第36条在专利法领域的具体化和专利法四修修正案草案第71条的完善 [J]. 重庆大学学报（社会科学版），2020（1）：1-13.

❸ 见北京市高级人民法院于2015年4月13日《涉及网络知识产权案件审理指南》。

❹ 见国家知识产权局办公室于2014年5月15日印发的《电子商务领域专利执法维权专项行动工作方案》；2014年12月15日，浙江省知识产权局与阿里巴巴集团合作出台全国首个《浙江省电子商务领域专利保护工作指导意见（试行）》。

❺ 见北京市高级人民法院于2015年4月13日发布的《涉及网络知识产权案件审理指南》第25条。

生效的《电子商务法》第 42 条也规定，因错误通知给平台内卖家造成损失的，应当承担赔偿责任。但该规定只适用于电子商务平台内的专利侵权投诉错误，不适用于所有的网络服务提供者。

何琼、吕璐认为，应参照《信息网络传播权保护条例》第 24 条，要求发出错误通知的权利人承担赔偿责任，且不以权利人具有主观过错为前提。❶ 司晓等认为，在诉前禁令程序中，申请人未在法定期限内起诉或者构成申请错误需要承担赔偿责任，错误通知与诉前禁令的错误采取效果相似，因此应使错误通知人承担赔偿责任。❷

也有学者对错误投诉应负赔偿责任的依据提出质疑，如张德芬认为，通知错误产生的责任既不是违约责任也不是侵权责任，要求通知错误者承担责任没有依据。❸

2. 在合格通知的认定上给予平台一定空间

在商业实践中，电子商务平台在平台投诉规则中对通知与反通知都有规定。刘晓春认为，司法实践中，应认可平台设计的这些规则的有效性，给平台一定的自治空间。针对《电子商务法》通知后电商平台就需采取措施以及卖家提出反通知后，要视权利人是否提起诉讼或发起投诉，在 15 天的等待期经过之后电商平台再决定是否恢复的规定，刘晓春认为，可以允许平台通过提高合格通知的标准，来阻隔一些恶意通知，同时，也可以适当提高反通知的门槛，降低存疑商户的反通知行为给权利人正常维权增加的负担。❹

3. 对必要措施作扩大解释

《侵权责任法》与《电子商务法》中，都规定网络服务提供者接到通知后应采取"必要措施"，而不是限定于删除、屏蔽、断开链接等特

---

❶ 何琼，吕璐. "通知—删除"规则在专利领域的适用困境——兼论《侵权责任法》第 36 条的弥补与完善［J］. 电子知识产权，2016（5）：15.

❷ 司晓，范露琼. 知识产权领域"通知—删除"规则滥用的法律规制［J］. 电子知识产权，2015（Z1）：96.

❸ 张德芬.《电子商务法》中"通知与移除"规则评析——以专利侵权纠纷中电商平台责任为例［J］. 知识产权，2019（3）：45.

❹ 刘晓春.《电子商务法》知识产权通知删除制度的反思与完善［J］. 中国社会科学院研究生院学报，2019（2）：135.

定措施，这就为法律适用中根据不同情形进行解释留下了空间。司法实践中，法院也通过认为电子商务平台不具有判断专利是否侵权的专业能力，在接到通知后将通知转送给卖家是一种"必要措施"。❶ 如上文所述，虽然有学者认为必要措施与转通知的功能、价值不同，但在网络服务提供者难以对专利侵权作出判定的现实下，转通知的确可以起到信息及时传递的功能，使商家对自己行为的风险状况进行评估，及时与权利人进行纠纷解决。

何琼、吕璐认为，将"转通知"扩大解释进"必要措施"中，能够克服"通知—移除"规则的僵化适用带来的弊端。❷ 詹映认为，"必要措施"不仅限于转通知程序，信息披露也属于网络服务提供者可以采取的措施。向权利人披露被投诉人的信息，将权利人的投诉向被诉侵权人转送，网络服务提供者即已尽到应尽的义务。该种解释可以使网络服务提供商完全处于中立的地位。如果权利人维权紧急，可以申请临时禁令，并不会对其权利造成实质性的影响。❸ 张德芬也认为，在《消费者权益保护法》中网络服务提供者承担责任的前提是网络交易平台不能向消费者提供经营者或服务提供者的信息，这一制度在实践中也运行良好，故平台在专利侵权中的审查义务太过沉重，应将信息披露作为必要措施。❹

（二）"通知—移除"规则适用于专利侵权的改造路径

在专利侵权投诉中直接适用"通知—移除"规则，在网络服务提供者审查能力有限、专利质量不高，错误投诉、恶意投诉泛滥的情况下，无论是对于网络服务提供者还是被投诉的销售者而言，都无法从规则运行中得到公平的处理结果。除了上文所述的对现有规定进行解释以适应专利侵权判定的现实状况外，很多学者还提出对"通知—移除"规则进行的改造路径，总结起来有如下几种。

---

❶ （2015）浙金知民初字第 148 号。

❷ 何琼，吕璐."通知—删除"规则在专利领域的适用困境——兼论《侵权责任法》第 36 条的弥补与完善 [J]．电子知识产权，2016（5）：16．

❸ 詹映．"通知—移除"规则在专利领域的适用性分析 [J]．法商研究，2017，34（6）：186．

❹ 张德芬．《电子商务法》中"通知与移除"规则评析——以专利侵权纠纷中电商平台责任为例 [J]．知识产权，2019（3）：49．

1. 通知—转通知—移除

《电子商务法》中规定的程序为：通知—必要措施—转通知—不侵权声明，即在采取必要措施后，再转送权利人的通知。刘润涛认为，平台在采取措施之后，再转送通知意义不大，对于侵权判定复杂的专利侵权来说，通过转通知，要求卖家提供不侵权材料，使平台增加发现明显侵权或不侵权的机会，有利于准确采取措施，因此，应将删除程序后移至通知之后。❶ 但刘建臣认为，这种做法的不妥之处在于与《电子商务法》规定的程序无法协调。❷

王迁认为，可以将《加拿大版权法》中的通知—通知规则在我国专利权侵权中进行改造适用，具体设计为：权利人投诉并要求平台下架产品，平台接到投诉后立即将通知转送给销售者，并告知其在规定期限作出说明。若销售者在规定期间没有作出说明，则平台可对产品作出下架处理，若销售者提交说明，则平台立即将说明转送权利人，告知其纠纷通过司法或行政机关处理。逾期作出声明的，平台应将下架的产品恢复链接。❸ 易玲也认为，平台接到通知后不立即采取措施，而是将通知进行转送，与平台的能力更相匹配。如果情况紧急，权利人可以向法院申请颁发诉前禁令。❹ 柳子通认为在转送通知之后采取措施比较合理，如果在采取措施之后再转送通知，错误采取措施给卖家的商誉带来的损害是难以弥补的，相反，若转送后，再采取措施，即使确实存在侵权行为，转通知带来的迟延给权利人造成的损害也是可以量化的，因此，转通知之后再采取措施较为合理。❺

---

❶ 刘润涛. 完善网络交易平台专利侵权"通知与移除"规则探讨 [J]. 学术交流，2017 (12)：79.

❷ 刘建臣. "通知—移除"规则适用于专利领域的理论困境及其破解 [J]. 知识产权，2019 (1)：58.

❸ 王迁. 论"通知与移除"规则对专利领域的适用性——兼评《专利法修订草案（送审稿）》第63条第2款 [J]. 知识产权，2016 (3)：31.

❹ 易玲. 网络交易平台专利侵权中"通知—删除"规则适用问题研究——兼论《专利法修订草案（送审稿）》第63条第2款的完善 [J]. 湘潭大学学报（哲学社会科学版），2017，41 (2)：28.

❺ 柳子通. 论"通知删除"规则对专利侵权案件的适用 [D]. 北京：中国政法大学，2018：32-33.

2. 通知—移除—反通知

王迁认为，与《信息网络传播权保护条例》的规定相比，《专利法》修改草案中缺少了反通知的规定，而阻止用户传播一部作品与下架一件商品对网络用户的影响是不同的，若要在专利领域引入"通知—移除"规则，更加符合利益平衡的措施是增加反通知，给错误通知提供补救的机会。在网络服务提供者接到合格的反通知后，采取恢复等措施。❶ 杨立新、李佳伦也认为，增加反通知的规定，可以将举证的责任分配给用户，网络服务提供者可以从侵权判定的困境中解脱出来，保持中立的地位。❷

詹映认为，反通知—恢复与通知—移除程序一样，都无法使网络服务提供者摆脱对侵权存在与否的判定，而这种实质审查是网络服务提供者所不能胜任的，且增加反通知—恢复，则会再一次地使网络服务提供者代替法院对纠纷进行审查，故不宜采取。❸

3. 通知—转送专门机关协作机制的建立

祝建军认为，平台的审查能力不足，因此，应建立纠纷移送机制。具体操作为：（1）提交的通知中含有法院的裁判—合格通知—网络服务提供者采取删除等措施；（2）权利人提交其他通知—平台转送—要求卖家在规定期间内提交反通知—规定期间未提交推定侵权成立—平台采取措施；规定期间内提交—转送法院或行政机关处理。❹ 冀瑜等也认为这样设计比较合理。❺ 徐楠轩提出，可以通过建立与行政机关联动的处理方式，将复杂的知识产权案件移送到知识产权行政机关，由其决定是否

---

❶ 王迁. 论"通知与移除"规则对专利领域的适用性——兼评《专利法修订草案（送审稿）》第 63 条第 2 款 [J]. 知识产权，2016（3）：31.

❷ 杨立新，李佳伦. 论网络侵权责任中的反通知及效果 [J]. 法律科学（西北政法大学学报），2012，30（2）：157-164.

❸ 詹映."通知—移除"规则在专利领域的适用性分析 [J]. 法商研究，2017，34（6）：186.

❹ 祝建军. 电子商务交易平台服务商侵犯专利权的责任认定 [J]. 人民司法，2013（16）：67-72.

❺ 冀瑜，李建民，慎凯. 网络交易平台经营者对专利侵权的合理注意义务探析 [J]. 知识产权，2013（4）：56.

受理，平台根据处理结果采取措施。❶

4. 提交保证金或担保模式

杨明认为，为了增加恶意投诉的成本，可将规则进行如下设计：投诉人交保证金—采取通知—移除规则—最终侵权成立—平台返还保证金、协助权利人追究责任；最终侵权不成立—该笔费用用于赔偿被投诉人的损失。同时杨明提出，为了防止平台设计的规则中的要求不合理，应报送有关机关进行审查。❷ 易玲也认为，对于权利人投诉的侵权产品数量多、价值大的，可以要求其提供相应的担保。❸ 司晓等也认为，为了应对恶意投诉，知识产权海关保护的一些做法值得借鉴，即要求投诉的权利人提交一笔保证金。为了避免人保或物保带来的审查核实程序，应以现金方式提供担保。当电子商务平台在商标或专利侵权中面临判定困境且涉及重大的商业利益时，应要求权利人提交保证金。❹

刘迪认为，将提供担保作为采取措施的条件的制度设计，增大了电商的工作量，将电商置于与法院同样的位置，因此并不合理。❺ 詹映同样认为，要求提供担保的观点使电商平台行使了某些公权机关的职能，网络服务提供商无权要求担保，这与其私法地位有关。❻

（三）网络服务提供者自身监管制度的完善

1. 事先监管机制的完善

虽然各方关于网络服务提供者接到通知后应采取的措施观点有异，但对于网络服务提供者应尽与其地位、能力相适应的事前监管义务，学

---

❶ 徐楠轩. 电子商务领域专利保护协作机制的构建——基于对阿里巴巴集团的调研 [J]. 科技管理研究，2015，35（2）：125.

❷ 杨明.《电子商务法》平台责任条款之失 [J]. 中国经济报告，2017（5）：51.

❸ 易玲. 网络交易平台专利侵权中"通知—删除"规则适用问题研究——兼论《专利法修订草案（送审稿）》第 63 条第 2 款的完善 [J]. 湘潭大学学报（哲学社会科学版），2017，41（2）：28.

❹ 司晓，范露琼. 知识产权领域"通知—删除"规则滥用的法律规制 [J]. 电子知识产权，2015（Z1）：95-96.

❺ 刘迪. 刍议电子商务平台服务提供者专利间接侵权中"通知—删除"规则的完善 [J]. 电子知识产权，2015（6）：25.

❻ 詹映. "通知—移除"规则在专利领域的适用性分析 [J]. 法商研究，2017，34（6）：187.

者的认识还是较为一致的。冀瑜等认为，虽然网络服务提供者不负事前审查义务，但为了防止或制止侵权行为，应当承担一定的提醒义务。网络服务提供者构建了一个交往的平台，从平台中获利，因而应当承担一定的注意义务。❶ 司晓也认为，网络服务提供者注意义务的确定，应根据服务类型、权利类型和行为类型综合判断，在知识产权客体中，网络服务提供者的判断能力最弱，因此只负事前的提醒注意义务。❷ 祝建军也认为，网络服务提供者只承担对商家的登记信息、证件的核实注意义务。❸

2. 联合知识产权维权中心等进行侵权处理

国家知识产权局在 2014 年 5 月 15 日颁发的《电子商务领域专利执法维权专项行动工作方案》中，提出要健全电子商务领域的专利执法机制，支持地方知识产权局和知识产权维权中心开展执法维权工作。该方案还提出，知识产权维权中心可以进驻电商平台开展指导，应平台要求，就相关侵权投诉出具意见。

2014 年 12 月 15 日，浙江省作为电子商务大省出台了《浙江省电子商务领域专利保护工作指导意见（试行）》，其中也提到电子商务平台可以在侵权与否难以判断的情况下，委托援助中心或者中介服务机构出具侵权判定的咨询意见书。

但徐楠轩在对电商平台的调研过程中发现，阿里巴巴在质证环节就需要行政机关的介入，由于我国《专利法》没有赋予行政机关在执法过程中的处罚权，行政机关介入民事纠纷中的依据、权限都相对不足，限制了行政机关作用的发挥。❹ 姚志伟、沈一萍、陈文煊发现，这些工作方案与指导意见都没有明确知识产权维权中心的地位，其只是接受委托

---

❶ 冀瑜，李建民，慎凯. 网络交易平台经营者对专利侵权的合理注意义务探析 [J]. 知识产权，2013（4）：55.

❷ 司晓. 网络服务提供者知识产权注意义务的设定 [J]. 法律科学（西北政法大学学报），2018，36（1）：87.

❸ 祝建军. 电子商务交易平台服务商侵犯专利权的责任认定 [J]. 人民司法，2013（16）：71.

❹ 徐楠轩. 电子商务领域专利保护协作机制的构建——基于对阿里巴巴集团的调研 [J]. 科技管理研究，2015，35（2）：124.

出具意见，平台仍无法从侵权判定中解脱出来，且知识产权维权中心的运转也存在专业人员较少、市场化不足等问题，因此如何进一步完善联合维权仍值得研究。❶

3. 建立权利人分层保护模式

刘斌等认为，网络服务提供者应当完善自身的恶意投诉识别机制，针对多次发起恶意投诉者给经营者造成损失者建立信息库，通过识别来更有效地甄别恶意投诉。❷ 司晓等也提出，应针对不负责任的投诉人，建立黑名单制度，并借助行业协会或行政机关的力量，将这种评价机制纳入监管法规的范畴，提升其效力。❸

四、现有文献的贡献与不足

现有文献的贡献在于清楚地梳理出"通知—移除"规则的起源、制度目的，依据我国现有规定将"通知—移除"规则适用于专利侵权产生的困境，并提出各种改造完善的路径，对更加准确地把握"通知—移除"规则的产生原因和在专利领域的扩大适用带来的现实问题有重要意义，但经笔者梳理，现有文献研究还存有以下不足。

（1）否定网络服务提供者在专利侵权中应负审查义务者所持观点之一是电子商务平台作为私法主体，不宜在专利侵权中进行公权机关才有权进行的决断行为。应当看到的是，专利权作为一种对世权，权利人以外的所有人都应在对权利范围的判断中尽妨免义务，因此，不应从对主体的限定层面对网络服务平台是否负有审查义务进行分析，而应回归到侵权责任法的一般原理上，对网络服务提供者的审查行为是否尽到合理的注意义务、是否具有过错来对其是否应当承担责任进行认定。

---

❶ 姚志伟，沈一萍，陈文煊. 超越避风港：网络交易平台专利侵权处理机制重构 [J]. 学术探索，2017（11）：83-90.

❷ 刘斌，陶丽琴，洪积庆. 电子商务领域知识产权保障机制研究 [J]. 知识产权，2015（2）：68.

❸ 司晓，范露琼. 知识产权领域"通知—删除"规则滥用的法律规制 [J]. 电子知识产权，2015（Z1）：96.

（2）现有文献对"通知—移除"的探讨主要限于学理层面，现实中，电子商务平台多在法律的笼统规定之下，制定了平台内部的投诉处理细则，有的学者在文献中也进行了介绍。但这些细则（如在专利侵权投诉中应当提交的材料、应该遵循的流程等）是否会对网络服务提供者的过错认定产生影响，这些平台自治规范在法律中的地位等问题，还没有学者进行详细的研究。

（3）2019 年生效的《电子商务法》针对电商平台知识产权侵权投诉时的"通知—移除"规则进行了创新设计，规定在电商平台接到通知，采取措施后，将通知转送给平台内经营者，经营者认为自己的行为不侵权的，可以向平台发出不侵权声明。平台在接到声明后，将其转送给投诉人，若投诉人在 15 日内没有向公权力机关寻求纠纷的解决，平台再采取恢复措施。基于专利侵权投诉多是向电商平台发出的现实，专利侵权中的通知很可能会落入《电子商务法》的规制范畴。然而专利侵权判定具有专业性和复杂性，错误投诉、恶意投诉的情况在电商平台普遍存在，此处规定的 15 天等待期很可能会成为被利用的制度漏洞。如何基于专利侵权判定的特点、电商平台的审查能力以及电商平台专利投诉的特点对《电子商务法》的规定进行解释，正在进行的第四次《专利法》修订应该如何对"通知—移除"进行设计，以更好地与《侵权责任法》与《电子商务法》相衔接是需要继续研究的问题。

结　语

专利侵权中"通知—移除"规则具体要件的解释和程序设计不应忽视网络服务提供者的审查能力，要求网络服务提供者对通知指称的侵权事实是否存在进行审查与实际并不切合，但网络服务提供者作为距离纠纷较近，且有能力采取一定措施的主体，使其适当地承担转通知义务和在可以判断明显侵权或不侵权的情况下负一定的处理义务符合经济和效率的要求。因此，在《专利法》第四次修订的过程中，应对该规则进行改造引入，为网络环境中专利侵权纠纷高效的私力救济提供切合的制度保证。

方法专利等同侵权判断之案例综述

李奥滢　王嘉聪　姜柄泽　姜　恒*

【摘要】通过对 185 份裁判文书进行研读分析可知，在司法实践中，方法专利等同侵权案件存在两个问题：第一，技术方案比对往往是论证主体和争议中心，尤其是步骤顺序问题；第二，程序问题和实体问题交织，举证责任分配常现倒置。根据目前司法实践所形成的裁判经验，上述两个问题可以作出以下回应：第一，在步骤顺序问题上，要把握"三步法"；第二，举证责任倒置主要在于制造方法专利中，而在制造方法的举证责任分配上，要注意举证责任倒置的前置性条件。

【关键词】方法专利；等同侵权；步骤顺序；举证责任；案例分析

引　言

笔者以"方法专利"和"等同"为检索关键词，以"专利权权属、侵权纠纷"为案由，以"民事"为案件类型，以 2019 年为裁判年份截止时间，在"把手案例"和"威科先行·法律信息库"中进行裁判文书检索，分别在"把手案例"中得到裁判文书 120 份，在"威科先行·法律信息库"中得到裁判文书 295 份。经人工阅读筛选，删除无关项和重复项，最终得到裁判文书 185 份。该 185 份裁判文书中的案例为本文所有研究内容的基础样本。以下是基础样本的基本统计情况。

---

* 李奥滢、王嘉聪、姜柄泽、姜恒为吉林大学法学院 2018 级硕士研究生。

由图 1 可知，方法专利等同侵权案件的数量近年来呈现波动上升的趋势，因此对方法专利等同侵权案件进行全面的分析是十分必要的。

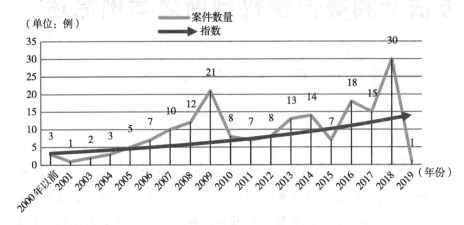

图 1　裁判时间及案例数量分布

由图 2 可知，方法专利等同侵权案件 67% 以上经过了二审程序，充分说明方法专利等同侵权案件的复杂性。❶

由图 3 可知，经济发达的省份仍然是方法专利等同侵权案件的"重灾区"。❷

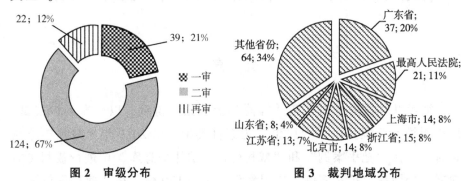

图 2　审级分布　　　　　　**图 3　裁判地域分布**

---

❶　图 2 分号前数字单位为"例"。

❷　图 3 经统计，185 份裁判文书共涉及 23 个省份，但裁判文书数量在 8 份以上的省份仅有 6 个，故该部分仅展示了裁判文书数量为 8 份以上的省份，最高人民法院所审理的案件因具有较强的特殊性，故将其单独列出，中间数字为案件数量，单位为例。

由图 4 至图 6 可知，在方法专利等同侵权案件中，认定被告所使用之案涉方法侵权和不侵权所占比例相似，从侧面也可说明方法专利等同侵权案件的复杂性与结果的难以预测性。❶

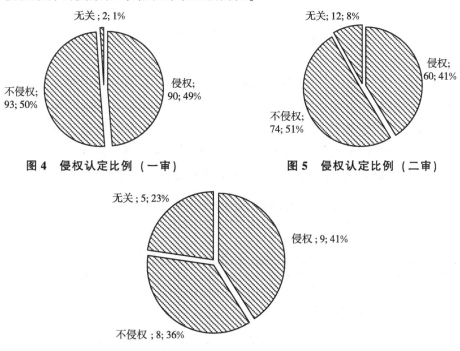

图 4　侵权认定比例（一审）　　　图 5　侵权认定比例（二审）

图 6　侵权认定比例（再审）

将图 4 至图 6 与图 7 结合分析可知，方法专利等同侵权案件虽然复

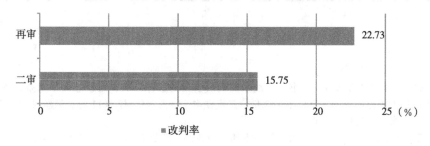

图 7　二审/再审改判率

❶ 图 4、图 5、图 6 中间数字为案件数量，单位为例。

杂，但二审/再审的改判率很低。说明在方法专利等同侵权案件的审理中，上级法院偏爱尊重下级法院的审查结果，当事人的申诉理由一般很难得到支持。

一、方法专利等同侵权案件的总体特点

从表 1 可以看出，专利权保护范围的确定、专利侵权比对的具体方式、新产品制造方法的举证责任分配等规则是法院审理方法专利等同侵权案件中常用的规则。❶ 这也意味着专利权保护范围的确定、专利侵权比对和举证责任分配等问题是法院在审理方法专利等同侵权案件中所主要面对的问题。这一结论，在表 2 和表 3 中也有所体现。❷

表 1　方法专利等同侵权判断常用法条统计表

法律条文	内容概述	一审		二审		再审	
		数量	比例	数量	比例	数量	比例
《中华人民共和国专利法》第 59 条	专利权保护范围的确定方式	78	53.06%	26	29.89%	3	27.27%
《中华人民共和国专利法》第 61 条	新产品制造方法发明专利的举证责任分配	14	9.52%	9	10.34%	1	9.09%
《最高人民法院关于审理专利纠纷案件适用法律问题的若干规定》第 17 条	等同侵权判断方式	22	14.97%	20	22.99%	1	9.09%

❶ 表 1 因在部分裁判文书中法院未明确所引用的法律条文，故经过人工筛查整理，得出可作为统计内容的一审样本 147 份，二审样本 87 份，再审样本 11 份，经统计得出上述结论，案件数量单位为例。

❷ 表 2 以 185 份裁判文书中的一审部分为该部分研究基础样本，经过初步筛查，得到 72 份研究最终样本，经人工阅读，得到上述结论，"案件数量"部分单位为例，"比例"部分精确至小数点后 2 位。表 3 以 185 份裁判文书中的一审部分为该部分研究基础样本，经过初步筛查，得到 83 份研究最终样本，经人工阅读，得到上述结论，"案件数量"部分单位为例，"比例"部分精确至小数点后 2 位。

法律条文	内容概述	一审		二审		再审	
		数量	比例	数量	比例	数量	比例
《最高人民法院关于审理侵犯专利权纠纷案件应用法律若干问题的解释》第1条	专利权保护范围的确定方式	7	4.76%	3	3.45%	0	0
《最高人民法院关于审理侵犯专利权纠纷案件应用法律若干问题的解释》第2条	权利要求内容的确定方式	9	6.12%	2	2.30%	0	0
《最高人民法院关于审理侵犯专利权纠纷案件应用法律若干问题的解释》第7条	全面覆盖原则	44	29.93%	28	32.18%	2	18.18%
《最高人民法院关于审理侵犯专利权纠纷案件应用法律若干问题的解释》第17条	新产品制造方法发明专利中"新产品"的范围	11	7.48%	3	3.45%	1	9.09%
《中华人民共和国民事诉讼法》第64条	谁主张谁举证	27	18.37%	1	1.15%	0	0
《最高人民法院关于民事诉讼证据的若干规定》第2条	谁主张谁举证	9	6.12%	3	3.45%	0	0
《最高人民法院关于民事诉讼证据的若干规定》第4条	新产品制造方法发明专利的举证责任倒置规则	2	1.36%	6	6.90%	1	9.09%

表2 被告抗辩理由分类表

序号	类别	分类释义	案件数量	比例
1	方法比对	被告的技术(或产品)未落入原告专利范畴	47	65.28%
2	合法来源抗辩	所使用、销售或许诺销售的产品具有合法来源	29	40.28%
3	现有技术抗辩	被告所使用的方法来源于现有技术/公知技术	24	33.33%

续表

序号	类别	分类释义	案件数量	比例
4	原告专利问题	原告专利范围不清；原告专利技术落入现有技术的范畴，缺乏新颖性和创造性	17	23.61%
5	原告证据问题	原告无证据证明/原告所提交的证据不足以证明被告所使用的方法落入原告的专利范畴	10	13.89%
6	主体不适格	原告/被告诉讼主体不适格	10	13.89%
7	举证责任	原告专利非新产品方法专利，不适用举证责任倒置	9	12.50%
8	恶意诉讼	原告恶意诉讼/重复起诉	5	6.94%
9	先用权抗辩	被告在原告专利申请日前就已经生产/销售同类产品，享有先用权	5	6.94%
10	证据瑕疵	原告所提交的鉴定意见/公证书/分析报告存在程序瑕疵，不应作为方法比对的依据	4	5.56%
11	诉讼时效	原告的起诉超过诉讼时效	4	5.56%

表 3　争议焦点分类表

序号	类别	分类释义	案例数量	比例
1	方法比对	被告方法是否落入原告的专利范围	79	95.18%
2	合法来源抗辩	被告主张被控侵权产品有合法来源是否能成立	6	7.23%
3	现有技术抗辩	被告主张的现有技术抗辩是否能成立	19	22.89%
4	原告专利问题	涉案专利的权利要求应如何归纳	12	14.46%
5	诉讼主体是否适格	原告是否具有本案诉权；被告是否是适格被告	14	16.87%
6	举证责任	本专利产品是否为新产品；被告是否要承担举证责任倒置的义务；如何在当事人之间分配举证责任	11	13.25%
7	滥用诉权	原告是否构成滥用诉权	1	1.20%
8	先用权抗辩	被控侵权产品的先用权抗辩是否成立	4	4.82%
9	技术标准问题	如何看待技术标准与专利侵权的关系	2	2.41%
10	不正当竞争	被告是否构成不正当竞争	1	1.20%

　　通过分析样本案例中被告所提出的抗辩内容可以发现，被告常用抗辩理由多达 11 种，而这 11 种抗辩理由也几乎全部成为法院审理的争议

焦点。依据表 2 和表 3，方法专利等同侵权案件总体上主要呈现两大特点：第一，原被告技术方案的比对仍然是争议最大的部分，论证自己的技术方案与原告专利技术具备不同的技术特征是被告抗辩的主体；第二，程序问题和实体问题交织，新产品生产方法的举证责任倒置问题成为被告抗辩的一大亮点。而这两大特点，也是目前方法专利等同侵权所面临的两大问题。故下文将针对这两大特点进行一一介绍。

二、方法专利等同侵权比对的司法样态——方法步骤的顺序问题

方法专利因权利内容具有载体无形性和步骤程式性，使得其在技术特征比对上较产品专利难度更大。在方法专利的等同侵权比对上，方法步骤的顺序问题值得关注。经过统计，有 25 个案例法院主要阐述了方法步骤的顺序问题，笔者选取其中较为典型的 7 例，制成表 4，以揭示司法实践中法院如何处理方法专利等同侵权比对中方法步骤的顺序问题。

表 4　方法专利等同侵权比对中关于方法步骤顺序的裁判观点统计表

裁判观点	案例	案号	提出该观点的审级
权利要求记载的整体技术方案各个步骤之间的逻辑关系是确定的，步骤本身以及步骤之间的顺序均应对专利权的保护范围起到限定作用； 方法专利中其必要技术特征体现为特定的步骤及其各步骤之间的顺序关系； 虽然涉案专利权利要求的文字中并未涉及先后顺序，但在涉案专利说明书记载中可明确看出，该技术方案具有先后顺序	烟台市天腾工贸有限责任公司与烟台安达金属制品有限公司侵害发明专利权纠纷案	（2014）鲁民三终字第 241 号	一审
	深圳全棉时代科技有限公司、宜昌市欣龙卫生材料有限公司专利权权属纠纷案	（2017）鄂民终 2796 号	一审、二审
	深圳市理邦精密仪器股份有限公司、深圳迈瑞生物医疗电子股份有限公司侵害发明专利权纠纷案	（2014）粤高法民三终字第 878 号、第 879 号、第 936 号、第 937 号、第 938 号、第 1033 号	一审
	OBE-工厂·翁玛郝特与鲍姆盖特纳有限公司与浙江康华眼镜有限公司侵犯发明专利权再审案	（2008）民申字第 980 号	二审
	浙江乐雪儿家居用品有限公司与陈顺某、何建某、温士某侵害发明专利权纠纷案	（2013）民提字第 225 号	再审
	皇家 KPN 公司与北京京东叁佰陆拾度电子商务有限公司等纠纷案	（2018）京民终 530 号	一审

续表

裁判观点	案例	案号	提出该观点的审级
主要考虑各生产工艺步骤的先后顺序有较大差异时，其产生的作用和积极效果是否相同	烟台市天腾工贸有限责任公司与烟台安达金属制品有限公司侵害发明专利权纠纷案	（2014）鲁民三终字第241号	二审
	OBE-工厂·翁玛郝特与鲍姆盖特纳有限公司与浙江康华眼镜有限公司侵犯发明专利权再审案	（2008）民申字第980号	一审
	浙江乐雪儿家居用品有限公司与陈顺某、何建某、温士某侵害发明专利权纠纷案	（2013）民提字第225号	一审、二审、再审
	深圳市华美龙物联网技术有限公司、贵州卓霖科技有限公司侵害发明专利权纠纷案	（2018）最高法民再63号	一审、二审
方法专利权利要求对步骤顺序没有明确限定的，不应以此为由，不考虑步骤顺序对权利要求的限定作用，而应当结合说明书及附图、权利要求记载的整体技术方案、各个步骤之间的逻辑关系以及专利审查档案，从本领域普通技术人员的角度出发，确定各步骤是否应当按照特定的顺序实施	皇家KPN公司与北京京东叁佰陆拾电子商务有限公司等纠纷案	（2018）京民终530号	二审
	深圳市理邦精密仪器股份有限公司、深圳迈瑞生物医疗电子股份有限公司侵害发明专利权纠纷案	（2014）粤高法民三终字第878号、第879号、第936号、第937号、第938号、第1033号	二审
	OBE-工厂·翁玛郝特与鲍姆盖特纳有限公司与浙江康华眼镜有限公司侵犯发明专利权再审案	（2008）民申字第980号	再审
	深圳市华美龙物联网技术有限公司、贵州卓霖科技有限公司侵害发明专利权纠纷案	（2018）最高法民再63号	再审

由表4可知，在处理方法专利等同侵权比对中方法步骤的顺序问题时，虽然各法院的表述不尽相同，但均形成一个共识，即对步骤顺序的判断遵循"三步走"的判断步骤：一看权利人的权利要求中是否明确限定了步骤的顺序；二看能否通过本领域普通技术人员的理解推定出步骤顺序的限定；三看步骤顺序的改变是否会对技术功能或者技术效果带来实质性的影响。这一规律的总结，有利于帮助法院在方法专利等同侵权比对上厘清头绪，也有利于当事人双方明确自己需要举证的内容。

三、方法专利等同侵权中的举证责任倒置问题

我国《专利法》第 61 条规定："专利侵权纠纷涉及新产品制造方法的发明专利的，制造同样产品的单位或者个人应当提供其产品制造方法不同于专利方法的证明。"《最高人民法院关于民事诉讼证据的若干规定》（以下简称《民事证据若干规定》）第 4 条也规定："因新产品制造方法发明专利引起的专利侵权诉讼，由制造同样产品的单位或者个人对其产品制造方法不同于专利方法承担举证责任。"司法领域将上述内容称为方法专利侵权的举证责任倒置规则。

在 185 例案件中，有 69 例案件法院在裁判论证过程中提到了举证责任分配的问题，下面是对这 69 例案件的分析。

由图 8 可知，涉及举证责任分配的方法专利侵权案例中，68% 的案例中标的专利为制造方法专利，❶ 这充分体现了《专利法》第 61 条和《民事证据若干规定》第 4 条对方法专利等同侵权案件举证责任分配的影响。因此下文将主要就制造方法专利进行介绍。

从图 9 可以看出，关于制造方法的举证责任分配，在司法实践中并非完全由被告对其制造方法未落入原告专利范围承担举证责任，47% 的案件法院将制造方法侵权的举证责任仍然分配给了原告。❷ 这和法律规定的内容明显不符。关于这种现象出现的原因，从图 10 中或许可以窥见一二。❸

从图 10 中可以看出，原告最终承担证明被告所使用的案涉方法落入原告专利范畴的原因主要在于，适用新产品制造方法的举证责任倒置规则所需满足的前置条件未能得到落实。从司法裁判中可以看出，适用新产品制造方法的举证责任倒置规则所需满足的前置条件主要有二：第

---

❶ 图 8 中间数字为案件数量，单位为"例"。

❷ 图 9 中间数字为案件数量，单位为"例"。

❸ 图 10 以图 9 中"原告举证制造方法侵权"和"原告先举证，在原告已尽努力却仍无法证明时，由被告举证"两部分的裁判文书共 22 份为样本，经人工阅读统计，得出上述结论。中间数字为案件数量，单位为"例"。

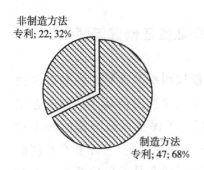

图8　涉及举证责任分配的
方法专利类型比例图

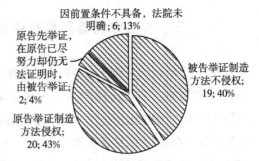

图9　制造方法等同侵权
举证责任分配图

一，该制造方法所生产的产品为新产品；第二，被告所生产的产品与原告专利方法所生产的产品属于相同产品。对于这两项前置条件是择一还是需同时具备，从图10中可以发现法院在具体观点上并未达成一致。55%的案件中法院甚至直接依据现有证据判断原告的专利方法所生产的产品不属于新产品。因此在该问题上，目前尚难总结出司法实践的裁判倾向。

　　关于举证责任分配，其不仅体现在结果上的由哪方举证方法侵权，也体现在过程上的由哪方举证新产品，这一举证责任分配也常成为一大争议焦点（参见表3）。作为制造方法专利等同侵权举证责任倒置规则的重要前置性因素，新产品的举证责任分配在司法实践中所呈现的样态如图11所示。❶

　　根据图11，尽管理论上关于新产品的举证责任应归于原告，但在司法案件的审理过程中也出现了将举证责任交由被告的情况。如在程某某与黄鹤集团华中商城、杨某某专利权侵权纠纷上诉案中，一审法院就指出"制造方法发明专利侵权诉讼中，程某某应当首先负责举证证明被控侵权产品与依照其专利方法直接获得的产品相同，然后由被控侵权产品的生产者对专利产品是否属于新产品和其制造方法不同于专利方法负责

---

　　❶　图11以图8中"制造方法专利"部分的47份裁判文书为研究基础样本，经初步筛查，得到35篇裁判文书作为研究最终样本，经人工阅读统计，得到上述结论。中间数字为案件数量，单位为"例"。

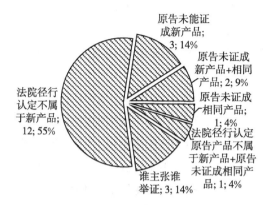

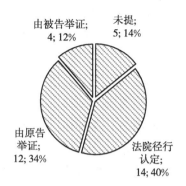

图10　方法专利等同侵权举证责任
分配中原告承担举证责任的
原因分析图

图11　方法专利等同侵权
判定中关于新产品的
举证责任分配图

举证证明"❶。在王某某与深圳市麦克斯韦照明有限公司专利权权属纠纷案中，法院也指出"被告并未提供证据证明该产品专利在专利申请日以前为国内外公众所知，可以认定该产品作为专利产品是一种新产品"❷。不过将该举证责任交由被告的案件数量毕竟为少数，多数法院目前倾向于在"由原告举证"和"径行认定"之中选择其一。这也为专利权人提供了一个启示，即在提起有关制造方法专利侵权诉讼前，应准备好证明自己的专利方法所生产的产品属于新产品的相关证据，以防诉讼过程中因举证不力而承担相应的证明责任。

结　语

本文通过对方法专利等同侵权案件所呈现的两个常见问题进行司法梳理与分析，得出以下结论。

第一，关于方法专利等同侵权比对问题，方法专利的步骤顺序是需要重点审查的部分。梳理司法裁判可以发现，在该部分的审查上，法院

---

❶　（2004）鄂民三终字第 5 号。
❷　（2013）深中法知民初字第 849 号。

需要把握审查"三步法"：一看权利人的权利要求中是否明确限定了步骤的顺序；二看能否通过本领域普通技术人员的理解推定出步骤顺序的限定；三看步骤顺序的改变是否会对技术功能或者技术效果带来实质性的影响。

第二，关于方法专利等同侵权的举证责任分配问题，虽然我国已经有相关规则明确举证责任如何分配，但在司法实践中目前所呈现的态势并不明晰。这种不明晰主要体现在制造方法专利等同侵权中对被告案涉方法技术特征是否落入原告专利方法保护范畴的举证责任分配上，即在当下的司法实践中，将该举证责任交由原告和交由被告的比例相近。经过分析，交由原告的原因主要为原告未满足举证责任倒置的前置性条件，即原告的专利方法所生产的产品为新产品，以及被告所生产的产品与原告专利方法所生产的产品属于相同产品。关于新产品，在举证责任配置上目前法院倾向于将其交给原告进行举证。

方法专利等同侵权判断因兼具方法专利的特殊性和等同侵权判断的复杂性而成为专利侵权判断的一大难点。虽然《专利法》及相关司法解释均在不同程度上对方法专利等同侵权予以规制，为司法审判提供行为指引，但关于方法专利等同侵权判断的研究缺少对司法审判实践的总结。本文试图以案例统计的方式弥补该研究空白，以司法审判实践反观现行规则，以期为规则的完善提供借鉴，为以后的司法审判提供指引。

商标编

商标侵权惩罚性赔偿适用困境之文献综述

侯　剑　范延衣　奕慧龄　瓮青洲 *

【摘要】我国《商标法》自引入惩罚性赔偿制度以来，在司法实践中鲜有适用，大多数实务案件适用法定赔偿，由法官酌定赔偿数额，这往往与诉讼请求数额相差较大，并没有使得权利人之权益得到充分保护。学界对其实务适用中所遇阻碍已有多年研究，提出诸多意见，但至今仍未解决。本文将从该制度在商标法领域适用出发，针对疑点探讨，结合国内外制度运用，总结学界和实务界之观点和经验，对其适用困境进行探究。

【关键词】惩罚性赔偿；计算基数；法定赔偿

引　言

商标侵权惩罚性赔偿制度的引入，是我国知识产权领域的标志性事件，其对维权高成本与侵权低成本问题的解决具有特殊意义，然而在实务中，法律条文本身的模糊概念极大限制其功能发挥，在实案调查过程中发现法院对其运用的次数寥寥无几，并没有充分发挥其惩罚等功能。2019 年商标法修改将惩罚倍数提至 1~5 倍，专利法亦欲引入惩罚性赔偿制度，但若该制度存在较多操作性问题，再完善的法律规定也无法发挥其实际效果，故对此确有必要进行探讨和研究。

---

* 侯剑、范延衣、奕慧龄、瓮青洲为华东政法大学 2018 级法律硕士研究生。

一、商标法之惩罚性赔偿制度

2013 年《商标法》首次引入惩罚性赔偿制度，加倍赔偿的规定被认为是"一次颇具有创新性、前瞻性和现实性的法律移植的尝试"❶，该制度❷除了具有明显的惩罚作用，重视被告行为的反社会性和主观道德的可归责性以外，❸ 同时具有威慑、预防、维护市场秩序等作用。

从实践适用上看，由于在商标侵权案件中侵权事实与损害事实并不具有当然的对应关系，❹ 加之商标侵权损害的证明难度大，作为加倍赔偿计算基础的"实际损失法""侵权获益法"以及"许可使用费法"等三种赔偿数额认定方法本身就面临着较大的适用困境，惩罚性赔偿机制在司法层面的运行并不如预想的那样顺畅。实务中，绝大多数法院选择适用法定赔偿，采取简单罗列考量因素的办法，并且不对原告的惩罚性赔偿诉求予以特别回应，这无疑对加倍赔偿规定在司法实践中的应用造成现实障碍。❺

二、国外惩罚性赔偿制度的运用

（一）美国

1. 美国惩罚性赔偿责任的构成要件

在美国，惩罚性赔偿责任一般包括如下几个构成要件：❻

---

❶ 冯晓青，罗娇. 知识产权侵权惩罚性赔偿研究——人文精神、制度理性与规范设计 [J]. 中国政法大学学报，2015（6）：24-46.

❷《商标法》规定对恶意侵犯商标专用权，情节严重的，可以在权利人因侵权受到的损失、侵权人因侵权获得的利益或注册商标使用许可费的 1~3 倍范围内确定赔偿数额。

❸ 林德瑞. 论惩罚性赔偿金可保性之法律争议 [J]. 中正大学法学集刊，1998（35）：103-129.

❹ 徐聪颖. 论商标侵权损害赔偿中的损失认定 [J]. 河南财经政法大学学报，2017，32（3）：100-107.

❺ 徐聪颖. 制度的迷失与重构：对我国商标权惩罚性赔偿机制的反思 [J]. 知识产权，2015（12）：39-46.

❻ 王利明. 美国惩罚性赔偿制度研究 [J]. 比较法研究，2003（5）：1-15.

（1）主观要件。

①故意，即明知自己的行为会发生损害他人的后果而故意为之，或者放任结果的发生。

②被告具有恶意或者具有恶劣的动机。所谓动机恶劣表明被告的动机和目的在道德上具有应受谴责性，在具有恶意的情况下，被告应承担惩罚性赔偿。

③毫不关心和不尊重他人的权利。美国有 23 个州规定，被告不必基于恶意，但须被告有意漠不关心、鲁莽而轻率地不尊重他人权利。

④重大过失。英、美、法一般不将过失区分为重大过失、一般过失与轻微过失，但是，在适用惩罚性赔偿时，法官有可能要考虑重大过失问题。

（2）行为具有不法性和道德上的应受谴责性。由于惩罚性赔偿注重惩罚，所以一般不适用于那些轻微的违反注意义务的行为。惩罚性赔偿针对的是具有不法性和道德上的应受谴责性的行为，如故意欺诈他人而致他人遭受损害，滥用权利，粗暴地捆绑他人，对他人实施暴力行为，实施性骚扰行为，不断对受害人施加严重的损害等。

（3）造成损害后果。在适用惩罚性赔偿时，受害人必须首先证明已经发生了实际损害，而且这种损害是被告的行为造成的。

2. 美国惩罚性赔偿制度在知识产权法中的应用

美国商标法即《兰哈姆法》，并不支持惩罚性赔偿。很多人将美国《兰哈姆法》第 35（a）条［美国联邦法典第 15 篇第 1125（a）条］的规定❶视为美国商标法规定惩罚性赔偿的依据，但该法条明确规定，3 倍的损害赔偿只是依据衡平原则对商标所有权人的补偿，而并非对侵权人的惩罚。可见，《兰哈姆法》没有规定惩罚性的损害赔偿。

美国专利法明确规定适用惩罚性赔偿制度。美国专利侵权救济体系包括禁令和赔偿损失。其中，禁令属于衡平法上的救济方式，损害赔偿属于普通法上的救济方式。禁令救济面向未来，通过禁止或强制被告为

---

❶ 其规定：在估算损害赔偿时，法院可以依据衡平原则，在已经裁定的损害数额的基础上，判给更多的损害赔偿金，但不得超过已裁定数额的 3 倍。

某种行为以阻止其在将来给原告造成损失；赔偿损失救济面向过去，要求被告对已经给原告造成的、并且能够用金钱计算的损失进行赔偿。赔偿损失救济又可以分为补偿性赔偿与惩罚性赔偿。❶ 美国专利侵权惩罚性赔偿的依据是现行《美国专利法》第284条第2款，其表述为："不论是由陪审团确定还是由法院估定，法院都可以将该赔偿金额增加到原确定或估定的数额的最多三倍。"因此有学者称之为"三倍赔偿"。❷

综上，美国在专利法中明确规定了惩罚性赔偿，《兰哈姆法》不支持惩罚性赔偿，但各州普通法商标领域并不排斥惩罚性赔偿。❸

（二）德国

1. 德国关于惩罚性赔偿制度的传统理论

德国传统上仅民事诉讼适用惩罚性赔偿，并把它作为一个基本的公共政策问题。德国禁止侵权法中的惩罚性赔偿，但并不禁止惩罚性质的违约金。❹ 德国通过1900年《德国民法典》第249～255条，明确表示坚持纯粹补偿主义的一元论，自从该民法典颁布以来，德国学界的一般观点是损害赔偿法的唯一目的就是纯粹的补偿性，然而事实上德国有相当多的法院判决与补偿性的基本原则相违背，德国法院常常将惩罚性的因素加入损害赔偿法中，通常这样的做法被视为例外，但是这种例外已经到了相当泛化的地步。❺ 德国最高法院认为，侵权案件的赔偿只能带有补偿性质，而只有刑事法院才能实施具有惩罚性的制裁，对侵权案件中惩罚性赔偿的判决予以执行将违反德国的公共政策。❻

---

❶ 张玲，纪璐. 美国专利侵权惩罚性赔偿制度及其启示 [J]. 法学杂志，2013，34 (2)：47-58.

❷ 和育东. 美国专利侵权救济 [M]. 北京：法律出版社，2009：105.

❸ 朱木阑. 论惩罚性赔偿在专利法中的引入 [J]. 传播与版权，2019 (4)：181-183.

❹ 董春华. 各国有关惩罚性赔偿制度的比较研究 [J]. 东方论坛，2008 (1)：119-124.

❺ Volker Behr. Punitive Damages In American and German Law-Tendencies Towards Approximation of Apparently Irreconcilable Concepts [J]. 78 Chi.-Kent. L. Rev. 2003 (105)：105-161.

❻ 李广辉. 外国惩罚性损害赔偿判决的承认与执行研究 [J]. 比较法研究，2005 (2)：75-84.

2. 德国知识产权法关于惩罚性赔偿的规定

德国对知识产权侵权方面的损害赔偿通常有三种计算方法：一是根据原告所受的损害大小请求赔偿；二是根据获得使用许可的费用决定赔偿额；三是根据被告不法行为的受益决定赔偿额。第一种方法严格遵守《德国民法典》第251～252条的规定，是纯粹的补偿性质；而后面的两种方法有别于德国损害赔偿法的一般理念，具有惩罚性的因素。❶ 可以看出，即使在奉行一元论的德国赔偿法体系中，惩罚性赔偿和补偿性赔偿也是相互纠缠出现的。

从美德两国惩罚性赔偿的发展现状来看，承认惩罚性赔偿的适用已经成为不可避免的趋势，目前大陆法系国家对于惩罚性赔偿制度已经在理论上有所松动，而我国在现阶段新《商标法》惩罚性赔偿适用存在困难的情况下，应当更加倾向于结合实务构建具有可操作性的规则设计与制度安排，以及对本制度进行不断反思与优化。

三、我国惩罚性赔偿制度在适用上存在的问题

（一）"恶意"的界定

主观过错（故意和过失）是承担侵权民事责任的构成要件之一，"恶意"从字面上看接近故意之意，但在内涵上两者有较多区别。理论通说认为，恶意是指行为人在从事民事行为时，明知其行为缺乏法律根据或其行为相对人缺乏合法权利的一种主观心理状态，但其并非一个概念所能囊括和解决的。❷ 恶意不仅有意识侵权，还蕴含一种"仇恨"之意，但至今未对其作出严格法律界定，实务中法院对"恶意"的认定莫衷一是，成为疑难。

（二）"情节严重"的界定

该条件是商标侵权人承担惩罚性赔偿责任的基础之一，也是对其应受责难性的正当理由和程度界定。❸但《商标法》尚未对此作出详尽阐

---

❶ 石睿. 美德两国惩罚性赔偿之当前发展［J］. 法制与社会，2007（2）：24-27.

❷❸ 韩震东. 商标侵权惩罚性赔偿法律适用探析［J］. 商业经济，2018（10）：123-124.

释，没有具体标准致使实务中出现适用混乱。而要件本身也有争议，有学者认为"恶意"就是"情节严重"等表现形式之一，存在逻辑重复，在"恶意侵权"之外再附"情节严重"的条件，难免会削弱惩罚性赔偿的可操作性。❶

（三）惩罚性赔偿计算基数的确定

根据《商标法》规定，惩罚性赔偿数额认定的计算基数有三类，❷且在运用上具有先后顺序，但在实践中突出的问题是如何确定具体基数，不少法院在无法确定前三种具体数额时转而运用法定赔偿，即使在明确认定有主观恶意和情节严重的情况下，也会以损失数额难以确定为由不适用惩罚性赔偿。虽然法定赔偿的数额上限有所上升，但实务中诉讼请求赔偿数额同最后判决数额存在较大差距，这使得权利人的有关权益没有得到充分的保护。

（四）法定赔偿与惩罚性赔偿的关系

实务中普遍存在商标权人缺乏证据材料证明损失，侵权人做假账，隐藏其违法所得等现象，致使商标权人的权益得不到切实保障，因此《商标法》规定了法定赔偿制度。❸《商标法》第63条第3款规定，在前三种方式难以确定的情况下适用法定赔偿，虽然法定赔偿在我国实务中有较多适用，通说认为法定赔偿就其性质而言属于补偿性赔偿，以法定赔偿作为惩罚性赔偿基数无可厚非，但理论和实务界有两种截然不同的观点：融合说认为两者可并用；删除说认为不可并用，至今尚未定论。

四、学者观点及建议

（一）恶意侵权的衡量标准

对于"恶意"之认定，王家福认为"恶意"与"善意"相对，可通

---

❶ 朱丹．知识产权惩罚性赔偿制度研究［D］．上海：华东政法大学，2013：156．
❷ 权利人因被侵权所受到的实际损失；侵权人因侵权所获得的利益；商标许可使用费的倍数合理确定。
❸ 韩震东．商标侵权惩罚性赔偿法律适用探析［J］．商业经济，2018（10）：123-124．

过"善意"概念来界定"恶意"的含义。❶ 而张红认为《商标法》第63条惩罚性赔偿中的"恶意"明显应具备道德上可责性，并且正是因为此种可责性才有运用惩罚性赔偿之必要。因此，在界定"恶意"时，不必与"善意"概念相联系。既然"恶意"是对行为人主观状态的表达，则应着重讨论其与故意、重大过失以及过失之间的关系。❷

在审查主观过错时，需要明确对"恶意"的理解，应当从主观和客观两方面来讨论。

从主观来说，厘清"恶意"与相近概念词的关系。重大过失在某些情况下也属于"恶意"，特别是行为人由于未尽到一般人所具有的注意义务而导致不知自身行为构成侵权的情形。❸ 但此项观点有扩大"恶意"范围之嫌，可能会导致惩罚性赔偿制度的滥用。一般来说，商标侵权人均有侵权的故意，但不一定有"恶意"，而"恶意"的主观严重程度应当高于"故意"。

从客观来说，对"恶意"之判定需要结合多方考量因素。比如，只有在侵权人被告知侵权后仍继续实施不法行为，或者不仅明知侵权而为之，且采取措施掩盖其侵权行为时，才构成"恶意"。❹ 可以说侵权人主观上对侵权结果的认知以及客观上的损害结果，对"恶意"的认定有着重大的影响。对此，张红认为，主观状态的评判须结合主观对损害结果的认识进行，在侵权行为达到侵权目的的情况下，若损害结果很严重，则其主观状态往往是"恶意"的。当然在损害不大的情形下，同样可能因持续或多次侵权而构成"恶意"，这些因素在法律适用中并非是彼此割裂的。❺

（二）情节严重的衡量标准

从惩罚性赔偿的制度目的来看，一般的知识产权侵权行为或将要实施侵权行为的，适用补偿性赔偿即可进行矫正，只有较为严重的知识产

---

❶ 王家福. 经济法律大辞典［M］. 北京：中国财政经济出版社，1992：114.

❷❺ 张红. 恶意侵犯商标权之惩罚性赔偿［J］. 法商研究，2019（4）：159-170.

❸ 舒媛. 商标侵权惩罚性赔偿适用情形研究［J］. 法学评论，2015（5）：148-151.

❹ 罗莉. 论惩罚性赔偿在知识产权法中的引进及实施［J］. 法学，2014（4）：22-32.

权侵权才有适用惩罚性赔偿之必要。❶ 甚至有学者认为，惩罚性赔偿在刑法谦抑性下是一种替代刑罚实现惩罚目的的措施。❷

对于"情节严重"可以有两种理解：一是指"恶意"的情节严重，二是指侵权行为情节严重。钱玉文等认为把"情节严重"解释为"侵权行为情节严重"较为适当，并提出情节严重可以有以下几种标准判定：（1）侵权人长期处于侵犯他人商标权状态的；（2）商标权人因侵权行为受到极大甚至难以弥补的损失的；（3）侵犯商标权的行为产生严重社会影响的。❸ 张红参考了《侵权责任法》《消费者权益保护法》以及《旅游法》中惩罚性赔偿的相关规定，认为这些法律的规定均在主观过错之外将造成严重损害后果作为构成要件以限制惩罚性赔偿的适用范围，其认为《商标法》第 63 条中的"情节严重"与之作用相同，理应也包含客观损害后果的严重，且侵权行为造成的损害后果在"情节严重"的认定中应占据主要地位，法官在认定损害后果时应结合受害人被证明的损失、侵权人的违法所得、销售的侵权商品数量等证据综合判断。只要侵权人主观过错，侵权次数、时间、范围、影响等其他情节达到严重的程度，同样应认定为"情节严重"，而不应只拘泥于客观损害后果。❹

笔者赞成以上观点，在认定情节严重时，应对侵权行为性质、侵权行为规模、侵权次数、损失程度等多方面进行考量。

（三）改良惩罚性赔偿金的计算模式

惩罚性赔偿金的计算以受害人所遭受之实际损失为基础，无论是《消费者权益保护法》第 55 条、《食品安全法》第 148 条还是现行其他部门法中的惩罚性赔偿规定皆遵循此原则。这样的计算模式可以使得惩罚性赔偿金与违法者所造成的损害后果相联系，使得判决结果更加公平

---

❶ 史玲，王英军.惩罚性赔偿制度在我国知识产权法领域的适用 [J].天津法学，2012（1）：37-42.

❷ 冯晓青，罗娇.知识产权侵权惩罚性赔偿研究——人文精神、制度理性与规范设计 [J].中国政法大学学报，2015（6）：24-46.

❸ 钱玉文，李安琪.论商标法中惩罚性赔偿制度的适用——以《商标法》第 63 条为中心 [J].知识产权，2016（9）：60-65.

❹ 张红.恶意侵犯商标权之惩罚性赔偿 [J].法商研究，2019（4）：159-170.

合理。❶

1. 实际损失和所获得的利润之惩罚性赔偿数额确定

在知识产权领域，惩罚性赔偿实务运用没有预期中的顺利主要在于数额的难以确定，这是由其本身特质、证据缺失等原因所决定的。

一方面，知识产权客体具有特殊性。适用惩罚性赔偿需要先对其价值做出合理的评估，然而知识产权的价值认定是一大难题。以商标权为例，首先需要国家机关的授予，再通过市场化、资产化来体现其价值，但知识产权的市场复杂性和风险性，给其价值的评估带来极大的困难。另一方面，知识产权侵权纠纷中被害人在采集证据方面做得非常不足，诉讼技能缺失，绝大多数案件中原告存在举证不能、证据瑕疵甚至不愿举证的情形，这给法院裁判造成极大的困扰，使得法院往往也只能采取法定赔偿的方式来确定损害赔偿数额。❷

有学者从经济学角度提出了计算方式，即"惩罚性赔偿数额应是损失额的倍数，赔偿倍数应等于承担驰名商标侵权责任的概率的倒数"。❸但实际上，驰名商标侵权责任的概率如何认定，在实务中也存在很大困难。钱玉文认为，改良惩罚性赔偿金的计算模式，首先要优化惩罚性赔偿金的倍比，最轻的惩罚性赔偿应在补偿性赔偿之上，且现有法律中的"一至三倍"的倍数规定较为宽泛，可以考虑结合具体情节采纳几个典型值，如主观恶意加情节严重则适用三倍判罚，❹ 主观故意加情节严重则适用两倍判罚。其次要改进计算基数的参照标准，根据现行《商标法》关于惩罚性赔偿金基础的规定，其参照顺序是：（1）被侵权人的实际损失；（2）侵权人所获得的利润；（3）商标许可使用费的倍数。其中，举证确定被侵权损失与侵权获利数额的难度很大，根据谁主张谁举证的原则，在商标侵权纠纷中应当由原告举证被告存在侵犯其商标权的

---

❶ 朱广新. 惩罚性赔偿制度的演进与适用 [J]. 中国社会科学，2014（3）：104-124.

❷ 曹新明. 我国知识产权侵权损害赔偿计算标准新设计 [J]. 现代法学，2019（1）：110-124.

❸ 祝建辉. 驰名商标侵权赔偿的经济学分析 [J]. 西北工业大学学报（社会科学版），2010（4）：22；24.

❹ 根据现行《商标法》的规定，对恶意侵犯商标专用权，情节严重的，可以按照上诉方法根据数额的 1 倍以上 5 倍以下确定赔偿数额。

行为。

此处需要注意的是，商标侵权往往呈现出极高的隐匿性，原告在举证时存在两大难度。其一，证明是否存在侵权行为之难度。在判定是否侵权时，需要考虑的因素复杂繁多，如行为的性质、持续时间、原被告的具体位置、经营规模、客观后果等。原告在证明被告行为属于《商标法》（2014年）第57条规定的几种侵权行为时需要投入巨大资源成本，对于原告而言十分不利。其二，证明被告应给付的惩罚性赔偿数额之难度。即便认定了被告构成侵权，原告也无法证明被告侵权行为对其造成的不利影响。❶

2. 商标许可费之惩罚性赔偿数额定额适用

较之实际损失和所获得的利润这两种参照标准，商标许可费显得更为直观具体，不存在难以确定的困扰，但是商标许可费倍数作为赔偿基准的情形在实务中并不多见，即使作为一个明确且既定的数值，在依其确定惩罚性赔偿数额时仍然存有争议。针对这一现象，应当由法官结合商标在侵权行为发生地的市场影响力等因素，对商标的价值进行市场评估，继而得出当一个侵权人意欲使行为合法而理应支付的商标许可使用费，并在此基础上确定惩罚性赔偿金。❷

（四）商标法中适用惩罚性赔偿与法定赔偿的关系

1. 删除说

在惩罚性赔偿适用的基础上，有学者认为法定赔偿应当删除。法律通过修改证据规则，减轻了权利人的举证责任，因此，在新的证据规则下，填平性赔偿将得到较为切实的实施。在这种情况下，就应对惩罚性赔偿与填平性赔偿予以明确区分，包括法定赔偿在内的填平性补偿就不应再具有惩罚性色彩，法定赔偿应随之删除。❸

2. 融合说

较多学者认为法定性赔偿并不具有惩罚性，其和惩罚性赔偿在明确

---

❶❷ 钱玉文，李安琪. 论商标法中惩罚性赔偿制度的适用——以《商标法》第63条为中心［J］. 知识产权，2015（9）：60-65.

❸ 罗莉. 论惩罚性赔偿在知识产权法中的引进及实施［J］. 法学，2014（4）：22-32.

适用优先顺序的基础上应当相融。

徐聪颖认为,"法定赔偿制度实为惩罚性赔偿制度的一种特殊情况"的推论略显武断,从司法实践的角度观察,尚未从中发现法定赔偿已然带有惩罚性色彩的有利证据,将2015年之前的商标侵权惩罚赔偿案件进行整理,在其总共收集的499份生效判决中,原告的平均诉求额约为14.51万元,法定赔偿的均值约为2.54万元,后者占前者的比重仅为17.51%。❶

袁秀挺认为,即使该款内容能极大地促进法官对(补偿性)赔偿数额的认定,但仍然没有解决惩罚性赔偿的条件亦可能存在于适用法定赔偿的场合。在此情况下,法定赔偿不是简单删除的问题,而是应考虑如何与惩罚性赔偿相融合。❷ 钱玉文等提出,适用惩罚性赔偿优于法定赔偿,尽管惩罚性赔偿较之法定赔偿的可操作性低,但在两种制度比较之下,惩罚性赔偿的优越性更为明显。❸

笔者认为,法定赔偿应作为惩罚性赔偿的补充条款适用,在权利人因被侵权所受到的实际损失、侵权人因侵权所获得的利益、注册商标许可使用费难以确定时,首先应当考虑适用惩罚性赔偿,当惩罚性赔偿存在很大的认定和适用的困难时,再考虑通过法定赔偿来弥补被侵权人造成的损害。

❶ 徐聪颖. 制度迷失与重构:对我国商标权惩罚性赔偿机制的反思 [J]. 知识产权, 2015 (12):39-46.

❷ 袁秀挺. 知识产权惩罚性赔偿制度的司法适用 [J]. 知识产权, 2015 (7):21-28.

❸ 钱玉文,李安琪. 论商标法中惩罚性赔偿制度的适用——以《商标法》第63条为中心 [J]. 知识产权, 2015 (9):60-65.

商标侵权惩罚性赔偿适用困境之案例综述

■ 侯 剑 范延衣 奕慧龄 瓮青洲*

【摘要】2013 年《商标法》引入惩罚性赔偿制度，旨在提高违法成本，更有效地保护商标所有人权益。而在实践中，其适用效果并不理想，反映出制度构建、实际操作方面的诸多问题。本文在新《商标法》修订提高了商标侵权赔偿金标准，以及专利法修订拟将引入惩罚性赔偿制度之际，通过对商标侵权惩罚性赔偿适用相关案例进行梳理，总结其适用现状，探讨其适用中的问题及优化路径。

【关键词】恶意侵犯；商标专用权；惩罚性赔偿

一、问题提出

(一) 研究意义

2013 年《商标法》规定了侵犯商标专用权的赔偿数额的三种确定方法，对恶意侵犯、情节严重的，可按上述方法在 1 倍以上 3 倍以下确定赔偿数额，即惩罚性赔偿。2019 年《商标法》修订，将赔偿标准提升至 5 倍以下，同时，新专利法修订也拟将引入惩罚性赔偿。❶ 惩罚性赔偿已在消费者权益保护等领域得到广泛运用，制假售假"假一赔三"、食品

---

* 侯剑、范延衣、奕慧龄、瓮青洲为华东政法大学 2018 级法律硕士研究生。

❶ 2019 年 1 月 4 日全国人大常委会《专利法（修正案草案）征求意见稿》。

药品侵权"假一赔十"已深入人心。而在知识产权领域，其适用效果并不理想。目前，商标侵权惩罚性赔偿制度已经适用多年，探讨其适用中的问题以及优化路径，可以对当前加强知识产权保护的司法趋势提供参考。

（二）研究思路

本文以"北大法宝"为平台，以"惩罚性赔偿"和"商标"为关键词进行检索，剔除无关案例后，得到原告提起惩罚性赔偿主张的案例156件，以其为样本，梳理出近年来该制度在商标侵权领域的适用整体现状，尝试以小见大、抛砖引玉，总结适用现状，分析其适用困境，提出优化路径。

二、量化的现状总揽

（一）提起惩罚性赔偿呈上升趋势

2013年《商标法》修订，2014年5月1日起正式生效，从图1可以看出，提出惩罚性赔偿的案例呈明显的逐年上升趋势，从制度生效元年的3件，到2018年已上升至78件。案件数量的上升趋势表明惩罚性赔偿正逐渐被更多公众认知和接受，惩罚性赔偿在知识产权领域的适用前景将更加广阔。

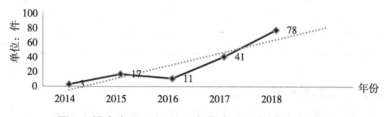

图1 样本中2014～2018年提出惩罚性赔偿案例数

（二）惩罚性赔偿诉讼成功率较低

在原告明确提出适用惩罚性赔偿的样本案例中，有44件法官在审理后认为符合惩罚性赔偿适用的条件，11件因不符合条件而不支持适用惩罚性赔偿，而在多数情况下，法官并未明确是否符合适用条件，或在判罚时是否考虑了惩罚性因素，而酌定各种因素在法定 300 万元限额内确定赔偿❶，如图 2 所示。

28.15%

7.15%

64.70%

■ 符合适用条件　□ 不符合　■ 没有明确

图 2　样本案例中法院裁判结果对比图

（三）上诉率高，原告上诉改判率较高

在 156 件案例中，有一审案例 84 件，二审案例 72 件，二审案例占比 46.15%。二审案件中，原告单独提起上诉案件 35 件，被告单独上诉案件 22 件，原告、被告同时上诉案件 15 件。在上诉案例中，一审原告单独提起上诉的案例，有 17 件在二审得到改判，最高增加赔偿 269 万元❷。被告单独提起上诉的案例中，仅有 1 件得到改判❸（见表 1）。

表 1　样本中二审案件改判情况统计表

二审上诉方	案例数（件）	二审改判案例数（件）	二审改判率
一审原告单独提起	35	17	48.57%
一审被告单独提起	22	1	4.54%
一审原告、被告同时提起	15	0	0
合计	72	18	25.00%

（四）赔偿金的支持率较低

在样本案例中，原告主张的赔偿金额最低为 1 万元，最高为 4148.16 万元，法官的裁判金额最低为 0.2 万元，最高为 1000 万元。通过图 3 可以看出，法院对于原告主张的赔偿金额的支持率较低，极少会

---

❶　2019 年《商标法》修订将法定限额提高至 500 万元。

❷　（2018）川民终 116 号。

❸　（2018）鄂民终 648 号。

完全支持原告的主张金额。

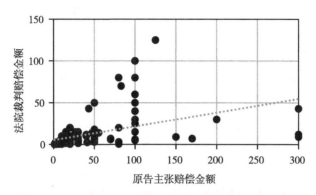

图3 原告主张赔偿金额与法院裁判赔偿金额散点图

通过对原告主张赔偿金额与法院裁判赔偿金额对比，法院认定符合惩罚性赔偿适用条件的案例中，法院的平均金额支持率为68.2%，不符合适用条件的11件案例的支持率为20.1%，未予明确的案例支持率为26.12%，可以看出明显差异（见表2）。

表2 不同类型案例法院赔偿金额支持率统计表

（货币单位：万元）

案例类型	案例数（件）	原告主张均值	法院判决均值	法院支持率（%）
符合适用条件	44	162.87	90.00	68.20
不符合适用条件	11	234.54	51.53	20.10
未明确	101	112.76	27.85	26.12
合计	156	135.48	44.51	37.57

三、案例分析与总结

依据《商标法》关于惩罚性赔偿适用的规定，在惩罚性赔偿适用中有两个关键问题，一是适用条件，即"恶意侵犯，情节严重"的认定，二是赔偿数额的确定。通过对案例的归纳分析，可以总结出法院对这两个关键点的认定、确定方法与规律。

（一）侵权人主观"恶意"的判断

1. 明知侵权行为而积极为之，或在被告知侵权后，仍不停止

当有证据证明侵权方明知其在实施侵权行为而积极为之或者在权利人告知其侵权行为后，仍继续实施侵权行为。

（1）侵权方曾以相同或相似商标提出商标注册申请被驳回。案例1，被告曾申请注册的商标，被以与涉案商标近似为由驳回，其显然已经充分知晓该案原告在先注册的商标，而仍然继续实施侵权行为，其主观恶意明显。❶

（2）权利人曾发函告知侵权行为要求停止侵权无果。案例2，原告在涉案活动实施前曾向被告发出律师函，要求被告停止侵权。被告在知悉其行为涉嫌侵权的情况下，仍然大量、突出使用涉案商标，具有明显的侵权恶意。❷

（3）侵权方与权利方有某种关系，在熟悉涉案商标情况下，实施假冒注册行为。案例3，被告原系涉案品牌的代理商，其明知系假冒产品仍进购销售，属于恶意侵权行为。❸ 案例4，被告系原告授权的系统集成商，利用该身份，在熟悉涉案商标情况下，销售假冒注册商标的商品进行非法牟利，存在主观恶意。❹

2. 重复侵权

侵权方在被提起诉讼前，曾因商标侵权行为受到行政、民事、刑事制裁，而后仍未停止其侵权行为。

（1）无视行政处罚而继续侵权。案例5，被告在明知涉案商标存在侵权情况下，在受到行政处罚后，并没有在经营中积极进行整改，之后，其加盟店再次因相同的行为受到行政处罚，具有明显的侵权恶意。❺

（2）曾因民事纠纷被判令或经调解要求停止侵权而未停止。案例6，双方先前曾因商标侵权纠纷诉诸法院，法院曾进行调解，出具民事调解

---

❶ （2017）京73民终1991号。

❷ （2017）粤民终2347号。

❸ （2017）桂0303民初774号。

❹ （2018）京0107民初14142号。

❺ （2015）沪知民初字第731号。

书，确认被告不得再使用涉案商标，而后被告并未停止侵权，属于重复侵权，应认定为主观恶意明显。❶

（3）曾因商标侵权行为被判处刑罚，之后继续侵权。案例7，被告2008年曾因销售假冒注册商标产品，被判处刑罚。2010年、2014年被告又两次触犯假冒注册商标罪，被判处刑罚。被告甘冒受到刑罚的风险，一再实施侵权行为，具有明显的侵权恶意。❷

3. "傍品牌"、攀附意图明显

一些商标因为具有很高的社会知名度和影响力，侵权方试图攀附该品牌在市场及相关公众心目中的良好声誉的意图明显，适用惩罚性赔偿可以更好地对这些商标进行保护。案例8，涉案商标系国家重点保护的对象，国家工商总局曾两次发文要求加强对其保护，被告明知该商标具有较强显著性和较高知名度的情况下，仍然在从事的业务相重叠的行业中使用，故其"傍品牌""搭便车"攀附涉案品牌商誉之恶意明显。❸

4. 综合多种因素进行认定

通常，在很多情形下，会存在上文所述多种情节，法官会综合多方因素进行分析，判断侵权方的主观意图。案例9，被告日用品店开设在原告的正规加盟店隔壁，且在接到原告律师函后仍未停止侵权行为，侵权恶意明显。❹

（二）"情节严重"的认定

1. 与主观"恶意"因素综合进行分析

因"恶意"和"情节严重"两个因素往往相互重合、互通，故在很多情形中，法官在判断时往往会综合分析认定，有时在认定时对于这两个因素并不作明确区分。如上文所述重复侵权案例，侵权方多次侵权而不悔改，不仅可以反映出其恶意侵权的主观意图，其屡禁不止的行为也凸显了侵权情节的严重。

---

❶ （2018）皖0291民初3489号。
❷ （2016）苏民终718号。
❸ （2017）粤民终701号。
❹ （2014）东二法知民初字第356号。

2. 侵权方：侵权规模大，范围广，时间长，获利多

在"情节严重"的认定中，需要对侵权事实进行综合认定，侵权规模、范围、获利、时间等都是重要的衡量因素，比如跨越的地区范围广、涉案商标的数量多、宣传力度大、前后的时间跨度长等。案例10，被告实施了较为广泛的侵权行为，不仅在网站上实施了侵权行为，而且实际开设超市实施侵权行为；不仅自己开设直营超市，而且对外开展特许加盟，侵权规模较大。被告宣称已经在全国多地开设门店，预计将达1000多家。❶

3. 权利方：造成严重损害

恶意侵犯商标专用权的行为，给权利人带来的严重损害，通常的表现有市场份额下滑、商誉受损等。案例11，依据原告和被告财务数据的对比，原告在其他类产品销售收入大幅增长的情况下，涉案产品销售收入因被告的侵权而减少，同时，为应对侵权行为，多次被迫下发《降价通知》，利润严重受损，且因产品真假难辨，多次因消费者误认而被举报、投诉，给其商誉造成严重损害。❷

4. 社会影响：造成或可能造成严重后果

在一些情形下，侵权方侵犯的注册商标核定使用的产品种类可能涉及重大的社会利益，比如食品、药品安全等，此类侵权行为可能会带来严重后果。❸ 案例12，涉案商标用于医疗美容行业，而医疗整形美容关系到消费者的身体健康，对此类侵权行为应予以严厉打击，加大赔偿力度，从而保护经营者和消费者的合法权益。❹

5. 综合认定

由于实务案件的复杂性，上文所述参考因素并非绝对标准，在针对个案时，还要结合实际情形综合评定。案例13，被告不仅曾造成二次诉讼，且该次诉讼依旧拒不到庭，也没有改正的表示。且被告不仅销售侵犯原告注册商标的商品，还长期销售其他注册商标的商品，属于恶意侵

---

❶ （2015）沪知民初字第 731 号。

❷ （2016）苏 05 民初 41 号。

❸ （2015）沪知民初字第 731 号。

❹ （2018）苏民终 476 号。

犯商标专用权情节严重。❶

（三）惩罚性赔偿金额的确定

1. 以权利方受到的损失为基础确定

案例 14，原告提供其审计报告指明其平均利润率为 30.4%，被告曾因侵权行为而犯销售假冒注册商标商品罪被判刑，在刑事审判中涉案产品鉴定价格合计为 365 597.4 元，法院依据该价格×平均利润率，得出原告的损失即为 111 141.6 元（365 597.4 元×30.4%）。因适用惩罚性赔偿，赔偿金额按原告损失数额的 3 倍计算为 333 424.8 元。❷

2. 以因侵权所获得的利益为基础确定

案例 15，法院以被告提交的财务数据为基础，按照利润计算的财物公式计算出所获利润 791 万元，在被告存在三个品牌，而不能分离出涉案该品牌的获利情况下，推定涉案被诉商品的营业利润占公司整体的 1/3，即 263 万元。因适用惩罚性赔偿，以获得利益的 3 倍确定，判令被告共赔偿 791 万元。❸

3. 以商标许可费的倍数合理确定

案例 16，由于原告提交的认证服务费 84 800 元中包含咨询服务费、认证服务费及商标许可费，一审法院据此酌情认定商标许可费为 6 万元，16 个涉案地区共计 96 万元，并以此为基础，在 2 倍惩罚的基础上判令被告支付惩罚性赔偿金 192 万元。❹

四、适用困境及优化路径分析

虽然现行《商标法》提高了赔偿标准，但制度本身并未改变。事实上，这一制度构建在实际适用中困难重重，从现行案例来看，对于适用前提条件的认定难度不大，而阻碍这一条款发挥作用的却是赔偿数额的确定。在符合惩罚性赔偿适用条件的案例中，绝大多数都因难以按照三

---

❶ （2017）津 0116 民初 537 号。

❷ （2017）桂 0303 民初 774 号。

❸ （2018）京民申 4666 号。

❹ （2017）粤民终 2347 号。

种基本方式确定赔偿数额，而无法适用惩罚性赔偿条款。这一现实问题不能解决，显然难以实现立法通过惩罚性赔偿的适用来加强知识产权保护的意图，也将使得该条款继续成为"僵尸条款"。

（一）赔偿数额难以确定

1. 以权利方受到的损失或因侵权所获得的利益为基础确定

以案例 15 为例，该案中法院的认定方法，严格来讲，并不能准确确定被告的获利数额，尤其是推定涉案产品利润占公司总利润的 1/3 这一环节的准确性、合理性值得推敲。然而，若按照通常做法，当无法准确确定而适用法定赔偿时，原告只能获得 300 万元以下的赔偿额，而事实上，如该案，虽无法确定准确数额，但有多方证据表明，被告获利远在 100 万元以上，如果适用惩罚性赔偿，原告将可能获得 300 万元以上赔偿，而只因无法准确计算，却最多只能获得 300 万元赔偿，其诉讼请求将因法律技术问题得不到支持。

2. 以商标许可费的倍数合理确定

在样本中，有多起原告提出以商标许可费来确定赔偿数额的案例，但大都因证据不足、合理性存疑等未被采纳。案例 17，原告提供了其在北京等地的授权许可费为 53 万~92 万元的证据，法院认为该证据显示的经营地区均为一线城市，且不同城市间、不同商户、不同年份收费情况均不相同，因无明确计算标准故无法参考，最后酌情判赔 14 万元。❶ 相比之下，在案例 16 中，虽然也无法确定许可使用费，法院依据原告提交的认证服务费证据，酌情认定商标许可费为 6 万元。❷

3. 合理使用自由裁量权

从以上分析可以看出，在适用惩罚性赔偿的案例中，法官的自由裁量权的运用决定着案件的审判结果。实际上，在可以适用惩罚性赔偿的案例中，相比于法定赔偿而言，依据现有证据进行合理推定确定赔偿数额要更加合理。在符合惩罚性赔偿适用条件的场合，法官应优先适用惩罚性赔偿条款，最后再考虑法定赔偿，这样，不仅可以解决法律技术问

---

❶ （2017）粤 07 民终 1075 号。

❷ （2017）粤民终 2347 号。

题导致权利主张难以实现的窘境，其自由裁量行使的合理性也会更加充分，权利滥用的空间相对更小，也可以更好地实现加强知识产权保护的目的。

（二）惩罚性赔偿与法定赔偿的关系

作为赔偿数额难以确定时的补充条款的法定赔偿与惩罚性赔偿的关系问题，在学术界存在争议，这一问题在案例中有所反应。

1. 惩罚性赔偿与法定赔偿相互包含

在包含关系中，当满足"恶意侵犯商标权，情节严重"条件时，就应当适用惩罚性赔偿，而当无法按三种基本方式确定赔偿数额时，则依据法定赔偿条款，考虑惩罚因素，酌定赔偿数额。案例18，法院认定被告侵权行为恶意明显，应适用惩罚性赔偿，再综合考虑原告商标知名度、侵权行为主观过错、情节恶劣等因素酌情判定赔偿金额。[1]事实上，这类案件相当普遍。

2. 惩罚性赔偿与法定赔偿相互排斥

在排斥关系中，惩罚性赔偿是独立的条款，即使满足适用条件，当无法确定赔偿数额时，仍然无法适用惩罚性赔偿，故适用法定赔偿。案例19，被告的获利数额、原告的经济损失数额并不能确定，故该案无法适用惩罚性赔偿，故对于原告要求适用惩罚性赔偿的意见不予支持。[2]

3. 明确法定赔偿与惩罚性赔偿的关系

针对实务中对法定赔偿与惩罚性赔偿关系的认识混乱现象，笔者认为应当坚持两者相互独立。首先，法定赔偿在酌定赔偿数额时已将侵权人的主观恶意、侵权行为后果等因素考虑在内；其次，法定赔偿中法官自由裁量空间很大，如果再并入惩罚性赔偿因素，将进一步导致法官自由裁量权扩大；再次，惩罚性赔偿条款的独立适用可通过证明规则的合理调整等方式进行激活，随着认识的加深，这一条款的适用也会逐渐成熟；最后，在当前法定赔偿已经泛用的背景下，将两者进行混合，将会

---

[1] （2015）青知民初字第10号。

[2] （2017）京73民终2052号。

进一步导致法定赔偿的泛化，惩罚性赔偿条款的僵化。

（三）法定赔偿量化标准的构建

根据法条规定，对于商标恶意侵权案件，应当先适用惩罚性赔偿，法定赔偿应当作为惩罚性赔偿的补充适用。在实务中，惩罚性赔偿无法适用时，应当优化法定赔偿的量化标准以补充实现同样的功能，以期尽量填补权利人的损失。现提取出现有案例中赔偿数额确定的影响因素，通过建立模型，构成确定赔偿数额的量化标准，不失为一种可以考虑的方法。如表3所示（仅为示例，无实际意义），在得到个案赋值总分后，依据总分区间，酌定赔偿数额，如表4所示。❶

表3 赔偿数额的影响因素

衡量因素		分值区间	个案赋值
主观过错	恶意、故意程度	（0—30）	
侵权方的基本情况	性质	（0—5）	
	注册资本、营业额	（0—5）	
权利人的基本情况	性质	（0—5）	
	注册资本、营业额	（0—5）	
涉案商标情况	商标知名度	（0—15）	
	商标价值	（0—15）	
侵权情形	地域因素	（0—10）	
	侵权时间	（0—10）	
	行业因素	（0—10）	
	产品销量	（0—10）	
	商标近似程序	（0—10）	
	宣传力度	（0—10）	
	其他	（0—10）	
合计（150）			

---

❶ 白帆．知识产权法定赔偿量化标准初探——以销售侵害商标权商品案为例［EB/OL］．［2019-07-26］．http：//www.zhichanli.com/article/8394.html.

表 4 赔偿数额参考表

等级	分值范围	参考赔偿数额
极高	135 分以上	400 万~500 万元
较高	120~135 分	50 万~400 万元
中等	90~120 分	5 万~50 万元
较低	60~90 分	1 万~5 万元
极低	60 分以下	1 万元以下

结　语

　　案例研究的结果表明，商标侵权惩罚性赔偿的适用仍有很大改善与发展空间，赔偿金额的确定难题是阻碍其适用的最大障碍。随着认识的逐渐加深、运用经验的不断丰富、制度构建的完善，借助大数据工具的辅助，惩罚性赔偿制度将会在知识产权领域逐渐发挥功效。

涉外定牌加工行为侵权认定的文献综述

■ 季善豪　张一泓*

【摘要】 涉外定牌加工涉及国内商标权人的利益和国内定牌加工产业利益的平衡问题。我国司法、学术界针对该问题始终处于争议当中。从文献看来，学者们的讨论主要包括以下几个方面："双相同"条件下是否需要考虑混淆可能性因素、损害要件是否是成立商标侵权的必要条件、商标权人的海外利益是否需要保护、是否需要考虑"国际礼让原则"、判定侵权和不侵权对我国的实际影响等。鉴于涉外定牌加工问题大量存在，采取纯粹的"一刀切"方式恐有失偏颇。

【关键词】 涉外定牌价格；OEM；商标侵权；混淆可能性

引　言

涉外定牌加工（Original Equipment Manufacture，OEM），其含义是指国内受托人接受国外委托方的委托，加工带有委托方商标标识的产品，并将生产完成的产品全部返还委托方且不在受托方所在国销售的一种贸易形式。2001年深圳市中级人民法院针对第一起涉外定牌加工纠纷作出判决❶。法院基于知识产权的地域性原则认定被告的行为构成侵权。之后

---

* 季善豪、张一泓为华东政法大学知识产权学院2018级硕士研究生。

❶ （2001）深中法知产初字第55号。

相当长的一段时间内，我国法院针对涉外定牌加工中涉及的商标侵权问题基本上以侵权判定。2008 年金融危机之后，保护我国国内加工制造企业的呼声高涨。2014 年最高人民法院在 PRETUL 案❶中判定涉外定牌加工行为不会造成我国消费者混淆，不构成商标性使用从而不构成商标侵权。该案对之后的法院裁判起到标杆性作用，此后我国法院对涉外定牌加工的态度开始转为不认定侵权。当然，我国并非判例法国家，也有些许法院依旧认为该行为构成侵权。❷ 同时在学术领域，不同学者针对该问题的观点也是大相径庭。

一、否定涉外定牌加工构成商标侵权

以最高人民法院在上述 PRETUL 案作出的判决为司法支撑，结合 2013 年修订的《商标法》❸ 关于"商标使用"的界定。诸多学者均主张涉外定牌加工行为不构成商标侵权。该部分学者共同的理论依据为："混淆因素"是判定是否构成商标使用的必要因素，从而是构成侵权的必要因素，王迁教授也持同样的观点。❹ 涉外定牌加工不会导致我国境内的消费者混淆，不可能构成商标侵权。

（一）从侵权行为的构成要件分析

熊文聪❺认为，商标法属于民法，商标侵权纠纷自然应当适用民事侵权判定的一般规则。依照通说，民事侵权（损害赔偿）的构成要件包

---

❶ （2014）民提字第 38 号。

❷ （2018）吉民终 229 号。

❸ 无特别说明，本文所称的《商标法》均指 2013 年修订的《中华人民共和国商标法》。

❹ 王迁. 知识产权法教程［M］. 北京：中国人民大学出版社，2019：512. 虽然我国《商标法》与《欧盟指令》及《欧盟商标条例》一样，对于"在同一种商品上使用与注册商标相同的商标"的行为，没有将"容易导致混淆"作为构成侵权的条件，但这是由于在"双重相同"的情况下，混淆一般自然会发生，立者觉得无须再规定"导致混淆"的条件。但在某些特殊情况下，"双重相同"并不会导致混淆，此时仍然应当坚持混淆理论，不能认定侵权.

❺ 熊文聪. "定牌加工"侵权吗？——近期相关案例评述［J］. 中华商标，2017（10）：19.

括侵权行为、损害结果、侵权行为与损害结果间的因果关系及行为人的过错，欠缺任何一个要件即不构成侵权。定牌加工恰恰因为欠缺损害结果要件，故不构成侵犯商标权。且他主张我国现行《商标法》第 57 条第 1 款虽然没有在"双相同"❶ 中规定混淆要件，但 TRIPS 协议第 16 条第 1 款明确规定："在对相同货物或服务使用相同标记的情况下，应推定存在混淆的可能性。"因此，即使是在双相同情况下，也需要考虑混淆因素。

（二）从结果主义的角度分析

易健雄❷认为，由于 OEM 对于我国经济增长、企业发展、社会就业等方面具有不可忽视的重要意义，我国执法机关在处理 OEM 侵权纠纷案件时，应促进或至少是不阻碍我国 OEM 产业的发展。他分别从认定 OEM 构成侵权和不构成侵权两方面对 OEM 企业、国内商标权人和国内消费者受到的影响进行分析。他认为，若认定 OEM 构成侵权，OEM 企业将因此而陷入两难境地：加工贴牌商品则侵犯国内商标权人的商标权，不加工贴牌商品则违反与国外定作人的合同约定。此时对于国内的消费者而言并不存在利益保护问题；针对商标权人而言，由于产品全部销往国外，与权利人在国内没有竞争关系可言，也不存在权利人的利益需要保护的问题。若否定 OEM 构成商标侵权，OEM 企业方面将能够顺利地接受委托从事加工生产，促进经济的发展；消费者无法接触到该产品，不可能产生混淆，不会有利益受损；对于国内商标权人而言，并无不利影响，其丧失的最多也就是"额外利益"：与市场竞争地位无关的赔偿与"免费广告效应"以及所谓的在第三国的利益，这些本身就不属于商标权人。罗晓霞也持同样的观点，国内商标权人在其他国家的权益，需要其自身依照其他国家的规定去申请注册以此获取授权。❸

（三）从国际货物销售合同角度分析

张玉敏认为涉外定牌加工中使用商标的行为不构成商标性使用。其

---

❶ 即行为人在与商标权人相同的商品或服务上使用相同的商标。

❷ 易健雄 . OEM 商标侵权纠纷处理的态度选择——遵循"从结果出发"的思维方式 [J]. 知识产权，2009（3）：27-28.

❸ 罗晓霞 . 涉外定牌加工商标侵权纠纷法律问题探讨——兼评《商标法》第 57 条 [J]. 法学杂志，2019（5）：74.

从加工行为的性质出发，认为商标法商标使用应当是与商品流通相联系的使用，即将商标贴附于商品进行销售或者其他交易，在定牌加工中，加工人按照委托人的要求将商标贴附于加工之产品上，就其性质而言，属于加工行为的一部分，而且加工人并不销售加工产品，而是将产品全部交付委托人，因此其行为不构成商标法上的商标使用。❶

张玉敏认为，从《联合国国际货物销售合同公约》角度看，在国际货物买卖中，第三方的权利主张应根据商品将在其境内转售或者用于其他用途的国家的法律。作为买卖合同中的出卖人，对出卖的货物享有完全的所有权，可以从出卖货物中获取交易所带来的利润，尚且可以依据该公约享受此等保护，按照举轻以明重的道理，定牌加工中的加工人完全是按照委托人的要求加工产品，赚取的不过是微薄的加工费，更该享受这种保护，即得以此为根据进行不侵权抗辩。既定出口商品是否侵权，应当以进口国或者商品销售地的法律为判断标准，而不应当以我国（出口国）的法律为判断标准。❷

（四）从商标的本质角度分析

王莲峰认为涉外定牌加工不构成商标侵权，首先，涉外定牌加工货物上贴附的标识还未能进入流通市场，识别功能没有发挥，其只不过是一个符号而已，还不存在表彰商品的功能；其次，加工方贴附标识的商品按照委托方的要求未进入我国境内销售，商标的识别功能未能发挥，不构成商标性使用；最后，定牌加工贴附的标识与国内商标权人使用商标的区域分别在境外和境内，并无任何交叉重叠，不存在共同的竞争市场，既没有让消费者混淆和误认的机会，也无从损害到国内注册商标的识别功能。❸

（五）从商标侵权概念的来源角度分析

罗晓霞认为，在认定商标侵权行为是否成立之前，首先有必要厘清

---

❶　张玉敏. 国际贸易"定牌加工"性质分析 [J]. 重庆工学院学报（社会科学），2008（1）：7.

❷　张玉敏. 国际贸易"定牌加工"性质分析 [J]. 重庆工学院学报（社会科学），2008（1）：8.

❸　王莲峰. 海关应慎重认定涉外定牌加工货物的商标侵权——基于对近年来《中国海关知识产权保护状况》的分析 [J]. 知识产权，2015（1）：33-34.

商标侵权行为的性质。当我们回溯商标权产生的源头可知，对商标的保护始于英美法系中的"假冒诉讼"。商标侵权行为，即假冒商标行为，其实质是借用他人商誉的搭便车行为，是一种典型的不正当竞争行为。而涉外定牌加工行为不符合不正当竞争行为的特点：其一，无论是加工企业还是国外定作方均无假冒国内商标权人"牌"之故意，其目的不是在国内市场中搭商标权人的便车，在加工产品出口目的国市场中，定作人本身是商标权人，更不存在搭便车的问题；其二，在客观上，加工企业将贴牌产品直接出口目的国，亦无在同一市场中构成与国内商标权人不正当竞争之条件，至于在目的国市场，由于定作方本身是商标权人，商标所标识的是正牌商品，而其他使用者未经许可使用其商标可能构成不正当竞争。❶

（六）小结

否定涉外定牌加工构成商标侵权的学者分别从多角度论证了"混淆可能性作为商标使用的必要条件从而构成商标侵权的要素"。实际上，根据我国现行《商标法》第57条之规定，构成商标权侵权的前提是行为人的行为构成商标性使用。涉外定牌加工本质上是一种商品生产方式，其是否构成商标使用完全可以由立法和司法机关根据商标保护政策确定。❷基于我国当前涉外定牌加工产业规模较大的情况，从现实出发来给予国内定牌加工企业相关法律保护也未尝不可。但是否定论者大多未能针对OEM作具体情形的区分，我们不能完全否定此类行为的侵权可能。阮开欣也认为我国在对待涉外定牌加工问题上不能采取"一刀切"的做法。❸一概地认定

❶ 罗晓霞. 涉外定牌加工商标侵权纠纷法律问题探讨——兼评《商标法》第57条 [J]. 法学杂志，2019（5）：71.

❷ 王太平. 从"无印良品"案到"PRETUL"案：涉外定牌加工的法律性质 [J]. 法学评论，2017（6）：181.

❸ 阮开欣. 涉外定牌加工商标侵权问题新探——以商标法域外适用为视角 [J]. 中华商标，2015（12）：72.

不侵权，实质上会限制国内商标权人主张权利的范围。❶

二、肯定涉外定牌加工构成商标侵权

基于商标权严格的地域属性，在一国领域范围内未经商标权人许可而在商标权控制的范围内使用商标的行为构成商标侵权，这是肯定论者的坚定立场。针对我国《商标法》第57条第（1）款的规定，由于法律没有写明需要满足混淆可能性因素，因此不能当然地认定"双相同"情形需要以混淆可能性为基础。❷ 其次，肯定论者也反对部分法院在判决中考虑境外委托人具有外国合法商标权从而排除境内受托人侵权责任的观点❸，他们认为应该严格坚持知识产权的地域性原则，不考虑委托方是否在外国拥有合法商标权。

（一）从保护商标其他功能的角度分析

张伟君等认为，《商标法》第48条下的商标使用是指发挥识别来源功能的使用行为，这意味着商标性使用必须发挥识别来源的作用。从正面来看，这个规定只是要求商标权人使用商标时应该发挥其识别商品来源的功能，否则无法认定这是一种商标使用行为。但是，从反面来看，这个规定显然也会影响商标侵权判定中对于商标使用行为的理解。是否擅自使用他人商标的行为，只要没有起到识别来源的效果就一律不构成侵权。然而商标本身不仅仅只有识别来源功能，还包括广告功能、宣传功能。侵害商标的这些功能也应当是商标侵权行为。因此，仅仅以发挥识别来源功能来认定是否构成商标性使用，从而认定构成侵权的模式值得商榷。就涉外定牌加工出口而言，即便此行为没有损害中国境内注册

---

❶ 徐枫，王正伟. 对涉外定牌加工行为的再思考——以知识产权海关保护执法实践为视角［J］. 知识产权，2015（7）：32. 若针对涉外定牌加工一律不判断侵权，实质上会扩大境外商标权人的商标使用范围，反而限制境内商标权人主张权利的范围。在混淆理论下，除非在全世界所有国家和地区都完成商标注册，否则也无法有效防控竞争对手在国内进行涉外定牌加工的行为.

❷ 张伟君，魏立舟，赵勇. 涉外定牌加工在商标法中的法律性质［J］. 知识产权，2014（2）：35.

❸ （2016）闽民终1357号民事判决书.

商标的来源识别功能，也仍然会影响商标的其他功能（比如投资功能）因此并不当然排除定牌加工的侵权可能。❶

（二）从"商标使用"内涵的角度分析

王太平认为商标的使用应当分为商标形成和维持意义上的商标使用和商标侵权判断中的商标使用。前者着重于在先的未注册商标是否实际进行了商业使用，从而使商标能够产生或维持其影响和识别力，后者则着重于被诉商标侵权行为是否在使用商标，且其使用行为是否可能给注册商标产生不利的影响。涉外定牌加工原则上不构成商标形成和维持意义上的商标使用，但可以构成商标侵权判断意义上的商标使用。他从以下角度进行分析：当前的商标保护政策；经济性质上，涉外定牌加工为混淆可能性判断的商品因素中的经销渠道因素；商标法体系协调性角度，即他认为，某些类型的涉外定牌加工制造商品会制造他人注册商标标识，尽管这里经过了定牌加工的委托人的授权，但显然并未经国内商标权人的授权，仍然属于伪造、擅自制造。因此，既然仅仅伪造、擅自制造他人注册商标标识的行为都构成侵权，那么除了伪造、擅自制造他人注册商标标识行为之外还生产商品的行为更应该构成侵权，如此认定才能确保商标法相关规定的解释的体系协调性。❷

（三）"双相同"下无须混淆可能性的分析

胡滨斌认为，在认定商标相同时，只要被控侵权的商标与原告的注册商标相比较，二者在视觉上基本无差别就可以了，至于是否容易导致消费者混淆，并不是商标侵权判定的必要条件。❸ TRIPS 协议第 16 条规定：注册商标所有人应享有专有权，防止任何第三方未经其许可而在贸易活动中使用与注册商标相同或近似的标识去标示相同或类似的商品或服务，以防造成混淆。如果确将相同标识用于相同商品或服务，即应推

---

❶ 张伟君，魏立舟，赵勇.涉外定牌加工在商标法中的法律性质［J］.知识产权，2014（2）：38.

❷ 王太平.从"无印良品"案到"PRETUL"案：涉外定牌加工的法律性质［J］.法学评论，2017（6）：185-186.

❸ 《最高人民法院关于当前经济形势下知识产权审判服务大局若干问题的意见》中指出：未经商标注册人许可，在同一种商品上使用与其注册商标相同的商标的，除构成正当合理使用的情形外，认定侵权行为时不需要考虑混淆因素。

定已具有混淆可能性。这是欧美两种立法模式妥协的结果，且 TRIPS 协议也允许其成员在国内法中对推定混淆可能性是否可推翻各自采取不同的做法。❶

（四）从与其他法律规定协调的角度分析

黄晖、马超认为，混淆是商标近似的构成要件，而非相同商标的判定要件，也不是侵权行为的构成要件。商标侵权判定中，可能存在不构成混淆，但构成侵权的情况。譬如《刑法》第 213 条规定了假冒注册商标罪，即未经注册商标权人许可，在同一种商品上使用与其注册商标相同的商标，情节严重的，构成犯罪。如果在有关行为已经满足刑法构成要件而构成犯罪的情况下，相关生产假冒商品的行为却因为商品没有最终在中国市场销售给中国消费者而不构成民事侵权，这样的说法显然无法成立。混淆原则并非商标侵权行为的构成要件，因此，以定牌加工产品因不流入市场，未造成混淆为由，否定侵权行为的成立从法理上缺乏依据。同样，黄晖、马超反驳张玉敏引用《联合国国际货物销售合同公约》规定来进行论证的观点。他们认为公约仅仅适用于国际货物买卖，这与从事生产及销售与侵权行为的因果关系和密切程度有着本质的不同，且公约属于习惯法，并不具有强制性。❷

（五）侵权认定是"常态"，不侵权是"例外"

陈慧珍认为一般情况下，贴牌加工中使用商标与国内商标权人的商标权有冲突时，被判定为侵权与我国实际相符，也未显现出有多大的利益不平衡。但是如果存在国内商标权人抢注国外商标的情况，防止国内商标权人权利滥用的问题就出现了。徐枫、王正伟也持同样的观点。❸若一律认定涉外定牌加工行为不侵权，则会产生如下问题：一是出口商

---

❶ 胡滨斌. 定牌加工商标侵权认定若干问题之反思——以"无锡艾弗公司诉相关鳄鱼恤公司"案为例［J］. 交大法学，2015（3）：173.

❷ 黄晖，马超. 定牌加工商标侵权问题辨析［J］. 电子知识产权，2013（6）：49.

❸ 徐枫，王正伟. 对涉外定牌加工行为的再思考——以知识产权海关保护执法实践为视角［J］. 知识产权，2015（7）：34. 基于商标的地域性因素以及损害因素的考量，认为针对涉外定牌加工行为应当在多数情况下认定为侵权，在境内企业在境内构成恶意抢注境外企业的商标，以此作为与境外企业谈判筹码或以此营生的行为，违反诚实信用的基本原则，此类情形才是涉外定牌加工行为中真正需要例外考量的情形。

品没有境外委托加工情况下，同样也不会产生国内市场混淆，是否也应认定这种行为不侵权？二是对于完成生产但产品尚未投入市场的商标使用行为，因产品尚未进入市场不发生混淆，是否也难以认定其为侵权行为？若这样，这种情况对应于国内的生产侵权商品行为，也难认定其构成侵权了，即侵权的问题也不复存在了。❶

孙海龙、姚建军也认为以是否发生实际损害后果作为侵权判定依据会使得"即发侵权"无法使用，禁止该种侵权行为是 TRIPS 协议第 50 条的明文规定。❷

（六）从"国际礼让原则"角度分析

荷兰国际司法学者胡伯指出："主权国际对于另一国家已在其本国有效的事实法律，出于礼让，应保持其在境内的效力，只要这样做不损害自己国家及臣民的权益。"❸ 张伟君认为基于知识产权作为法定权利的严格地域性，并不适用"国际礼让原则"。即便被告是受国外合法的注册商标权人的委托加工出口涉案商品，一国法院也无须根据"国际礼让"原则适用外国法而对国外的合法商标权予以尊重或礼让。只要坚持商标权地域性原则，我国法院在审理涉外定牌加工商标侵权纠纷案件中既没有必要寻求本国法的域外适用，也没有必要考虑外国法下的知识产权或保护外国权利人的利益，这样既可以保持法律规则的稳定性而不至于顾此失彼，又可以维护法律规则的公平性而不至于厚此薄彼。❹

但胡洪亮对此持不同的观点，他认为国家对于他国知识产权应通过法律给予尊重和承认，根据国家主权原则给予相应的国际礼让，通过这种互惠的方式使得知识产权的国际保护得以发展。❺

---

❶ 陈慧珍. 关于涉外贴牌加工商标侵权问题的思考［J］. 人民司法，2013（19）：101.

❷ 孙海龙，姚建军. 贴牌加工中的商标问题研究［J］. 知识产权，2010（5）：79.

❸ Ernest G. Lorenzen，Selected Articles on the Conflict of Laws，1947，pp. 168-180. 转引自王承志. 论涉外知识产权审判中的法律适用问题［J］. 法学评论，2012（1）：135.

❹ 张伟君. 从商标法域外适用和国际礼让看涉外定牌加工中的商标侵权问题［J］. 同济大学学报（社会科学版），2017（3）：119.

❺ 胡洪亮. 知识产权法律冲突问题浅析［J］. 重庆科技学院学报（社会科学版），2009（3）：73.

（七）新理论"授权侵权"的分析

张伟君在"2019 中国国际商标品牌节之中国商标年会"上提到英国知识产权法中的重要概念——授权侵权。授权侵权既不是简单的直接侵权行为，也不是教唆侵权或帮助侵权行为，更不是共同侵权行为。按照授权侵权的逻辑，定牌加工商的行为构成直接侵权，只是在损害赔偿责任的承担上可以考虑依据其过错来予以豁免。❶ 虽然授权侵权在我国没有得到理论化，但该理论既符合我国商标法关于商标使用的定义，又对国内加工方的利益加以适当的考虑，是值得司法和学术界加以讨论的新思路。

（八）小结

按照肯定涉外定牌加工构成侵权的相关学者的观点，我们不能一味地站在保护国内加工方的立场上来对待该问题。知识产权具有其自身的严格地域性问题，我们应该站在知识产权立法地域性的基础上来看待。但是，过多地强调知识产权的地域性也并非百利无一害。龙湘元、周详也认为，过分强调知识产权的地域性有可能产生不公平、不公正的结果，同时也不利于知识产权保护的国际协调。❷正如前文所述，采取"一刀切"的态度对待 OEM 问题，有矫枉过正之嫌。宋健法官对此也持同样的观点。❸

---

❶ 张伟君. 定牌加工出口商商标侵权纠纷案审理思路辨析 [EB/OL]. [2019-07-28]. https://mp. weixin. qq. com/s/wTS_-HCVrl2zxi5TXRs9Vw.

❷ 龙湘元，周详. 礼让原则在商标侵权纠纷中的使用——一起涉外商标纠纷引发的法律思考 [J]. 电子知识产权，2013（Z1）：121.

❸ 宋健. 对涉外定牌加工商标侵权"合理注意义务+实质性损害"判断标志的解读——以"东风"案为例 [J]. 知识产权，2016（9）：33. 涉外定牌加工从来就不是单纯的商标法适用问题，它体现了国际加工贸易业态与商标权保护和司法政策平衡之间的冲突叠加。在知识产权领域，法律问题在很多时候是政策问题，而政策问题很多时候是产业问题。如果采取或者侵权或者不侵权的单一裁判标准，实难妥当解决涉外定牌加工商标侵权争议，极易导致商标法适用的困境，因而需要在综合考量我国经济社会发展阶段性特征和知识产权保护公共政策属性基础上，谨慎选择能够体现商标法适用与司法保护政策妥当融合的裁判标准。

三、结论

针对涉外定牌加工是否构成商标侵权的问题，由于立法没有明确的规定，导致司法实践中存在大相径庭的判决。虽然2014年最高人民法院作出的判决很大程度上改变了中国法院系统此前对该问题以商标侵权认定的裁判态度。但各地法院依旧存在同案不同判的现象，由此带来的问题不仅困扰着境内商标权人和OEM加工方，还给海关执法带来诸多困惑。❶ 若今后我国商标立法能够明确"双相同"的情况仍然需要考虑混淆因素，那么关于该问题的认定将在很大程度上偏向于不侵权。但针对OEM问题，最终涉及的终归是利益的平衡和取舍问题：作为国内商标权人的利益和作为定牌加工方的利益。笔者通过梳理相关文献认为，根据具体的情形，以"侵权"判定作为常态，以"不侵权"判定作为例外的观点，从而避免"一刀切"的态度或许是我们更为可取的裁判方向。

---

❶ 俞则刚. 海关视角下涉外定牌加工案件的处理 [J]. 电子知识产权，2018（3）：35. 该文认为最高人民法院"非商标性使用"的裁判观点动摇了海关总署边境保护的执法基础，海关作为阻截侵权货物流出国门的最后一道防线将形同虚设。司法裁判不统一的主要原因是"涉外定牌加工行为"认定标准的不一致，司法裁判不统一的重要后果就是海关行政执法无所适从。

涉外定牌加工行为定性的案例综述

季善豪　张一泓*

【摘要】本文以中国和美国关于涉外定牌加工的案例为基础，从中国司法实践对涉外定牌加工的认定标准和侵权判定方法入手，发现中国法院对涉外定牌加工案件的审理思路存在较大差异，其主要在于该行为是否属于商标性使用、是否需要考虑国外商标权的授权效力、加工方是否需承担合理注意义务以及该行为是否属于间接侵权等。美国对于涉外定牌加工的争议主要集中于何时可以适用域外管辖权，而其所要考虑的因素包括被告的国籍、被告行为对美国国内市场的影响以及适用域外管辖权是否与域外法律冲突。最后比较中美司法实践后发现，从多元化角度审视涉外定牌加工行为，不仅有利于对我国权利人的保护，更有利于营造良好的国际竞争秩序。

【关键词】涉外定牌加工；商标侵权

一、中国司法实践

通过梳理国内涉外定牌加工的案例，我们发现针对该问题，国内法院当前的裁判大体可以概括为以下四种裁判思路：（1）以在我国境内加工后出口的商品不会在国内销售并发挥商标识别功能，从而不构成商标性使用，不具有混淆可能等理由，否定侵权的成立；（2）从权利地域性

---

* 季善豪、张一泓为华东政法大学知识产权学院 2018 级硕士研究生。

与商标权的排他性出发，未经许可在国内从事定牌加工行为，构成直接侵权；（3）以定牌加工商存在主观过错来确定侵权；（4）以定牌加工出口商涉嫌"间接侵权"确定侵权。

（一）以不构成商标性使用为由排除侵权可能

2013年《商标法》第48条将《商标法实施细则》中关于商标使用的定义引入其中，增加了"识别商品来源的商标性使用行为"要件。被诉侵权行为是否构成侵权，就需要以其是否构成商标性使用为前提。以最高人民法院2014年作出的判决为开端，认定涉外定牌加工行为不构成商标性使用成为主流。

在最高人民法院于2014年提审的PRETUL案❶中，最高人民法院认为，商标法保护商标的识别性。判断在相同商品上使用相同的商标，或者判断在相同商品上使用近似的商标，或者判断在类似商品上使用相同或者近似的商标是否容易导致混淆，要以商标发挥或者可能发挥识别功能为前提。被告亚环公司受储伯公司委托，按其要求生产挂锁，在挂锁上使用PRETUL相关标识并全部出口墨西哥，因此该标识不会在我国领域内发挥商标识别功能，不具有使我国相关公众将原被告生产商品混淆的可能，故其所贴附的标志不具有商标的属性，在产品上贴附标志的行为亦不能被认定为商标法意义上的使用行为，因此被告不构成侵权。

实际上，在最高人民法院作出上述涉外定牌加工不构成商标性使用的判决前，ISKA案❷、CROCODILE案❸等法院在审判过程中已经采用此种裁判方式排除OEM行为的侵权可能。但从PRETUL案开始，法院几乎均依照上述裁判理由认定涉外定牌加工不构成侵权，如YOOKIDOO案❹、ENERGY案❺、HONDAKIT案❻、JOLIDA案❼、PROPO案❽等。

---

❶（2014）民提字第38号。
❷（2012）闽民终字第378号。
❸（2013）闽民终字第669号。
❹（2017）粤0604民初11948号。
❺（2018）粤民再107号。
❻（2017）云民终800号。
❼（2009）沪高民三（知）终字第65号。
❽（2016）闽民终1357号。

案件均认为，涉外定牌加工所生产的商品全部出口国外，因此商品上的商标在国内不会发挥识别功能，不属于 2013 年《商标法》第 48 条规定的商标性使用，不构成侵权。

然而，有部分法院认为，由于定牌加工产品会导致进口国相关公众混淆，所以加工方的行为属于商标性使用从而构成侵权（见表 1）。

表 1 以导致进口国相关公众混淆为由认定侵权的案例

案件号	审理法院	原告	被告	侵权与否	裁判理由
（2018）浙 02 民终字第 518 号	宁波中院	浙江凯达进出口贸易有限公司	全星有限合伙公司	侵权	被告的行为使得被诉侵权商品进入该国市场后，引起了该国相关公众的混淆，此情况亦对商标权人造成商标法意义上的侵害，构成商标侵权
（2018）吉民终字第 229 号	吉林高院	刘某某	延边东方生物科技有限公司	侵权	被告的行为会使得该商品进口国韩国的相关公众混淆，使得权利人进入韩国的商品利益受到损害，构成侵权

根据上述裁判观点，构成商标使用必须要以混淆可能性为前提。但在 2013 年《商标法》中，商标使用的用语并非仅仅存在于第 57 条。《商标法》第 64 条关于"撤三"的规定中也存在商标使用的用语。然而，最高人民法院在 USAPRO 商标行政案件裁决书中认定："产品未在我国销售并全部出口的行为构成商标性使用，可以对抗撤三制度。"[1]北京知识产权法院在 DCLSA 案中也作出了同样的认定。[2] 这样一来产生的结果就是：同样的"商标使用"概念，在《商标法》的不同条款要作外延不同的解释，将导致"商标使用"概念的外延认定问题产生混乱。

（二）基于知识产权的地域性，认定侵权成立

以 2001 年深圳法院从权利地域性与注册商标专用权的排他性出发，未经许可在我国境内加工后出口的商品上使用他人在我国享有注册商标专用权的标识，构成直接侵权。[3]当然，此种不以上述第一种裁判思路下

---

[1] （2018）最高法行申 8135 号。

[2] （2015）京知行初字第 408 号。

[3] （2001）深中法知产初字第 55 号。

的混淆—商标性使用—侵权为基础的裁判思路绝大多数都是 PRETUL 案以前的。当然，在此之后，也有法院依据 2013 年《商标法》第 57 条第（1）项的规定，认定在"双相同"❶ 的情况下，无须考虑混淆因素，从而认定侵权的判例，如表 2 所示。

表 2　无须考虑混淆因素而认定侵权的案例

案件号	审理法院	原告	被告	侵权与否	裁判理由
（2001）深中法知产初字第 55 号	深圳中院	耐克公司	浙江畜产进口公司、嘉兴市银兴制衣厂和西班牙 CIDE-SPORT 公司	侵权	基于知识产权地域性原则，未经国内商标权人许可在国内生产的相同商品上贴附和商标权人相同商标的行为构成侵权
（2005）浙民三终字第 284 号	浙江高院	宁波保税区瑞宝国际贸易有限公司	慈溪市永胜轴承有限公司	侵权	基于知识产权地域性，未经国内商标权人许可构成侵权
（2005）穗中法行初字第 10 号	广州中院	广东佛山市泓信贸易有限公司	广州海关	侵权	依据双相同原则认定商标侵权
（2011）浙甬知初字第 10 号	宁波中院	莱斯防盗产品国际有限公司	浦江亚环锁业有限公司	侵权	依据双相同原则认定商标侵权
（2011）青知民初字第 546 号	青岛中院	青岛瑞田服饰有限公司	鳄鱼恤有限公司	侵权	双相同情况下无须考虑混淆因素，因此被告在衣领处使用与原告商标相同的标识构成商标侵权
（2012）闽民终字第 500 号	福建高院	李某某	厦门市华美嘉进出口有限公司	侵权	双相同情况下不考虑混淆因素，直接认定侵权
（2014）浙知终字第 25 号	浙江高院	斯皮度控股公司	温州路加贸易有限公司、科纳森光学产品和代理有限公司	侵权	贴牌加工属于商标性使用，根据商标法的地域性原则，构成商标侵权

---

❶　即被告在相同的商品或服务上使用与原告相同的商标，构成《商标法》第 57 条第（1）项的情形。

续表

案件号	审理法院	原告	被告	侵权与否	裁判理由
（2016）沪73民终第37号	上海知产法院	福建泉州匹克体育用品有限公司	无锡振宁国际贸易有限公司	侵权	被告使用的标识与原告标识相近似，虽然被告产品未在国内销售，但是基于互联网，国内消费者可以通过网购平台购买到相关产品，依然可能引起混淆，因此构成侵权

在 PRETUL 案之后，若案情属于 2013 年《商标法》第 57 条第（2）项的情况，法院基本上都会依照最高人民法院的审判思路认定不侵权。但在一些个案中，法院通过认定"双相同"下无须考虑混淆因素的思路来支持涉外定牌加工构成侵权，无疑是针对涉外定牌加工行为认定的新思路。

（三）以定牌加工商是否存在主观过错来确定侵权

该裁判思路以受托方在接受委托时，有无尽到相关注意义务作为要素来判定其侵权与否的问题。法院通常是依据《侵权责任法》的相关规定来主张受托人需要尽到合理注意义务（见表3）❶。

表 3   以受托方是否尽到注意义务为侵权判断标准的案例

案件号	审理法院	原告	被告	侵权与否	裁判理由
（2015）苏知民终字第00036号	江苏高院	上海柴油机股份有限公司	江苏常佳金峰动力机械有限公司	侵权	案外委托人在印度尼西亚恶意抢注与原告相同的商标，其权利的获得不合法。被告明知原告在印度尼西亚的经营仍接受委托，侵犯原告的利益，构成侵权
（2016）浙民再字第121号	浙江高院	于某某	容大公司	侵权	境外委托人存在恶意注册的情形，被告未尽到合理注意义务，构成侵权
（2016）沪0115民初字第27091号	浦东新区法院	宁波国际合作有限公司	平湖市华杨旅游制品有限责任公司	不侵权	委托方在与原告的合作中止后将涉案标识抢注为商标的行为违反诚实信用原则，但被告已尽到合理注意义务，不构成侵权

---

❶ 《侵权责任法》第 6 条：行为人因过错侵害他人民事权益，应当承担侵权责任。

续表

案件号	审理法院	原告	被告	侵权与否	裁判理由
（2017）苏行终字第157号	江苏高院	浙江方爵进出口公司	镇江海关	维持行政处理	国内加工方在接受委托时要尽到合理注意义务，若存在境外商标权人恶意抢注和模仿境内商标或驰名商标的情况，受托人的注意义务更严格
（2018）吉民终字第229号	吉林高院	刘某某	延边东方生物科技有限公司	侵权	原告的商标为驰名商标，被告对此负有更高的注意义务，构成侵权

在商标领域判断侵权与否时，《商标法》相对于《侵权责任法》而言，无疑是特别法。依据特别法优于普通法的原理，应当优先适用《商标法》的相关规定。在知识产权领域不以行为人的过错作为侵权与否的规则之下，法院反过来去依据《侵权责任法》的规定以行为人是否具有主观过错来认定其行为的侵权与否，似乎有强行套用法条的嫌疑。

（四）认定定牌加工商涉嫌"间接侵权"

广州知识产权法院在 VALLEYGIRL 案❶中表示：如被诉行为不构成商标使用，则被诉侵权人不构成直接侵害商标权的行为，但仍有构成间接侵害商标权行为的可能。在该案中，法院依据间接侵权的裁判思路作出判决，依据被告不存在主观过错从而不构成间接侵权为由，认定被告行为不构成侵权。

但是，这个思路存在的明显问题是：定牌加工商的行为并非是在帮助他人实施侵权，而是被教唆或被授权后自己在直接实施侵权行为，因此，应当是直接侵权行为。专利、商标与著作权的权利人享有授权他人实施其专有权利控制的行为的排他权利。因此，第三人未经权利人同意，擅自许可或授权被许可人实施专有权控制的行为，被许可人的行为也构成直接侵权。

（五）小结

上述四种裁判思路在当前的司法实践中都是存在的。当然，也有法

---

❶ （2017）粤 73 民终 1373 号。

院针对涉外定牌加工的行为作出了更为全面的分析。在 SOYODA 商标一审案❶中，宿迁中级人民法院认为，涉外定牌加工行为是否构成商标侵权，还涉及境内民族品牌的培育与境内涉外加工企业发展两种利益。如境外委托生产商在其国内不享有注册商标权或者其注册商标的时间晚于境内的注册商标权人，依《商标法》第 52 条关于"未经商标注册人的许可，在同一种商品或者类似商品上使用与其注册商标相同或者近似的商标"的规定，由境内商标注册权人合法阻止境外涉案商标在国内的使用，有利于境内民族品牌的依法保护、民族品牌国际市场的开拓培育以及境内商标权人竞争力的保持。如境外委托生产商在其国内享有注册商标权且其注册商标的时间早于境内的注册商标权人，认定构成商标侵权将产生鼓励境内主体抢注国外他人商标，阻碍境内加工企业正常发展的不良倾向，有悖公序良俗，而这种情况认定不构成商标侵权，一方面不损害境内商标注册人的国际竞争利益，且有利于国内涉外加工企业的发展，另一方面以商标注册使用在先处理该案，不至于因商标侵权处理阻碍国际加工贸易发展，也符合包括商标在内的知识产权保护的基本理念和普遍原则。该案中被告的行为构成合理使用，不构成商标侵权。

二、美国司法实践

美国法院注重的并非涉外定牌加工行为是否构成商标性使用、加工方是否存在主观过错或是否构成间接侵权。根据《兰哈姆法》❷，未经许可在相同或类似商品上使用相同或近似的商标，可能构成混淆的，属于商标侵权行为。因此，美国涉外定牌加工案件的被告往往会主张自己的行为不受美国法管辖。据此，美国法院的思路为：若国内加工方的行为是受外国商标权人授权委托且不会损害美国市场利益，则不认定侵权。

---

❶ （2011）宿中知民初字第 0008 号。

❷ 15 U. S. C. § 1114 规定：任何人未经许可在商业活动中使用他人注册商标，可能造成混淆、误解、欺骗的，构成侵权。15 U. S. C. § 1127 规定："商业活动"是指受美国国会合法管制的任何商业活动。

尽管美国涉外贸易争议案件主要是受《谢尔曼法》❶ 调控，但仍有部分案件进入《兰哈姆法》的范围之内，其中 Bulova 案就是其中最具指导力的判例。❷ 美国法院在适用《兰哈姆法》处理此类涉外案件时的裁判思路有：（1）即使被诉侵权产品系由外国商标权人授权生产且全部出口境外，只要被诉侵权产品以任何方式引起了美国市场混淆，美国法院都可以向国内加工方颁布禁令；（2）即使国外商标权根据美国法会侵犯国内权利人的权益，只要相关产品未进入美国市场并造成混淆，美国法院无法适用美国法对外国合法注册的权利进行处理。

（一）引起美国市场混淆，法院颁布禁令

在美国最高法院 1952 年判决的 Bulova 案❸中，Bulova 是在美国注册且世界闻名的手表商标，而美国公民 Steele 在墨西哥注册了"Bulova"商标，并未经 Bulova 公司同意将在美国和瑞士生产的带有"Bulova"商标的手表销往墨西哥。Bulova 公司遂在美国法院提起诉讼，❹ 法院最终下达了对 Steele 的禁令，禁止其继续在墨西哥从事侵犯 Bulova 公司权益的行为。尽管美国最高法院没有考量"颁布禁令是否会与墨西哥法律冲突"，但美国最高法院仍发表了自己的意见："在不侵犯其他国家及其国民任何利益的情况下，美国没有任何理由不能管辖其公民在公海甚至外国的行为。并且国会有权阻止美国公民在国外实施的侵权行为。"美国第十五巡回上诉法院在 American Rice 案中对 Bulova 案和另一起涉外管辖争议案件❺作了总结，在判断案件所涉美国利益和联系是否足以法院适用域外管辖时，法院所要考虑的因素主要有：被告是否为美国公民、被告行为对美国贸易的影响以及适用域外管辖是否与外国法相冲突。❻

---

❶ 即美国的反垄断法。

❷ 701 F. 2d 408.

❸ Steele v. Bulova Watch Co. , 344 U. S. 280.

❹ 直到墨西哥边境地区的 Bulova 维修店发现许多非本公司生产的手表时，Steele 的行为才被 Bulova 公司知晓。Bulova 公司在美国起诉的同时，还在墨西哥提起了"无效宣告程序"，并在美国最高法院作出最终判决前成功无效了 Steele 在墨西哥的商标。

❺ George W. Luft Co. , Inc. v. Zande Cosmetic Co. , Inc. , 2 Cir. 1944, 142 F. 2d 536.

❻ 701 F. 2d 408.

在美国第十五巡回上诉法院于 1983 年判决的 American Rice❶ 案中，原告 American Rice 公司和被告 Riceland 公司都是美国专门的大米生产、加工公司。被告在原告之后于出口沙特的大米上使用了与原告非常近似的商标❷，使得相关公众将其与原告的产品混淆。上诉法院最终对被告颁布禁令，其理由在于沙特法院尚未对原被告双方在沙特的权益作出最终判决，因此被告的商标权尚处于不稳定状态，同时原告在美国享有合法的商标权，且其在国内外均从事大米经营活动，因此有权根据《美国商标法》和《美国反不正当竞争法》阻止另一家美国公司在国内外实施的侵权行为。

（二）仅引起国外市场混淆，法院不颁布禁令

在 1956 年判决的 Vanity Fair Mills, Inc. v. T. Eaton Co.❸ 商标案中，原告 Vanity 公司于 1914 年开始在美国生产并销售"Vanity Fair"商标的女式内衣，并至少从 1917 年开始向加拿大销售该品牌产品。被告 Eaton 公司于美国纽约设有办事处，其于 1915 年 11 月 3 日申请获得了加拿大商标"Vanity Fair"。之后于 1945~1953 年，被告经由其纽约办事处从 Vanity 公司购买品牌产品销往加拿大，并从 1953 年开始同时销售 Vanity 公司的产品以及自己在加拿大生产的带有"Vanity Fair"标识的产品。美国第二巡回上诉法院最终驳回原告的诉求，理由是："被告 Eaton 公司的行为只会引起加拿大公众的混淆，因此不论是《保护工业产权国际公约》还是《反不正当竞争法》都无法适用于本案。"

在 2005 年判决的 McBee 案❹ 中，美国著名音乐家 Cecil McBee 发现一家日本公司在日本将其姓名注册为商标并用于服装销售，在日本法院诉讼未果后遂以商标淡化和不正当竞争为由向美国法院起诉。美国法院最终以被告日本公司产品始终未进入美国境内为由驳回原告的

---

❶ American Rice, Inc. v. Arkansas Rice Growers Co-op. Ass'n, 701 F. 2d 408, 被告简称"Riceland 公司"。

❷ 原告于 1975 年收购了一家向沙特销售大米的公司及其商标，该公司从 1966 年便开始使用"Abu Bint"以及女孩形象商标。1978 年，被告开始根据沙特经销商的要求向沙特出口销售带有经销商"Bint-al-Arab"（阿拉伯女孩）商标的大米。

❸ Vanity Fair Mills, Inc. v. T. Eaton Co., 234 F. 2d 633.

❹ McBee v. Delica Co., 417 F. 3d 107.

起诉。

（三）小结

涉外定牌加工在美国引发的主要是司法管辖权问题，美国法院在判断一起涉外案件（包括涉外定牌加工案件）是否可以适用美国法进行审理的时候往往是以"相关被诉侵权行为是否影响国内市场或权利人的利益"为首要考虑因素、"适用域外管辖是否与外国法相冲突"为次要考虑因素、"被告是否为美国公民"为最次要的考虑因素。

三、中美司法实践对比

中国法院认定涉外定牌加工的标准为：（1）国内加工方受外国商标权人授权、委托生产带有相关商标的产品；（2）所生产加工的产品全部销往海外；（3）国内加工方对外国商标权人的商标权尽到了合理注意义务。而美国司法实践中并没有专门指代"涉外定牌加工"的名词，而是将这类行为视为受《兰哈姆法》规制的一般商标性使用行为，但若该行为是受国外权利人授权委托实施且不影响美国市场利益的，则不属于美国司法管辖范围。

具体而言，美国法院在审理此类案件时的标准较为明确、系统，定牌加工本就属于商标法规制的商标性使用行为，但由于牵扯到"涉外"利益，就需要考虑外国法律及相关权利因素，而美国在处理涉外事宜时往往以"是否影响本国利益"为首要考虑因素，因此"本国利益优先"亦成为处理"涉外定牌加工"案件的标准：在美国国内市场受到影响时，法院将会对国内加工方颁布禁令。

相比之下，我国司法实践在最高人民法院 2014 年作出指导性案例 PRETUL 案后便几乎一致将"涉外定牌加工"认定为"不会造成国内市场混淆的非商标性使用行为"，而忽视了"此类行为虽然通常不会造成国内市场的混淆，但很多人利用这一漏洞在境外抢注国内商标从而抢占外国市场"的行为。这不仅不利于保护国内权利人的利益，还会导致国际抢注行为风靡。

同时，我国各个法院对国内加工方需要履行的"合理注意义务"也有着不同的定义。这使得法院在审理涉外定牌加工案件时拥有极大的裁量权，不利于我国审判规则的统一。因此，借鉴美国的做法，不一味地将涉外定牌加工行为排除出我国司法管辖范围，不仅有利于我国权利人的保护，更有利于营造良好的国际竞争秩序。

商标平行进口问题文献综述

梁翔蓝　胡向玲　周子威[*]

【摘要】随着平行进口贸易发生日益频繁，商标平行进口引起较多关注。商标平行进口的界定、理论依据、法律规制路径等问题始终存在争议。学者对该问题提出商标法规制、反不正当竞争法规制、反垄断法规制等多种路径，然而在阐述自己的观点时均有所侧重。笔者在归纳总结学者观点的基础上，分析不同的法律规制路径，结合我国的国情对商标平行进口问题提出相应对策。

【关键词】商标平行进口；权利穷竭；地域性；法律规制路径

一、文献样本说明

本文以中国知网数据库为样本文献的来源，主题设置为"商标"并含"平行进口"，共检索到 399 篇文章。将篇名设置为"商标"并含"平行进口"，共检索到 171 篇期刊文章。最后为了提高文献质量，笔者通过筛选剔除旬刊文献，共检索到 44 篇质量较高的文献。

二、商标平行进口的概念

学界对商标平行进口问题的研究从未间断，笔者按研究成果的发表

---

* 梁翔蓝、胡向玲、周子威为华东政法大学知识产权学院 2017 级硕士研究生。

时间遴选出以下学者对商标平行进口的概念解析。

学者王莲峰认为，平行进口是在国外生产的带有本国商标的商品，未经本国商标权人的同意而输入本国的行为。平行进口中的商品是通过合法的渠道进来的"货真价实的正品"，由于其不同于一般的假冒产品和走私商品，因此被称为"灰色市场"或"灰色市场产品"。❶

学者谭启平认为，平行进口是含有知识产品的有形动产在两个以上的通过知识产权法保护此种知识产品的国家间的进出口的客观行为。平行进口作为一种事实，既与有关权利人的愿意或不愿意的态度无关，又与有关国家的法律肯定或否定的立场无关。❷

学者于凯旋结合欧盟立法认为，平行进口是指在国际贸易中，未经授权的进口商在某项商标已获进口国法律保护，且商标权人在该国自己或授权被许可人制造或经销某种特定商品的情形下，从国外购得商标权人或其他被许可人制造或销售的同种品牌商品在该国销售的行为。❸

学者严桂珍认为，商标平行进口是指在国际贸易中，未经国内商标权权利人授权，进口由权利人或者经权利人同意投放市场的产品或者服务，或者进口与权利人的权利具有同源性的知识产权产品的行为或者现象。❹

可见，在概念上，学界没有太大的分歧。其中谭启平教授给出的定义范围最广，并未强调"未经许可"的要件。当然，根据进口国权利人对平行进口的态度（许可或不许可），可把平行进口分为经许可的平行进口和未经许可的平行进口。笔者认为，讨论已经许可的平行进口意义不大，因为私法自治原则下，该行为与普通进口并无二致，即便在法律没有赋予知识产权以"进口权"的国家里，经许可的平行进口行为作为当事人行使私权利的方式之一，也应得到法律的尊重。

---

❶ 王莲峰. 商标法学 ［M］. 北京：北京大学出版社，2014：190-191.

❷ 谭启平. 论平行进口中的知识产权问题 ［J］. 现代法学，2003（4）：166-174.

❸ 于凯旋. 欧盟商标产品的平行进口问题分析 ［J］. 电子知识产权，2013（3）：78-82.

❹ 严桂珍. 论我国对商标平行进口的法律对策——兼评长沙 MICHELIN 牌轮胎平行进口案 ［J］. 同济大学学报（社会科学版），2012，23（3）：116-124.

综上，商标平行进口指合法生产的带有商标的商品，未经许可在两个以上保护商标法的国家间进出口的行为。

三、商标平行进口的法律特征

（一）平行进口的商品是"正品"

学者谭启平指出，所谓"真品"（也即这里所指的"正品"）构成平行必须有两个前提条件：一是判断"真品"与否时应以出口国法律为准；二是必须有知识产权在出口国和进口国的平行存在。同时强调，"真品"仅是对该商品中所包含的知识产权依据出口国法律所作的价值判断，并不包含对平行进口的价值判断。❶

我国台湾地区学者邱志平对商标"真品"的定义具有代表性：所谓"真正商品"乃是指与本国商标权人为同一人或虽非同一人，唯彼此间有契约上、经济上关系之外国商标权人或其被授权人，所制造并适法贴附同一商标之商品，而相对于不法贴附商标之赝品或仿制品而言。❷

这一点既是商标平行进口乃至知识产权平行进口的首要特征，也是构成要件。如果商品本身不合法，则构成假冒商品，其进口已经不属于"平行"，更谈不上平行进口。

（二）存在平行的合法销售渠道

这里所说的"合法渠道"有两种。在一般情况下，平行进口的产品是由权利人在国外投放市场，再进口至国内，本文探讨的主要为此情形，但并非绝对。

另一种是进口产品是由权利人自己在国内生产并投放国内市场，被他人出口国外，最终又返回国内销售的平行进口。这种情形的平行进口极为少见，如美国的 JAZZ PHOTO 案。因为平行进口的前提是国外相同知识产权产品价格低廉而国内价格较高，而这一现象是由于生产商在国外投放市场的价格比在国内投放市场的价格低造成的。

---

❶ 谭启平. 论平行进口中的知识产权问题 [J]. 现代法学，2003（4）：166-174.

❷ 邱志平. 真品平行输入解析——"公平法"与"智产法"系列 [M]. 台北：三民书局，1997：3.

（三）未经本国商标权人的授权或许可

正如学者谭启平所指出的，如果"两国知识产权非属一人"，则在实务中通常以"假冒伪劣"为由予以禁止。❶ 也就是说，实施进口行为的人与权利人并非同一主体，同时二者之间无授权或许可协议，这样的情形正是商标平行进口的显著特征，也是目前立法考量是否允许商标权国际用尽的重点。

四、商标平行进口的相关理论

商标平行进口主要与商标权权利穷竭原则和商标权地域性原则相关。早期部分学者主张从权利穷竭理论出发，从商标法领域对商标平行进口问题进行规制；而近年来的部分学者则持反对意见，认为平行进口问题与权利穷竭原则并无必然联系，不存在"理论基础"一说。

（一）支持权利穷竭原则

支持者认为"权利穷竭制度是解决平行进口问题的制度解药"。❷ 其主要从两个角度支持权利穷竭理论，一个是用于论证商标平行进口的合法性，另一个是从权利穷竭角度切入，提出商标平行进口的立法规制的建议。❸

商标权权利穷竭指的是商标领域，权利穷尽原则是指合法地载有某商标的货物一经投放市场，商标权人即丧失了对它的控制，其权利被视

---

❶ 谭启平．论平行进口中的知识产权问题 [J]．现代法学，2003（4）：166-174.

❷ 严桂珍．论我国对商标平行进口的法律对策——兼评长沙 MICHELIN 牌轮胎平行进口案 [J]．同济大学学报（社会科学版），2012，23（3）：116-124.

❸ 持该类观点的代表学者及其作品：莫纪平，谈建俊．商标权领域中的平行进口问题探析 [J]．当代法学，2000（2）：25-29；冯琴．商标产品平行进口问题辨析 [J]．法律适用，2008（8）：76-78．袁泽清．从进口汽车市场看我国商标平行进口立法 [J]．贵州社会科学，2008（6）：49-52；严桂珍．论我国对商标平行进口的法律对策——兼评长沙 MICHELIN 牌轮胎平行进口案 [J]．同济大学学报（社会科学版），2012，23（3）：116-124；刘亚军，孙长亮．平行进口中商标权保护——利益平衡与立法选择 [J]．学术交流，2016（8）：157-161.

为用尽，任何人再次销售该产品或者使用该产品，商标权人都无权阻止。❶ 目前学界支持权利穷竭理论的学者普遍支持商标权国际穷竭原则。

（二）反对权利穷竭原则

近年来，有不少学者持权利穷竭理论的反对意见，其为权利穷竭并不能作为商标平行进口的理论基础，有的学者从理论基础这一说法着手，有的学者则全面分析地域性理论以及权利穷竭原则的局限性，主张从其他角度切入，对商标平行进口问题进行规制。各类观点具体如下。

1. 商标平行进口无所谓"理论基础"

由于平行进口仍然是世界范围内颇存争议的问题，在既有的对该问题的论述中，多数学者通过将知识产权"权利用尽原则"与"地域性原则"作为处理平行进口问题的"理论基础"，试图从宏观的角度对平行进口作出是或非、同意或禁止的法律规制结论。"理论基础"有语意不详之感，似有将上述两种知识产权原则作为平行进口存在前提的意味。而如上文所述，平行进口本质上是个货物贸易问题，将知识产权理论作为贸易问题的理论基础有待商榷。❷

2. 坚持地域性原则则无须援用权利穷竭原则

除了上述两种观点之外，还有学者认为，如果坚持知识产权的地域性原则，则不存在所谓的权利国际穷竭。

从本质上讲，知识产权是主权国家干预的结果，而国家的主权是有限度的，一般受制于地域范围的限制。根据《巴黎公约》第4条之二以及《伯尔尼公约》第5条之二的规定，在一国取得的知识产权只在该国有效，一旦超越该国法律管辖之范围，其权利便不复存在。因此，在本国取得知识产权的智力成果或商业标识，在他国是否也能获得保护，得依他国法律确定。

陶鑫良教授认为，支撑平行进口的国际穷竭理论是一个虚假的命题。虽说国外也有一些判例似乎支持了知识产权国际穷竭理论，但这些判例

---

❶ 严桂珍. 论我国对商标平行进口的法律对策——兼评长沙 MICHELIN 牌轮胎平行进口案 [J]. 同济大学学报（社会科学版），2012，23（3）：116-124.

❷ 马乐，刘亚军. 平行进口法律规制的再思考——以知识产权独占许可为视角 [J]. 当代法学，2009，23（2）：70-75.

所运用的法律理论未必是正确的见解，不必将其作为金科玉律。❶

五、我国商标平行进口法律规制路径的选择

目前，对于商标平行进口的认识仍存在很多争议，部分学者认为商标平行进口是商标法领域问题，涉及国际权利用尽原则和知识产权地域性原则；部分学者认为商标平行进口本质上是货物贸易问题，将知识产权理论作为贸易问题的理论基础有待商榷。❷ 学界关于商标平行进口法律规制路径的选择有所不同，基本上分为以下几种。

（一）商标法的规制

1. 附条件的国际权利用尽

选择用商标法对平行进口商标产品进行法律规制的学者的通说为：我国在商标领域适用国际穷竭原则允许平行进口的同时，也应当规定"差异"例外。法律应当明确规定，适用国际穷竭原则的条件是，平行进口的产品与权利人在国内销售的产品不存在"实质性差异"，如果进口产品与权利人在国内销售的产品存在实质性差异，国内权利人有权阻止进口。❸

陶鑫良教授认为，对于平行进口的立法选择，我国可以根据本国的利益衡量进行取舍，同时，对不同的知识产权可以采取不同的立法选择。尽管《专利法》明确规定了进口权，《商标法》禁止在相同商品上使用相同或者近似的商标，但可以通过限定解释，使一定条件下的平行进口不受到禁止。

学者靳晓东认为，原则上许可商标产品平行进口，但是对在商标产品平行进口中引起消费者对商品来源的混淆、质量的误导的平行进口行

---

❶ 李玉璧. 平行进口的法理分析与立法选择 [J]. 西北师大学报（社会科学版），2010，47（4）：122-126.

❷ 马乐，刘亚军. 平行进口法律规制的再思考——以知识产权独占许可为视角 [J]. 当代法学，2009，23（2）：70-75.

❸ 严桂珍. 论我国对商标平行进口的法律对策——兼评长沙 MICHELIN 牌轮胎平行进口案 [J]. 同济大学学报（社会科学版），2012，23（3）：116-124.

为，在立法上应坚决禁止，以保护商标权人的合法权益。❶

学者尹锋林、罗先觉认为，无论是从我国的经济利益出发，还是从我国所应承担的条约义务和各国的平行进口规则来看，我国在平行进口问题上倾向于国际用尽规则都是可行的，也是符合国际惯例的。在坚持国际用尽原则的大前提下，还应该在微观上考虑各种例外情形。❷

其中，对实质性差异的标准是否应当在立法中进行规定，不同学者也有不同的观点。如学者严桂珍认为，"实质性差异"中的"差异"必须达到一定的程度，应以这些"差异"可能对国内权利人造成一定的影响为考量标准。❸

具体而言，持"'实质性差异'应当规定一定的认定标准"观点的学者将"实质性差异"例外的情况分为以下几种。

（1）商品质量差异。

学者尹锋林、罗先觉建议我国借鉴美国 Lever 规则，对存在产品差异的平行进口原则上予以禁止，但如果平行进口商在产品上贴附标签，标明该产品的来源、品质以及与国内授权产品的区别等情况，则允许其进口。❹

（2）商标附加值。

学者陈栋认为，同一制造商的商品，在不同国家由于经营情况不同，商标附加值差异明显。如果从发达国家平行进口的商品，其售价冲击国内市场，会对中国国内的经销商或商标权人建立起的商誉造成影响，此时平行进口不能阻却侵权之诉。❺

（3）充分的标注问题。

充分的标注是指以必要充分的方式提示平行进口及相关情况以防止损害国内商标权利人的利益。是否进行了充分标注应当是判断销售平行进口商品是否合法的重要条件。

---

❶ 靳晓东. 商标产品平行进口及我国的法律对策［J］. 法学杂志，2010，31（7）：47-49.

❷❹ 尹锋林，罗先觉. 欧美商标领域平行进口规则及我国相关制度的构建［J］. 知识产权，2011（1）：99-105.

❸ 严桂珍. 论我国对商标平行进口的法律对策——兼评长沙 MICHELIN 牌轮胎平行进口案［J］. 同济大学学报（社会科学版），2012，23（3）：116-124.

❺ 陈栋. 商标平行进口司法适用规则探析［J］. 中华商标，2016（6）：49-55.

学者陈栋认为，是否需要标注以及标注的要求，应当根据具体情况进行把握，根据充分、善意、明显的标准确定标注方式及内容并考虑标注效果。❶

（4）重新包装问题。

学者尹锋林、罗先觉认为，平行进口商对产品进行重新包装的目的可以分为两类：一类是为了满足国家的强制性规定而进行重新包装；另一类是单纯地为了市场销售利益。为了平衡自由贸易政策和商标权人的正当利益，因此，建议我国《商标法》允许第一类重新包装，而禁止第二类重新包装。❷

（5）更换系列商标问题。

学者王静认为，当商标或产品受到改变或损害，无论是对产品进行再次包装、更改商标标识或实施了不良宣传等行为，只要该平行进口行为，对产品的质量和商标声誉造成损害，国内商标权利人就可以禁止该进口行为。❸

学者陈栋总结，更换系列商标在平行进口中可能出现三种情形：一是更换前的商标并非国内注册商标；二是更换前的商标是国内注册商标，且与更换商标不属于同一权利人，便是典型的反向假冒，构成侵权；三是更换前的商标是国内注册商标，且与更换商标同属于同一权利人，这种更换商标销售的行为不会造成消费者对商品来源的混淆，应当允许。❹

（6）重贴标识问题。

学者陈栋认为，与更换系列商标情况不同，重贴标识关注的是商品上文字性或具有特定含义的标识的更换。如果不会造成消费者对商品来源的混淆误认，也未造成对商品本身的显著变更而可能损害国内商标权

---

❶❹　陈栋. 商标平行进口司法适用规则探析 [J]. 中华商标，2016（6）：49-55.

❷　尹锋林，罗先觉. 欧美商标领域平行进口规则及我国相关制度的构建 [J]. 知识产权，2011（1）：99-105.

❸　王静. 我国对商标平行进口问题应采取的原则——由两起相似案件的不同判决引发的思考 [J]. 知识产权，2005（5）：45-48.

利人的利益的，并无不可。❶

（7）国内被许可人利益保护问题。

学者王静认为，当进口国主张权利人为商标普通许可人时，由于其在被许可区域无法禁止许可人和其他被许可人销售相同产品，故无权禁止平行进口。❷

学者尹锋林、罗先觉认为，我国可以考虑引进韩国的本地制造规则，即在国内存在独占被许可人的情况下，如果该被许可人在国内制造、销售该商标产品，而不进口该商标产品，那么该被许可人即有权禁止平行进口。❸

学者严桂珍认为，考虑到商标独占许可人的特殊性，法律在规定国际穷竭原则，允许平行进口的同时，应当规定第二种例外，即允许独占许可人阻止平行进口，这一例外适用的前提是其未从首次销售中获得利益。❹

2. 回归商标法的立法目的

学者吴伟光认为，分析商标平行进口问题应该抛弃现在采用的国内权利用尽、国际权利用尽或者混合权利用尽的解决方式，回归到商标法最根本的立法目的。平行进口是否合法，要看是否损害了商标权人的标识利益，若损害标识利益，平行进口不合法；若未损害标识利益，要考虑是否损害了投资利益，如果损害，则构成不正当竞争，由反不正当竞争法进行规制。❺

（二）反不正当竞争法的规制

原则上允许商标产品平行进口，对不当的商标产品平行进口行为进

---

❶ 陈栋. 商标平行进口司法适用规则探析 [J]. 中华商标，2016（6）：49-55.

❷ 王静. 我国对商标平行进口问题应采取的原则——由两起相似案件的不同判决引发的思考 [J]. 知识产权，2005（5）：45-48.

❸ 尹锋林，罗先觉. 欧美商标领域平行进口规则及我国相关制度的构建 [J]. 知识产权，2011（1）：99-105.

❹ 严桂珍. 论我国对商标平行进口的法律对策——兼评长沙 MICHELIN 牌轮胎平行进口案 [J]. 同济大学学报（社会科学版），2012，23（3）：116-124.

❺ 吴伟光. 商标平行进口问题法律分析 [J]. 环球法律评论，2006（3）：335-342，351.

行反不正当竞争法下的规制。学者靳晓东认为，为防止不当的平行进口行为对市场造成不必要的混乱，我国应在《反不正当竞争法》中对不当的商标产品平行进口行为进行限制。具体的内容主要可包括：（1）由于平行进口商品的重新包装、重新更换标识等不适当的改造方式，导致可能对商标权人的商誉造成影响的；（2）平行进口的商标商品在质量等方面与国内同一商标商品存在实质性差别，但未能作出明确的说明的；（3）没有质量担保的平行进口的商品的；（4）国内商标权人已建立了独立于商标所有人的特有信誉，而平行进口商未在进口商品上明确予以标识以便购买者区分的；（5）其他违反法律及社会公共道德的行为。❶

（三）反垄断法的规制

学者李娟认为，限制竞争的行为除非受知识产权保护，否则进入《反垄断法》规制的范围。❷

学者严桂珍认为，我国《反垄断法》为反垄断规制限制平行进口的行为提供了法律依据，还应当借鉴美国等发达国家的司法经验予以参考，以完善我国的商标平行进口制度。❸

（四）合同法的规制

学者马乐、刘亚军认为，以知识产权独占许可协议为进路处理平行进口问题的方式并未依托于权利用尽原则与地域性原则，因而也就避免了这两种原则之间的矛盾及其难以明辨的争议性。❹

（五）部门法联合规制

学者马乐认为，我国对商标商品平行进口的有效规制还是应着重体现在司法层面，根据不同的平行进口类别以及当中的利害关系适用相应的法律，即实现平行进口的分类规制。在特定平行进口类型所引发的具

---

❶ 靳晓东．商标产品平行进口及我国的法律对策 [J]．法学杂志，2010，31（7）：47-49．

❷ 李娟．美国商标平行进口法律评述及对我国的启示 [J]．学术界，2011（12）：197-205，289．

❸ 严桂珍．反垄断法对限制平行进口行为的规制 [J]．政法论坛，2009，27（3）：169-174．

❹ 马乐，刘亚军．平行进口法律规制的再思考——以知识产权独占许可为视角 [J]．当代法学，2009，23（2）：70-75．

体利益冲突中，包括《合同法》《侵权责任法》《反垄断法》等在内的立法都可能成为平行进口的规制依据。❶

学者韩磊认为，在权利用尽原则之外，对平行进口问题的法律规制应当把握国家主权原则、利益平衡原则，并以所涉知识产权之功能属性作为检视标准，按不同类型分类规制。

学者李娟认为，从我国对外贸易的角度出发，我国可根据实际情况的变化在适当时机对《海关法》《对外贸易法》等其他相关法律中对商标产品平行进口的问题作出规定，使我国形成以《商标法》为主体，结合《反不正当竞争法》《海关法》等法律的完整的商标产品平行进口的法律体系，以促进我国对外贸易的发展。❷

综上，虽然我国商标平行进口法律规制路径的选择涵盖了《商标法》《反不正当竞争法》《反垄断法》《合同法》等法律，但是其核心都是承认在一定条件下的商标平行进口的合法性。

结　语

随着知识产权国际保护的加强，尤其是知识产权相关公约的签订，使权利人可以通过便利的途径在很多国家取得保护，加之国际贸易越来越繁荣，平行进口与商标权之间的冲突也就愈演愈烈。商标平行进口行为涉及商标权人、独家经销商、平行进口商、消费者等多方利益主体。我国学者在商标平行进口的理论权利用尽原则上存在两大相反的观点，对于商标权地域性原则和商标权用尽原则之间的关系仍存在较大分歧，本文认为应建立以《商标法》为核心、兼采各法所长的商标平行进口制度，以形成《商标法》《反不正当竞争法》《合同法》等的体系完整和逻辑自洽。

---

❶ 马乐. 权利穷竭原则规制平行进口的理论反思与现实选择［J］. 学习与实践，2014（12）：63-69.

❷ 李娟. 美国商标平行进口法律评述及对我国的启示［J］. 学术界，2011（12）：197-205，289.

商标平行进口问题案例综述

梁翔蓝　胡向玲　周子威*

【摘要】 本文以北大法宝和中国裁判文书网为数据库，通过检索与筛选获得相关样本案例，并进行初步数据统计及代表性案例汇总。在此基础上对我国商标平行进口案件进行类型化分析，梳理法院对于这一问题的审理路径，以期与文献资料结合，对理论研究进行修正与补充。

【关键词】 商标平行进口；权利用尽

一、商标平行进口案件在我国司法实践中的基本情况

（一）案件地区分布

从表1和图1的数据可以看出，商品平行进口相关案件主要分布在沿海地区及边疆地区，特别是沿海地区，如上海市、天津市等。这可能与这些地区发达的对外贸易和进出口政策相关。具体而言，天津市共审理案件3件，占总数的21%；浙江省、上海市分别占比14%。由于此类案件的原告多为已经享有广泛声誉并为公众所熟知的海外知名企业，如普拉达（PRADA）、维多利亚的秘密、法国大酒库以及大王制纸株式会社等。被告主要以销售的方式被诉侵权，其多数分布于我国东部的京津冀和长三角地区，这也就造成上述地区法院受理并判决的商标平行进口案件数量较多。此外，从表1数据也可以发现，受理案件的法院多为中级或高级人民法院，但其中也不乏个别基层人民法院。

---

* 梁翔蓝、胡向玲、周子威为华东政法大学知识产权学院2017级硕士研究生。

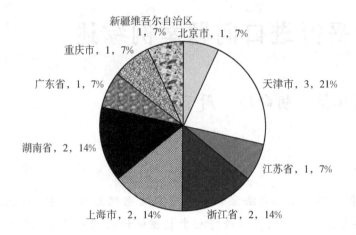

图 1　案件地区分布

表 1　案件地区分布

地区	法院	件数（件）
北京市	北京市高级人民法院	1
天津市	天津市高级人民法院 天津市滨海新区人民法院 天津市第二中级人民法院	3
江苏省	江苏省苏州市中级人民法院	1
浙江省	浙江省杭州市中级人民法院	2
上海市	上海市第二中级人民法院 上海市高级人民法院	2
湖南省	长沙市中级人民法院	2
广东省	广东省广州市中级人民法院	1
重庆市	重庆市渝北区人民法院	1
新疆维吾尔自治区	新疆维吾尔自治区乌鲁木齐市中级人民法院	1
总计		14

（二）案件审级与时间分布

从表2和图2来看，在案件时间分布方面，商标平行进口案件呈现上升趋势，如在1999年之前，本调研团队并未检索到商标平行进口案件，1999年审理的相关案件仅为1件，即在当时引起较大争议的"力士香皂案"。随着我国对外贸易的发展，商标平行进口现象增多，从商标平行进口审理案件的数量也可以看出。2016年商标平行进口案件的审理数量达到顶峰，为4件。

从案件的审级分布来看，14件商标平行进口案件中，有6件经历了二审程序，这充分反映了较高的上诉率，也从侧面反映出司法审判中对商标平行进口的裁判并未使得商标权人满意。

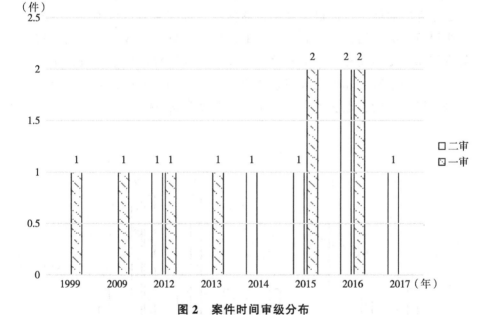

图2 案件时间审级分布

表2 案件时间分布 （单位：件）

年份	一审	二审	总计
1999	1		1
2009	1		1
2012	1	1	2

续表

年份	一审	二审	总计
2013	1		1
2014		1	1
2015	2	1	3
2016	2	2	4
2017		1	1
总计	8	6	14

（三）案件审理结果

从表3和图3来看，原告的胜诉率为50%。但是需要特别注意的是，在近年来的商标平行进口案件中，商标权人逐渐从对进口销售行为本身主张侵犯商标专用权，转而对后续的加贴中文标签，或者在橱窗、展板等宣传物上使用商标行为主张侵权。如果仅仅围绕商标平行进口中的进口销售行为本身，几乎绝大多数法院均认定不构成侵权，而是平行进口商进口以后未能合理使用商标，导致混淆而造成侵权。

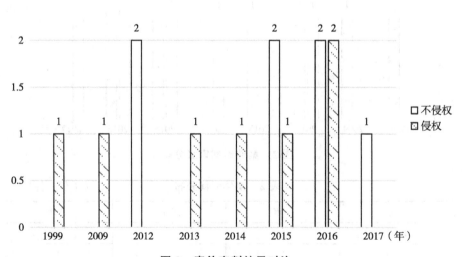

图 3　案件审判结果对比

表3　案例审判结果统计　　　　　　　　（单位：件）

年份	不侵权	侵权	总计
1999		1	1
2009		1	1
2012	2		2
2013		1	1
2014		1	1
2015	2	1	3
2016	2	2	4
2017	1		1
总计	7	7	14

二、商标平行进口案件法院处理方式

（一）直接承认商标平行进口合法

对于商标平行进口行为，部分法院直接认定，只要满足商标为正品的条件，则该行为并未侵犯商标权，不违反我国禁止性法律规定。例如，在"2014年维多利亚的秘密案"[1] 中，尽管该案的主要争议焦点在于被告在其经营的美罗城店铺招牌、员工胸牌、VIP卡、时装展览等处使用原告的商标是否是侵犯商标专用权的行为，但同时原告主张被告进口销售行为本身也构成商标侵权，对此法院认为，"由于被告并非销售假冒商品，指控其侵犯原告商品商标专用权显然并不成立"。可见法院支持商标平行进口行为本身是不违法的。该种观点在"普拉达诉新疆沈氏富成国际案"[2] 中也有所体现。

（二）法无禁止即自由

我国《商标法》对平行进口并未作任何规定。"法无禁止即自由"作为私法领域中的一项重要原则，得到了一些法院的适用。其认为，在

---

[1]　（2014）沪高民三（知）终字第104号。

[2]　（2015）乌中民三初字第201号。

法律未作出禁止性规定之时，应当允许该类行为。在"库斯亭泽案"❶
中，一审法院主要适用权利穷竭原则作出裁判，而二审北京市高级人民
法院并未从此角度进行审判，而是援引"法无禁止即自由"的原则，认
为：是否禁止商标平行进口，应当依据我国现行法律法规的规定予以确
定。由于我国《商标法》及其他法律并未明确禁止商标平行进口，因
此，四海致祥公司将欧洲市场上合法流通的"KOSTRITZER"系列啤酒
进口到我国进行销售，并不违反我国《商标法》及其他法律的规定。西
洋 C 公司认为商标平行进口违反我国法律的主张缺乏法律依据。

（三）适用权利国际用尽原则

商标权权利穷竭适用于商标领域，权利穷尽原则是指合法地载有某
商标的货物一经投放市场，商标权人即丧失了对它的控制，其权利被视
为用尽，任何人再次销售该产品或者使用该产品，商标权人都无权阻
止。❷ 权利穷竭原则在平行进口中的适用又分为国内穷竭与国际穷竭。
国内穷竭是指权利穷竭原则仅适用于首次销售发生在国内的情形。在一
般情况下，平行进口商品的首次销售均发生在国外，因而国内权利人的
权利没有穷竭。所以，适用国内穷竭原则的结果是平行进口行为非法，
构成侵权。国际穷竭是指如果知识产权产品的首次销售是由权利人自己
或者经其同意的人所为，权利人即不能控制产品的进一步销售，不管最
初的销售是发生在国内还是国外。适用国际穷竭原则的结果是平行进口
行为合法。

在本文所选样本中，部分法院在判决书中依据权利穷竭原则对商标
平行进口行为作出裁判。之所以适用权利穷竭原则，法院往往存在以下
几个理由。

1. 直接适用权利穷竭原则

在此种说理过程中，法院直接援引权利穷竭原则，但是并未明确说
明是适用权利国内穷竭原则还是权利国际穷竭原则，但综合法院的整体
说理来看，法院支持权利国际穷竭原则。在"大王制纸诉杭州梦葆案"

---

❶ （2015）高民（知）终字第 1931 号。

❷ 严桂珍. 论我国对商标平行进口的法律对策——兼评长沙 MICHELIN 牌轮胎平行
进口案 [J]. 同济大学学报（社会科学版），2012，23（3）：116-124.

中，法院直接明确我国适用权利穷竭原则，"根据'商标权用尽原则'，商品在商标权人控制的状态下进入流通领域后，商标权人无权禁止他人对合法取得的物进行处分，也即商标权人在该有形物上的商标权已然用尽，这本身就是为了体现商标权人的商标权与合法取得商品的所有权人的物权之间的界限所在，反过来亦说明原告关于商标权保留的主张与上述原则相悖"。

2. 基于合理报酬理论适用权利穷竭原则

法院基于商标权人已经获得合理回报而适用权利穷竭原则。例如，在"库斯亭泽案"❶ 中，一审法院认为，"商标权对于其权利人的意义在于保护权利人的投资，在商标权人同意首次投放市场之后，其已经获得足额的回报，在商标权人许可使用其商标的商品出售后，他人再如何转售该商品，该商标权人无权过问"。在"普拉达诉天津万顺案"❷ 中，法院亦作了相同的认定，即"若商品确实来源于商标权人，此时商标权人已经从'第一次'销售中实现了商标的商业价值，而不能阻止他人进行'二次'销售或合理的商业营销，否则将阻碍市场的正常竞争秩序建立的进程"。

3. 基于商品流通理论适用权利穷竭原则

在经济全球化的时代，各国之间的贸易来往越加频繁。若不允许商标平行进口，只允许购买本国商标权人生产的产品，这将极大限制商品在国家之间的流动。在"普拉达诉天津万顺案"❸ 中，法院审理认为："商标法所保护的是标识与商品来源的对应性，商标禁用权也是为此而设置的，绝非为商标权人垄断商品流通环节所创设，即商标权利用尽规则应当是市场自由竞争所必需的基础规则之一。"

4. 基于国际趋势而适用权利穷竭原则

在"大王制纸诉天津森淼案"❹ 中，法院认为："本院认为商标权具有地域性，商标权的权利用尽问题在不同国家有不同的法律规定，随着

---

❶ （2015）高民（知）终字第 1931 号。
❷ （2015）滨民初字第 1515 号。
❸ （2015）滨民初字第 1515 号。
❹ （2017）津 02 民终 2036 号。

国际贸易的发达，全球经济一体化的进程加速，普遍采用商标权的国际用尽规则成为一种趋势。"在这种全球趋势之下，我国法院也应当适用权利国际穷竭原则。

在实践中，商标专用权人往往会和独家经销商就销售领域作出合同约定，禁止超出许可范围进行销售，或者在商标包装上注明受限的销售地域。对于这一销售地域的约定或规定，法院均认为该行为仅产生相对效力，不得对抗第三人。在"大王制纸诉杭州梦葆案"[1]中，法院认为："大王株式会社主张其在所生产的涉案商品上标注'日本国内限定贩卖品 FORSALEINJAPANONLY 属于对涉案商标权的保留，但所谓的商标权保留没有相应法律依据'。此外，大王株式会社与其经销商所作的关于销售区域的限制仅约束于其双方，对外并无约束力，且即使违反约定产生的也是违约责任，而非侵权责任，其以与销售商关于销售区域的限制约定说明其对相应的商标权做了保留的主张亦不能成立。"

（四）从商标功能和商誉角度进行分析

关于平行进口商标产品是否构成商标侵权，法院的理念为：在我国法律对平行进口商标产品是否构成侵权并没有明确禁止性规定的情况下，根据商标法的宗旨和原则，并结合案件具体事实等因素予以综合考量，合理平衡商标权人、进口商和消费者之间的利益以及保护商标权与保障商品自由流通之间的关系。目前法院的一般做法均为首先判断平行进口商标产品与原产品是否存在实质性差异，其次从是否导致消费者混淆误认且损害商标权人商誉的角度出发，最终得出是否侵犯商标专用权的结论。

如在"大酒库案"[2]中，二审法院在认定平行进口商标产品是否构成商标侵权时，除了考虑平行进口产品是否存在重大差异之外，消费者混淆的可能性是否存在及大酒库公司的商誉是否受到损害也作为被考量的因素之一。二审法院认为：被告平行进口的葡萄酒与原告大酒库公司在我国销售的葡萄酒的质量等级和品质并不存在实质性差异，且该案中

---

[1] （2016）浙 01 民终 7197 号。

[2] （2013）津高民三终字第 0024 号。

进口商品的原来状况未被改变，即对消费者作出是否购买决定具有影响的因素没有发生变化，故被告的平行进口行为并不足以造成消费者对商品来源的混淆和信任度的破坏，进而原告大酒库公司在我国的商誉及利益也不会受到危害。所以被告未经原告许可平行进口商标产品并未构成商标侵权。

然而，在"大王纸尿裤案"❶ 中，一审法院同样是从平行进口产品与原告大王南通公司所销售的产品之间是否存在"实质差异"和消费者混淆的可能性是否存在以及二原告的商誉是否受到损害三个角度认定被告的行为是否构成商标侵权；而在二审中，二审法院也是依据实质性差异标准来认定平行进口商标产品是否构成商标侵权。首先，二审法院从实质性差异的角度出发，认为平行进口的纸尿裤商品从标识、包装、商品质量等综合因素与上诉人的商品并无本质差异，并无充分依据证明平行进口商标产品与原产品存在实质性差异；其次，二审法院从商誉的角度，认为也没有证据表明被上诉人森淼公司的行为给二上诉人造成商誉的损害。所以不构成商标侵权。类似案件还有"库斯亭泽案"❷、"大王制纸诉杭州俊奥案"❸、"大王制纸诉杭州梦葆案"。❹

针对加贴中文标签、磨掉原产品本身固有的识别码等行为是否构成商标侵权，法院也是从是否损害商标人信誉的角度进行分析考量。首先，在"绝对伏特加案"❺ 中，法院认为，被告在原产品上加贴的中文标签已经破坏了原产品的完整性和美观感受，被控侵权产品与原产品之间已经产生了足以导致消费者对商品的生产、销售来源产生合理怀疑的差异，这种差异会使消费者对商标权利人的认可度和信赖度降低，致使商标权人的利益受到损害。其次，被告磨掉原产品本身固有的识别码会影响商标的识别功能，导致消费者对真实商品来源及销售渠道产生疑惑、误认或混淆，同时会干扰商标权利人控制产品质量的权利，致使商

❶ （2017）津 02 民终 2036 号。
❷ （2015）高民（知）终字第 1931 号。
❸ （2016）浙 01 民终 2178 号。
❹ （2016）浙 01 民终 7197 号。
❺ （2013）苏中知民初字第 0175 号。

标权人商标权益受损，属于《商标法》第 52 条第（5）项规定的"对他人的注册商标专用权造成其他损害"的情形，构成商标侵权。在"百龄坛案"❶ 中，长沙市中级人民法院认为经营者磨去产品识别码，主观上有隐藏商品来源，将被诉侵权产品与国内原产品商标、属于其他生产销售来源的同类酒产品相混淆的恶意，既影响商标的识别功能，又妨碍商标权人对产品质量的跟踪管理，干扰商标权人控制商品质量的权利，侵犯商标权。

综上，关于平行进口商标产品是否构成商标侵权，法院的一种处理方式为：首先，判断平行进口商标产品与原产品是否存在实质性差异，其次，从是否导致消费者混淆误认且损害商标权人商誉的角度出发，最后，得出是否侵犯商标专用权的结论。针对加贴中文标签、磨掉原产品本身固有的识别码等行为是否构成商标侵权，法院也是从是否损害商标人信誉的角度进行分析考量，认为加贴中文标签、磨掉原产品本身固有的识别码的行为导致了消费者对平行进口产品与原产品之间的误认混淆，损害商标的商誉，损害商标权人的商标权益，构成商标侵权。

（五）从保护消费者角度进行衡量

对于符合商标平行进口全部要件的进口商品而言，其质量绝大多数不会引起消费者的利益损害。当然，为了进一步减少消费者的检索成本，依然可以对现行制度进行完善。对于同一品牌在不同国家投放质量、样式等不同的商品时，我国可以借鉴美国《海关规则》中要求平行进口商贴标签的规定。因为对于进口国而言，如果平行进口的产品状况或质量发生了重大变化但平行进口商并未标明，那么将可能使消费者产生混淆，从而侵犯消费者的合法权益并损害国内商标被许可人的商标与其销售的商品之间的联系。这样的法律规定，可以防止平行进口的商品打破该商标与本国商品间原有的对应关系，从而避免消费者发生混淆。当商标平行进口商进口的商品条件、状况发生变化或损害时，无论海关或本国商标被许可人均可以执行或申请禁止此类商品进入。因为此时该商标所表征的对象已发生了重大变化，此时如果不对其加以制止反而可

---

❶ （2016）湘 01 民初 1463 号。

能使国内消费者在判断时产生偏差，甚至损害消费者利益。

结　语

由于《商标法》等相关法律对商标平行进口行为未作明文规则，法院在审理过程中援引的理由各不相同，基本上可分为以上五种类型。通过将案例类型化，可发现我国司法对平行进口商标侵权案件的态度发生较大变化。裁判法院在学理上已从"国内权利用尽说"转向"国际权利用尽说"，即商标权人之商标专有权在商品第一次售出后便在全球范围内权利用尽，商品的再次销售行为不再受到商标专有权人的控制。当然，商标专有权的权利用尽实质上是商标的权利主体对标有其商标商品的控制权的丧失，而并非对商标专用权的失去。这也就解释了为何进口商及销售商在平行进口后的其他不当行为，如在商品上不当添加标记、抹去识别码等行为，同样会侵犯专有权人的商标专有权。

立体商标固有显著性案例综述

■ 张　嫣　沐云霓*

【摘要】 构成立体商标三维标志的固有显著性判断的关键在于相关公众能否识别其为商品来源的标志。因而法院在何种情况下可以合理认定相关公众能够将争议的三维标志理解为指示产品的来源成为举足轻重的问题。笔者通过梳理立体商标固有显著性的国内外典型案例后认为，法院在判定相关公众能否将争议的三维标志理解为指示产品的来源时，应关注相关公众在面对相关商品所在商业或领域不同带来的不同商业习惯时的认知习惯。

【关键词】 三维标志；立体商标；固有显著性；判断标准

引　言

根据我国 2017 年实施的《商标审查及审理标准》第四部分❶的规定以及《商标法》第 8 条❷的规定，立体商标可以仅由三维标志构成或者由三维标志和含有文字、图形等其他平面标志结合构成。本文仅围绕构成立体商标的三维标志的显著性展开。又因为无论构成立体商标的三维

---

* 张嫣、沐云霓为同济大学法学院 2018 级法学硕士研究生。

❶ 参见 2016 年颁布的《商标审查及审理标准》第四部分有关立体商标审查标准的规定。

❷ 现行《商标法》第 8 条规定，任何能够将自然人、法人或者其他组织的商品与他人的商品区别开的标志，包括文字、图形、字母、数字、三维标志、颜色组合和声音等，以及上述要素的组合，均可以作为商标申请注册。

标志本身是否具有显著性，基于长期或广泛的使用而获得显著性，《商标法》都予以注册。❶ 故本文仅就构成立体商标的三维标志的固有显著性进行案例综述。

我国与立体商标三维标志显著性相关的规定散见于《商标法》《商标审查及审理标准》以及与商标法相关的司法解释，例如《最高人民法院关于审理商标授权确权行政案件若干问题的规定》❷（以下简称《规定》）中。《商标法》只在第9条总览性地规定，申请注册的商标，应当有显著特征，便于识别，并不得与他人在先取得的合法权利相冲突。《商标审查及审理标准》将构成立体商标的三维标志细分为三类：第一类是不具有显著特征的立体形状❸；第二类是商品自身的立体形状❹；第三类是商品包装物的立体形状❺，这三类都必须要结合其是否能起到区分商品来源的作用，才能判断其显著性。第一类三维标志只能通过使用获得显著性，故不在本文讨论范围内。《规定》则在第9条对《商标审查及审理标准》中第二类三维标志固有显著性的认定作了补充规定，仅以商品自身形状或者自身形状的一部分作为三维标志申请注册商标，相关公众一般情况下不易将其识别为指示商品来源标志的，该三维标志不具有作为商标的显著特征。该形状系申请人所独创或者最早使用并不能当然导致其具有作为商标的显著特征。从上述规定我们不难发现，认定构成立体商标三维标志的固有显著性关键在于相关公众能否识别其为商品来源的标志。

也正是基于上述原因，法院在何种情况下可以合理认定相关公众能

---

❶ 现行《商标法》第11条第2款规定：前款所列标志经过使用取得显著特征，并便于识别的，可以作为商标注册。

❷ 参见2017年3月1日开始实施的《最高人民法院关于审理商标授权确权行政案件若干问题的规定》。

❸ 根据《商标审查及审理标准》规定，不具有显著特征的立体形状包括基本的几何立体形状、简单和普通的立体形状与装饰性的立体形状。

❹ 根据《商标审查及审理标准》规定，商品自身的立体形状是指行业通用或常用商品的立体形状。

❺ 根据《商标审查及审理标准》规定，商品包装物的立体形状包括基本的几何立体形状、简单和普通的立体形状、装饰性的立体形状与行业通用或常用包装物的立体形状。

够将争议的三维标志理解为指示产品的来源成为举足轻重的问题。

本文通过聚法案例法律信息库，以"立体商标"和"显著性"为关键词进行检索，共检索出 165 篇相关文书，统计年份为 2010～2019 年。笔者对这 165 篇相关文书进行一一阅读，进一步筛选发现，排除重复出现的案件以及以立体商标固有显著性无争议基础上进行侵权认定的案件，涉及构成立体商标三维标志的固有显著性判断的案例共为 20 件。本文将以上述构成立体商标的两类三维标志为框架，对这 20 件案例进行分析，并结合国外司法实践中的相关案例，期待能够抛砖引玉，为我国司法实务所借鉴。

一、商品自身的立体形状构成的三维标志的固有显著性判断

（一）我国相关案例

1. 吉伯生吉他案[1]

法院认为，申请商标为一吉他的主体部分的三维立体形状，为正面略呈梯形的长方体设计，并于底部略微向内成凹形，同时正面添加两道斜纹。首先，对于普通消费者而言，申请商标的立体形状未起到区别于普通吉他的显著视觉效果，并不能起到区分商品提供者的作用，即不具有商标的固有显著性。其次，申请商标为其所指定使用的电吉他商品的组成部分，相关消费者往往不会将其作为表示产源的商标予以认知，该立体标识的使用不会使消费者认为其系作为商标使用，而仅会将其作为商品的局部予以认知，亦不具有显著性。因此申请商标不具有固有显著性。

2. 大众汽车案[2]

法院认为，虽然申请商标标志在长宽高比例、装饰设计等方面有一定特点，但就申请商标指定使用的复审商品和服务而言，作为申请商标标志的汽车造型这一整体，其与商品和服务在功能、用途等方面存在较为密切的联系，相关公众通常不会将其作为区分商品来源的商标加以识

---

[1]（2010）一中知行初字第 1173 号。

[2]（2011）高行终字第 1360 号。

别，因此该三维标志不具有固有显著性。

3. 爱马仕案[1]

最高人民法院认为，该案申请商标由包体上的翻盖、由包背面穿出的两条平行皮带及开关挂锁组成。其中，包体上的翻盖部分为三个呈平行排列的倒梯形，两条皮带分别从翻盖部分的左右两侧并在翻盖部分的上方向中心部位汇集，并最终在翻盖的中心部分由一搭扣和锁头组成的金属部件予以固定。由于申请商标指定使用的商品主要为包类，如背包、旅行包、手包等，结合此类商品相关公众的通常认识，申请商标所包含的经过一定变形的皮包翻盖、皮带和金属部件均是包类商品上运用较多的设计元素，将这几种设计元素组合在一起的设计方式并未使其产生明显区别于同类其他商品外观的显著特征。仅从该三维标识本身来看，申请商标并不具有内在显著性。

4. 法国施维雅药厂案[2]

法院认为，虽然申请商标中的浮雕图案及其与药片形状的组合方式具有一定的特点，但是，申请商标标志整体上仍然易被相关公众识别为指定使用商品的自身形状。即使申请商标中的浮雕图案自身具有显著特征并已作为商标在先进行了注册，但在该图案与药品形状组合之后，相关公众识别商品来源的标志仍然主要是该图案而非组合之后的申请商标标志这一整体，不能将该图案的显著特征等同于申请商标标志的显著特征。

笔者不认可该案的判决。浮雕本身就属于三维标志，而非平面图案。因而法院应将浮雕及药片视为一个整体的三维标志。该三维标志并非行业通用的立体形状，相关公众能够识别其为商品来源的标志，故具有固有显著性。

5. 乐高博士有限公司案[3]

法院认为，即使不考虑申请商标标志难以完整准确认定的瑕疵，仅就申请商标图样呈现的人偶形象而言，即使其指定了颜色，但结合申请商标指定使用的第 28 类商品"玩具；玩具积木；盖房玩具；玩具小房

---

[1] （2012）知行字第 70 号。

[2] （2016）京行终 34 号。

[3] （2016）京行终 3482 号。

子；玩具娃娃；长毛绒玩具"的相关公众的认知习惯，相关公众通常仍会将该玩偶作为指定使用的玩具商品具体表现形式的组件或者构件加以对待，而不会将该标志作为区分商品或服务来源的标志加以识别。因此，申请商标缺乏固有的显著特征。

6. 耐特艾泽案❶

法院认为，诉争商标由"平板电脑支架"的照片及四个视角视图构成，使用在"平板电脑专用支架、智能手机专用支架"商品上，消费者会认为是商品本身，一般不会将其作为商标进行识别。故该三维标志不具有固有显著性。

7. 应用电子社案❷

法院认为，申请商标标志是由弧形传感器的多面视图构成的三维形状，该三维形状属于报警器、探测器、监控摄像机等商品的常见形状，相关公众在一般情况下不易将其识别为指示商品来源的标志，难以起到区分商品来源的作用。因此申请商标缺乏固有的显著特征。

8. 深圳市润发印象酒业案❸

法院认为，申请商标为经过设计的瓶盖，指定使用在果酒（含酒精）、葡萄酒、白酒等商品上，相关公众只会将其视为经过设计、具有一定美感的瓶盖，并不会将该瓶盖作为区分商品来源的商标加以对待。申请商标是否由润发印象公司独创，并不当然导致该商标具备应有的显著特征。因此，申请商标缺乏固有的显著特征。

（二）域外相关案例

1. 欧盟戴姆勒—克莱斯勒公司案❹

法院认为，汽车格栅是车辆外观的重要组成部分，汽车厂商有将汽车前脸格栅形状作为指示汽车来源的商业习惯，故汽车格栅也是区分各

---

❶ （2016）京 73 行初 1014 号。

❷ （2017）京行终 2903 号。

❸ （2018）京行终 1539 号。

❹ Case T-128/01, Daimler Chrysler Corporation v. Office for Harmonization in the Internal Market, 2003 II - 00701, https：//euipo. europa. eu/eSearchCLW/# basic/ * ///number/T - 128%2F01.

种制造商在市场上现有车型的手段。该案涉及的三维标志具有不规则形状并且在中心具有七个宽的垂直开口的汽车和在顶部的每一侧表示车辆的前灯的圆圈。这种形状是一种不寻常的格栅设计，不能被视为司空见惯的。它能够在目标公众的记忆中留下印象，作为商业起源的指示，并区分带有格栅的机动车辆与其他企业的机动车辆。因此接受该立体商标的注册（见表1）。

2. 美国 Samara 案[1]

美国最高法院认为，商品自身的外形虽然总的来说也可以被归入商业外观中，但不像商品包装外形，因为商品包装的外形，完全可能被消费者直接与一定的产源联系在一起。而商品自身的外形，一般不会被认为可以自动起到区别作用，与其花费大量精力去衡量商品外形是否具有固有显著性，还不如一律判定商品外形均无固有显著性，从而将获得显著性的举证责任和败诉风险留给商标保护的申请人（见表1）。

表 1　域外相关案例

序号	案例名称	涉案三维标志	是否具有固有显著性
1	欧盟戴姆勒—克莱斯勒公司案	原告向欧盟内部市场协调局（OHIM）提出汽车前脸格栅立体商标的注册申请，指定使用为第 12 类的汽车等。OHIM 以该三维标志不具有显著性为由，驳回其申请。原告故向法院提起诉讼	是
2	美国 Samara 案	原告享有一批儿童连衣裙（商业外观）（上图）的版权，遭到被告的复制。故原告提起诉讼，并在一审与二审得到支持。被告不服，向最高法院上诉并获得支持	否

---

[1]　Samara Bros. v. Wal-Mart Stores, Inc., 165 F. 3d 120.

二、商品包装物的立体形状构成的三维标志的固有显著性判断

（一）我国相关案例

1. 费列罗案❶

法院认为，申请商标对于色彩和商品包装形式的选择均不在本行业和指定使用商品包装形式的常规选择范围之内，申请商标的独特创意，已经使之成为原告产品的一种标志性设计，使得消费者在看到申请商标后，就能够清楚地判断出该商标所附着商品的来源，申请商标已经具有了商标所应具备的显著性，应当在我国作为注册商标予以保护，被告对申请商标的领土延伸保护申请亦应予以核准。

2. 可口可乐案❷

法院认为，以商品容器外形作为三维标志申请注册立体商标的，要求该容器外形应当具有区分商品或者服务来源的显著特征，而且显著特征的有无并不是因为容器本身设计的独特，而是因为这种设计能够起到区分商品的不同来源的作用。如果商品的容器本身虽能够与其他同种商品的容器相区别，但是不能从其本身识别该商品的提供者，则只有在该容器经使用能够让相关公众识别其来源后才具有显著特征。可口可乐公司关于其申请注册商标的三维标志具有独特创意、没有其他企业或个人在其之前使用过与之相近似的容器外形的理由，仅能说明该三维标志本身可能会受到著作权法或专利法的保护，但不能作为其申请商标具有显著特征的理由。因为显著特征要求的并非是对不同商品的区分功能，而是对商品的不同提供者的区分功能。通过整体观察、综合判断，相关公众易将申请商标作为一种饮料的包装容器加以识别，而不易将其作为区分商品来源的立体标志加以识别。故该三维标志不具有固有显著性。

3. 利乐案❸

法院认为争议商标为立体盒子外形，使用在纸、卡纸板等商品上，

---

❶ （2006）民三提字第 3 号。

❷ （2011）高行终字第 348 号。

❸ （2013）高行终字第 1276 号。

消费者不易将其当作商标来识别，无法起到区分商品产源的作用，整体上缺乏显著性。

4. 雀巢诉味事达案❶

最高人民法院认为作为商品包装的三维标志，由于其具有实用因素，其在设计上具有一定的独特性并不当然表明其具有作为商标所需的显著性，应当以相关公众的一般认识，判断其是否能区别产品的来源。争议商标指定使用的"调味品"是普通消费者熟悉的日常用品，在争议商标申请领土延伸保护之前，市场上已存在与争议商标瓶型近似的同类商品的包装。由于很多家中国厂商在国内市场长期大量使用该包装，使得该方形棕瓶包装已经成为国内酱油等调味品的常见容器和外包装。并且由于2001年修改前的《商标法》并未有三维标志可申请注册商标的相关规定，故相关公众不会将其作为区分不同商品来源的标志，争议商标不具有固有显著性。

5. 圣·托斯小熊案❷

法院认为，诉争商标的设计元素、构图风格、线条运用等较为独特，且能够明确识别为自然界客观存在的小熊，再加上该"小熊"由类似于气泡状几何图形组成，使用在第18类的皮革及人造皮革、箱子及旅行袋等商品以及第25类的服装、鞋子等商品上，从商业认知和使用形式来看相关公众能够将其认定为商标标识，故该三维标志具有固有显著性。

6. 宝马模型车案❸

法院认为，诉争商标标志为2006款MINI汽车造型的三维标志，指定使用的商品为成比例的模型车。虽然申请商标标志在长宽高比例、装饰设计等方面有一定特点，但由于申请商标系三维标志，与其指定使用的成比例的模型车商品在消费者认知上具有一致性，即通常情况下，相关公众在看到申请商标标志时，更易将其识别为MINI系列汽车这一商品，而不是作为区别商品来源的标识。仅从该三维标志而言，其区分的是不同造型的汽车，而非商标意义上的商品提供者。故该标志指定使用在成比例的模型车商品上，难以

---

❶ （2014）知行字第21号。

❷ （2014）高行（知）终字第3866号。

❸ （2015）高行（知）终字第799号。

起到区分商品来源的作用，缺乏商标应有的显著特征。

7. 日本电工株式案❶

法院认为，申请商标为立体人偶形状，对于指定使用的"宠物用玩具、游乐场游戏机、体育活动器械"等商品而言，申请商标不论是作为商品的造型本身还是附着于他物使用，均主要起到装饰和美化作用，很难让相关公众将其认定为商标标识，无法起到识别商品来源的作用。

8. 芝华士案❷

法院认为该案诉争商标为一个盛酒容器，从容器形状上看，瓶身为圆柱体，瓶颈部分略带弧度，整体上仍为常见的酒瓶形状。诉争商标指定使用在酒类商品上，相关公众很难将诉争商标认知为标识商品来源的标记。因此，诉争商标缺乏商标应当具有的标记商品来源以及区分不同商品来源的属性，不具有固有显著性，根据《商标法》第 11 条第 1 款第（2）项的规定，不应予以核准注册。

9. 伊欧诗案❸

法院认为，诉争商标为近似球形的三维标志构成，指定使用商品为唇膏等，因现有证据无法看出实践中存在使用者将三维标志作为装饰使用在上述商品上的惯例，故诉争商标使用在上述商品上，通常会被用作商品的形状或商品的包装。这一情形意味着相关公众通常会将其认知为商品的包装或商品的形状，因此无法起到区分商品来源的作用，不具有商标所要求的固有显著性。并且无论诉争商标是否由伊欧诗公司所独创，均不会影响诉争商标固有显著的判断。

笔者不认可法院的判决。法院在该案中，并没有将此三维标志区分为到底是商品的包装还是商品的形状，而是一概而论。笔者认为该三维标志是商品的包装，该三维标志近似球形，且上下分界做成拇指按压凹陷的形状，该包装形式的选择均不在本行业和指定使用商品包装形式的常规选择范围之内，行业常见的唇膏的包装应是细长条方形。相关公众能够识别其为相关商品来源的指示，故该三维标志具有固有显著性。

---

❶ （2015）京知行初字第 2619 号。

❷ （2017）京行终 1013 号。

❸ （2017）京 73 行初 6908 号。

10. 菲拉格慕案❶

法院认为，诉争商标在使用中能否发挥传递和区分商品来源信息的作用，主要应考虑相关公众对其商业认知及其使用形式。从商业认知看，诉争商标的构图元素、表现手法、设计风格等较为独特，易为相关公众所识别记忆；从使用的形式来看，诉争商标多以突出立体形态附着于指定使用的商品上，相关公众通常不会仅将其作为装饰性外形，也能够据此识别该商品的提供者，能够起到区分商品来源的作用。

11. 万宝龙—辛普洛案❷

法院认为，申请商标标志是由笔的三面视图及立体图构成的三维形状，该三维形状属于笔类商品的通用形状。虽然该三维形状上还有"星形图"、圆环图案和"MONTBLANC""MEISTERSTUCK"字样，但上述字和图形在笔身所占比例较小，以相关公众的一般注意力难以识别，笔身的"M"形纹饰亦容易被识别为商品的装饰图案。因此，即使申请商标在笔身图案的设计上具有一定特点，但作为整体指定使用在自来水钢笔、水性圆珠笔等商品上，根据一般消费者的识别能力，易将其作为笔类商品的通用形状进行识别，难以起到区分商品来源的作用。万宝龙公司的"星形图""MONTBLANC""MEISTERSTUCK"商标已经获准注册的情况，并不能当然导致该案申请商标具有显著特征。因此，申请商标缺乏固有的显著特征，属于《商标法》第11条第1款第（1）项规定的不得作为商标注册的情形。

12. 迪奥尔案❸

一二审法院认为，虽然申请商标的瓶体造型及外观装饰组合方式具有一定的特点，但是相关公众一般会将申请商标视为商品的容器，不会将该瓶体作为商标进行识别。因此申请商标不具有商标标志所应具有的显著特征，缺乏注册为商标所应具备的固有显著性。

最高人民法院判令国家工商行政管理总局商标评审委员会对国际注册第1221382号商标重新作出复审决定，故该三维标志是否具有固有显

---

❶ （2017）京73行初2895号。

❷ （2017）京行终734号。

❸ （2018）最高法行再26号。

著性结果待定。

（二）域外相关案例

1. 美国墨西哥风味快餐店案❶

美国最高法院认为商品包装、装潢一类的商业外观是可能具有固有显著性的，只要其能够被区分开来。具体就该案而言，是否具有显著性被交由陪审团裁定。陪审团认定原告的商业外观具有固有显著性（见表2）。

2. 日本化妆品容器案

日本在1996年修改的《日本商标法》中对立体商标的注册合法性予以承认。2008年修改的《日本商标法》第3条（商标注册的条件）第1款规定，对于与自己业务相关的商品或服务上使用的商标，除下列商标外，可取得商标注册：……（3）仅以通常使用的方法表示……该商品的形状（包括包装的形状）……的标志。

对于注册在第3类香水上的第4170258号立体商标正是因其是具有特异形状的化妆品容器，该形状是从香水容器的用途、功能上难以预测的特异形态，给予特别印象的装饰形状等，因而承认其固有显著性❷（见表2）。

表 2　域外相关案例

序号	案例名称	涉案三维标志	是否具有固有显著性
1	美国墨西哥风味快餐店案	被告在得克萨斯州开了一家墨西哥风味的快餐店，店面设计比较特别（见上图），具体被描述为，"室内就餐区和庭院都装饰有艺术品，色彩鲜艳，并配有各种绘画和壁画，总体构成一种节日氛围。庭院包括内外两个部分，之间由齐头高的车库门分隔开。外庭院建筑呈阶梯状，上面的木招牌上了油漆，挂有霓虹彩带，构成生气勃勃的欢庆色彩的布局。鲜艳的遮篷和阳伞又加强了这一主题"	是

---

❶ Two Pesos, Inc. v. Taco Cabana, Inc., 505 U. S. 763 (1992).

❷ 青木博通. 日本的立体商标与外观设计［J］. 中华商标, 2003（11）.

（续表）

序号	案例名称	涉案三维标志	是否具有固有显著性
2	日本化妆品容器案	 原告申请注册在第 3 类香水上的第 4170258 号立体商标（见上图）	是

结　语

（1）相较于商品包装物的立体形状构成的三维标志，由商品本身的立体形状构成的三维标志更难被认定具有固有显著性。因为这种三维标志更容易是行业通用或常用商品的立体形状，相关公众无法将其理解为指示产品的来源。但除了美国明确规定由商品外形构成的三维标志均无固有显著性外，其他国家还是给予了认定固有显著性的可能性。

（2）对于由商品包装物的立体形状构成的三维标志而言，如果申请注册的三维标志离指定使用的商品或服务类别越远，越具有固有显著性。相反，若该三维标志与提供的商品或服务息息相关，相关公众更容易将其认知为商品的包装或商品的形状，从而无法起到区分商品来源的作用。即使该三维标志本身能够与其他同种商品包装物相区别，但相关公众也不能从其本身识别该商品的提供者。

（3）无论是由商品本身的立体形状构成的三维标志还是由商品的包装物的立体形状构成的三维标志，法院在判定何种情况下可以合理认定相关公众能够将争议的三维标志理解为指示产品的来源时，都会考虑相关公众的认知习惯。而相关公众的认知习惯又与商业习惯或行业通常做法密切联系，互相作用。商业习惯又因指定商品行业或领域的不同而不同。因而，法院在判定相关公众能否将争议的三维标志理解为指示产品的来源应关注相关公众在面对相关商品所在的商业或领域不同带来的不同商业习惯时的认知习惯。

附录：案例详情

1. 商品自身的立体形状构成的三维标志

序号	案例名称	涉案三维标志	是否具有固有显著性	诉讼历史
1	吉伯生吉他案	 申请注册的第 4098993 号"三维标志"商标（该申请商标由表示构成吉他主体部分结构的实线组成，放弃除申请商标外的点虚线图样专用权），指定使用在第 15 类电吉他商品上	否	仅一审
2	大众汽车案	 原告享有国际注册第 922784 号"三维标志图形"商标，指定使用在第 12 类、第 28 类、第 35 类、第 37 类：不属别类的机动陆地车辆及其零部件、陆地车辆的发动机、汽车轮子的轮胎、汽车轮子的轮缘、陆地车辆的成套汽车轮子及其零部件、儿童的机动单脚滑行车（儿童车）、儿童的机动汽车（儿童车）、儿童用的非机动车、非机动的单脚滑行车（儿童用车）商品、按比例缩小的模型车，尤其是按比例缩小的模型汽车和玩具汽车等商品和为他人的利益，将各种机动车辆及其零部件集中在一起（运输除外），使得顾客能够方便地见到并且去购买这些产品；为他人的利益，对销售和购买机动车辆及其零部件和配件的合同进行洽谈；车辆及其零部件以及马达及其零部件的改造、维修、保养、拆卸、清洁、维护以及装饰，包括车辆在大修期间的维修服务；不属别类的汽车的精修和调试等服务，并向中国申请领土延伸保护	否	一审与二审无分歧

序号	案例名称	涉案三维标志	是否具有固有显著性	诉讼历史
3	爱马仕案	原告享有在第 18 类皮革及人造皮革皮具等商品上国际注册第 798099 号三维标志商标（上图加深部分），向中国申请领土延伸保护	否	再审与一审、二审无分歧
4	法国施维雅药厂案	原告享有国际注册第 824367 号三维标志（指定颜色）商标，并向中国申请领土延伸保护，指定使用在第 5 类 "药品" 商品上。申请商标由指定颜色的三维标志构成，具体为浅橙色、上下有浮雕图案的药片形状	否	一审与二审无分歧
5	乐高博士有限公司案	申请商标 "乐高迷你人" 为人偶形象，指定使用在第 28 类 "玩具；玩具积木；盖房玩具；玩具小房子；玩具娃娃；长毛绒玩具" 上。申请商标标志系由单一视图呈现的玩偶造型，其头部为圆柱形、身体和腿部大致呈长方形、手部为半圆环形，头部和手部呈明黄色、身体其他部位呈蓝色，玩偶整体上未体现出服装方面的明显特征	否	一审与二审无分歧
6	耐特艾泽案	申请注册的第 13467426 号三维标志商标，指定使用在第 9 类 "平板电脑专用支架；智能手机专用支架" 商品上	否	仅一审

续表

序号	案例名称	涉案三维标志	是否具有固有显著性	诉讼历史
7	应用电子社案	 申请注册的第 10541202 号立体图形商标，指定使用在第 9 类"报警器、计算机"等商品上	否	一审与二审无分歧
8	深圳市润发印象酒业案	 申请注册的第 18974407 号三维标志，为经过设计的酒瓶盖，指定使用在第 33 类"果酒（含酒精）；葡萄酒；白酒"等商品上	否	一审与二审无分歧

2. 商品包装物的立体形状构成的三维标志

序号	案例名称	涉案三维标志	是否具有固有显著性	诉讼历史
1	费列罗案	 原告享有国际注册号为 G783985 的立体商标，指定使用商品为第 30 类，向中国申请领土延伸保护。申请商标为一个三维标志，由一块包在金黄色纸里的球形三维形状组成，在该图形的上半部分里，有一个白地椭圆形小标记，带有一条金边和一条白色细边，该三维图形放置在一个栗色和金黄色的底座上。申请商标指定使用色彩为金黄色、红色、白色和栗色	是	一审：虽然申请商标所指定使用的颜色具有一定的特殊性，但申请商标给消费者带来的最为显著的视觉印象仍然为一个具有内容物的透明长方体包装容器。这种容器是申请商标所指定使用的商品通常会选用的包装形式，缺乏商标所应当具有的显著性，亦无法起到商标所要实现的区分商品来源的作用

序号	案例名称	涉案三维标志	是否具有固有显著性	诉讼历史
2	可口可乐案	申请商标为第 3330291 号"三维标志"商标，指定使用商品为第 32 类的无酒精饮料、水（饮料）、矿泉水、汽水等	否	一审与二审无分歧
3	利乐案	申请商标为第 7369219 号立体盒子图形，指定使用在第 16 类纸、层压纸、纸板、卡纸板等商品上	否	一审与二审无分歧
4	雀巢诉味事达案	原告享有国际注册 640537 号三维标志商标，向中国申请领土延伸保护。该三维标志于 2005 年在中国核准注册，核定使用在第 30 类"食用调味品"商品上，指定颜色为棕色、黄色	否	再审与一审、二审无分歧
5	圣·托斯小熊案	原告享有国际注册第 1047061 号具有小熊外形的立体商标，指定使用在第 18 类"皮革及人造皮革、不属别类的皮革及人造皮革制品、兽皮、箱子及旅行袋、雨伞"等及第 25 类"服装、鞋子、帽类制品"商品上	是	一审：诉争商标易使相关消费者认为其是商品装饰的一部分，而不会将其作为商标进行识别

序号	案例名称	涉案三维标志	是否具有固有显著性	诉讼历史
6	宝马模型车案	申请商标为第 8549907 号三维标志商标，指定使用的商品为国际分类第 28 类成比例的模型车	否	一审与二审无分歧
7	日本电工株式案	申请注册的第 10553771 号指定颜色的立体商标，指定使用在第 28 类"游乐场游戏机、宠物用玩具、玩具娃娃"等商品上	否	仅一审
8	芝华士案	申请商标为指定使用在第 33 类商品饮料（啤酒除外）上的 15541514 号"图形"（三维标志）商标	否	一审与二审无分歧

序号	案例名称	涉案三维标志	是否具有固有显著性	诉讼历史
9	伊欧诗案	申请注册的第 17721613 号图形三维标志，指定使用在第 3 类唇膏、化妆品等商品上	否	仅一审
10	菲拉格慕案	申请注册的第 17177274 号三维标志，指定使用在第 26 类"衣服饰边鞋饰品（非贵重金属）、皮带扣"等商品上	是	仅一审
11	万宝龙—辛普洛案	原告享有国际注册第 1160457 号"MONTBLANCMEISTERSTUCK"商标，指定商品为第 16 类，向中国申请领土延伸保护。申请商标由多支钢笔的三维图形构成，指定使用于国际分类第 16 类的书写用具，尤其是自来水钢笔、水性圆珠笔、圆珠笔、文件标识笔、钢笔商品上。申请商标包含了"星形图"、圆环图案、"MONTBLANC""MEISTERSTUCK"字样及"MM"纹饰	否	一审与二审无分歧

续表

序号	案例名称	涉案三维标志	是否具有固有显著性	诉讼历史
12	迪奥尔案	原告享有国际注册第1221382号三维立体商标，指定使用在第3类香水上。商标具体描述为：商标如同精致拉长的数字"8"，上部是一个小的圆球，底部为椭圆形状，瓶颈部分缠绕有金色丝线，瓶身装饰为金色	待定	一审：虽然申请商标的瓶体造型及外观装饰组合方式具有一定的特点，但是相关公众一般会将申请商标视为商品的容器，不会将该瓶体作为商标进行识别；二审：虽然该图案在瓶体造型和装饰上具有一定特点，但作为图形商标指定使用在香水、香料制品等商品上，根据一般消费者的识别能力，易将其作为商品包装或装饰图样进行识别，难以起到区分商品来源的作用

位置商标法律问题研究的文献综述

万　俊[*]

【摘要】指定使用的商品或在提供指定服务的场所的特定位置使用，用以区分商品或服务来源的可视性标识。当下国内外学者对位置商标的研究呈现出案例导向性和体系化趋势，即试图从司法案例中发现、总结和归纳位置商标的一般理论；对涉及位置商标的概念、类型、显著性判断和保护模式等都有着较为深入的探讨，形成了关于位置商标的一般知识。同时，现有研究亦表现出止于案例分析、专注制度建构、保护模式单一以及缺乏理论等不足。鉴于此，对位置商标的深入研究应当关注：位置商标自身理论，包括但不限于概念的方法论反思、商标类型模式、显著性判断标准等；作为"舶来品"的位置商标法律移植的同时要注重价值的本土化，使得位置商标的法律保护与我国知识产权保护水平相一致。

【关键词】位置商标；法律制度；文献综述

引　言

在知识产权全球化、一体化趋势下，知识产权竞争是市场竞争的高级形态，就商标而言，"品牌力"所带来的效益要远超"产品力"。位置商标（position mark），是在指定使用的商品或在提供指定服务的场所的特定位置使用，用以区分商品或服务来源的可视性标识。作为一种新型商标类型，位置商标在当下的社会环境中呈现出以下几种状态。（1）社会认知不

---

* 万俊为中南财经政法大学知识产权学院 2017 级硕士研究生。

足。从文义来看，位置商标一词，有碍于其抽象化程度，与其所对应的具体商标形态相距甚远，稍有偏离社会公众的普遍认识。（2）立法保护欠缺。位置商标首见于《新加坡商标条约》，但就全球范围内的立法现状来看，只有少数国家或地区对位置商标有着明确的规定。（3）司法态度不明。当下涉及位置商标的侵权案件、商标申请案件频发，诸如"三杠案""NB 案"和"红鞋底案"等，针对保护还是不保护以及怎样保护，不同法院给出了不同的裁判，位置商标的司法保护态度尚不明确。鉴于此，有必要在理论层面揭开位置商标的神秘面纱。

一、位置商标研究现状的纵向比较

刘南平教授曾撰文指出，法学论文需要"骨髓"与"皮囊"。"骨髓"是贯穿论文的中心论点，而"皮囊"则是论文的注释。直言之，"皮囊"乃是与论文题目相关的研究资料和主要学术观点。❶ 可以说，一副"好皮囊"是我们进行学术论文写作重要的前提条件，即文献综述所要达致的目的。一般而言，文献资料的基本要求是"相关性、原始性和学术性"，要完成一副"好皮囊"即要围绕这"三性"进行综述。笔者在"中国知网"以"位置商标"为主题进行检索，有不少涉及位置商标的文献资料，但以"篇名"进行检索，仅有十几篇期刊、硕博论文，如图 1 所示。

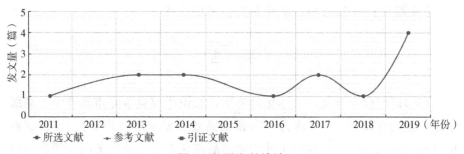

图 1　知网文献统计

相较于国外，国内对于位置商标的研究较晚，第一篇期刊论文

---

❶ 刘南平 . 法学博士论文的"骨髓"与"皮囊"[J]. 中外法学, 2000（1）：101-113.

（2011 年）即是对国内第一起有关位置商标案件的分析，此后每年都会有 1~2 篇有关位置商标的研究文献。据统计，大约有 7 篇硕士论文，这些是国内对位置商标研究最为集中和最为系统的文献；此外，有 8 篇期刊论文皆是对相关位置商标案例的分析，诸如"Adidas 案"、"Button in ear 案"、"红鞋底案"等，图 1 也鲜明地展示了文献资料的数量大体上是随着当期的案例数量而变化。

二、国内研究文献及其综述

从发文时间和文献资料类型（专著和期刊，包括硕士论文）两个角度来看，我们大致上以时间为参考坐标，以文献类型为具体划分，将国内的研究文献分为两个维度，以下分述之。

（一）第一维度：初始阶段的碎片化研究

位置商标作为"非传统商标"项下的一种较新的商标类型，国内没有专门的介绍性文献，唯少数商标法教科书在介绍商标类型时捎带提及。诸如，王太平教授在《商标法：原理与案例》一书中指出，非传统商标是相对于传统商标而言的，目前非传统商标重要程度仍不及传统商标，但从目前诸国、地区的商标法修订来看，大有"逐渐被认可"且"认可的范围越来越大"的趋势。❶ 李扬教授在《商标法基本原理》一书中指出，我国《商标法》第 8 条系未穷尽列举商标之类型，商标法并未限定可以作为商标申请注册的标志的状态，进而言之，位置商标在理论上可以作为商标予以申请注册；同时，作者以商标的不同构成要素分类，商标可以分为"文字商标、图形商标……位置商标，等等"。❷ 徐升权教授在《商标法：原理、规范与现实回应》一书中也提及位置商标的定义。❸ 李明德教授在其著作《美国知识产权法》中以"标签的位置"为题，用 4 个案例详细说明美国法院对位置商标的保护情况。❹ 该书指

---

❶ 王太平. 商标法：原理与案例［M］. 北京：北京大学出版社，2016：56.
❷ 李扬. 商标法基本原理［M］. 北京：法律出版社，2018：2-4.
❸ 徐升权. 商标法：原理、规范与现实回应［M］. 北京：知识产权出版社，2016：11.
❹ 李明德. 美国知识产权法［M］. 2 版. 北京：法律出版社，2014：477-479.

出美国法院对待位置商标的态度经历了一个漫长的转变时期，从"囿于传统观点，认为其不属于商标的范围"到"在服装上设置标签的位置，如果能够指示产品来源，也可以作为商标注册和保护"，这为我们考察位置商标在美国立法与司法保护现状提供了重要的思想资料。

丁一男的《论非传统商标的法律保护——中韩商标法比较研究为中心》❶则以比较法为视角，考察韩国有关位置商标的立法、司法，以《韩国商标法》语境下的位置商标的定义及其构成要件为借鉴，提出了合理化我国《商标法》对位置商标保护的若干建议，例如，我国《商标法》对商标的定义的局限性有碍于位置商标的保护，应当将"位置"纳入商标之定义；此外，肯定显著性（获得显著性）在判断位置商标保护上的重要性。

上述碎片化的论述，大致为我们勾勒出位置商标的基本概念，囿于学者们的论述字数限制，我们仍无法得到更多有关位置商标的信息，仍需要对位置商标进行进一步研究。

（二）第二维度：趋于系统化的深入研究

与碎片化相对应，体系化、系统化的思维方式，在接触到位置商标概念，尤其是国内发生多起涉及位置商标的司法判例后，学者们对位置商标的研究趋于系统化，主要表现在以下两点：第一，学者论述体例、内容的体系化，他们系统地讨论位置商标的概念、理论基础、保护现状以及思考对位置商标的制度建构；第二，具体问题的深入讨论，相较于上述专著简略式的论述，多篇硕士论文都对位置商标的具体疑难问题进行深入讨论，诸如位置商标的显著性问题、位置商标的适用对象问题等。为了更好地分析现有文献资料，我们对其进行更深一步的阶段化研究，以下分而述之。

1. 阶段一：国内位置商标司法争鸣之滥觞

钟鸣的《位置商标注册须取得"第二含义"——萨塔有限公司诉商

---

❶ 丁一男. 论非传统商标的法律保护——中韩商标法比较研究为中心［D］. 济南：山东大学，2018：47-48。

标评审委员会商标驳回复审行政纠纷案详析》❶，周波的《"位置商标"注册申请的司法审查》❷，两位作者均是法官。钟鸣简单地介绍我国商标行政机构和北京市高级人民法院在审理涉及一项以位置商标提出申请注册的案件时，并未提及位置商标的理论问题；周波则是结合自身审理的案件比较全面地介绍位置商标理论，并指出国外首位提出"位置商标"概念的是德国学者卡利勒·里迪亚夫（Calille Rideav）。在周波看来，在我国《商标法》第8条的规定下，并无位置商标注册的可能性；其还认为，位置商标的范围并不局限于商品商标，在服务类上也可以使用位置商标。上海市第二中级人民法院的法官何渊在《仅在特定位置具有显著性的知名商品装潢亦受法律保护》一文中指出，"NB案"中的"N"字母本身并无固有显著性，其是在特定位置获得显著性的知名商品装潢，何法官称之为"位置装潢"，应当受到《反不正当竞争法》的保护。从原告的主张来看，"N"字是一种位置商标，但作者认为，我国《商标法》第8条并未规定"位置"可以作为商标予以申请，在考虑到《商标法》与《反不正当竞争法》之间的体系协调情形下，作为一种知名商品的"位置装潢"所获得保护需要将之进行严格的限定，即"将位置装潢的保护范围限于其取得显著性的特定位置"。❸基于此，方可平衡公平竞争与自由竞争之关系，权利人利益与消费者权利之关系。而张慧霞和李淑会的《位置商标可注册性浅析——以欧盟"Button in ear"案为例》也是以欧盟境内一件位置商标案例为背景，作者认为位置商标的显著性不仅包括获得显著性，还应当有固有显著性，申请人对此具有自主选择权，可根据具体情况选择要申请的商标类型；作者还认为，位置商标获得注册必不可少的要件在于非功能性，即"当标识或位置影响到商品自身价值时，不得申请注册为商标"，但申请人能够证明"该位置商标的装饰性功用并不影响其显著性和区分商品来源的作用"的，其依然可以

---

❶ 钟鸣. 位置商标注册须取得"第二含义"——萨塔有限公司诉商标评审委员会商标驳回复审行政纠纷案详析 [N]. 中国知识产权报，2011-01-21（007）.

❷ 周波. "位置商标"注册申请的司法审查 [J]. 人民司法，2011（24）：32-36.

❸ 何渊，陆萍，凌宗亮. 仅在特定位置具有显著性的知名商品装潢亦受法律保护 [J]. 人民司法，2013（6）：50-54.

获得注册；此外，作者还考察我国台湾地区的商标审查条件，借此对我国《商标法》之修改以保护位置商标提供借鉴。❶

2. 阶段二：系统化研究位置商标的高潮

主要表现为 7 篇较为系统化研究位置商标的硕士学位论文。❷ 首先，从概念入手，针对前人概念之不足，提出自身合理化概念的方法和再定义，例如，将位置商标的适用对象扩展至服务类；位置商标中的"标志"也可具有固有显著性，以何种类型商标申请注册系当事人之自由，法律没必要限制；在厘清位置商标边界时运用比较的手段，如将之与颜色商标、组合商标相比较，突出位置商标自身的特征。其次，考察位置商标的特征，大致上将位置商标划为"特定位置"和"标志"的组合，并具体化位置商标类型，而位置商标的类型则是基于标志的种类，如文字、图形、颜色等，仍属于经验的、直观层面的，并未提出一个较为抽象的理论模型。再次，关注位置商标的可注册性要件，在借鉴域外立法例的基础上，指出我国《商标法》在商标注册要件和商标审查要素上的不足和严苛，在"注册制度"前提下，无注册即无保护，位置商标的注册问题是解决位置商标《商标法》的前提条件，基于此，学者大多提出合理化我国《商标法》审查要件的若干建议。最后，多落脚于"保护建议"，"变法修律"是最主要的途径，他们认为位置商标在我国获得保护的障碍来源于《商标法》第 8 条和第 13 条，并尝试性将位置商标纳入我国商标体系。亦有学者指出《反不正当竞争法》之兜底条款可以作为位置商标暂时性的保护手段。

犹如上述，这 7 篇硕士学位论文是国内对位置商标法律问题研究最

---

❶ 张慧霞，李淑会. 位置商标可注册性浅析——以欧盟"Button in ear"案为例 [J]. 知识产权，2014（12）：18-21.

❷ 杨潇. 论位置商标的法律保护 [D]. 延边：延边大学，2017：14-15；王萌. 位置商标的可注册性研究 [D]. 兰州：兰州大学，2017：6-10；庄雯怡. 位置商标的可注册性研究 [D]. 上海：华东政法大学，2014：24-36；曹丹婷. 位置商标法律保护研究——以"第二含义"的获得为视角 [D]. 上海：华东政法大学，2013：10-12；毛洁莹. 位置商标法律保护制度研究 [D]. 上海：华东政法大学，2013：23-42；李淑会. 位置商标法律问题研究 [D]. 北京：北京化工大学，2015：4-5；王爽. 论位置商标及其注册条件 [D]. 上海：华东政法大学，2017：2.

为集中、最为系统的文献资料，其为我们大体上廓清了位置商标所涉及的基本问题，但应当指出的是，这些硕士论文，也有不足之处，包括位置商标的概念界定、保护要件以及保护模式。可以说，我们对国内文献评介的主要对象就是这几篇硕士论文，下文将详述之。

3. 阶段三：回应司法现实的位置商标再讨论

这一阶段主要是对 2018 年年底北京市高级人民法院所作的一则判决的分析，其表现为《中华商标》2019 年第 2 期的三篇论文。❶ 三篇论文将主要的关注点置于"红鞋底案"的判决分析和制度建构上，少有理论探究。值得注意的是，池欣欣的《论位置商标的特点及保护》一文指出，位置商标的类型可以分为文字位置商标、图形位置商标、颜色位置商标和立体颜色商标，"类型理论"表明，作者关于位置商标的类型化尚属于拉伦茨提出的"经验性类型"❷——会有或多或少的样本可供考察；此外，作者指出，在商标保护模式上有开放式、明确式和其他方式可供选择，并通过《商标法》第 8 条的修改完成"以商标本质要求为基础的限定性不完全列举的方式"来保护位置商标。从《商标法》对位置商标的保护层面来讲，为我们提供了多元化解决路径。

三、国外研究文献及其综述

相较于国内的研究，国外关于位置商标的研究起步相对较早。笔者以"position mark"为主题词在校图书馆的外文数据库（包括"WOS""Westlaw""HeinOnline""LexisNexis"）进行检索，其中大量涉及位置商标的文献。其主要以欧盟、美国、加拿大、日本、韩国等国家和组织的立法、司法为背景，以非传统商标（non-traditional mark）为描述对象，位置商标作为新型非传统商标多有提及；也有学者从企业商标战略

---

❶ 池欣欣. 论位置商标的特点及保护 [J]. 中华商标，2019（2）：25-28；孙国瑞. 从"红鞋底"商标案看我国"位置商标"的走向 [J]. 中华商标，2019（2）：21-22；张欣. 鞋红，标也"红"——浅析"红鞋底"商标的可注册性 [J]. 中华商标，2019（2）：23-24.

❷ 卡尔·拉伦茨. 法学方法论 [M]. 李爱娥，译. 北京：商务印书馆，2015：338.

的角度，以多个涉及位置商标的企业商标，为企业构思新的商标策略；值得注意的是，多篇韩国学者所撰写的直接以位置商标为题的论文，反映了当下韩国位置商标的立法和司法现状。笔者选取其中最具代表性的专著和论文进行文献梳理，试图厘清国外对位置商标研究的现状。

（一）专著：理论建构与判例分析并举

美国商标法大家麦卡锡教授虽没有提及位置商标和非传统商标，但其关于商标法的基础理论和商标的传统分类值得关注。麦卡锡教授认为，商标侵权是一种典型的不正当竞争行为，在商标法与反不正当竞争法的关系上，后者的保护范围要大于前者，这就为我们寻找位置商标的保护依据提供线索，在商标法未有规定的情况下，反不正当竞争法可以提供一定程度上的保护。"商标是商誉的标志"，保护商标的实质是在保护商誉投资，在我国法律框架下，位置商标作为一种潜在的具有可获得保护的财产，其获得保护的正当性在于其凝结了投资者的投资，法律有必要对此种"投资结果"提供适当的保护。除此之外，保护商标权人的合法权益，以及维护保护消费者的合法权益与维护市场公平、自由竞争均是《商标法》的立法宗旨，位置商标的保护同样需要考虑到私权与公益之间的平衡。麦卡锡教授关于商标的定义同样值得关注，"商标是一种标志，被用于识别和区分提供者的产品"，即商标被用于识别产品的来源和其他产品的来源相区分。其可以划分为以下三个元素：有形的标志、使用的类型和作用。❶ 这是关于商标较为宽泛的、开放的定义方式，在法律没有明确规定商标类型的前提下，位置商标可以通过此种途径获得保护。美国经典知识产权法教科书《新技术时代的知识产权：2016》（*Intellectual Property in the New Technological Age：2016*）❷ 中提及颜色、声音和气味三种非传统商标，对此的论述同样具有启发性。例如，产品的颜色原本不能表示产品的"来源"，但随着时间的推移，"消费者可以把一种特定的产品或包装的颜色（特殊颜色）当作商标"，换言之，该

---

❶ J. Thomas McCarthy. McCarthy on Trademarks and Unfair Competition（Fifth Edition）[M]. New York：Thomson Reuters，2019：§ 2-12. 1.

❷ Mark A. Lemley & Peter S. Menell & Robert P. Merges. Intellectual Property in the New Technological Age：2106 [M]. New York：Clause 8 Publishing，2016：Chapter V：19-25.

颜色获得了"第二含义",具有"指示来源"的作用。同样地,在某种程度上颜色作为产品的功能特征,是产品获得商业成功必不可少的因素,这就表明"非功能性原则"在认定颜色商标中的重要地位。位置商标所使用的"标志"往往也是单一的颜色(诸如"红鞋底"),此点与颜色商标无异,"第二含义"和"非功能性原则"对位置商标而言同样重要;此外,颜色商标存在着"颜色用尽"的风险,以威胁市场的公平、自由竞争,位置商标的风险则体现在"位置用尽"上。吉本斯(Gibbons)教授指出,组合商标是一种包含多种元素的商标,法院在考察组合商标时需要从整体上予以考察,而非分而观之,这种方式是基于消费者对于商标的基本认知,即"标志给消费者带来的商业印象"或称"非分离原则"。在位置商标中,"位置"和"标志"两个元素必不可少,或称位置商标是"位置"和"标志"相组合而成的组合商标,这就为我们考察位置商标显著性提供了重要的思想资料。❶ 巴恩(Barne)教授在其著作中独辟一节论述非传统商标。他认为,美国《兰哈姆法》第43条规定,商标包括"任何文字、名称、标志或设计或任何上述之结合",其中"任何设计"之措辞实质上包括了"味觉、气味和声音",这就为大量非传统商标得以注册提供了法律上的依据。❷ 然而,作者对商业外观、包装、产品设计、图形商标、气味商标和颜色商标等持谨慎态度,其认为,非传统商标存在"有争议的周边保护"——对提供者之非传统商标保护增加了"阻碍式竞争",商标权人会利用这种竞争"以法律诉讼的方式来威胁新的竞争者,来保有他们的市场竞争力"。换言之,非传统商标的不当保护,使得商标侵权变得模糊,商标权人利用此点,阻碍了市场的自由竞争。英国商标法学者杰里米·菲利普斯则以欧盟法院审理的"Axion案"为例,指出"摆放位置商标"中"对原本不能注册的标记以特定方式摆放,并将其用于拟注册的商品不

---

❶ Lars S. Smith, Llewellyn Gibbons. Mastering Trademark and Unfair Competition Law [M]. North Carolina: Carolina Academic Press, 2013: 24-25.

❷ David W. Barnes. Trademark and Unfair Competition Law: Cases and Problems in an Intellectual Property Context [M]. New York: Wolters Kluwer Law & Business, 2014: 358.

会赋予其可注册性"。❶

（二）期刊：位置商标的多元化研究路径

1. 以非传统商标为视角

位置商标作为非传统商标，也具有非传统商标所面临的困境。克里斯托弗·埃姆斯（Christopher Eames）在 *Non-Traditional Trade Marks：Past Practice and a Look to the Future* 一文中，将"非传统商标的兴起视为欧盟商标注册领域的第二次浪潮"。❷在非传统商标领域（包括声音、颜色、位置等）存在大量的"困难"，诸如"证明困难""难以说明自身显著性问题"。同时作者还指出，这些非传统商标一旦予以注册，有可能垄断存在于公共领域的标志。同时，商标注册的第二次浪潮同样影响着发展中国家，诸如，佩德罗·维尔赫纳（Pedro Vilhena）在 *Registrability of Nontraditional Trademarks in Brazil：Current Situation and Perspectives* 一文中反映了非传统商标在发展中国家的具体演变。面对激烈多变的市场环境，巴西知识产权法典在非传统商标领域上的反应过于缓慢，"可视性"仍是商标注册的要素之一。❸ 在 TRIPS 协议下，商标"与标志本身的自然属性并无关联"，基于此，巴西知识产权法典进行了颇具国际化的修改，三维商标"只要其用于将其他产品或服务予以区别并标示其来源"就可以作为商标予以注册。

2. 以企业竞争策略为基点

位置商标不仅作为一种新型商标，更是一些企业进行商业竞争的竞争策略、手段。凯蒂·布朗（Katie M. Brown1）和娜塔沙·布里森（Natasha T. Brison）两位学者在 *A Tale of Two Trademarks：A US Analysis of the Protection Strategies of Adidas and Converse* 一文中指出，运动品牌"Adidas"的"三杠"（three-stripe）商标，在商标策略上是十分成功

---

❶ 杰里米·菲利普斯. 商标法：实证性分析 ［M］. 马强，译. 北京：中国人民大学出版社，2014：148.

❷ Christopher Eames. Non-Traditional Trade Marks：Past Practice and a Look to the Future ［J］. Exeter L. Rev，2017（37）.

❸ Pedro Vilhena. Registrability of Nontraditional Trademarks in Brazil：Current Situation and Perspectives ［J］. Trademark Rep，2016（934）.

的。作为一种位置商标，"三杠"商标在注册和保护上面临困难，仅仅是三条平行的横杠所构成的商标，不仅不具有固有显著性，而且试图垄断所有横杠及颜色，"三杠"商标被指"商标欺凌"（trademark bullying）。❶企业需要证明其具有"第二显著性"和"使用意图"，通过赞助体育赛事、明星代言和积极应诉，"三杠"商标获得巨大的成功。虽然"Adidas"的"三杠"商标近期被欧盟普通法院宣告无效，应当指出的是，法院所依据的是"三杠"商标是作为图形商标，而宣告无效，而非作为样式商标的位置商标。❷

3. 以韩国司法判例为例证

关于位置商标制度，韩国学者多有论述。诸如，赵景淑在《位置商标的法律要求和批判性讨论——以时尚产品为中心》中指出，作为一种商标申请注册，位置商标系"某类商品中按一定比例将位置标记放置于特定位置"，"行使"和"与商品形式的分离"是获得注册必不可少的条件，而具有"装饰性或功能性"特征的标志则不能获得注册。考虑到限制竞争、不重要位置、位置变化等情形，应当对位置商标的授予保有谨慎之态度。❸朴泰日的《位置商标是否被视为一种商标类型——基于韩国商标法的考察》则是基于韩国最高法院的一则判决的分析，在指定商品（案中为运动衫、夹克和套衫）上申请的商标类型是通过一条虚线标示商品上特定位置的某种图形形状或形式，案件的关键在于该申请的商标是否具有获得显著性。在作者看来，位置商标可以在视觉上作为"可辨认的商标"，《韩国商标法》对此予以肯定。❹朴允石的《位置商标显著性的案例研究》认为一个位置商标需要三个条件：第一，标志、字母、数字或其他任何之组合必须可以从指定的货物上分离出来；第二，这些标志必须置于货物的特定位置；第三，置于货物特定位置的标志可

---

❶ Katie M. Brown1 & Natasha T. Brison. A Tale of Two Trademarks: A US Analysis of the Protection Strategies of Adidas and Converse [J], Entertainment and Sports Law Journal, 1-6.

❷ See Adidas AG v EUIPO, European General Court, PRESS RELEASE No 76/19.

❸ 赵景淑. 位置商标的法律要求和批判性讨论——以时尚产品为中心 [J]. 知识产权杂志, 2016, 11 (4): 113-146.

❹ 朴泰日. 位置商标是否被视为一种商标类型——基于韩国商标法的考察 [J]. 司法, 2014, 1 (24): 275-323.

以区分货物之来源。同时，消费者在购买商品时的关注度、注意力水平对位置商标的显著性也同样重要，即注意力水平越高，居于特定位置的标志越容易产生显著性；反之，则消费者往往将之视为装饰性方式予以使用。❶

四、现有研究文献的反思及其评介

（一）现有研究的特点及其不足

如上所述，现有研究具有鲜明的案例导向和系统化取向——结合案例进行实证化分析，是认识、理解位置商标的一个重要途径；以 7 篇硕士学位论文为代表的关于位置商标的系统化研究，在一定程度上表明，我们对位置商标的认识趋于成熟。整体而言，现阶段对于位置商标制度的研究具有以下特点及不足。

1. 鲜明的案例分析与制度建构导向

第一，对位置商标的研究集中于"就案例讨论案例"和"商标制度建构"。纵观国内外的研究文献，案例分析依旧占据主导地位，其基本研究路径是——"案例分析—制度建构"，即从案例着手，其分析的结果大多数为"现有法律无法给予位置商标充分的保护"，进而建议修改法律。换言之，这些文献缺乏一定程度上的理论建构，即应当在案例分析的基础上对位置商标进行归纳、分析，尝试性构建出一套位置商标自身的理论，尤其涉及位置商标的界定、与其他相似商标的区分以及显著性判断问题。可以认为，新型商标类型的出现需要进一步研究其获得保护的理论依据，进而确定其保护的边界，制度建构固然是法学研究中必不可少的一部分，但如果缺少理论上的依据，容易陷入"对策法学"的研究误区，制度建构本身也就成了无源之水、无本之木。

第二，对位置商标的保护方向限于商标法。从现有的文献来看，学者们将商标法保护视为位置商标唯一保护途径，即所有的制度建构都是

---

❶ 朴允石. 位置商标显著性的案例研究［J］. 韩国法律评论，2013（71）：387-421.

以商标法为对象的。值得注意的是，商标起源于"假冒之诉"。❶在英美法下，商标法与反不正当竞争法有着天然的联系，"商标侵权本身也是不正当竞争行为"，即反不正当竞争法的适用范围要远大于商标法，同时其也是商标法的"补充法"，以弥补商标法对某些商标类型保护力度之不足。这就为我们重新思考位置商标的保护模式提供了新的路径。首先，《商标法》保护一定是位置商标保护的最终也是最周全的保护，与此同时，我们还应该关注：《侵权责任法》和《反不正当竞争法》对位置商标的阶段性、过渡性保护。位置商标作为一种潜在的知识财产，凝结了投资人的投资和企业多年经营所积累的商誉，位置商标是一种可以受到法律保护的财产利益，对此，我国《侵权责任法》的保护范围涵盖"民事权利和民事权益"，我们认为，可以将位置商标的保护诉诸侵权法，以保护商誉的形式来保护位置商标；正如何渊法官在其判决中所述，位置商标可以作为"位置装潢"，即一种知名商品的"位置装潢"所获得《反不正当竞争法》的保护。

2. 体系化研究与具体问题研究相结合

体系化、系统化被视为符合人类本性的一种表现，法学领域的体系化突出地表现为：总结、发展、约束和移植等功能。❷结合对现有文献的分析，位置商标的研究具有上述研究特点，其表现为——构成位置商标本体的基本概念，包括定义、功能、显著性判断等诸多能形成关于位置商标基本知识的内容（内部体系化）；位置商标与相近似商标之间的区别，以及其与非传统商标的逻辑关系，以期形成一个较为完整的商标概念群（外部体系化）。体系化的同时是对位置商标中相关知识的具体化研究，结合上述对现有文献的综述，分而叙之。

其一，对位置商标概念本身反思不足。在借用域外研究或国际立法概念的同时，或赞同概念，或对概念进行新的界定，未能对概念本身作法学方法论上的思辨。位置商标概念是基于德国学者定义的，在此基础上，我国学者基本持赞成态度，也有一些学者将位置商标的范围扩大至

---

❶ 布拉德·谢尔曼，莱昂内尔·本特利. 现代知识产权法的演进：英国的历程（1760—1911）[M]. 金海军，译. 北京：北京大学出版社，2012：198.

❷ 李琛. 论知识产权法的体系化 [M]. 北京：北京大学出版社，2006：18.

"服务类型"，❶ 但其给出的概念及其理由不具有说服力，这就忽视了概念本身的法学方法论意义。我们需要对概念本身进行反思，即通过法学方法对概念进行研究、分析。中国台湾学者黄荣茂指出，设计一个法律规定或用语时，必是有所为而来，亦即对其设计有功能上的期待，希望其有助于解决当时、当地所遭遇的问题。❷ 如果位置商标的概念不能用来切实解决具体问题，其也会成为"僵尸概念"。同时，概念具有贮藏价值的功能，这就使得我们在认识位置商标概念时需要注意到其背后的价值（如权益保护），否则概念将会趋于过度抽象化，脱离生活，难以理解。再者，位置商标是"舶来品"，在接受、承认此概念的同时，仍需要得到本国国情的首肯，即要在本国完成价值同化。

其二，对位置商标的类型划分不足。为了克服传统法学过于抽象化的弊端，法学研究中通过设置"规范类型"，以求知识的丰富性和研究手段的多样性。类型是在具体案件基础上的抽象化，同时也未趋向于"概念"，是介于"概念"与"现实"的中间维度，其来源于现实又高于现实。正如上述，现有文献所列举的位置商标类型，是对传统商标分类的延伸，而忽略了位置商标本身的性质。❸ 拉伦茨将类型划分为经验性类型、逻辑的理念类型和规范的理念类型，现有文献都是基于"之前考察过的经验性形象类型"，在此基础上，我们需要对位置商标进行规范化的、模型式的类型划分，即"规范性的真实类型"——在形成类型及从事类型归属时，均同时有经验性及规范性因素参与其中。❹ 基于此，位置商标的类型划分必须要提出具有方法论意义的类型模型：源于现实，又要具有一定的抽象性。

（二）位置商标移植及其风险：基于国内外文献的比较考察

中国商标法律制度是继受和移植的产物，外国立法例（判例学说），

---

❶ 毛洁莹．位置商标法律保护制度研究［D］．上海：华东政法大学，2013：4-5．

❷ 黄荣茂．法学方法与现代民法［M］．北京：中国政法大学出版社，2007：73．

❸ 池欣欣．论位置商标的特点及保护［J］．中华商标，2019（2）：25-28．

❹ 卡尔·拉伦茨．法学方法论［M］．李爱娥，译．北京：商务印书馆，2015：340．

有助于提供解决特定问题之各种可能类型。❶ 与国内研究、立法与司法实践相比，国外有着丰富的立法实例和司法判例，但国外的实践与研究呈现出"理论建构有余而制度建构不足"的特征，除韩国多位学者直接以"位置商标"为题，国外大多数学者的研究多以非传统商标为切入点，位置商标只是其中一隅，从而在整体上确定一个符合非传统商标的理论基础。就此而言，完成对位置商标的法律移植需要注意以下几点。

一是位置商标法律保护与商标保护水平的问题。就立法现状和司法判例而言，发达国家的呼声明显高于发展中国家。从笔者搜寻到的资料来看，发达国家或地区对位置商标多持肯定态度，即使没有明确将位置商标写入立法文件，也通过法律解释和司法判例的形式予以保护，而发展中国家的立法和司法态度不明确。虽然当下"加强知识产权保护"是知识产权领域的政策最强声，但是也要注意到知识产权保护需要与我国之国情相适应的基本原则。位置商标中显著性判断问题在很大程度上是对"固有显著性"理论的质疑，即位置商标的保护水平应当与我国社会经济发展水平和商标法实施状况相一致。

二是位置商标法律保护模式选择问题。国内学者将《商标法》视为位置商标的主要保护手段，与之相较，国外对商标法与反不正当竞争法关系的把握更加深刻，鉴于此，位置商标的《反不正当竞争法》保护在当下中国的法律状况显得更加有意义。进言之，我国对位置商标的法律保护大体上可以分为两步：首先是过渡性保护，包括《反不正当竞争法》保护和《侵权责任法》保护；其次才是《商标法》作为终局的保护。除此以外，位置商标的司法与行政保护同样重要，法律的制定和修改程序较为烦琐，司法活动和行政行为则较为灵活。在现行法律的基础上，可以对涉及位置商标的案件予以司法经验上的总结，包括范围确定、显著性判断标准等，形成指导性司法案例，以节约司法资源；行政性文件则可以在商标审查环节对位置商标的注册申请、撤销与无效宣告等制度予以进一步细化。

---

❶ 王泽鉴. 民法学说与判例研究（第二册）[M]. 北京：中国政法大学出版社，1997：1.

结　语

　　行文至此，我们可以对位置商标法律保护问题研究现状作一个总结：位置商标的研究呈现出案例化与系统化的基本趋向。这种趋向集中体现为国内外研究文献是基于案例的剖析以及系统化研究的深入。第一，从案例分析到制度建构。这是现有文献的特征，也是弊端，或仅仅就案例分析案例，或从案例中得出"修改法律"的基本结论，鲜有反思、建构位置商标理论。第二，系统化有余，而细化研究不足。随着案例研究的深入，位置商标所涉及的基本概念逐渐明晰，围绕着位置商标形成一套完整的知识结构，但值得注意的是，有关位置商标的个别细化研究仍需加强，诸如类型化研究问题、显著性判断问题以及保护模式选择问题。

　　位置商标的研究方向可以表现在以下几个方面。其一，位置商标的引入对商标保护范围的影响。从文字商标到图形商标，从静态商标到动态商标，从传统商标到非传统商标，商标的保护范围呈现逐步扩大的趋势，这就表明位置商标的引入将是对商标权人权益保护的扩大，是对公共利益和消费者权益的压缩，那么就要反思位置商标乃至其他种类的非传统商标的保护对上述利益的影响，同时思考商标法保护范围的问题。其二，位置商标法律移植的制度风险问题。知识产权法律制度移植应当着重关注"内化"问题，就位置商标而言主要表现为位置商标本身贮藏价值问题（私人利益与公共利益）、位置商标的本土价值塑造及其与本国国情相一致问题。

商标售前混淆的侵权认定文献综述

王露洁　杨涵嫋[*]

【摘要】 商标的售前混淆是指消费者在购买之前所发生的对商标所标示的商品来源的混淆。售前混淆理论源自美国，它的产生、发展与美国判例法息息相关。而对于我国的《商标法》而言，售前混淆是近年来研究中新引进的概念，对商标的售前混淆的侵权认定值得商榷。目前学界对"售前混淆"的法律定性主要存有两种截然相反的观点，此外售前混淆的认定标准也存有多方主张。本文通过对国内外学者关于商标售前混淆的研究以及相关法院的实践判定入手，着重对商标售前混淆的法律定性以及售前混淆的认定标准的不同主张进行分类汇总和阐述。

【关键词】 商标；售前混淆；法律定性；认定标准

一、商标售前混淆的起源与发展

售前混淆理论源于 Grotrian 案[❶]，但其产生背景与 1962 年美国修正《兰哈姆法》有关。1962 年的《兰哈姆法》中修改了其在 1942 年关于

　＊ 王露洁、杨涵嫋为上海大学法学院 2017 级本科生。
　❶ Grotrian, Helfferich, Schulz, Th. Steinweg Nachf. v. Steinway & Sons 523 F. 2d 1342 (2d Cir. 1975).

商标侵权的规定，❶ 商标侵权的判定标准变成商标的使用"可能导致混淆、误解或欺骗"。美国参议院对该修正的解释是："因为该规定实际上既包括实际的消费者，也包括潜在的消费者，为了避免对法条中该用语的误解，删除'消费者'这个词。"❷

而 1975 年，美国联邦第二巡回法院在 Grotrian 案中首次适用了售前混淆规则，该案的关键在于消费者在购买之前接触到被告的商标时，很可能会认为原告与被告之间存在关联关系，进而在这种认识的基础上将被告的商品纳入考虑的范围，从而吸引潜在消费者。而被告商标之所以能够吸引潜在的消费者，是由于原告商标的商誉。被告以不正当手段获取他人商誉，使商标权人的合法利益受到损害，其行为构成商标侵权。

在 Grotrian 案之后，随着网络技术的发展，网络环境中的商标侵权纠纷逐渐增多，法院为了保护商标权人的商誉，开始在诉讼中频繁地使用售前混淆规则，而对售前混淆理论起着推波助澜作用的另一个重要判例是 1999 年发生的 Brookfield 案❸。在该案中，被告使用原告的商标作为其网站的元标签和关键词❹，法院认为，虽然消费者没有在决定购买时产生混淆，但消费者在用原告商标检索的过程中，通过点击推广链接被诱导到被告网站，导致消费者兴趣的转移。在这个过程中，被告不正当

---

❶ 修改后的《兰哈姆法》第 43 条规定："（a）民事诉讼。（1）任何在商业上使用任何文字、词组、姓名、符号或图形及其组合，或使用任何虚假的来源标记、虚假或误导的事实描述、虚假或误导的事实陈述，于商品、服务或商品容器上的人，只要：（A）可能造成他/她与他人之间存在从属、联系或联合关系，或者其商品、服务或商业行为来源于他人或获得他人支持或赞助的混淆可能性、误解或者欺骗；或者……"

❷ S. Rep. No. 87-2107, at 2847, 2850-51 (1962).

❸ Brookfield Communications, Inc. v. West Coast Entertainment Corp 174 F. 3d 1036 (9th Cir. 1999).

❹ 源代码是最初被人使用于编写计算机程序的编程语言，后被转化为由一系列 0 和 1 组成的代码，这些转化后的代码才能被计算机识别和执行。任何网页的源代码都包含元标签（metatags），元标签是一些用来描述网页内容的 HTML 指令。最常见的元标签是表述性标签和关键词标签，它们被用于描述网址和罗列与网址有关的关键词以便于搜索引擎对网站的搜索。虽然任何网站的使用者都能够使用"reveal codes"指令来显示网页的元标签和代码，但普通上网者根本看不到网页的元标签和代码。

地获取来源于原告商誉的利益，因此构成售前混淆而承担商标侵权责任。❶ Brookfield 案将售前混淆理论从现实领域引入网络环境下的商标纠纷中，在 Brookfield 案之后，法院又陆续在网络环境下的许多商标侵权纠纷中适用售前混淆规则。有学者指出："售前混淆的扩张可以被视为一种更大趋势的象征：知识产权人试图努力控制任何使用他们受到保护的商标的行为。"❷

曾作出"Brookfield 案"裁决的美国第九巡回法院，又在 2011 年的"Network Automation 案"中明确提出，要证明初始兴趣混淆，仅有消费者的兴趣转移是不够的，必须有明确证据证明实际混淆的存在，应该运用"Sleekcraft 案"所建立的混淆分析八要素来对该案中是否存在混淆进行检验，法院进一步对售前混淆的认定作出了更明确的规范。

二、商标售前混淆的法律定性

目前学界对"售前混淆"的法律定性主要存在以下两种截然相反的观点。

第一种观点认为，尽管售前混淆与传统的商标混淆不完全相同，但从给商标权人造成的损害来看，二者之间只有程度上的差别，而无质的区别。❸

此种观点在 1999 年的 Brookfield 案的判决中有所体现。即便消费者并未在"售前混淆"的场合作出购买决定，行为人借他人品牌名声吸引公众眼球注意的做法本身也是对商标权人凝聚在商标上商誉的不正当获取。美国第九巡回法院认为，虽然从狭义上来说，消费者并没有对此产生混淆，他们很清楚是从 Blockbuste 购买产品，而且也没有理由会认为

❶ Brookfield Communications, Inc. v. West Coast Entertainment Corp, at 1062, 50 U. S. P. Q. 2d at 1563-64.

❷ Michael Grynberg. The Road not Taken: Initial Interest Confusion, Consumer Search Costs, and the Challenge of the Internet [J]. Seattle University Law Review, 2004 (1): 97-144.

❸ 邓宏光. 商标混淆理论之新发展：售前混淆 [J]. 知识产权，2007 (3): 74.

Blockbuste 与 West Coast 之间存在任何附属关系或赞助关系，但这并不能改变 Blockbuster 将不正当的攫取 West Coast 商誉的事实。❶ 除此之外，有学者提出其他两个方面理由来说明上述观点，主要体现在以下两方面。其一，美国学者认为"售前混淆"的本质是行为人搭他人品牌信誉的"便车"，在某种程度上打击了生产厂商维持网上优质服务的积极性，也减少了消费者可利用的有效信息总量，间接地损害了消费者的利益。从消费者搜索成本和社会成本——收益角度来说，也应当肯定售前混淆制度的合理性。❷ 其二，中国学者王迁认为在"售前混淆"的情形下，商标权人还有可能因行为人的商品质量过于低劣被消费者所迁怒，而这同样会对商标权人的商业信誉造成损害。❸

对于此种观点，也有其他学者表示质疑，认为此观点着眼于商标权人商誉的损害，"售前混淆"最终导致的侵权后果无论是对商标所承载的声誉，还是对商标权利人信誉的破坏，仍然属于商标法保护的重要范畴。❹ 但是商誉的损害并不能作为商标权真正的保护对象，作为两个彼此相互独立的价值系统，商誉仅对商标权发挥间接性和辅助性的影响，而真正作为"商标保护灵魂的"，应当是商标所具有的显著性。❺

第二种观点认为，由于"售前混淆"并未导致消费者对商品的来源发生最终混淆，因此其本质上并不属于商标法意义上的混淆，如果该行为给商标权人造成损害，也应将其交由反不正当竞争法加以规制，而不能作为商标侵权行为来对待。❻ 有关学者对此的解释是，在"售前混淆"之场合，当事人的行为更多的是将权利人的商标作为一种虚假指示广告以达到骗取消费者注意、惠顾的目的，对于商标权人而言，由于消费者

---

❶ Brookfield Communications, Inc. v. West Coast Entertainment Corp, at 1064, 50 U.S. P.Q.2d at 1565.

❷ Confusion in Cyberspace, Defending and Recalibrationg the Initial Interest Confusion Doctrine, 117 Harv. L. Rev. 2402–2406（2004）.

❸ 王迁. 知识产权法教程 [M]. 北京：中国人民大学出版社，2007：504.

❹ 李进付. 商标侵权认定理论的扩张 [C] //. 王立民，黄武双. 知识产权法研究（第6卷）. 北京：北京大学出版社，2008：385.

❺ 黄晖. 驰名商标和著名商标的法律保护 [M]. 北京：法律出版社，2001：11.

❻ 魏森. 商标侵权认定标准研究 [M]. 北京：中国社会科学出版社，2008：74-75.

在最终作出购买决定时能够清晰地辨识其所购买商品的来源，权利人商标的识别功能并未遭受实际损害。鉴于此，法律理应将"售前混淆"作为一种广告欺诈行为来看待。唯如此，方能使商标制度向着纯洁化的方向发展。❶

对于此种观点，同样也有其他学者表示质疑，认为其主张更强调的是"售前混淆"的不正当属性，但是"从来源上看，反不正当竞争与商标权的保护是'同源'的"。❷ 故当"售前混淆"被有关学者证明是不正当行为时，也不能因此排除其构成商标侵权的可能。

三、商标售前混淆的认定及评判

如何认定商标售前混淆，目前结合司法实践，学界出现了三种认定标准的观点。

第一种观点认为，"初始兴趣混淆"规则的适用不再以"混淆的可能性"为依据，仅从消费者兴趣转移即可推出初始兴趣混淆。在1999年审理的"Brookfield案"中，美国第九巡回法院仅从消费者兴趣转移就推出初始兴趣混淆，且在无任何混淆可能发生的情形下运用"初始兴趣混淆"规则作出被告侵权的判定。这也说明，当时法院对"初始兴趣混淆"规则的适用不再以"混淆的可能性"为依据，而是更加关注被告方的行为是否会导致"消费者注意力的转移"。

但对于此种观点，学界存有较多争议，大多学者对此提出质疑。美国学者詹妮弗·罗斯曼（Jennifer E. Rothman）指出，法院对"初始兴趣混淆"认定范围过宽，指出现如今在适用"初始兴趣混淆"规则时往往指代下面两种情形：一种是消费者因售前混淆而对当事人的产品产生初始兴趣的情形，另一种是消费者仅对当事人的产品产生初始兴趣但却不

---

❶ 黄汇．售前混淆之批判和售后混淆之证成——兼谈我国《商标法》的第三次修改 [J]．电子知识产权，2008（6）：11-12.

❷ 郑成思．世界贸易组织与贸易有关的知识产权协议 [M]．北京：中国人民大学出版社，1996：216.

会有售前混淆发生的情形。❶ 对于后种情形，很多学者认为，在这种情形下不考虑"售前混淆发生与否"而只是依靠"消费者的注意力被转移"就认定"初始兴趣混淆"的判断，会与商标法保护商标的目的背道而驰，同时也会对公平自由的市场竞争秩序以及消费者的自由选择权造成极大的危害。也正基于此，学者詹妮弗·罗斯曼指出，应当用"售前混淆"的称谓取代当前的"初始兴趣混淆"称谓，这不仅可以使"初始兴趣混淆"的真正内涵得以澄清，而且可以有效防止法院将关注的重心由"混淆的可能"向"产生初始兴趣"偏离。❷

第二种观点认为，对"初始兴趣混淆"的认定界限施以额外的限制进行规范。此种观点主要产生于美国第九巡回法院对"初始兴趣混淆"认定范围过宽的问题，除此之外为维护公共利益以及对商标权人利益的考虑，一些法院开始认为应当对"初始兴趣混淆"的认定界限施以额外的限制。归纳起来，主要存在以下三方面的限制：第一，有的法院要求，只有在被告方具有使消费者发生混淆的主观意图时，"初始兴趣混淆"规则才有适用的余地；❸ 第二，有的法院要求，只有在原被告之间存在竞争关系的情形下，才有认定"初始兴趣混淆"之可能；❹ 第三，还有法院认为，在"初始兴趣混淆"所产生的危害是微不足道的情形时，法律也没有必要对其进行规制。❺ 而在对于"微不足道"的判断上，

---

❶ Jennifer E. Rothman, Initial Interest Confusion：Standing at The Crossroads of Trademark Law, 27 CardozoL. Rev. 105, 121（2005）.

❷ Jennifer E. Rothman, Initial Interest Confusion：Standing at The Crossroads of Trademark Law, 27 CardozoL. Rev. 105, pp. 122-139, pp. 179-180（2005）.

❸ 例如，美国俄勒冈地区法院在 2001 年审理 Interstellar Starship Servs. v. EpixInc 一案时就认为，"初始兴趣混淆"仅仅限于被告主观上存有恶意的情形。Interstellar Starship Servs. v. EpixInc, 125F. Supp. 2d 1269, 1278-80（D. Ore. 2001）.

❹ 例如，美国联邦第九巡回上诉法院在 2002 年审理 Interstellar Starship ServicesLtd. v. EpixInc 一案时指出，"初始兴趣混淆"的发生仅限于双方当事人销售竞争产品的情形。Interstellar Starship Services Ltd. v. Epix, Inc., 304F. 3d 943-46（9th Cir. 2002）.

❺ 例如，美国联邦第一巡回上诉法院在 1983 年审理 Astra Pharm. Prods., Inc. v. Beckman Instruments, Inc. 一案时指出，对于深思熟虑的消费者来说，那种转瞬即逝的临时性混淆是微不足道的。Astra Pharm. Prods. Inc. v. Beckman Instruments, Inc., 718F. 2d 1201, 1207-08（1st Cir. 1983）.

有关法院通常以"消费者并未最终购买被告的产品"作为认定的标准。

针对限制的前两种主张，我国学者也有表示赞同的，如学者邓宏光认为应当将"产品的相关性"和"被告欺诈的故意"作为认定"初始兴趣混淆"所必须考虑的因素。❶但笔者认为，"产品的相关性"和"被告欺诈的故意"可以作为认定"初始兴趣混淆"所考虑的因素，但是却不是必须因素，这也同传统的多因素检验法相冲突，法院在判断商标是否产生混淆时，往往需要结合商标的强度、产品的接近度、商标的相似性、实际混淆的证据、使用的市场渠道、商品的种类以及购买人的注意程度、被告选择该商标的意图、产品系列扩展的可能性等多种因素综合作出判断。❷倘若将"产品的相关性"以及"被告欺诈的故意"认定为不可或缺的因素，则不利于维护商标权人的利益，因产品相关性并不具有一个统一的判断标准，并且商标产生是否混淆以及商标侵权与否并没有与行为人的主观意图有必然的联系。而对于限制的第三种主张而言，若仅仅关注商标权人因为混淆所遭受的市场份额的实际损失，却无法对商标权人商标所发挥的真正价值进行保障。

第三种观点认为，初始兴趣混淆的认定除有消费者的兴趣转移之外，须有明确证据证明实际混淆的存在，结合其他混淆因素要素来对该案中是否存在混淆进行检验。2011 年的"Network Automation 案"❸中明确提出，初始兴趣混淆的认定仅从消费者的兴趣转移认定是不够的，必须有明确证据证明实际混淆的存在，运用"Sleekcraft 案"所建立的混淆分析八要素来对该案中是否存在混淆进行检验。这不同于"Brookfield 案"仅从消费者兴趣转移就推出初始兴趣混淆，在某种程度下体现了美国商标法的立法目标，商标法既保护消费者，也保护商标权人。如果仅因为消

---

❶ 邓宏光. 商标法的理论基础——以商标显著性为中心 [M]. 北京：法律出版社，2008：253-257.

❷ 美国联邦第九巡回上诉法院在 1979 年审理 AMF Incorporatedv. Sleekcraft Boats 一案时，主审法院对认定混淆所应考虑的八方面因素进行系统归纳，详细内容可参见罗伯特·P，墨杰斯，等. 新技术时代的知识产权法 [M]. 齐筠，等译. 北京：中国政法大学出版社，2003：537-540.

❸ 该案系关键词推广商标侵权案件，被告通过谷歌（Google）和必应（Bing）的关键词推广系统使用原告的商标作为关键词进行推广。

费者的兴趣转移，没有发生实际混淆，就成立初始兴趣混淆，进而构成侵权，这无疑保护了商标权人的利益，但限制了消费者的选择。❶ 此外，学者邓宏光同样认为，判断是否存在初始兴趣混淆时，除了考虑商标的相似性、商标的知名度、消费者的注意力水平等传统因素来判断商标混淆可能性外，还必须考虑产品的相关性和被告欺诈的故意。❷

结　语

售前混淆理论源自美国，它的产生、发展与美国判例法息息相关。笔者相信我国对商标混淆的研究和适用也会愈发成熟。目前我国学界在对商标售前混淆的侵权认定的相关理论概念上还不是很明确，售前混淆的法律定性存有争议，售前混淆认定也存有多方主张。目前学界对"售前混淆"的法律定性主要存有两种截然相反的观点：一种认为售前混淆与传统的商标混淆只有程度上的差别，而无实质的区别，另一种则认为售前混淆应交由反不正当竞争法来加以规制。至于如何认定商标售前混淆，目前结合实践及学界出现了三种认定标准：其一，可仅从消费者兴趣转移推定；其二，应对"初始兴趣混淆"的认定界限施以额外的限制来规范；其三，除消费者的兴趣转移之外，结合其他混淆因素要素来对该案中是否存在混淆进行检验。

针对学界和实践判定的不同观点和争议，为更好地解决我国发生的商标售前混淆侵权纠纷，笔者认为未来可在立法上对售前混淆理论的具体规则加以规定，可以明确售前混淆的法律定性为商标混淆中的一种类别，以及售前混淆的认定标准为上述的第三种观点较为妥当，在我国《商标法》第57条第（2）项确立的混淆可能性作为商标侵权判定的核心要件的基础上，可结合其他混淆因素要素来对该案中是否存在混淆进行检验，结合商标的相似性、商品的类似性、商标权人商标的显著性等多因素明确其侵权认定，以更好地指导法院的司法审判活动。

---

❶ Brookfield Comm'ns, Inc. v. W. Coast Entm't Corp. 174 F. 3d 1036（9th Cir. 1999）.

❷ 邓宏光. 商标混淆理论之新发展：售前混淆［J］. 知识产权，2007（3）：74.

商标售前混淆的侵权认定案例综述

王露洁　杨涵婳*

【摘要】商标售前混淆，近年来才在我国受到关注，且未明确地将其纳入法律条文之中，因此我国的相关案例较少，司法实践中对售前混淆的认知存在不同观点。但售前混淆是混淆的一种，可以作为商标侵权认定的要件之一，应当受到法律的规制。本文通过对我国的售前混淆案例判决进行实证分析，总结法院对售前混淆的法律定性和认定要素，进一步解决对售前混淆的侵权认定问题。

【关键词】商标；售前混淆；法律定性；认定标准

引　言

售前混淆又称初始关注混淆、初始兴趣混淆，源于美国的司法实践。1962 年，美国对《兰哈姆法》第 43 条进行修改时删除了"消费者"一词，而将商品或服务交易过程中可能发生商标侵权行为的场合由售后阶段扩展到售前和售后阶段，产生混淆的对象范围扩大，在消费者的基础上增加了潜在消费者。[1] 1975 年，美国联邦第二巡回法院在 Grotrian 案中首次适用了售前混淆规则，该案的关键在于消费者在购买之前接触到被告的商标时，很可能会认为原告与被告之间存在关联关系，进而在这种认识的基础上将被告的商品纳入考虑的范围，吸引潜在消费者，达到

---

* 王露洁、杨涵婳为上海大学法学院 2017 级本科生。

[1] Lanham Act 32, 15 U. S. C. A. 1114.

利用售前混淆争夺潜在消费者的效果。❶此后，售前混淆被各法院相继引用，在不断的司法实践和理论争鸣中日趋完善。1999 年，美国联邦第九巡回法院在 Brookfield 案中正式将这一原则引入互联网领域内商标侵权案件的裁判，互联网环境下使用人可否将他人的注册商标用于网页的关键词搜索构成售前混淆。该案的另一特点是法院并不认为被告的行为会使消费者产生来源混淆，但却认定被告的行为会吸引消费者转而光顾自己的网站而非原告的网站，而这种"转移"无疑会使原告的商业利益受到减损。据此，法院运用"初始兴趣混淆"规则作出了被告侵权的判定，更加关注被告方的行为是否会导致"消费者注意力的转移"。❷ 为了对售前混淆侵权认定进行限制，在 Interstellar 案中，美国俄勒冈地区法院认为只有在被告方具有使消费者发生混淆的主观意图时，"初始兴趣混淆"规则才有适用的余地。❸ 美国联邦第九巡回上诉法院要求，只有在原被告之间存在竞争关系的情形下，才有认定"初始兴趣混淆"之可能。❹

近年来，售前混淆理论在我国也被运用到实际纠纷的解决中，尤其是互联网领域的关键词竞价排名。但我国于 2013 年修订的《商标法》在第 57 条将混淆可能性要件纳入商标侵权判定之中，这一条款之中的混淆是否包括售前混淆，并未明确。因此，我国法院对售前混淆的法律定性、认定标准以及侵权责任均未明确，存在不同意见。因此本文旨在通过对我国现有售前混淆案例的实证分析，厘清我国售前混淆案例中的法律适用问题，以期促进我国的售前混淆相关立法的完善。

一、我国司法实践中售前混淆案件的基本情况

本文的案例资料来源于北大法宝网站以及无讼 App 的案例资源。分别以"售前混淆""初始混淆"为关键词检索并筛选，共收集到 13 个涉

---

❶ Grotrian. v. Steinway & Son，523 F. 2d 1331（2d Cir. 1975）.

❷ Mobil Oil Corp. v. Pegasus Petroleum Corp. ，818 F. 2d254，259-260（2d Cir.1987）.

❸ Interstellar Starship Servs. v. Epix Inc. ，125F. Supp. 2d 1269，1278 - 80（D. Ore. 2001）.

❹ Interstellar Starship Services Ltd. v. Epix，Inc. ，304F. 3d 943-46（9th Cir. 2002）.

及售前混淆的案件，基本情况如表 1 所示。分析该表，可知我国售前混淆的一些特点。

表 1　中国售前混淆案汇编

案名	案号	审理法院
天津青旅企业名称关键词纠纷案	（2011）二中民三知初字第 135 号	天津市第二中级人民法院
	（2012）津高民三终字第 3 号	天津市高级人民法院
"XTOOLS" 商标侵权纠纷案	（2009）海民初字第 26988 号	北京市海淀区人民法院
	（2010）一中民终字第 2779 号	北京市第一中级人民法院
"吞噬星空" 关键词商标侵权纠纷案	（2016）沪 115 民初 37026 号	上海市浦东新区人民法院
	（2017）沪 73 民终 143 号	上海知识产权法院
"天勤" 企业字号不正当竞争纠纷案	（2015）东一法知民初字第 498 号	广东省东莞市第一人民法院
	（2016）粤 19 民终 9761 号	广东省东莞市中级人民法院
"威警消防" 关键词商标侵权纠纷案	（2016）粤 0303 民初 17287 号	广东省深圳市罗湖区人民法院
钱柜公司与东莞星客乐纠纷案	（2015）东一法知民初字第 494 号	广东省东莞市第一人民法院
钱柜公司与东莞群英纠纷案	（2016）粤 1971 民初 1150 号	广东省东莞市第一人民法院
"凡人修仙" 关键词商标侵权纠纷案	（2015）浦民三（知）初字第 141 号	上海市浦东新区人民法院
	（2015）沪知民终字第 522 号	上海知识产权法院
"大悦城" 关键词商标侵权纠纷案	（2015）东民（知）初字第 3273 号	北京市东城区人民法院
	（2015）京知民终字第 1828 号	北京知识产权法院
"星河湾" 小区名称纠纷案	（2011）一中民五初字第 8 号	天津市第一中级人民法院
	（2012）津高民三终字第 0002 号	天津市高级人民法院
珂美拓华与南海贝豪生化纠纷案	（2016）粤 0105 民初 9317 号	广东省广州市海珠区人民法院
	（2017）粤 73 民终 1825 号	广州知识产权法院
BTSR 与慈溪太阳洲纺织知名商品特有包装不正当竞争纠纷案	（2013）浦民三（知）初字第 269 号	上海市第一中级人民法院
	（2014）沪一中民五（知）终字第 5 号	上海市第一中级人民法院
"爱肚" 字号关键词纠纷案	（2015）东一法知民初字第 234 号	广东省东莞市第一人民法院

从表 1 的案号可知，案件的时间跨度为 2009 年至 2017 年，主要集中在 2015 年以后。这说明我国实践中售前混淆产生的时间较晚，售前混淆是一个新兴的理论，尚未成熟，多数当事人及法院对其认识不足，运用该理论解决实际问题较少。

受理案件的法院多为中级或高级人民法院抑或是知识产权法院。商标侵权纠纷案件为知识产权案件，一般由知识产权法院管辖，而 2014 年我国的知识产权法院才成立。案件发生最为集中的地区为北上广地区。北京和天津地区法院共受理案件 4 件（北京 2 件，天津 2 件），占总数的 31%；广东地区法院共受理案件 6 件，占总数的 46%；上海地区共受理案件 3 件，占总数的 23%。因售前混淆产生时间短，一般是经济发达地区较早出现以售前混淆作为抗辩事由的当事人。此外，北上广地区法院的法律资源较为丰富，法官能率先适用新兴理论，为其他地区的案件作出指导。

13 起售前混淆案件中，有 9 件上诉，占比为 69%，有 4 件未上诉，占比为 31%。主要的问题在于售前混淆理论不够成熟，部分法官在运用时使得判决书的说理不充分、逻辑不严密，当事人难以信服。所以，大部分当事人选择上诉，甚至辉瑞药品案件不服判决，由最高人民法院再审。

二、我国对售前混淆进行适用的法律

由表 2 可知，售前混淆存在于商标侵权案件和不正当竞争案件中。法院主要依据我国《商标法》第 57 条、《反不正当竞争法》第 2 条以及第 6 条对售前混淆引起的侵权行为进行规制。❶ 无论是商标侵权案件还是不正当竞争案件，两者涉及的售前混淆侵权认定有共通之处，故本文

---

❶ 本文中的《商标法》是指 2013 年修正版，《反不正当竞争法》是指 2019 年修正版。

将两者合并讨论。❶

表 2　我国售前混淆侵权情况

案例	适用的法律
"XTOOLS" 商标侵权纠纷案	《商标法》第 57 条
"凡人修仙" 关键词商标侵权纠纷案	《商标法》第 57 条
"吞噬星空" 关键词商标侵权纠纷案	《商标法》第 57 条
"威警消防" 关键词商标侵权纠纷案	《商标法》第 57 条
"大悦城" 关键词商标侵权纠纷案	《商标法》第 57 条
珂美拓华与南海贝豪生化纠纷案	《商标法》第 57 条
"天勤" 企业字号不正当竞争纠纷案	《反不正当竞争法》第 2 条
天津青旅企业名称关键词纠纷案	《反不正当竞争法》第 6 条
"爱肚" 字号关键词纠纷案	《反不正当竞争》法第 2 条、第 6 条
钱柜公司与东莞星客纠纷案	1. 《商标法》第 57 条 2. 《反不正当竞争法》第 2 条、第 6 条
钱柜公司与东莞群英纠纷案	1. 《商标法》第 57 条 2. 《反不正当竞争法》第 2 条、第 6 条
"星河湾" 小区名称纠纷案	《商标法》第 57 条（未侵权）
BTSR 与慈溪太阳洲纺织知名商品特有包装不正当竞争纠纷案	《反不正当竞争法》第 6 条（未侵权）

由表 2 可知，13 个案例中售前混淆造成商标侵权的案例共 6 件，占总数的 46%；售前混淆造成不正当竞争的案例共 3 件；售前混淆同时涉及商标侵权和不正当竞争的案例共 2 件；其余 2 个案例与售前混淆相关，但未侵权。

售前混淆可能构成商标侵权行为抑或是不正当竞争行为，需要结合其他具体的构成要件，具体案件具体分析。所以下文将分别对售前混淆适用不同法律认定侵权进行举例说明。

---

❶　本文中，商标售前混淆中的商标为广义上的商标，包括注册商标和未注册商标以及一些商业标识。侵权认定中的侵权不仅指侵犯商标专用权，还包括违反《反不正当竞争法》侵犯权利人的权益。

（一）售前混淆构成商标侵权行为，违反我国《商标法》

售前混淆所涉及标识为注册商标，结合其他要件，违反我国《商标法》第57条构成侵权，❶ 如"威警消防"关键词商标侵权纠纷案。

该案中，深圳威警在第九类灭火器、个人用防事故装置等商品和第37类火警器的安装与修理等服务上注册了威警商标。浙江福兴与深圳威警的主营商品、服务相同，且浙江福兴故意将与"威警"商标近似的"威警消防"文字标识进行商业性使用，将其选定为百度网站的推广宣传的搜索关键词，导致相关网络用户产生初始混淆。深圳市罗湖区人民法院依据《商标法》第57条第（3）项判决浙江福兴的行为对深圳威警的注册商标专用权造成损害，需承担商标侵权责任。❷

（二）售前混淆构成不正当竞争行为，违反我国《反不正当竞争法》

售前混淆结合其他要件构成不正当竞争行为的，主要有两种情形，第一种是适用《反不正当竞争法》第6条认定；❸ 第二种是同时适用《反不正当竞争法》第2条和第6条认定。❹

1. 售前混淆违反我国《反不正当竞争法》第6条

售前混淆适用我国《反不正当竞争法》第6条认定侵权，如天津青

---

❶ 我国《商标法》第57条规定："有下列行为之一的，均属侵犯注册商标专用权：（一）未经商标注册人的许可，在同一种商品上使用与其注册商标相同的商标的；（二）未经商标注册人的许可，在同一种商品上使用与其注册商标近似的商标，或者在类似商品上使用与其注册商标相同或者近似的商标，容易导致混淆的；（三）销售侵犯注册商标专用权的商品的；（四）伪造、擅自制造他人注册商标标识或者销售伪造、擅自制造的注册商标标识的；（五）未经商标注册人同意，更换其注册商标并将该更换商标的商品又投入市场的；（六）故意为侵犯他人商标专用权行为提供便利条件，帮助他人实施侵犯商标专用权行为的；（七）给他人的注册商标专用权造成其他损害的。"

❷ 广东省深圳市罗湖区人民法院（2016）粤0303民初17287号民事判决书。

❸ 我国《反不正当竞争法》第6条规定："经营者不得实施下列混淆行为，引人误认为是他人商品或者与他人存在特定联系：（一）擅自使用与他人有一定影响的商品名称、包装、装潢等相同或者近似的标识；（二）擅自使用他人有一定影响的企业名称（包括简称、字号等）、社会组织名称（包括简称等）、姓名（包括笔名、艺名、译名等）；（三）擅自使用他人有一定影响的域名主体部分、网站名称、网页等；（四）其他足以引人误认为是他人商品或者与他人存在特定联系的混淆行为。"

❹ 我国《反不正当竞争法》第2条规定，经营者在生产经营活动中，应当遵循自愿、平等、公平、诚信的原则，遵守法律和商业道德。

旅企业名称关键词纠纷案。天津市高级人民法院认为天津国青旅作为从事旅游服务的经营者，未经天津青旅许可，通过在相关搜索引擎中设置与天津青旅企业名称有关的关键词并在网站源代码中使用等手段，使相关公众在搜索"天津中国青年旅行社"或"天津青旅"关键词时，直接显示天津国青旅的网站链接，从而进入天津国青旅的网站联系旅游业务，达到利用网络用户的初始混淆争夺潜在客户的效果，主观上具有使相关公众在网络搜索、查询中产生误认的故意，客观上擅自使用"天津中国青年旅行社"及"天津青旅"，利用了天津青旅的企业信誉，损害了天津青旅的合法权益，违反了我国《反不正当竞争法》第6条第（2）项规定，属于不正当竞争行为，应当予以禁止。❶

2. 售前混淆违反我国《反不正当竞争法》第2条和第6条

售前混淆还可适用我国《反不正当竞争法》第2条以及第6条认定侵权，如"爱肚"字号关键词纠纷案。该案中南城爱度在网站"www.idomami.com"上使用了"爱肚摄影"等字眼的表述，并称"爱肚孕妇摄影属爱度旗下子品牌"，且在网站上提供了"东莞爱肚孕妇摄影工作室"的地址地图、联系电话。而事实上，被告的"东莞爱肚孕妇摄影工作室"尚未获得合法注册且未正式营业。东莞市第一人民法院认为东城爱肚的行为恶意明显，违反了诚实道德原则即《反不正当竞争法》第2条，并且原告的企业名称为"东莞市东城爱肚摄影工作室"，相关公众可通过字号"爱肚"识别该企业，因此南城爱度的行为会造成互联网用户在网络搜索、查询中产生误认，增加了用户购买其服务的可能性，达到初始混淆争夺潜在客户的效果，违反了《反不正当竞争法》第6条第（2）项，构成对东城爱肚的不正当竞争行为。❷

三、我国司法实践对售前混淆案件的法律定性

我国司法实践中对售前混淆的认知主要存在两个问题：什么是售前

---

❶ （2012）津高民三终字第3号民事判决书。

❷ （2015）东一法知民初字第234号民事判决书。

混淆？售前混淆是传统意义上的混淆吗？对上述问题，法院给出了自己的回答。

（一）售前混淆的概念

售前混淆是相关公众在购买前对商品或服务产生来源混淆或者关联关系混淆，但是否要求购买过程中消费者的混淆心态消除，不同法院对此持不同观点。有的认为售前混淆排除了售中混淆，有的则认为售前混淆可与售中混淆并存。

1. 售前混淆排除了售中混淆

第一种观点认为，售前混淆排除了售中混淆，即相关公众在购买前对商品或服务产生混淆，但在实际购买过程中，消费者混淆心态消除，未产生最终混淆，如"凡人修仙"关键词商标侵权纠纷案。该案中，上海玄霆娱乐公司系"凡人修仙传"商标的注册人，北京畅游时代公司在宣传推广其"风云无双"网络游戏商品的经营活动中，在"搜狗搜索"网站上刻意设置关键词为"凡人修仙传"的推广链接，相关公众点击该推广链接后进入的被告网站信息中并不存在"凡人修仙传"的内容。上海知识产权法院认为，相关公众进入网站后会发现此并不是其原本想要进入的凡人修仙传游戏网站，排除了售中混淆，但被告的该设置关键词行为仍会造成相关公众在未点击链接进入网站前误认链接的网站与原告存在关联即售前混淆，从而吸引部分相关公众的注意力，增加网站曝光率。[1] 又如"吞噬星空"关键词商标侵权纠纷，上海知识产权法院也持上述观点。[2]

2. 售前混淆与售中混淆并存

第二种观点认为，售前混淆可与售中混淆并存。例如，东莞市第一人民法院在审理钱柜公司与东莞星客乐纠纷案时就持这一观点。首先，东莞星客乐在经营时使用含"钱柜""錢櫃"的文字标识对外宣传，客观上已经达到了利用一般公众初始混淆而争夺潜在客户的效果。再者，东莞星客乐未经钱柜公司许可在经营涉案 KTV 上以及在网站团购销售相

---

[1] （2015）沪知民终字第 522 号民事判决书。

[2] （2017）沪 73 民终 143 号民事判决书。

同服务时使用了与涉案商标近似的"钱柜""錢櫃"的文字标识,使公众误认为"星客乐"与"钱柜"或"錢櫃"有特定联系,此为售中混淆。● 在钱柜公司与东莞群英纠纷案中,东莞市第一人民法院以类似理由作出判决。❷

(二)售前混淆的性质

法院普遍认为售前混淆的实质是混淆,是根据时间区分的一种混淆类型,具有混淆可能性,典型案例如下。

1. "XTOOLS"商标侵权纠纷案

沃力森公司享有"XTOOLS"注册商标专用权,八百客公司故意将"XTOOLS"注册商标近似的 xtools 文字选定为百度网站的竞价排名关键词,导致在百度网站以 xtools 为关键词进行搜索所得排名首位的搜索结果系标题为"八百客国内最专业的 xtools"的指向八百客公司网站的链接,致使本拟通过"XTOOLS"关键词搜索沃力森公司网站和 CRM 软件服务的网络用户误入八百客公司网站,产生售前混淆。北京市第一中级人民法院明确表明售前混淆即为混淆,其认为混淆指的是消费者对商品来源的混淆,认定是否混淆应以相关公众中进行 xtools 关键词搜索的这部分网络用户作为判断主体。如果该搜索关键词的确定来源于对涉案商标的认知,则该网络用户在看到被控侵权页面中对 xtools 的使用时,通常也会认可其为原告的商标,从而产生混淆。❸

2. "大悦城"关键词商标侵权纠纷案

中粮集团系"大悦城"文字商标的注册商标专用权人,北京寺库公司在明知其与"大悦城"无任何关联的情况下,却仍为获得更多点击量,未经中粮集团许可使用"大悦城"商标作为关键词参与搜索引擎的竞价排名服务,并在搜索结果页面上的网页标题和网页描述部分直接使用"大悦城"商标字样。北京知识产权法院认为该行为会使部分相关公众误认为寺库商城为北京朝阳大悦城自行开设或与寺库共同开设的购物网站,从而具有混淆可能性。混淆可能性依据其产生时间的不同,可大

● (2015)东一法知民初字第 494 号民事判决书。

❷ (2016)粤 1971 民初 1150 号民事判决书。

❸ (2010)一中民终字第 2779 号民事判决书。

致分为售前混淆、售中混淆及售后混淆。该案中，因被诉行为系发生在用户进入寺库公司网站之前（发生在寺库公司实际提供服务之前），而用户点击被诉内容后进入的寺库网站中并未使用"大悦城"，该情形属于售前混淆。❶

四、我国司法实践中售前混淆的认定要素

我国法院对售前混淆的认定没有统一的标准，但主要为商标使用、商标知名度以及同业竞争者三个要素。

（一）商标使用

法院普遍认为售前混淆跟传统混淆一样，在司法认定时应当以商标使用作为前提，具体案例如下。

1. "XTOOLS"商标侵权纠纷案

沃力森实施了以"tools"为关键词在百度网站进行竞价排名的推广服务，这种使用显然具有识别商品来源的功能，是商标使用行为，进而构成售前混淆。北京市第一中级人民法院认为：如果被告的行为没有构成商标使用，则无须再考量被告的行为是否给消费者造成了初始混淆。❷

2. "星河湾"小区名称纠纷案

天津市高级人民法院认为，宏兴公司仅将宏兴公司的商标"星河湾"作为小区名称，未将其用于其他宣传行为，不属于商标法上的使用，不会导致售前混淆。在司法实践中适用"商标性使用"这一要件时，应当明确商标性使用要件在商标侵权责任构成要件中的独立性和前置性。首先要判断被控侵权行为是否属于商标性使用，继而进行是否存在混淆可能性的判断。近年来，为了解决网络环境下网络搜索服务提供者的商标侵权问题，发展出了售前混淆理论，弱化甚至忽视了使用要件的前置性，是对商标侵权责任理论的误解。❸

---

❶ （2015）京知民终字第 1828 号民事判决书。
❷ （2010）一中民终字第 2779 号民事判决书。
❸ （2012）津高民三终字第 0002 号民事判决书。

（二）商标知名度

司法实践在认定混淆时，对于商标、商品名称、包装、装潢都要求具有显著性，尤其是商品名称、包装、装潢以及企业名称中的字号，要具备一定知名度，才受到法律保护。商业标识的知名度越高，越容易产生混淆，具体案例如下。

1. BTSR 与慈溪太阳洲纺织知名商品特有包装不正当竞争纠纷案

该案 BTSR 公司未能举证证明其产品已具有区别其他商品来源的显著性，因而上海市第一中级人民法院认为相关公众不会将太阳洲公司产品与 BTSR 公司产品产生联系，失去了产生混淆的前提，故不存在售前混淆。❶

2. "天勤"企业字号不正当竞争纠纷案

东莞市中级人民法院判决：东莞天勤系"天勤"商标的注册人，经过持续使用，东莞天勤的"天勤"字号在东莞地区行业内也具有一定知名度，具备使相关公众识别产品服务来源的作用。而具有一定的市场知名度、为相关公众所知悉的企业名称中的字号，可以认定为《反不正当竞争法》第 5 条第（3）项规定的"企业名称"。广东天勤公司使用"天勤"在相关的网站提供产品和服务，加之网络的便捷性、广泛性，使得互联网用户在以"天勤"为关键字进行相关网络搜索、查询中产生售前混淆，损害东莞天勤的商业利益，构成不正当竞争行为。❷

（三）同业竞争者

有法院认为商业标识的使用行业越接近，越容易产生混淆。同业竞争者是增强售前混淆可能性的另一要素。如"吞噬星空"关键词商标侵权纠纷案。

该案中，上海知识产权法院认为玄霆公司、尚米公司为网络游戏商品的经营者及推广者，双方存在同业竞争关系。一般情况下，玄霆公司的《吞噬星空》小说和同名网络游戏的消费对象存在极大的重合，相关公众会认为两者存在特定联系。故尚米公司在搜狗搜索网站上刻意设置

---

❶ （2014）沪一中民五（知）终字第 5 号民事判决书。
❷ （2016）粤 19 民终 9761 号民事判决书。

关键词为"吞噬星空"的推广链接并在尚米公司网站中以"吞噬星空"作为"黑暗之光"的游戏链接页面中的名称介绍，足以使相关公众产生售前混淆。❶

五、我国司法实践中售前混淆的侵权认定

售前混淆仅是构成商标侵权或是不正当竞争的要件之一，还需结合行为人的主观意图、商标商誉的损害后作出侵权认定。

（一）行为人的主观意图

在不正当竞争案件中，法院一般以主观意图作为判定侵权的要件之一，典型案例如下。

1. "大悦城"关键词商标侵权纠纷

寺库公司将"大悦城"作为关键词进行网络推广很可能使得本应访问"大悦城"相关网站的部分用户产生售前混淆，从而使该网站获得更多的点击量。北京知识产权法院考虑到点击量与网站利益具有直接关系，而寺库公司既未在北京朝阳大悦城内开设店铺，亦与大悦城无其他关联，且其为增加点击量，除"大悦城"外，其还购买了其他购物场所的名称作为关键词等因素，具有主观恶意，即便相关公众会将"大悦城"作为购物场所认知，被诉行为亦违反诚实信用原则，属于《反不正当竞争法》第2条所规定的不正当竞争行为。❷

2. "天勤"企业字号不正当竞争纠纷案

东莞市第一人民法院的判决理由：广东天勤的法定代表人曾是东莞天勤的法定代表人及股东，故广东天勤是知晓原告的"天勤"字号，也知晓原告经营的产品和服务的内容，在明知情况下，却仍然在与原告登记经营的相同地区，以"天勤"作为字号注册了提供相同产品和服务的企业，且广东天勤也使用相关的网站提供产品和服务达到售前混淆的效果，主观恶意极其明显，其行为显然已构成对东莞天勤公司的不正当竞

---

❶ （2017）沪73民终143号民事判决书。

❷ （2015）京知民终字第1828号民事判决书。该案为商标侵权纠纷，但二审时北京知识产权法院考虑消费者将"大悦城"理解为地名，构成不正当竞争，对此作了补充。

争，广东天勤公司依法应承担相应的法律责任。❶

（二）商业信誉的损害效果

售前混淆往往能达到搭便车的效果，利用他人的商业信誉获取不当利益，对商业标识权利人造成损害，法院依据该损害后果进而认定侵权，典型案例有天津青旅企业名称关键词纠纷案。

该案中，天津国青旅擅自将天津青旅的企业名称作为互联网竞价排名关键词，使公众产生混淆误认，利用天津青旅的知名度和商誉，达到宣传推广自己的目的，即通过使相关公众在网络搜索、查询中产生误认达到利用网络用户的初始混淆争夺潜在客户的效果，损害了天津青旅的合法权益。天津市高级人民法院据此判决天津国青旅构成不正当竞争。❷

六、结论

本文从我国现有的 13 个售前混淆案例的实证分析入手，对案例分类后对法院的法律适用和认定标准进行解读。从中可知我国售前混淆案例主要适用《商标法》第 57 条和《反不正当竞争法》第 2 条和第 6 条进行判决。售前混淆的法律定性中的两个问题，对于售前混淆是否要求消费者最终的混淆心态消除，法院持两种截然相反观点：一是售前混淆需排除售中混淆，二是售前混淆可与售中混淆并存。但对于售前混淆的性质，法院一致认为售前混淆实质上是混淆，具有混淆可能性。本文还总结出售前混淆的认定要素，商标使用为认定售前混淆之前提，再综合考虑同业竞争者和商标知名度的两个要素。最后，在认定侵权过程中，除售前混淆外，还需结合商标侵权或是不正当竞争的其他构成要件，如主观意图和商标商誉的损害后果。

---

❶ （2015）东一法知民初字第 498 号民事判决书。
❷ （2012）津高民三终字第 3 号民事判决书。

商标后发商誉的归属问题研究

曾云鹏　马诗雅[*]

【摘要】 商标后发商誉的归属是一个具有理论和实践价值的问题。从实践上看，后发商誉有重大的商业价值，其归属问题的判断将会直接影响企业利益。针对这个问题，目前主要有三条解决路径，将商标后发商誉分配给商标原许可人、原被许可人或者二者共同享有。从理论上看，学者们在后发商誉归属这一问题上的观点，往往受到自身对于商标与商誉关系理解的影响。这三种解决思路的产生不是归类法产生的结果，其反映的是长久以来我们对商标与商誉关系的态度变化。

【关键词】 商标；后发商誉；商标许可；归属问题

引　言

关于后发商誉的归属问题，许多学者提出自己的观点，其中不少学者是以广药集团与加多宝公司关于"红罐"❶的权益归属争议，作为典型案例加以分析论证的。学者们的观点大致可以分为三种，即"红罐"的权益应当分配给原许可人、原被许可人或共同享有。2017年最高人民法院终审判决，广药集团与加多宝公司共同享有涉案知名商品特有包装装潢权益。在我国，该判决原本是确定了知名商品特有包装装潢权益分

---

* 曾云鹏、马诗雅为华东政法大学知识产权学院2018级硕士研究生。

❶ （2015）民三终字第2号和第3号。该案中的知名商品为"红罐王老吉凉茶"，在红罐王老吉凉茶产品的罐体上包括"黄色王老吉文字、红色底色等色彩、图案及其排列组合等组成部分在内的整体内容"，为知名商品特有包装装潢，以下简称"红罐"。

配的基调，即以贡献原则进行权益分配。然而，2019 年，最高人民法院认定一审判决采信的证据在内容与形式上均存在重大缺陷，不能作为认定该案事实的依据，将该案发回广东省高级人民法院重审，知名商品特有包装装潢的权益分配再次陷入不确定的状态。笔者旨在通过梳理近年来不同学者的观点，加以整理分析，明确不同观点背后的理论依据，为自身观点的确立与论证打下基础。

在讨论后发商誉的归属问题前，我们应当先从商标与商誉的关系问题入手。这有利于我们厘清不同学者的论证起点与思路，因为这两个问题是紧密联系的，在逻辑上具有很强的相关性。关于商标与商誉的关系，学者们的观点主要有两种，一种认为商标与商誉是一种仆从关系，另一种认为商标与商誉是一种并列关系。坚持仆从关系的学者，大多认为后发商誉应当归属于商标原许可人。针对后发商誉的归属问题，坚持并列关系的学者持有不同的观点，其理论依据也有区别。但与坚持仆从关系的学者相比，坚持并列关系的学者往往认为后发商誉的权益至少应当部分归属于商标被许可人。因此，接下来笔者将从以下两个层面出发，试图厘清近些年学者们关于后发商誉归属问题的观点。

一、商标与商誉的关系问题

（一）商誉与后发商誉

有学者认为，商誉是商品生产者或经营者在它们的生产、流通和与此有直接联系的经济行为中逐渐形成的，反映社会对其生产、产品、销售、服务等多方面的综合评价。❶ 也有学者认为，商誉即消费者对某商标、商品或服务所作出的积极的评价。❷ 这两种观点均认同商誉是一种评价，前者将评价主体扩展到整个社会，评价内容细分到生产、销售等各个领域，后者从消费者这一主体出发，评价内容也精准到商标、商品或服务这三部分，而且认为商誉仅指正面评价，这样的观点否定了"负

❶ 梁上上.论商誉和商誉权［J］.法学研究，1993（5）：38-44.
❷ 李明德.知识产权法［M］.北京：社会科学文献出版社，2007：313.

面"商誉的存在。也有学者提出，商誉既是经营者经过长期累积所形成的商业信誉，又是一种无形资产，同时，也是对经营者及其提供的商品或者服务的综合社会评价。❶ 传统意义上，针对商誉这种无形资产的保护，我们往往以商标保护为核心。商标本身并不重要，它不过是更重要的东西即商誉的有形载体，商誉是实体，商标不过是其影子，只有商誉才是需要法律保护以防止他人侵占的财产。❷ 因此，商标与商誉属于仆从关系的观点得到许多学者的认同。那么，依照这种观点，后发商誉又能否得到恰当的保护呢？

陶鑫良教授对"后发商誉"作了比较全面的解释，"后发商誉"是指在许可他人使用该注册商标或者他人擅自使用该注册商标的时间节点之前，该注册商标还没有较高的知名度或美誉度，即还没有显著商誉。在该时间节点之后，或者是被许可使用人在后的被许可使用过程中的贡献所致，或者是在擅自使用该注册商标者在后的擅自使用过程中的效果所致，才使得该注册商标"后发"产生显著商誉，即"后发商誉"。❸从后发商誉的定义中可以看出，后发商誉的形成依赖于被许可使用人的贡献，按照前述仆从关系的观点，后发商誉应当同商标一起回归于商标许可人。该观点明显忽视了被许可人对商誉形成作出的贡献，可能带来的问题是，减损被许可人改进产品质量、提升服务水平的动力。因此，笔者认为有必要就商标与商誉的关系问题进行观点梳理，因为过去商标与商誉如影随形的观点可能与社会发展现状不相适应。

（二）商标与商誉是一种仆从关系

商标法保护的真正对象是商标经使用之后凝集的商誉，而非单纯的标志本身。❹ 商誉和商标的确是具有不同特点的两类权利客体，但在很多情况下却已经达到了你中有我而又我中有你，从而难以或许也没有必

---

❶ 陈启超. 论商誉权及其法律保护 [J]. 前沿，2003 (5)：94-97.

❷ Edward S. Rogers. Comments on the Morden Law of Unfair Trade [J]. 3ILL.L.Rev.551，1909：552. 转引自徐聪颖. 商标与商誉关系的再思考——由"王老吉"商标的法律纷争说起 [J]. 知识产权，2012 (9)：37.

❸ 陶鑫良，张冬梅. 被许可使用"后发商誉"及其移植的知识产权探析 [J]. 知识产权，2012 (12)：4.

❹ 王迁. 知识产权法教程 [M]. 北京：中国人民大学出版社，2016：402.

要加以刻意区分，尤为重要的是商誉对商标价值所起的根本性影响。❶

仆从关系的观点，确实有利于我们理解商标真正的价值所在，即商标隐藏着生产经营者不断积累的商誉。我国《商标法》的修改，进一步证明了商誉之于商标的价值。❷ 然而，这是否能直接得出商标与商誉是一种仆从关系的结论呢？

随着经济的发展和宣传形式的多样化，实际上，商誉的载体形式已经不再局限于商标本身，开始向其他方面扩张。事实上，无论是保护商标，还是保护商标背后的商誉，其基础在于，商标法保护的对象不能脱离商标这个符号本身，即便其文字、图形本身毫无创造。商誉在其他载体上表现的形式，如果完全脱离了商标，就不应当属于商标权人的权利范围。我们再以商标法去约束商誉，使得商标权人得以控制其他载体，实际上扩大了商标权人的权利。这一权利范围的扩展实际上是缺乏合理性与必要性的。

（三）商标与商誉是一种并列关系

有学者将商誉的载体进行分类，一类是商誉的来源载体，它产生商誉，如生产状况、员工素质、信用行为、企业文化等，另一类是商誉的形式载体，它体现商誉但本身不产生商誉，如商标、商号、特有包装等交易标识。❸ 该观点指明了商誉表现形式的多样性。笔者认为，实际上商标本身不仅仅只包含了商誉。例如，"三鹿"商标以及相关保护性商标以 730 万元的价格成功拍卖。仅有社会负面评价的"三鹿"商标得以成功拍卖，某种意义上说明，商标本身的价值不能仅靠商誉来衡量，或者说商标不仅仅只包含商誉，否则该商标应当一文不值。

有学者认为，商标作为一种竞争性资源，其真正价值应体现在对特定商家与特定商品的联结上，至于表征商誉，则不过是该种联结所产生

---

❶ 林华. 从商誉透视商标 [J]. 电子知识产权，2003 (6)：48-59.

❷ 《商标法》第 4 条第 1 款规定："自然人、法人或者其他组织……不以使用为目的的恶意商标注册申请，应当予以驳回。"

❸ 王明成. 商誉本质：优势交易机会和交易条件论——基于商誉与商誉载体的区分 [J]. 西南民族大学学报（人文社科版），2009，30 (6)：155-160.

的附带效果。❶ 该观点主要强调了商标的识别功能，同时认为商誉只是联结产生的副产品。笔者认为，此观点注意到了商誉的产生方式，即特定商家与特定商品的联结，但是商誉的产生不仅来源于商标的一次次识别。正如有的学者提到的，商誉还有其他的形式载体，例如，商品包装的识别也有可能为生产经营者带来商誉。

也有学者从商标符号价值的角度出发，否定了商标与商誉的仆从关系，为了满足消费者透过消费追逐社会差异的心理需求，经营者需要赋予商品更多的精神内涵和象征意义，而商标作为商品的脸，无疑也具有双重属性——识别来源的自然属性与彰显个性、身份的社会属性。❷ 商标的符号价值，使得商标本身能够为生产经营者积累商誉。但符号价值的成功，其实依赖于一个前提，即商标本身已经积累了一定的商誉，在消费者之间形成良好的评价。从这个角度看，商标的符号价值，实际上是商誉借助商标的进一步扩张。商标本身的易识别性，使得它比商誉的其他载体传播效率、传播质量更高，商誉的提升也更快。

由上可知，不同学者对于商标与商誉之间的并列关系，认知存在差异。但实质上，学者都在寻找商标或商誉的独立价值或其他表现形式。笔者认为，我们应当坚持商标与商誉之间相互支持、相互促进的关系，因为两者在一定程度上都依赖于对方的存在，同时保持了其他的价值或表现形式。因此，商标与商誉之间应当是一种相互交叉的并列关系，而非仆从关系。

二、后发商誉的归属问题

针对后发商誉的归属问题，笔者将以仆从关系和并列关系作为划分学者观点的主要标准，并在该标准下，进一步划分不同学者的方法论部分。

---

❶ 郑其斌．论商标权的本质［M］．北京：人民法院出版社，2009：78-79.

❷ 徐聪颖．商标与商誉关系的再思考——由"王老吉"商标的法律纷争说起［J］．知识产权，2012（9）：40.

（一）仆从关系

在该部分，鉴于商标与商誉的不可分离性，在后发商誉的归属问题上，学者们坚持后发商誉应当归属于许可人，有些学者出于公平原则以及合理利用资源的角度，对后发商誉归属的态度比较缓和。

1. 许可说

有学者认为，在判断被许可人是否通过包装、装潢的使用获得独立商誉时，应当遵守"被许可人在被许可商标上添附的商誉"归属于许可人的基本原则，如果消费者将未注册商标与被许可商标联系在一起，则该未注册商标的商誉归属于许可人。这是为避免消费者产生混淆的必然选择。❶ 对于被许可人有可能预见到，特有的包装通过使用而获得显著性，从而与被许可商标成为一体，共同指示商品的来源的情况下，应当认定被许可人有默示许可行为，许可商标权人在许可终止后使用该包装、装潢。❷ 该观点基于防止混淆的考虑，认为后发商誉应当归属于许可人。但是，这种观点否认了被许可人对商誉形成作出的贡献。正如有的学者所指出的，强调消费者的认知，忽视被许可人为未注册商标的商誉培植所作的贡献，可能是不公平的。❸

也有学者提出，商标许可合同终止后，许可期间的商标增值利益，除有约定外，理应归属商标权人。❹ 这种观点，实际上是将后发商誉的归属问题纳入合同法的框架内予以解决，由合同双方基于意思自治的原则分配后发商誉的形式载体。然而存在的问题是，由于被许可人在许可合同中通常属于弱势地位，可能导致被许可人往往无法拥有后发商誉带来的利益，这与意思自治的良好初衷相违背。此外，因为先前的利益分配，被许可人缺乏提升商誉的动力，这不利于商品和服务质量的提升。

2. 优先许可说

设立"商标优先许可制度"，可以促使许可人更加审慎地对待商标

---

❶ 崔国斌. 商标终止后的商誉分配 [J]. 知识产权，2012 (12)：12.

❷ 崔国斌. 商标终止后的商誉分配 [J]. 知识产权，2012 (12)：14.

❸ 刘劭君. "iPad"案和"王老吉"案引发的法治和道德思考 [J]. 知识产权，2012 (9)：56.

❹ 王莲峰. 商标许可合同使用者利益之保护——王老吉与加多宝商标利益纠纷之思考 [J]. 社会科学，2013 (4)：92-98.

收回，许可期限届满。如果自身条件不成熟，贸然收回商标后，又不得不再次假手他人，则很可能与原许可人再度合作。但有学者认为，即便被许可人有了优先许可，其权利也是非常不稳定和暂时的，被许可人和许可人两者之间并未形成利益均衡状态，许可人依旧拥有完全的主导权。❶ 提出优先许可的学者，实际上认为后发商誉应当归属于商标权人。通过设立优先许可制度，在商标权人可能不具有发挥商誉其他形式载体价值的情况下，优先许可给原被许可人。与支持许可说的学者相比，构建优先许可制度的学者，对于后发商誉的归属持较为缓和的态度，因为该制度实际上赋予原被许可人一种获得优先许可的权利，即考虑到了被许可人对后发商誉形成所作出的贡献。

（二）并列关系

在后发商誉的归属问题上，坚持并列关系的学者观点差异较大，其中，贡献原则在广药集团与加多宝公司案中有所体现。❷ 也有学者提出后发商誉应当全部归属于被许可人，其理论依据也存在差别。

1. 贡献原则

有学者认为，因为商标权人已经基于权利取得了商标许可费用，此后的商标增值则应根据双方的贡献大小进行划分。❸ 也有学者提出，对于许可商标的增值利益分配问题，除合同明确约定外，应当首先评估出许可前后商标的价值差额，进而根据商标的具体情况进行分配划分。❹ 这种观点的提出，主要是考虑到被许可人对于后发商誉形成的贡献，同时也考虑到商标在对于后发商誉的形成所发挥的作用。

笔者认为，后发商誉并不是一块可以轻易分割的蛋糕，因为双方的贡献大小有时候难以比较。在这种情况下，很容易得出的结论是，由双方共同使用。值得注意的是，后发商誉也是通过不断的识别才能形成

---

❶ 黄汇，谢中文. 论被许可人增值商标的法益保护路径［J］. 政治与法律，2013（10）：122.

❷ （2015）民三终字第 2 号和第 3 号。

❸ 孙思栋. 许可商标"后发商誉"分割经济学及其分割方法探析——以"王老吉"商标许可纠纷案为例［J］. 中华商标，2012（12）：37-38.

❹ 李伟华."王老吉"商标纷争的是是非非［J］. 电子知识产权，2011（9）：61-63.

的，只不过此时识别的客体不仅仅是商标，还可能包括商品包装装潢等方面。后发商誉由双方共同使用，可能导致的问题是引起消费者的混淆，最终使得后发商誉的载体逐渐失去特定的识别功能。

2. 权利分离说

有学者认为，知识产权法律直接保护的是那些吸附、凝聚、载负商誉的并且又通过"权利法定"的商业标志相对应的知识产权权益，包括类型化的知识产权权利和非类型化的知识产权权益。❶ 因此，对于知名商品特有包装与装潢等，"后发"创造的商誉，应当归属于被许可人。笔者认为，这种观点能够较为合理地解决后发商誉的分配问题。首先，后发商誉本身需要一定的形式载体予以表现，例如，知名商品特有包装与装潢，在反不正当竞争法中已经有所体现，后发商誉的形式载体同样发挥着识别功能，属于法律应当予以保护的权益。这有助于我们在现有的法律框架内，解决后发商誉的归属问题。除此之外，将这些商业标志以外的权益归属于被许可人，能够照顾到被许可人为商誉形成所作出的贡献。对于商标上所形成的商誉，应当归于许可人，从而许可人也能从商标许可中获得适当的回报。

结　语

学者们对商标和商誉关系的理解，往往直接影响其在后发商誉的归属这一问题上的观点。坚持仆从关系的学者，认为商标与商誉具有不可分离性，从而后发商誉应当归属商标权人。坚持并列关系的学者，在后发商誉的归属问题上，形成不同的学说。在权益归属的研究中，我们应当时刻注意各主体之间的利益分配，以及其对于公共利益的影响。

---

❶ 陶鑫良，张冬梅. 被许可使用"后发商誉"及其移植的知识产权探析 ［J］. 知识产权，2012（12）：7.

《商标法》第32条"在先权利条款"适用文献综述

马　彪　田代威　平乐祥　鲁晨清*

【摘要】《商标法》第32条前半段在适用中存在有关在先权利范围、损害的具体认定等诸多问题。在先权利的范围认定宜宽，包括民事权益，个案中还要结合具体的三个特征判断是否成立。损害认定按照在先法定权利和非法定财产性权益进行区别，尤其是后者的保护要注意结合商品服务类别、商业性使用等条件。

【关键词】在先权利；损害；商业标识

引　言

在后的商标权与在先权利产生冲突的现象由来已久。20世纪90年代中期，有学者将在后商标权侵犯在先知识产权的情形称为"特殊仿冒行为"❶。囿于当时经济发展水平、市场环境因素等条件所限，这些对在先权利与在后商标权冲突问题的认识仍具有一定的局限性。

2017年公布的《最高人民法院关于审理商标授权确权行政案件若干问题的规定》（以下简称《授权确权规定》），对《商标法》第32条在先权利条款进行了一定的解释，但是关于"在先权利条款"的理论还有很多争议，有关研究亟待深入。

＊　马彪、田代威、平乐祥、鲁晨清为中国政法大学民商经济法学院2018级硕士研究生。

❶　杨钧. 侵害知识产权在先权利的若干法律问题探讨 [J]. 知识产权，1998（1）：28-32.

理论研究的迭代更新是一个站在巨人肩膀上攀升的过程，对现有研究成果进行总结梳理是深入研究的必经之途。"在先权利条款"的适用争议主要集中在"在先权利"以及"损害"之认定上，故对文献作以下综述，附之评论，以期启发更多研究。

一、关于"在先权利"的基本问题

"在先权利"是该条款的核心关键词之一，关于"在先权利"的争议可以总结为概念、范围、特征与分类等几方面。明确上述争议是研究后续"损害"问题的前提和基础。

（一）概念

早期学者讨论在先权利的概念主要有两种趋势，一种比较注重和商标之间的联系，比如"在先权是指他人在注册商标申请注册之前依法享有的民商事权利"❶，另一种则是在更宽泛意义上进行界定，比如认为在先权利不是一种特定的法律概念，仅是"同一权利客体同时或先后受到多种权利的保护时，依法先产生的权利"❷。前者更加契合《商标法》第32条的语境，但是在先权利的具体概念还需要范围、特征等界定才能真正明确。

（二）范围

在先权利的范围之争主要集中在两个方面：第一，是否包含注册商标、未注册商标、著作权等知识产权；第二，是否包含尚未被明确为权利的民事权益。

1. 是否包含其他类型的知识产权

黄晖教授借鉴法国经验，主张从广义上进行界定，其主张在先权利包括：注册商标权、已经使用并有一定影响的商标以及驰名商标具有的权利、版权、工业品外观设计等❸。但是以李扬教授为代表的学者认为：

---

❶ 张顺荣. 从 TRIPS 看我国商标法的不足及完善 [J]. 知识产权，1998 (3)：34.

❷ 张广良. 知识产权实务及案例探析 [M]. 北京：法律出版社，1999：174.

❸ 黄晖. 商标与其他在先权利的冲突及解决程序 [J]. 工商行政管理，2001 (23)：44-47.

专利权、著作权、姓名权、肖像权、地理标志不属于在先权利，因为上述权利的侵害可以依其本来的法律得到规制。❶

2. 是否包含权益

有学者坚持严格"知识产权法定主义"，郑成思教授给出的定义中不包括权益的内容❷。李明德教授也持类似观点："在先权利，首先是指他人就注册商标所享有的权利，以及他人就已经使用并具有显著性的商标所享有的权利。"❸

但是也有观点以较为宽松的标准认定商标法上的在先权利，主张从该条的保护目的出发，将那些具有商业标志性质的非法定财产利益也纳入该条进行保护❹，例如作品人物形象或者某些标题、名称的略称、社会名人的特定名称乃至特定形象、动作和标志❺、姓名谐音❻等。

《授权确权规定》第 17 条对上述两个争议点都进行了回应。原则上在先权利的内容不应该包含已注册和未注册但实际使用的商标，但是应该包含一些尚未被"权利化"的权益。

（三）特征与分类

有研究者总结"在先权利"具有三个特征：时间上的在先性、客体上的相似性和权利的合法性。❼ 特征的争议主要集中在"在先时点"的判断以申请注册日还是核准注册日为准。❽《授权确权规定》第 18 条明

---

❶ 李扬. 商标法中在先权利的知识产权法解释 [J]. 法律科学（西北政法学院学报），2006（5）：41-50.

❷ 郑成思. 知识产权论 [M]. 北京：法律出版社，2003：93.

❸ 李明德. 知识产权法 [M]. 北京：法律出版社，2014：223-224.

❹ 孙柱永. 商标法第三十二条的构成要件及适用——评北京银谷艺术馆有限公司诉商标评审委员会、山东百年巨匠艺术馆有限公司商标权无效宣告请求行政纠纷案 [J]. 中华商标，2019（3）：44-48；李永明，麻剑辉. 商标权与商号权的权利冲突及解决途径 [J]. 法学家，2002（4）：82-86.

❺ 刘华，姚舜禹. 体育名人特定名称商标权保护的再反思 [J]. 中国发明与专利，2019（4）：18-21.

❻ 黄彩芳. 姓名商标与在先姓名权冲突的法律问题研究 [D]. 杭州：浙江工商大学，2018：20.

❼ 谭永美. 商标法上的在先权利制度研究 [D]. 上海：复旦大学，2013（8）：33.

❽ 芮松艳. 商标法第三十一条中对"在先权利"的理解 [N]. 中国知识产权报，2011-09-30.

确以申请日为判断基点，支持注册日为准的观点忽略了初审公告的商标也有受保护的利益，因此笔者也倾向于权利"在先"的界定应该是以商标申请日为准。

在先权利的具体分类取决于分类的标准，没有一个绝对正确的划分。❶笔者基于内容性质上的差异，认为在先权利可以分为三个层次：（1）著作权等其他知识产权；（2）姓名权等一般民事权利；（3）民事权益。

综上，笔者认为《商标法》第32条中的在先权利是指排除了注册商标权和未注册商标之外，其他一切有可能和在后商标相冲突的权利和权益。具体个案中，还应满足时间上的在先性、客体上的相似性和权利的合法性三个特征。

二、关于"损害"的类型化分析及其认定模式差异

本部分将结合前文对在先权利的分类、类型化分析各自损害的认定，基于其中的差异和共性总结出不同的损害认定模式。

（一）对在先著作权的"损害"

有学者认为对在先著作权的"损害"认定应以"接触+实质性相似+混淆误认之可能"❷为要件。这种观点很显然将著作权进行了"商标权化"处理。

"在先权利条款"的背后是知识产权权利冲突原则，更进一步可以说是"保护在先权利原则"："在知识产权领域，保护在先权利原则是处理各种权利冲突最基本的原则。它是从物权法中的物权优先原则演化而来的，体现的是谁先取得知识产权就保护谁的'先来先得'精神"❸，在知识产权领域，保护在先权利原则是处理各种权利冲突最基本的原则

---

❶ 许多学者提出不同分类，比如从地域范围的有效性：蔡恒，骆电. 在先权利与商标权冲突的处理 [J]. 人民司法，2016（31）：52-56；比如从效力位阶性：曹新民. 商标抢注之正当性研究——以"樊记"商标抢注为例 [J]. 法治研究，2011（9）：16-24.

❷ 冯晓青、周贺微. 我国《商标法》之在先权利保护研究——以"捕鱼达人案"为考察对象 [J]. 邵阳学院学报（社会科学版），2017（4）：37-46.

❸ 张法连. 美国处理商标注册与在先权利的冲突问题探究 [J]. 法律适用，2009（7）：90-93.

之一。

因此当在先权利是法定权利之时，问题实际上就转变为在后商标申请对在先法定权利的损害问题，这种损害的认定原则应该回到调整法定权利的部门法中寻找依据。就在先著作权保护来说，附加其他条件（比如混淆）反而不当降低了对在先智力成果的保护力度。针对混淆了商标权和著作权法的情况，有法官指出："商标法保护的是商标与商品提供者之间的联系。这与著作权法通过保护著作权人对作品享有的复制权、发行权等专有权利以鼓励作品的创作和传播的目的，有根本上的不同。"❶

事实上 2017 年《商标审理与审查标准》（以下简称《商标审查标准》）损害在先著作权一节，列举的损害判断标准就是实质性相似+接触，并没有所谓的混淆可能性的内容，因此不宜引入混淆可能性判断对在先著作权的损害。

（二）对在先姓名权的"损害"

关于损害在先姓名权的争议主要集中在该条保护的是人格利益还是姓名权的财产性权益。支持人格利益保护的学者主张从《民法总则》以及《侵权责任法》中寻找依据，对人格权进行绝对保护；❷孔祥俊教授分析了纯粹人格利益保护之说存在的问题，指出我国目前实际已经形成姓名客体保护的二元模式，"姓名权的商品化权益已独立于姓名权之外，两者分别被纳入两种民事权益，即姓名权属于人格权范畴，而姓名的商品化权益属于财产权范畴，应该受到反不正当竞争法的保护"。❸

以"乔丹案"为例，法院以保护姓名权之名行保护"姓名的商品化利益"之实，实际上是意识到人格权（尤其是自然人）所附带的一种财产价值，在后商标实际上是对"商业标识"的一种搭便车行为。❹ 姓名

---

❶ 周云川. 商标标志著作权案件的裁判标准［J］. 人民司法，2014（3）：36-39.

❷ 李扬. 商标法基本原理［M］. 北京：法律出版社，2019：96.

❸ 孔祥俊. 姓名权与姓名的商品化权益及其保护——兼评"乔丹案"和相关司法解释［J］. 法学，2018（3）：161-176.

❹ 张伟君. 迈克尔·乔丹起诉乔丹体育公司侵犯姓名权一案的法律评析［J］. 电子知识产权，2012（3）：18-25.

的人格权保护一律平等，目的是避免人格上的混淆；但是以在先姓名权阻止在后的商标申请则存在一系列的限制条件，目的是避免相关公众对商品服务的误认。

基于上述区别，笔者倾向于《商标法》在先权利对"姓名权"的保护实际上保护的是姓名背后的财产利益❶，是对一种"商业标识"的保护，因此其规制路径应该从民法转向反不正当竞争法。

（三）对作品名称、角色名称的"损害"

鉴于"商品化权"尚未被法律确认，作品名称、角色名称等应该被认定为典型的民事权益。对作品名称、角色名称的"损害"认定，如果参照著作权的保护会破坏已形成的利益平衡；❷在作品本身作为一种商品销售的前提下，《反不正当竞争法》第6条提供了保护的依据。《反不正当竞争法》第6条本身是作为对商业标识的兜底保护，加上作品名称等具有的一定标识性，《商标审查标准》中也是将作品名称、角色名称等作为一种"商业标识"进行处理，具体的损害认定要看是否存在混淆可能性。

（四）两种损害认定模式

基于"在先权利"的不同性质，当在先权利是法定权利的时候，实际上是在后商标申请损害了在先法定权利的问题，损害在认定原则上应该回到调整该法定权利的法律中（注意也需要分析是否存在一个"名实分离"的问题，以法定权利为名但是保护非法定权益为实，典型的比如前文提到的"姓名权"）；针对非法定财产权益的保护，虽然不存在明显的部门法依据，但是结合其标识性的特征，理论和实践中都认定将其作为商业标识进行保护，核心要判断是否存在混淆可能性。

---

❶ 此点还有第三种观点，马一德教授提出了兼有保护人格利益的内容：马一德. 商标权行使与姓名权保护的冲突与规制 [J]. 中国法学，2018（4）：178-194.

❷ 孔祥俊. 作品名称与角色名称商品化权益的反思与重构——关于保护正当性和保护路径的实证分析 [J]. 现代法学，2018（2）：57-74.

三、关于在先权利条款的其他争议

（一）在先权利是否需要商标性使用

有观点认为在先权利不需要商标性使用即可适用在先权利条款，并且引用梦工厂一案的法院观点，认为电影名称或电影人物形象及其名称因具有一定知名度而不再单纯局限于电影作品本身时，不需要以使用为前提。●

另有观点认为，基于维护著作权法上已经成立的利益平衡现状和反不正当竞争法的保护前提是存在竞争行为。"商品化利益的存在前提应该是商业标识使用性的商品化活动……且具有一定的市场知名度"●，应该以实际使用为前提。

基于上文损害认定模式的分析，笔者以为对法定权利损害的认定应该根据相应的部门法规定进行判断，在先法定权利并不一定要作为商业标识进行处理；但是其他非法定财产性权益，在主体—商业标识—商品服务三元结构之下，考虑到以发挥识别作用为前提，非法定财产法益的保护实际上就是商业标识的保护，因此应以商标性使用为条件，否则会和未注册商标的保护出现体系上的不和谐。

（二）是否存在跨类保护

以著作权为例，有学者担心著作权全类保护会导致保护范围过宽。●另有学者回应了此种质疑，认为著作权的保护是将其注册图样作为一个独立的智力成果来进行保护，因此并不需要考虑商品类别的问题。●也有学者指出："商标以按类保护为基础，是商家进行商业经营以及消费者对于来源认知的性质所决定的，作品保护无须承担此责任而提高

● 陈晓. 商标性使用的判定——以"功夫熊猫案"为视角 [D]. 重庆：西南政法大学，2017：25.

❷❹ 赵春雷. 商标权与在先著作权冲突问题的探讨 [J]. 中华商标，2009（6）：45-48.

❸ 段晓梅. 商标权与在先著作权的权利冲突 [M]. 北京：知识产权出版社，2012：51.

标准。"❶

笔者以为提出考虑著作权所对应的商品服务类比问题，实际上是默认其作为一种商业标识。但是《著作权法》对此种智力成果的保护与其是否发挥识别来源作用并无关系，因此并不存在讨论商品服务类别的前提。当然针对其他的法定权利则是应该回到相应的法律中去具体分析（比如外观设计权），而非法定财产型权益的保护应该受到类别限制自不待言。

（三）关于损害救济的讨论

关于损害救济的讨论因为篇幅所限，重点讨论在商标损害在先权利的情况下是否可以继续使用。

《最高人民法院关于当前经济形势下知识产权审判服务大局若干问题的意见》第 9 条规定："对于注册使用时间较长、已建立较高市场声誉和形成自身的相关公众群体的商标，不能轻率地予以撤销。"这一观点和许多学者的论述一致。有学者类比专利强制许可❷，有学者提出在先权利限制❸，有学者从善意共存的角度论证❹，张玉敏教授也借鉴了民法上的失权原则表达了类似的看法❺。

但是也有学者对此提出质疑，并认为不得继续使用。王迁教授指出，该《知识产权审判意见》有世界经济形势和中国经济发展的特定时期背景，乃权宜之计。且该规定仅针对商标注册侵犯在先财产权利的行为，不适用于侵犯姓名权的行为，❻ 其主张对损害在先权利的商标注册行为进行严格的限制。

---

❶ 赵琳. 在先著作权与商标权冲突的解决 [J]. 中华商标，2016（2）：66-70.
❷ 韩强，孙琼. 浅析著作权与商标权的冲突问题 [J]. 河北法学，2002（11）：64-66.
❸ 朱冬. 不可争议商标中在先权利的保护及限制 [J]. 知识产权，2017（8）：58-63.
❹ 卢爱媛，李明珍. 商标法之"在先权利条款"的法律适用 [J]. 电子知识产权，2011（11）：23-27.
❺ 张玉敏. 论商标法上的权利丧失原则 [J]. 科技与法律，2003（4）：25-29.
❻ 王迁. 回归常理——评"乔丹"商标争议再审案 [J]. 人民司法，2017（5）：11-17.

笔者认为，关于是否应该一律撤销的问题，应该综合多种因素判断，其中既要考虑在后商标申请人的主观意图，也要考虑在后商标客观上是否能够与在先权利相互区分等事实，在个案中可以考虑赋予法官更多的自由裁量权，以维护整个市场经济秩序良性发展。

结　语

在当下权利客体多样化、企业市场宣传方式多样化等背景下，《商标法》第 32 条在先权利条款将有较大的适用空间和适用对象。在先权利的认定是适用该条的前提，具体判断应该从宽。损害的认定应该根据在先权利的性质进行区分，法定权利的保护回到相应部门法中，非法定财产权益则参考反不正当竞争法对商标标识的保护，结合商品服务类别等多因素对混淆可能性是否存在进行判断。

《商标法》第32条"在先权利条款"适用案例综述

马　彪　田代威　平乐祥　鲁晨清[*]

【摘要】《商标法》第32条旨在赋予权利人在商标行政确权阶段的法律依据，随着商标恶意抢注现象的频频发生，司法实践案例激增。但是实践中关于在先权利性质认定及类型化、法律适用要件均存在重大分歧。笔者一方面提出在先权利认定的类型化，即法定权利和非法定财产性利益区分；另一方面在此基础上总结规范不同性质权利的适用要件的分野问题。笔者希望通过总结司法活动的规律，旨在落地于实践，助推司法裁判标准统一。

【关键词】在先权利；财产性利益；商品化权；姓名权；法律适用

引　言

在恶意注册的背景下，非商标权之外的在先权利因其知名度等原因被抢注，权利人正当权益受到侵害。《商标法》第32条的在先权利条款为在先权利人提供了在行政阶段依法维权的手段，因法律规定模糊性，司法实践中问题体现在对在先权利的认定和适用要件的讨论。

究其本质，该条款铺垫出一条路径，进而连接权利人维权的民事程序与行政程序，最终指向权利人利益保障。换言之，在先权利条款更多体现为程序正义，而实质正义的判断则需要以路径最终指向权利或利益

* 马彪、田代威、平乐祥、鲁晨清为中国政法大学民商经济法学院2018级硕士研究生。

为依据，形似简单，实则复杂，需要大量案例基础上的类型化分析。

笔者采用威科先行案例库，共得到 791 个案例。本综述拟以此为基础，重点讨论代表性案例。本案例综述采取多元化研究方法，第二部分提出在先权利认定的类型化，即法定权利和非法定财产性利益区分，并对具体客体进行分析阐释；第三部分建立在案例调研的基础上，指出不同性质权利的适用要件的分野问题，而适用要件主要论述在先权利认定、损害认定两个方面，后者又包括商品或服务类别和损害标准。

一、案例检索概述

（一）地域维度下案例分析

如图 1 的地域分布图所示，案例发生地大多集中于北京，剩余案例分布于湖北、广东和上海等地，占比均不高。笔者认为造成此种情况的原因如下：探究第 32 条的适用情形，报告人认为集中于商标行政确权过程。根据我国法律规定，商标行政确权诉讼案件的初审法院为北京知识产权法院，终审法院为北京高级人民法院。此结论也可以由主题案例性质分布所佐证，据统计，商标确权行政案件数量共 701 件，占比 89%；商标确权案件数量共 89 件，占比 11%。

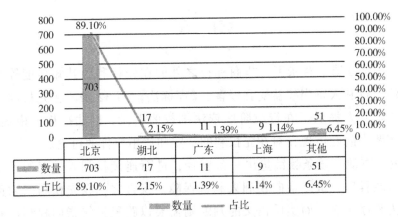

	北京	湖北	广东	上海	其他
数量	703	17	11	9	51
占比	89.10%	2.15%	1.39%	1.14%	6.45%

图 1　商标行政确权诉讼案件地域分布

（二）时间维度下案例分析

近年来，商标恶意抢注亟须商标法律制度应对，其中在先权利抢注问题随着人们对 IP 价值的重视和开发愈演愈烈，比如对具有较高知名度的角色形象"大头儿子"的抢注，恶意搭便车窃取他人的正当利益，应当受到法律规制。如图 2 所示，笔者对 2015—2018 年的案例进行分析，发现年度案例增长速率递增，在先权利抢注问题严重。

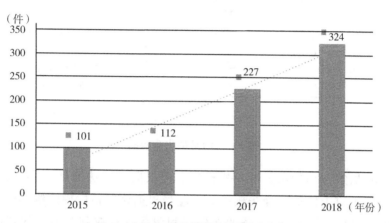

图 2　在先权利抢注案例年度分布图

（三）权利类型维度下案例分析

鉴于在先权利种类较多，笔者拟围绕实践中争议较多的权利进行类型化分析，主要分为"著作权""姓名权""商号"和"特有名称和角色形象（不构成作品）"四类，得出如下数据（见图 3）。

根据图 3，四种权利类型的案件总量为 485 件，其中商号相关争议最多，为 230 件，占比 47.42%，其次著作权有 195 件，占比 40.21%，作品名称和角色形象和姓名权数量占比虽小，但近些年来呈现递增趋势，不可小觑。

二、在先权利视野下案例类型化分析

根据《最高人民法院关于审理商标授权确权行政案件若干问题的意见》指出，对于《商标法》已有特别规定的在先权利，按照特别规定予

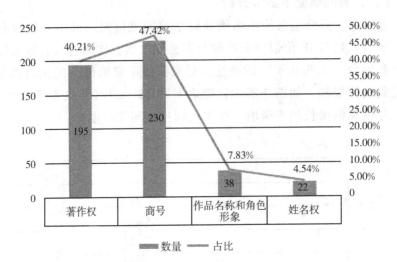

图3　权利类型化分析图

以保护；虽然《商标法》无特别规定，但根据《民法通则》和其他法律的规定属于应予保护的合法权益的，应当根据该概括性规定给予保护。

因此《商标法》第32条的在先权利包含法定权利和财产权益两类，并讨论其他权益（权利+利益）类型，满足法律逻辑完整性。其中法定权利指向以著作权为代表的权利，而财产权益需要根据个案判断确定其权益性质，比如姓名权益和商品化权益等。

（一）以著作权为代表的法定权利（见表1）

表1　在先权利为著作权

案号	名称	法院	在先权利认定	商品或服务范围	侵害标准
（2017）京行终第5372号	格莱美案	北京市高级人民法院	1. 该图形本身符合著作权法关于作品独创性的要求，已构成著作权法所保护的美术作品；2. 有相关著作权登记证书予以佐证	争议商标核定使用在防水服上，并不构成类似	接触+实质性相似
（2017）京73行初7840号	邦德案	北京知识产权法院	1. 作品体现了相当程度的选择、安排和设计，具有独创性；2. 中美两国的著作权注册证书和著作权登记证书	争议商标核定在广告类，而在先权利指向游戏	接触+实质性相似

案号	名称	法院	在先权利认定	商品或服务范围	侵害标准
(2015) 京知行初字第5524号	圣斗士星矢案	北京知识产权法院	1. 设计图标具有独创性，构成美术作品；2. 作品署名和作品发表予以佐证	争议商标核定在游泳衣；跑鞋（带金属钉）；手套（服装）；领带；皮带（服饰用），而在先权利指向动漫	接触+实质性相似
(2016) 京73行初2001号	图书名称案	北京知识产权法院	假日知新作为作品的名称，是表明作品内容的简短词语或词语组合，其在脱离作品的内容情形下难以构成具有独创性的作品		
(2016) 京73行初1223号	TOF案	北京知识产权法院	1.《作品登记证书》的登记日期晚于诉争商标申请日；2. 原告提交的外国报纸、杂志中出现的"TOF"系商标使用行为，至多仅能表明"TOF"商标的归属，不属于著作权法意义上的作者对作品表明身份的署名行为，不能借此认定原告系该商标图样的著作权人		

法官在此类案件中，首先依据著作权法的独创性标准进行著作权认定，这在邦德案❶中得到充分体现。而在图书名称案❷中，法官否认了图书名称是具有独创性的作品，直接认定争议商标合法有效。

若通过测试，则依据法律规定的"接触+实质性相似"标准进行损害侵权认定。

著作权区别于他种在先权利之处在于，权利保护涉及全类别保护。虽然在先著作权往往只涉及游戏、电影、漫画等领域，但是其可以规制的争议商标使用范围是跨类别的，例如，防水服制作与美术领域❸、

---

❶ (2017) 京73行初7840号。
❷ (2016) 京73行初2001号。
❸ (2017) 京行终第5372号。

广告语游戏领域❶、泳衣手套与动漫领域❷等，是著作权保护的突出特征。

（二）非法定财产性利益

1. 姓名权益（见表 2）

表 2　在先权利为姓名权及相关权益

案号	名称	法院	在先权利认证	商品或服务范围	消费者误导误认
（2016）京行终 3968 号	Kobe 案	北京市高级人民法院	耐克国际公司根据科比·布莱恩特的明确授权；科比·布莱恩特在体育运动领域取得的成就，使其姓名在全球范围内且不限于篮球领域已具有极高的知名度	在未经过权利人许可的情况下，被异议商标使用在鞋、运动鞋、足球鞋、服装等商品上，侵犯了科比·布莱恩特的姓名权及相关权利	英文"KOBE"是科比·布莱恩特的名字，为人们广泛知悉，能够与科比·布莱恩特产生对应关系
（2015）京知行初字第 977 号	季克某案	北京知识产权法院	季克某为茅台集团法定代表人，"季工"为季克某在担任茅台酒厂总工程师期间的特定称谓。在白酒行业，"季工"已经与季克某形成一一的对应关系，具有较高知名度	第 33 类酒（饮料）等商品上。	在第 33 类酒（饮料）等商品上申请注册争议商标"季工坊"，将会使相关公众误认为该商标来源于与季克某相关的茅台酒厂
（2018）京行终 44 号	Christopher Kane 案	北京市高级人民法院	Christopher Kane 作为服装设计师，在诉争商标申请日之前在中国的服装界已具有较高知名度	诉争商标与 Christopher Kane 的姓名完全相同，指定使用在第 3 类洗面奶、浴液、香精油、牙膏、口红、美容面膜、化妆品、香水、增白霜、眼影膏等商品上	与 Christopher Kane 赖以知名的服装等商品在消费群体、销售渠道等方面存在较强的关联性，易使相关公众产生联想，将诉争商标与 Christopher Kane 的姓名联系起来

---

❶ （2017）京 73 行初 7840 号。

❷ （2015）京知行初字第 5524 号。

续表

案号	名称	法院	在先权利认证	商品或服务范围	消费者误导误认
(2018)京行终247号	方大某案	北京市高级人民法院	自然人方大某在娱乐领域已具有较高知名度，中国大陆的相关公众能够将"方大某"与自然人方大某相对应，二者已建立了稳定的对应关系	核定使用在第43类的备办宴席、咖啡馆、自助餐厅、餐厅、饭店、餐馆、快餐馆、酒吧服务、茶馆等服务上	争议商标核定使用的服务种类与自然人方大某所在娱乐行业所涉相关公众具有较大程度的重叠，争议商标的使用，容易使相关公众认为该商标标志指代了自然人方大某，并认为标有争议商标的服务系经过自然人方大某许可或与其存在特定联系
(2016)最高法行再31号	乔丹案	最高人民法院	再审申请人未能举证证明相关公众使用"QIAODAN"指代再审申请人		再审申请人未能举证证明"QIAODAN"与再审申请人之间已经建立了稳定的对应关系
(2017)京73行初5875号	曹清某案	北京知识产权法院	本案中，原告提交证据证明曹清某在诉争商标申请注册日之前在医疗领域具有较高知名度	诉争商标指定服务为第35类"广告、商业管理咨询；替他人推销等"，商品类别差异大，不至于使消费者发生误认	

司法实践中对姓名权作为法定权利保护存在一定的争议，主要体现在对姓名权性质的认定层面。在 Kobe 案❶中，法院认为姓名权作为人身权受到保护。而在季克某案❷中，法院更加侧重于姓名权的财产利益，具有一定知名度的人物的姓名除人身利益外，同时还存在基于"姓名"商业价值而具有的经济利益。

笔者倾向于认为在先权利条款所包含的姓名权，实质指向背后非法定财产性利益。以"乔丹案"为例，法院以保护姓名权之名行保护"姓名的商品化利益"之实，实际上是意识到了人格权（尤其是自然人）所

---

❶ （2016）京行终 3968 号。
❷ （2015）京知行初字第 977 号。

附带的一种财产价值，在后商标实际上是对"商业标识"的一种搭便车行为。更进一步地说，《商标法》在先权利对"姓名权"的保护实际上保护的是姓名背后的财产利益，是对一种"商业标识"的保护，因此其规制路径应该从民法转向反不正当竞争法。

认定姓名权保护的商品或服务范围时，法院严格通过在先权利的知名度等证据，以划定相同或相似服务范围。在曹清某案❶中，法官指出，"原告提交证据仅仅证明曹清某在医疗领域具有较高知名度"，但是，"诉争商标指定服务为广告咨询类，商品类别差异大，不至于使消费者发生误认"。

2. 商号权益（见表3）

司法实践中法院更侧重对"商号知名度"与"争议商标申请使用的类别"的论证，在不构成对在先商号权侵犯的案例中，法官通常会在这两个要素上重点分析。

例如在"权健案"❷中，法官认为，"'权健'字号在医疗美容护肤品、保健食品等商品上具有一定的知名度，但诉争商标核定使用的商品为第11类的便携式取暖器、电热水器、冷却设备和装置等，二者在功能、用途等方面相差较远，尚不构成同一种或类似商品"。

表3　在先权利为商号权益

案号	名称	法院	在先权利认证	商品或服务范围	消费者误导误认
（2017）京行终2822号	UMC案	北京市高级人民法院	UMC公司及其UMC北京公司使用"UMC"商号经营减速机、变速箱等商品且具有一定的知名度	迪迈公司将"UMC"商标使用在广告、替他人推销、进出口代理等服务项目上，UMC北京公司自身经营也涉及替他人推销业务	诉争商标的申请注册容易导致相关公众认为使用诉争商标的服务来源于UMC公司或者与UMC公司之间存在特定联系

❶ （2017）京73行初5875号。

❷ （2018）京行终1350号。

续表

案号	名称	法院	在先权利认证	商品或服务范围	消费者误导误认
(2018)粤 0402 民初 3802 号	格力案	广东省珠海市香洲区人民法院	"格力"企业名称经核准注册且具有较高知名度	空调维修,中央空调售后服务	使用"广州格力空调维修""广州格力中央空调售后服务"字样,均含有原告的字号"格力",容易导致相关公众误认为与原告之间存在特定的关系
(2018)京行终 621 号	黄道婆案	北京市高级人民法院	黄道婆公司成立于 2003 年,在争议商标申请日之前,黄道婆公司的"黄道婆"商号在织物、纺织品等商品上已经进行了持续的商业经营并具有一定的市场知名度	争议商标核定使用的织物、纺织品、毛巾等商品,与"黄道婆"商号赖以知名的织物、纺织品等商品构成相同或类似商品	争议商标"黄道婆"与"黄道婆"商号完全相同,其在织物、纺织品毛巾等商品上的使用容易导致相关公众对商品来源产生混淆
(2018)最高法行申 10469 号	康菲案	最高人民法院	康菲公司在诉争商标申请注册前在中国成立了康菲石油中国有限公司等多家以"康菲"为字号的子公司、分公司,在中国大陆地区在石油开发行业及润滑油行业已具有了一定的市场知名度,并已与康菲公司建立了稳定对应关系	使用在工业用脂、润滑油、工业用油商品上,与字号权公司石油勘探开采业务近似	容易导致相关公众对商品来源产生混淆,从而损害康菲公司的在先权益
(2018)京行终 1350 号	权健案	北京市高级人民法院	仅 8 份销售发票亦不足以证明"权健"字号在与诉争商标核定使用商品相类似的商品上"权健"字号使用已经具有一定知名度	"权健"字号在医疗美容护肤品、保健食品等商品上具有一定的知名度,但诉争商标核定使用的商品为第 11 类的便携式取暖器、电热水器、冷却设备和装置、加热装置、空气调节设备等,二者在功能、用途等方面相差较远,尚不构成同一种或类似商品	

续表

案号	名称	法院	在先权利认证	商品或服务范围	消费者误导误认
（2018）京行终2728号	KABA案	北京市高级人民法院	家霸公司提交的证据不足以证明在争议商标申请日之前，该公司已将"KABA"作为商号在安全门、屏蔽门、集成智能卡、门锁系统等商品上进行了大量使用和宣传，具有一定市场知名度		争议商标由"KAIBA"、"凯霸"及狮子头像图案构成，与家霸公司主张在先商号权益的"KA-BA"商号不相近似
（2019）京行终2505号	春丝案	北京市高级人民法院	春丝公司主张其"春丝"商号在面条商品上具有较高知名度，但在本案中未提交证据证明其"春丝"商号已在与啤酒、无酒精果汁、水（饮料）等商品相同或类似的商品上在先使用并具有一定知名度	争议商标核定使用的啤酒、无酒精果汁、水（饮料）等商品与春丝公司主张享有在先商号权益的面条商品在生产部门、功能用途、销售渠道等方面均存在较大差异，不属于相同或类似商品	鉴于争议商标核定使用的商品与面条商品差距较大，争议商标在啤酒、无酒精果汁、水（饮料）等商品上的注册不致误导公众
（2019）京行终2998号	常奥案	北京市高级人民法院	2014年至今多次马拉松、排球联赛中突出使用了"常"标志，可以证明其"常奥"字号在组织体育比赛等服务上具有一定的知名度，但是晚于被告2013年的注册时间		

3. 特有名称和角色形象权益（见表4）

首先值得讨论的是此种类型权益的性质认定，存在商品化权益、民事权益和商品化权三种观点。

其一，商品化权益。法院在羽泉案❶中指出，作品或名称可通过商业化的使用，能够给拥有者带来相应的利益，可以作为"在先权利"获得保护。"商品化权"无明确规定，称为"商品化权益"并无不可。

其二，民事权益。与商品化权益内涵一致，天线宝宝案❷，法院指出知名服务的特有名称、知名电视节目名称、知名卡通形象名称可以作为合法权益予以保护。

---

❶ （2016）京73行初6529号。

❷ （2017）京行终第4926号。

其三，商品化权。在功夫熊猫案❶中，法院承认商品化权并对其提供保护，而理由与权益保护别无二致。

表 4　特有名称、角色形象受保护

案号	名称	法院	性质	在先权利认定	商品或服务范围	消费者误导误认
（2015）高行知终1969号	功夫熊猫案	北京市高级人民法院	商品化权	1. 承认商品化权。2. 在有证据证明该电器在中国大陆地区有一定知名度的情况下，"功夫熊猫"可以作为知名电影特有的名称受到保护	知名电影特有名称权益保护范围并不当然及于全部商品和服务类别，仍应以限于相同类似商品或服务为原则。但可以根据知名度及实际的利益要素影响范围进行保护	一是影片知名度高低和影响力强弱；二是混淆误认的可能性
（2017）京行终第4926号	天线宝宝案	北京市高级人民法院		1. 称之为权益受到保护。2. 知名服务的特有名称、知名电视节目名称、知名卡通形象名称可以作为合法权益予以保护		
（2018）京73行初1829号	大头儿子案	北京知识产权法院	民事权益	1. 知名动画片名称及角色名称可以构成应受法律保护的合法权益。2. 已为相关公众所了解，在中国大陆地区具有较高的知名度和识别力		争议商标在其特定商品上注册使用，容易导致相关公众的混淆误认
（2018）京行终第6240号	葵花宝典案	北京市高级人民法院		1. 不承认商品化权利和权益。2. 一方面，"商品化权益"并不属于"民事主体享有法律限定的其他民事权利和权益"的范畴；另一方面，"商品化权益"本身的内涵、边界亦无法准确确定		

---

❶　（2015）高行知终字第 1969 号。

续表

案号	名称	法院	性质	在先权利认定	商品或服务范围	消费者误导误认
（2016）京73行初3538号	007案之一	北京市高级人民法院		1. 民事权益而非权利。 2. 知名度的角色名称所带来的商业价值和商业机会也是丹乔公司投入大量劳动和资本所获得	知名电影特有名称权益的保护范围并不当然及于全部商品和服务类别，仍应以限于相同或类似商品或服影为原则	一是影片知名度高低和影响力强弱；二是混淆误认的可能性
（2015）高行知终字第752号	TEAM BEATLES添甲虫案	北京市高级人民法院	商品化权益	1. "商品化权"无明确规定，称为商品化权益并无不可。 3. 认定"The BEATLES"乐队是在中国享有盛名的乐队，在中国大陆地区具有极高知名度，相关公众能够将"BEATLES"与该乐队建立唯一的、直接的联系	被异议商标指定使用的商品钱包、书包、背包等属于日常消费品，如知名乐队等一般会在上述商品上标注其名称，作为纪念品等进行销售，因此，本案所主张的商品化权益可以延及上述商品	将被异议商标使用在其指定使用的"钱包、书包、背包"等商品上，相关公众易误认为上述商品来源于乐队或者与乐队有特定联系
（2016）京73行初6529号	羽泉案	北京知识产权法院		1. 承认"商品化权益"，不认同"商品化权"。 2. 作品或名称可通过商业化的使用，能够给拥有者带来相应的利益，可以作为"在先权利"获得保护。"商品化权"无明确规定，称为"商品化权益"并无不可	诉争商标核定使用的"住所（旅馆、供寄宿处）；饭店；流动饮食供应；咖啡馆；茶馆"等服务的消费群体	诉争商标使用在其核定服务上，易使相关公众误认为上述服务获得"羽泉"乐队的授权或者与"羽泉乐队"有特定联系

　　笔者倾向于认定此类非法定财产性利益可以作为商品化权益受到保护，商品化权其不符合《民法总则》第126条的规定，与权利法定的基本逻辑相冲突，不宜采用；实质上权利和权益保护利益一致，均指向客体背后的市场财产利益，因此商品化权益属于民事主体享有法律规定的其他民事权利和权益的范畴。

　　在涉及保护范围时，法官通常倾向于通过论证该在先权益的知名度，以适当扩大在先权益可以规制的争议商标使用范围，防止对消费者造成混淆误认。典型案例是功夫熊猫案❶，法官指出"仍应以限于相同或类

---

❶ （2016）京行终3508号。

似商品或服务为原则。但可以根据知名度及实际的利益要素影响范围进行保护”，因而认定诉争商标构成对在先电影特有名称权益的侵犯。

（三）其他权益

司法实践中除了四种典型的在先权利外，还有少数基于其他权益的案例，具有代表性的是肖像权，如表 5 所示。

表 5　在先权利为肖像权

	案号	名称	法院层级	在先权利认证	商品或服务范围	消费者误导误认
肖像权	（2015）知行字第275号	乔丹案	最高人民法院	1. 肖像权所保护的"肖像"应当具有可识别性，其中应当包含足以使社会公众识别其所对应的权利主体，即特定自然人的个人特征，从而能够明确指代其所对应的权利主体。 2. 涉案商标仅仅是黑色人形剪影，除身体轮廓外，其中并未包含任何与再审申请人有关的个人特征，不具有识别性		

三、法律适用视野下类型化分析

（一）基于权利性质的适用路径分野

笔者结合现有司法案例和最高人民法院关于商标授权确权的解释规定，在第二部分在先权利性质认定部分指出，在先权利可以分为以著作权为代表的法定权利和以角色形象、姓名权为代表的非法定财产性利益，划分的标准和考量因素主要围绕以下几点。

其一，法定权和非法定财产性利益的认定要件存在差异，引发法律适用不统一的问题。一般而言，绝对权基于法律规定，有明确的法律认定标准，如独创性是著作权的核心原则；而财产利益由市场决定，具有一定的灵活性和变动性，应当结合市场规律和商业规范为标准进行认定。

其二，法定权利和非法定财产性利益的性质不同，引发裁判标准的不一致。著作权在适用《商标法》第 32 条进行保护时，其权利保护范围并非受商品或服务领域的限制，法院实质上根据《著作权法》的规定裁判，符合特殊法由于一般法的法律逻辑。最重要的是，此也符合《商标法》第 32 条的立法宗旨，即为权利人提供在商标注册阶段这一行政程序中的维权依据，此条并无增设任何权利。换言之，此条款为一条引线，其最终导向权利和权益保护的最终结果；而财产利益的保护范围要根据具体案件事实情况进行损害认定，比如在保护类别上原则为相似商品或服务，有条件的可以突破该领域。

综上所述，《商标法》第 32 条适用路径在在先权利性质认定时发生分野，以著作权为代表的法定权利在适用该条款时，法院可直接依据法定权利所对应的部门法规定进行判断；但对于该条款重点保护的财产利益，法院原则上是依据市场规律和商业道德为标准进行裁判，鉴于该标准过于模糊，法院在现实裁判中仍存在一定分歧。因此，本文重点讨论财产利益相关的在先权利的法律适用问题。

（二）法定权利法律适用

1. 在先权利认定

法定权利认定严格依据法律规定，如著作权的独创性标准，外观设计的美观性、实用性和合法性标准，无须考虑权利与市场之间的关系问题，此点区别于非法定财产性利益的认定，后者还需具备知名度要件。

2. 损害标准认定

在先著作权纠纷中，著作权知名度影响接触该作品可能性，进而影响法定损害标准"接触+实质性相似"的认定。只要诉争商标所有人有接触该作品的可能即可，此点在格莱美案[1]和邦德案[2]等案件中均得以体现。

---

[1] （2017）京行终第 5372 号。法官在论述"接触+实质性相似"要件时，针对"接触要件"指出："涉案作品处于可被公众获知的状态，郑裕早具有接触该作品的可能。"而未对在先著作权的知名度进行要求。

[2] （2017）京 73 行初 7840 号。法官在论述"接触+实质性相似"要件时，针对"接触要件"分析如下，"因《黎明生机》电影早在 20 世纪 80 年代即已上映，第三人具有接触到该电影官方海报即《黎明生机》美术作品的可能性"。

（三）非法定财产性利益法律适用

通过对案件的整体梳理和对代表性案例的分析，可以总结出法官在适用法律时，主要指向在先权利认定、商品或服务类别的范围和消费者误导误认三维度要件的适用，但是在具体要件的判定上，仍存在一定分歧。

1. 在先权利认定

法官在对在先权利进行认定的过程中，通常分为两个层面，一是在先权利时间上的"在先性"，二是在先权利的"合法性"，三是在先权利的"知名度"。

（1）在先性。

在先权利的"在先性"是对在先权利最基本的要求，即只有该权利形成于争议商标申请注册前，才有可能制止后续商标申请中对其权利的侵犯。此点在代表性案例"常奥案"[1]"TOF 案"[2]"MARCELO BURLON 案"[3]中均得以体现。以常奥案为例，在判决书中法官尽管承认常奥公司 2014 年至今多次在马拉松、排球联赛中突出使用了"常奥"标志，可以证明其"常奥"字号在组织体育比赛等服务上具有一定的知名度，但是晚于被告 2013 年的注册时间，故否认其存在在先商号权。

（2）合法性。

在先权利的"合法性"指的是在先权利必须是合法有效存在的，而非处于权利基础不稳定的状态。

（3）知名度。

知名度是在先权利需要具备的三要素中最关键的要素。在在先商号权、在先姓名权等纠纷中，知名度要素决定了在先权利能够规制的商标商品或服务类别。一般来说，在先商号权、在先姓名权只能规制与其知名领域相同或近似领域的商标注册使用，代表性案例如已经阐述过的权健案、春丝案等。而在不构成作品的特有名称、角色形象的案件中，知

---

[1] （2019）京行终 2998 号。

[2] （2016）京 73 行初 1223 号，作品登记证书的登记日期晚于诉争商标申请日不能据以认定其构成在先著作权。

[3] （2019）京行终 1532 号。

名度高的角色形象往往可以获得更大范围的保护，这点在功夫熊猫案❶得到充分体现，法官在裁判中认为，知名电影名称的保护范围，与其知名度及影响力息息相关。

"姓名权""商号权"等在先权利的知名度需要形成于争议商标申请注册前。在"MARCELO BURLON 案"❷ 中，法官指出，"马塞洛公司提交的有关'MARCELO BURLON'先生及'MARCELO BURLON'品牌产品的介绍等证据，大部分证据的形成时间晚于诉争商标申请日，或系该品牌在香港地区的宣传报道，不足以证明在诉争商标申请日之前，'MARCELO BURLON'先生已经在中国大陆地区为相关公众广泛知悉"，基于此，法官驳回马塞洛公司的诉求。

2. 损害认定标准

（1）商品或服务类别。

明确了在先权利的三要素后，在先权利适用的第二个要件为其可以规制的争议商标商品或服务类别。如前所述，除在先著作权的认定外，此要件与在先权利本身的知名度息息相关，故在此以表格形式予以总结（见表6）。

表6　总结

	可规制的商品或服务类别	代表案例
在先著作权	不考虑商品或服务类别，依据"接触+实质性相似"、依据著作权法进行认定	格莱美案、邦德案、圣斗士星矢案、人大校徽案
在先姓名权	与其所知名领域相同或近似	Kobe 案、季克某案、Christopher Kane 案、Francois Demachy 案
在先商号权	与其所知名领域相同或近似	康菲案、权健案、春丝案、Levis 案
在先特有名称与角色形象	以限于相同或类似商品或服务为原则，结合知名度强弱进行扩大保护	007 案、功夫熊猫案、TEAM BEATLES 案、羽泉案

❶（2016）京行终 3508 号。

❷（2019）京行终 1532 号。

（2）消费者误导误认。

对于具有一定识别性的姓名权、商号权而言，争议商标的使用如果造成消费者对"姓名""商号"的误认，固然属于在先权利条款调整的范围。此时，该要件在对判定在先姓名权、在先字号权、特有名称和形象的侵权中至关重要。

在先权利适用的非法定财产性利益和商品或服务类别的认定，在多数案件中是判定是否会造成消费者误导误认的重要依据。

在笔者检索的 290 个案件中，符合前两个条件却最终没有被认定为侵权的案例只有 2 则，即乔丹案❶和 KABA 案❷。在乔丹案中，法官认为，虽然可以证明再审申请人及"乔丹"在我国具有长期、广泛的知名度，但不足以证明相关公众使用"QIAODAN"指代再审申请人，也不足以证明"QIAODAN"与再审申请人之间已经建立了稳定的对应关系，因此，也不会致使消费者混淆误认。

四、结论

综上，笔者从收集到的 791 个样本案例出发，对《商标法》第 32 条在先权利条款中在先权利的类型、在先权利条款的具体适用问题进行研究分析，得出如下结论。

在先权利条款的适用首先需要合法、在先的基础权利或权益。在先著作权的保护参照适用著作权法中"接触+实质性相似"的规定进行判定，可跨商品或服务类别进行保护。而在先姓名权、在先商号权、特有名称或角色形象等其他权益的适用，往往需要其具有一定知名度，并在其所属的知名领域内限制争议商标的注册使用。该制度的主要价值取向是防止造成消费者与在先权利人之间的混淆误认，维护市场公平有序的竞争秩序，保护消费者权益。

---

❶ （2016）最高法行再 31 号。

❷ （2018）京行终 2728 号。法官认为，争议商标由"KAIBA""凯霸"及狮子头像图案构成，与家霸公司主张在先商号权益的"KABA"商号不相近似，不会误导消费者。

App 应用名称商标侵权中"商品（服务）类似性"判断要件文献综述

■ 熊　辰[*]

【摘要】 App 商标侵权案件中，商品（服务）类别界定及其类似性判断是裁判难点之一。本文以知网上有关 App 商标侵权的所有文献材料为主要研究样本，对 App 商标侵权领域商品（服务）类似性的界定标准和认定思路进行分析和评价。在商品（服务）类别界定中存在注册说、实际使用说、综合判定说等学说，其中实际使用说更符合"互联网＋"下 App 的经营本质。在 App 商品（服务）类似性判断中存在主客观两种思路，其分歧原因在于对"混淆可能性"与"商品（服务）类似"关系的理解不同。客观判断论能避免因果关系的循环论证以及避免超出常识的相似性认定，但终究会掺杂主观因素，不可能完全机械化和物理化。有关 App 商标侵权的认定应在现有商标法理论基础框架下，考量其商业模式和未来产业发展，从而进行个案判定。

【关键词】 App；类似商品（服务）；混淆

引　言

互联网环境下 App 商标抢注情况严重。北京海淀区法院曾连续三年在其《网络商标侵权调研报告》中谈及 App 商标侵权问题，认为"该类

---

[*] 熊辰为中南财经政法大学知识产权研究中心 2018 级硕士研究生。

案件对法官的法律适用水平要求较高，审理结果指导性强，备受各界关注"。❶ 手机应用程序以网络连接传统线下服务，涉及开发、运营、管理、使用等多环节，其名称设计具有唯一性❷、稀缺性、规范性等特点。在构成商标性使用的前提下，App 名称所指代的商品、服务类型以及类似性认定成为审判难点。本文以此为主题展开。

一、文献检索情况

笔者以"App 名称"为主题在知网进行初步检索，得到上千篇涉及该主题的各领域文献，分布在计算机软件、语言文学、法学等 8 个领域。在该主题下以"商标侵权"为关键词进行检索，仅得到 14 篇相关成果。其中首次以"App 商标侵权"为主题的文章发表于 2016 年 1 月，也是引用次数最多的一篇。❸ 截至本文撰写完成前，最新的一篇相关主题的文章发表于 2019 年 3 月，是在近五年 36 例典型案例基础上的研究成果。❹ 在该检索结果下以"商品（服务）类似"为主题进一步精确检索，相关文献数量为 0。为丰富综述材料，笔者将部分实务界评论、约稿、讲座等内容也纳入综述之中。

纵览检索所得，现有研究成果在内容上主要集中在三个方面，一是关于 App 名称商标性使用界定；二是 App 商标侵权的判断要件研究；三是第三方应用商店平台责任研究。现有研究成果在研究方法上以案例和实证分析为主，多以某一 App 侵权案为切入点展开。围绕该选题的研究仍存在一些欠缺：一是多为整体性的论述，少有对裁判难点的细致分

---

❶ 北京市海淀区人民法院课题组. 有关网络商标侵权案件的调研报告［R/OL］.［2019-07-28］.http：//www.chinaipmagazine.com/Topics/InfoShow.asp? 35-1450.html.

❷ 唯一性是指，根据应用软件服务开发协议，同一应用软件生态环境中不允许存在两个名称完全相同的 App，这也导致了 App 领域的商标抢注十分严重。

❸ 王莲峰. 移动互联网 App 标识商标侵权若干问题探析［C］//中国知识产权法学研究会，中国人民大学知识产权学院. 中国知识产权法学研究会 2015 年年会论文集. 2015：6.

❹ 李明，李玉珍. App 名称的商标侵权认定探析——基于 36 例典型案件的实证研究［J］. 私法，2019，31（1）：334-348.

析；二是多为单个案例研究，缺少类型化的纵览；三是多突出其商业模式之"新"，对商标法基础理论的适用和制度挖掘不足。

二、App 名称法律属性的探讨

App 名称能否受到《商标法》保护是探讨前提。

App 名称属于商业标识，对此多数学者并无异议。❶ 学界讨论的分歧主要在于，App 名称能否构成商标。就此问题至少存在以下四种观点。

其一，凡是具有显著性、非为描述性使用的 App 名称均可视为商标。刘子铭认为，App 名称相较于其图案更具识别来源的功能，因此其显著性的判断应当以名称为第一位，图形判断为第二位。

其二，凡提供实体服务或商品的 App，其名称即属于商标。汪泽认为如果一个 App 所提供的服务是以实体服务为基础的，那么在此种情形下，该 App 的名称起到的就是商标的作用。

其三，App 名称是一种新型商业标识，属于软件类商品名称，其中具有显著性的部分可构成商标。例如，蒋培霞通过对比，认为应用程序名称属于非域名、特殊标志的新类型商业标识，App 标志包括但不限于商标，标志中的显著部分可具有商标属性，其他商业标识也可受到《反不正当竞争法》保护。❷

其四，App 名称属于商业标识，但不属于商标。李旭颖认为 App 名称在区别性、识别性以及品质保证等方面与商标极为相似，但基于我国商标法上只有注册商标才能享有法律意义上的商标专用权，而 App 在现阶段并不一定要求注册为商标才能在应用商店上架，所以 App 名称属于

---

❶ 《反不正当竞争法》的修改拓宽了商业标识的保护范围，除商标之外，企业名称、社会组织名称、网络标识等均属于受到保护的商业标识类别。笔者认为，App 名称与商品或服务相连，能有效降低用户对应用程序的搜寻成本，具有指示来源的作用，将其视为商业标识是可行的。

❷ 蒋培霞. 移动互联网 App 标志的商标法律关系问题研究［D］. 杭州：浙江工商大学，2017.

商业标识，但不属于商标类别。❶

上述讨论均是有益的。前三种观点的共同点在于：均认可 App 名称作为商标保护的可能，只是在具体考量要素上存在差别。第四种观点认为 App 名称不属于商标。事实上，第四种观点并非否定 App 名称所能具有的商标特性，只是考虑到 App 暂时未要求强制注册的商业模式的思维转换。笔者认为，虽然我国商标注册制度只为注册商标和部分未注册商标（驰名商标和有一定影响力的商标）提供保护，但未注册的商标依旧可以使用并享有在先使用及抗辩等权利。虽然现实中许多 App 名称没有注册为商标，也并未强行要求注册为商标，但并不影响其注册为商标的可能。下文的探讨将以此为基础。❷

三、App 商标侵权之商品（服务）类似性判断研究概览

（一）App 商标侵权类型化分析

以 App 名称、商标侵权为关键词检索，在中国裁判文书网、北大法宝、无讼网进行案例筛选，获得有效案例 40 个。篇幅所限仅将其典型案例基本情况进行归纳，如表 1 所示。

表 1　App 商标侵权案例总结

序号	原告标识	类别	被告标识	类别	裁判文书号
1	我的打工网	第 9 类、第 35 类	我的打工大本营	—	（2018）苏 0505 民初 3269 号
2	小牛	第 36 类	小牛闪贷/速贷	—	（2018）粤 0391 民初 1632 号
3	微医	第 9 类、第 36 类、第 41 类、第 44 类	微医官方/良药	—	（2018）粤民终 312 号

---

❶　李旭颖 . 移动互联网环境下 App 标识的商标侵权问题——兼评"为为网"诉苹果侵犯商标权案 [J]. 天津法学，2017，33（1）：46-52.

❷　严格来讲，在论证其法律属性后还要考虑是否作商标性的使用，这一问题研究成果较多，其核心思想在于对用户接触、下载、使用要件的判断。鉴于本文主题，在此不作过多讨论。

续表

序号	原告标识	类别	被告标识	类别	裁判文书号
4	茶仙子	第35类	茶仙子（App）	—	（2017）京0101民初13135号
5	天天炫舞	第9类、第41类	天天炫舞	—	（2017）京73民终1196号
6	珍爱；珍爱网	第9类、第45类	珍爱相亲	—	（2017）粤0305民初701号
7	云集	第35类	爱心云集	—	（2017）浙0108民初592号
8	为为网（网站）	第35类、第38类、第42类	为为网（App）	—	（2014）沪高民三（知）初字
9	穿越火线（手游客户端）	第9类、第41类	全民逆战——穿越生死线》（手游客户端）		（2016）京73民终937号
10	楚楚街	第25类	楚楚街（网站及App）	第9类、第35类等	（2016）京73民终90号
11	剑灵	第41类	格斗剑灵	—	（2016）粤73民终559号
12	闪银	第9类等45个类别	闪银钱包	—	（2016）京73民终429号
13	秒赚	第42类	VV秒赚	—	（2015）梳民初字第1866号
14	拍客	第9类	新浪拍客	—	（2015）京知民终字第114号
15	嘀嘀/滴滴	第35类、第38类	滴滴打车	—	（2014）海民（知）初字第21033

　　观察上表，从侵权App类型来看，除生活服务类外，游戏产业和金融服务类纠纷居多。游戏产业受众面广，用户活跃，日常运营和维护成本高，产业价值雄厚，是商标抢注多发领域。金融类App集资速度快，短时间内可吸纳大量散户，商标侵权发生易引发群体性资金风险，需要重点防控。从纠纷主体来看，App名称商标侵权可分为三类：一是传统线下服务 vs. App；二是 App vs. App；三是 App vs. 其他互联网标识。另外，大部分涉案App标识都尚未注册为商标。

（二）App 商标侵权商品（服务）类似性文献分析

文献检索领域，14 篇文献围绕商品（服务）类似性的探讨情况如表 2 所示。

表 2　文献总结

文章名称	作者	商品（服务）类似判断	
		服务类型的界定	服务相似的对比
破解移动 App 标识商标侵权"密码"	刘子铭	√	—
如何判定 App 名称是否构成商标侵权	李旭颖	—	—
移动互联网环境下 App 标识的商标侵权问题——兼评"为为网"诉苹果侵犯商标权案	李旭颖	—	—
移动互联网 App 标识商标侵权若干问题探析	王莲峰	—	√
移动互联网 App 标志的商标法律关系问题研究	蒋培霞	√	—
移动互联网环境下 App 商标侵权问题初探	谢宜璋	√	√
App 名称的商标侵权认定探析——基于 36 例典型案件的实证研究	李明等	√	—
App 名称商标侵权行为的认定——以"为为网"为例	陈翠娟	—	√
App 商店管理者商标侵权认定探析——以苹果 App Store 为视角	荣盼盼	√	√
App 图标的商标侵权问题研究	王紫	√	√
关于 App 名字的商标问题，是不是想多了	张月梅	—	—
互联网企业与 App 商标的"爱恨情仇"——App 名称与第 9 类商品上商标的权利冲突之法律关系分析	赵雷	√	—
如何判断 App 名称是否属于商标性使用——评李叶飞、韩燕明诉新浪公司侵犯注册商标专用权纠纷案	张玲玲	—	—
如何运用《商标法》保护手机 App 的名称权	陈晓月	√	—

由上观之，在以 App 商标侵权为主题的文献中，谈及商品（服务）类似性判断的有 10 篇，占 71%；论及 App 本身服务类型界定的有 8 篇；论及商品（服务）类似性对比的有 5 篇，两方面均涉及的仅 3 篇。这说明，对商品（服务）类似性的判断中，学界更加关注于对 App 服务类型本身的界定，而对进一步的类似性对比研究关注较少。本文将从商品（服务）类型的界定以及类似性比较两方面进行。

四、侵权判断要件之商品（服务）类似性研究

根据《最高人民法院关于审理商标民事纠纷案件适用法律若干问题的解释》（法释〔2002〕32号），类似商品和服务的认定以"相关公众的一般认识"为核心，参考服务的目的、内容、对象、方式等因素进行判定，必要时可突破《区分表》。❶

（一）App 商品（服务）类别界定

观点一：注册说。App 提供的商品或服务范围以注册类别为准。前国家工商总局商标评审委员会审查员张月梅❷从消费者的角度出发，认为消费者在选择 App 程序时，并不关心其开发者、运营者是谁，更加关注于其使用类型，因此提供了什么样的服务和商品，商标就注册在什么服务和商品上。

观点二：实际使用说。以 App 上实际提供的商品或服务来判断其商品或服务性质。陶钧认为应用软件虽可能聚合了多重服务与商品，具体判断时应当以其主要提供的服务类别为判断基准，此即最密切服务的联系原则。❸

观点三：综合判定说。App 本身是商品和服务的综合体，对于其名称以及商品（服务）类型需要综合分析。持有该种观点的学者主张将 App 应用程序本身和 App 实际提供的服务区分开来，将其下载、使用环节区分开来。如谢宜璋认为手机用户使用应用程序可分为下载和使用其服务两个环节，对 App 是否侵犯商标专用权应在每个环节下进行单独探

---

❶ 最高人民法院审判委员会. 最高人民法院关于审理商标民事纠纷案件适用法律若干问题的解释（法释〔2002〕32号）[Z]. 2002. 第 11 条第 1 款和第 2 款规定：类似商品，是指在功能、用途、生产部门、销售渠道、消费对象等方面相同，或者相关公众一般认为其存在特定联系、容易造成混淆的商品；类似服务，是指在服务的目的、内容、方式、对象等方面相同，或者相关公众一般认为存在特定联系、容易造成混淆的服务。

❷ 张月梅. 关于 App 名字的商标问题，是不是想多了 [J]. 中华商标，2016（1）：92-93.

❸ 陶钧. 在 App 软件中关于显著识别标识的属性分析 [EB/OL]. [2016-01-20]. IPRdaily. http：//www. iprdaily. cn/news_ 11686. html.

讨，App 下载阶段应认定为软件商品，手机用户使用阶段则应认定为服务。❶

上述观点看似冲突，实则是分析角度不同所致。观点一是从商标确权的角度对 App 进行准确的商标注册提出了要求。诚然现实中很多商标侵权问题都源自商标注册审查的不规范，但是现阶段要求所有 App 进行商标注册是不现实的，也不是所有名称都符合商标注册要求。观点二和观点三重点解决的是 App 名称已经注册为商标时，其实际使用类型与其注册范围不同时的判断标准。两者的区别主要在于对应用程序商业性使用的理解不同。实际使用说关注 App 以网络环境为依托所从事的实体商业活动；综合判定说则认为应用程序具有商品和工具属性，相对应也就兼具软件价值和软件服务内容价值。笔者认为，"互联网+"概念下发展的 App 本身均具有第 35 类和第 38 类的商业性和管理性特征，用户所消费的是 App 软件所提供的商品或者服务，而非下载该 App 软件即为消费商品或者服务完成的过程。❷ 各类 App 的主要区别还是在于其具体提供的商品和服务属性。

但是实际使用说也存在问题。参考"滴滴打车"案、"一一五网盘"案：当原商标注册类别仅为第 9 类时，以实际使用说认定 App 服务类别将会导致第 9 类永远无法抗辩成功，此结果可能会指引更多在后权利人恶意抢占软件商标资源，引发更多的反向混淆。

（二）商品（服务）类似性判断

1. App 商标侵权下商品（服务）类似性的认定现状

App 商品（服务）类似的判断应在商标法现有理论框架下，结合其网络环境、商业特征进行考量。总体存在两种认定思路。

思路一：类似程度应考虑来源混淆。谢宜璋以最高人民法院在"啄木鸟案"中的观点作为指导，认为"进行商标法意义上相关商品是否类似的判断，并非作相关商品物理属性的比较，而主要考虑商标能否共存

---

❶ 谢宜璋. 移动互联网环境下 App 商标侵权问题初探 [J]. 南方论刊，2018（9）：62-64，74.

❷ 汪泽. 从"互联网+"到"+互联网"——App 名称与商标冲突时商品与服务的判断 [EB/OL]. [2017-12-12]. https://mp.weixin.qq.com/s/hF9cAGvqaJsdp-eRKGWPPQ.

或者决定商标保护范围的大小"❶。

思路二：类似程度应考虑商品或服务之间的关联度和市场情况。陈翠娟认为若App领域的服务在覆盖群体、售价、作用和功能方面都与其核准使用的范围一致，即可判定其服务范围与注册商标相同或类似。❷

两种思路差异的根本原因在于对"混淆与类似"的关系尚未达成统一标准。观点一认为在判断App商品服务类型时就应考虑混淆的要件；观点二则认为商品的类似需考量客观的关联性以及市场划分，商品类似性的判断是认定商标混淆的重要参考。

2. 对混淆可能性以及商品（服务）类似性的探讨

混淆是商标法的立论基础，商标法上的混淆只要求存在混淆的可能性。❸ 在具体实践中经常陷入逻辑闭环：要认定类似，必须证明有混淆的可能；而要证明混淆可能性的存在，离不开证明商品或服务类似。关于混淆可能性与商品（服务）类似的关系问题，存在两种截然不同的观点。

一是商品（服务）相似性客观判断说。客观说认为在判断类似时不应引入混淆可能性的因子。彭学龙教授在比较法视角下分析各国的"混淆可能性"认定模式，认为认定商品（服务）类似不需要引入混淆可能性的判断。❹ 同时，他认为如果证明了混淆的实际发生或可能性就已经构成侵权，不一定要商品或服务类似。此即商品（服务）类似是判断混淆的既不充分也不必要条件。王太平教授认为各国存在"混淆可能性吸收相似性""混淆可能性内化于相似性"以及"混淆可能性为限定，以

---

❶ 谢宜璋. 移动互联网环境下App商标侵权问题初探 [J]. 南方论刊，2018（9）：62-64，74. 同时谢宜璋还提出，对于仅仅注册第9类的商标，在判断其提供的服务范围时应参考其实际提供的商品或服务类型。当涉及第9类"计算机程序（可下载软件）"商品类似时，不宜整体认定，而要区分看待。若其在实际提供服务类别上不相同且不类似，可能仅在第9类"计算机程序（可下载软件）"构成类似，这对于后续的赔偿也有重要意义。

❷ 陈翠娟. App名称商标侵权行为的认定——以"为为网"为例 [D]. 重庆：西南政法大学，2017：23-25.

❸ 吴汉东. 知识产权法学 [M]. 北京：北京大学出版社，2014：263.

❹ 彭学龙. 论"混淆可能性"——兼评《中华人民共和国商标法修改草稿》（征求意见稿）[J]. 法律科学（西北政法大学学报），2008（1）：130-143.

相似性为基础"三种模式，从我国《商标法》第三次修订时引入混淆可能性的动因来看，相似性是基础且极其重要的条件，而混淆可能性是核心。● 姚鹤徽也持同样观点。● 此即商品（服务）类似是判断混淆的必要不充分条件。

二是商品（服务）相似性主观判断说。李旭颖从《商标法实施条例》第 76 条的文本分析，认为对于在商品名称、装潢中使用了他人商标的行为，司法解释采取了"商标相同或类似+商品相同或类似+混淆、误认标准"的商标侵权认定标准。● 王迁以"非诚勿扰案"切入，认为认定商品（服务）相同应当采取严格客观标准，以免架空分类表；认定商品（服务）类似应当采取主观标准。●

此外，还有学者认为该问题归根结底是一个价值判断问题，可以从混淆的结果性来推导类似的存在，概为商品（服务）相似性价值判断说。

由此可见，在商品或服务类似的认定上，一是对其认定的主客观标准存在不同理解；二是对于该项条件是否为判断近似的必要条件尚存在争议。笔者认为，"客观相似性"既符合法律条文逻辑，也利于实务操作，能避免实践中的循环论证或脱离常识性的判断，徒增权利范围的不确定性。当然，客观不等于纯粹物理化的比对，我们永远无法在客观性的认定标准中完全排除主观上对混淆的认识。

● 王太平. 商标侵权的判断标准：相似性与混淆可能性之关系 ［J］. 法学研究，2014，36（6）：162-180.

● 姚鹤徽. 论混淆可能性在商标混淆侵权判定中的地位——兼评我国新《商标法》第五十七条 ［J］. 河南财经政法大学学报，2015，30（6）：88-101. 姚鹤徽认为相似性的认定应当是物理意义上的，且是进一步探讨混淆可能性的前提。

● 李旭颖. 移动互联网环境下 App 标识的商标侵权问题——兼评"为为网"诉苹果侵犯商标权案 ［J］. 天津法学，2017，33（1）：46-52.

● 王迁. 论"相同或类似商品（服务）"的认定——兼评"非诚勿扰"案 ［J］. 知识产权，2016（1）：22-28.

五、结论

App 名称商品（服务）类似的认定至少在确权和侵权两个角度具有重要意义。首先，商品（服务）类似性是判断商标侵权的重要考量因素；其次，有助于指导 App 类商标的注册类别选择；此外，还可能影响权利人的在先权利范围。❶商标侵权的认定不仅与商品（服务）的类似性有关，还要考虑商标标识的相似性、显著性、商标知名度等多重因素以及是否存在在先使用、合理使用等抗辩条件。本文的局限就在于只选取了其中的一个审判要件进行分析，无法顾及各要件之间的关联性。

目前在 App 商标侵权领域，较多问题来自应用程序商业模式的挑战，但更多的问题源于学界对商标混淆认定的基础理念、制度理解的差异。由此，App 商标侵权案件虽有其商业模式和判断标准的特殊性，但归根结底还需要在现行商标侵权理论框架内加以解决。

---

❶ 刘子铭. 破解移动 App 标识商标侵权"密码"［C］//最高人民法院，国家法官学院科研部. 法院改革与民商事审判问题研究——全国法院第 29 届学术讨论会获奖论文集（下）. 2018：8.
刘子铭认为互联网领域的在先使用范围应该受到更明确的使用范围的限制，"互联网+"下先用权范围不能包含 App 标识的使用。